JN434909

LEGAL MIND

리갈마인드 물권법

이은영 지음

박영사

머 리 말

민법 제정 후 물권법 조문은 크게 달라지지 않았지만, 물권과 관련된 사회환경은 매우 크게 변화하였다. 물권법의 해석은 사회의 변화에 따라 달라질 수밖에 없다.

지금 독자에게 무엇보다 필요한 것은 어려운 물권법을 쉽게 이해할 수 있는 입문서이면서 각종 시험에 충분한 준비서이다.

로스쿨시대에 접어들어 대학의 민법강의가 전과는 딴판으로 진행되고 있다. 물권법은 로스쿨 및 학부의 법학과뿐 아니라 부동산학과 등 여러 다른 학과에서 강의되고 있다. 교수들이 학생에게 중요한 항목만을 귀에 쏙쏙 들어가게 강의하는 데에 도움이 될 만한 교재가 필요하다. 이 책은 파워포인트 강의안과 함께 학생에게 읽히기 좋도록 만들어져 있다.

시험도 종전과는 판이하게 다른 경향을 보이고 있다. 물권법 책은 과거 사법시험 준비용으로 쓰이던 데에서 벗어나 변호사시험, 행정고시, 법무사시험, 변리사시험, 감정평가사시험, 공인중개사시험, 법원공무원시험, 기타 각종 법률시험의 준비에 활용되고 있다.

저자는 박사학위를 물권법으로 받았고 35년 전부터 물권법강의를 해왔다. 1998년 932페이지에 달하는 물권법을 낸 이후 4판에 걸쳐 변경해 왔지만, 지금은 조금 작게 만들어진 물권법 책이 필요하다고 판단하여 다음과 같은 특징을 가진 이 책을 쓰게 되었다.

- 리갈마인드를 갖추기 위해 기본원칙을 굵직굵직 하게 설명하였다.
- 물권법의 모든 항목을 빠짐없이 최근의 이론과 판례 중심으로 서술하였다.
- 학설의 논쟁이 되고 있는 사항을 〈쟁점정리〉로서 요점을 추려냈다.
- 다양한 시험의 준비를 위해 〈사례연습〉에서 예상문제와 해답을 제시하였다.

이 책의 편집과 교정을 도와준 박영사의 김선민 부장과 배우리님에게 깊은 감사를 드린다.

2013. 2.

저자 이 은 영

차 례

제1장 물권법의 기본원칙 • 1

제 7 장 제한물권 • 287

〔쟁점정리〕

〔사례연습〕

〔참고문헌〕

강태성, 물권법(제 3 판), 대명출판사, 2009.

고상용, 물권법(제 2 판), 법문사, 2002.

곽윤직, 물권법(제 7 판), 박영사, 2003.

김기선, 한국물권법(전정판), 박영사, 1985.

김상용, 물권법, 화산미디어, 2009.

김용한, 물권법론(재전정판), 박영사, 1996.

김준호, 물권법(전정판), 법문사, 2009.

김증한, 물권법강의, 박영사, 1988.

김증한/김학동, 물권법(제 9 판), 박영사, 1998.

송덕수, 물권법, 박영사, 2012.

오시영, 물권법, 학연사, 2009.

윤철홍, 물권법강의, 박영사, 1998.

이덕환, 물권법, 율곡미디어, 2011.

이상태, 물권법(7정판), 법원사, 2011.

이영준, 물권법(전정신판), 박영사, 2009.

이은영, 물권법(제 4 판), 박영사, 2006.

장경학, 물권법, 법문사, 1988.

최명구, 물권법, 세종출판사, 2011.

홍성재, 물권법, 대영문화사, 2006.

황적인, 현대민법론 Ⅱ, 박영사, 1988.

〔법령약어〕

가담법 – 가등기담보 등에 관한 법률

부동산실명법 – 부동산 실권리자명의 등기에 관한 법률

부등법 – 부동산등기법

민소법 – 민사소송법

민집법 – 민사집행법

입목법 – 입목에 관한 법률

주임법 – 주택임대차보호법

집합건물법 – 집합건물의 소유 및 관리에 관한 법률

채무자회생법 – 채무자 회생 및 파산에 관한 법률

* 법령표기 없는 것은 민법의 조문임

1장

물권법의 기본원칙

1 물권법이란 무엇인가

1. 물권법의 정의

부동산과 동산에 관해 누가 가장 우선적 권리를 가지는가를 정하는 원칙은 물권법에서 다루어진다. 하나의 특정된 물건에 대해 '물권'을 가진 사람이 '채권'을 가진 사람에 우선하여 배타적 지배권을 인정받는다. 하나의 부동산을 놓고 여러 사람이 다투는 경우에, 법률가는 누가 물권을 가지고 있는가를 살펴 승자를 판단하게 된다. 물권에 관한 판단은 채권과의 관계에서 이루어지므로, 채권법을 이해한 후에 물권법에 대한 정확한 이해가 가능하다.

(1) 물권법의 형식적 의미와 실질적 의미

대표적인 물권은 소유권이며 그 밖에 지상권, 지역권, 전세권, 유치권, 질권, 저당권의 여섯 가지 민법상 제한물권과 분묘기지권 등 관습법상 제한물권이 있다. 재산적 권리는 물권과 채권의 두 종류로 구분되며, 재산법은 물권법과 채권법으로 구성된다. 물권법은 소유권과 제한물권의 취득 · 변경 · 소멸을 다룬다. 형식적 의미의 물권법은 민법전의 제 2 편 「물권편」을 가리키며, 실질적 의미의 물권법은 물건에 대한 배타적 지배를 규율하는 법으로서 민법과 그 이외에 가등기담보법, 부동산실명법 등의 특별법과 관습법이 포함된다.

(2) 강행규정

물권법규정은 근대적 사유재산제를 취하는 우리나라의 사회질서에 관계되는 강행규정이다. 봉건적 토지제를 부활시키는 행위는 무효이다. 토지거래허가지역에서 허가를 받지 않고 매매계약을 체결하려는 합의는 무효(유동적 무효)이며, 허가를 얻었을 때 유효로 된다. 전세권의 존속기간을 11년으로 합의한 경우에 존속기간은 10년으로 단축된다(제312조 1 항). 물권에 관한 당사자의 합의가 물권법규정과 충돌하는 경우에, 당사자 사이에서는 효력(채권적 효력)이 발생하더라도 제 3 자에 대한 관계에서는 효력(물권적 효력)이 발생하지 않는 경우가 있다.

(3) 공공복리와 권리남용의 금지

소유권의 행사는 공공복리에 의한 제한을 받는다. 소유권이나 제한물권의 행사에 있어서는 권리남용금지의 원칙에 따라 그 행사의 한계가 설정된다. 그 밖에 건축제한 등 특별법에 의한 물권행사의 제한이 많다.

◎ 권리행사가 권리의 남용에 해당한다고 할 수 있으려면, 주관적으로 그 권리행사의 목적이 오직 상대방에게 고통을 주고 손해를 입히려는 데 있을 뿐 행사하는 사람에게 아무런 이익이 없는 경우이어야 하고, 객관적으로는 그 권리행사가 사회질서에 위반된다고 볼 수 있어야 하는 것이며, 이와 같은 경우에 해당하지 않는 한 비록 그 권리의 행사에 의하여 권리행사자가 얻는 이익보다 상대방이 잃을 손해가 현저히 크다 하여도 그러한 사정만으로는 이를 권리남용이라 할 수 없

다. 다만 이러한 주관적 요건은 권리자의 정당한 이익을 결여한 권리행사로 보여지는 객관적인 사정에 의하여 추인할 수 있다(대법원 1998. 6. 26. 선고 97다42823 판결).

2. 부동산소유제도의 변천

(1) 로 마 법

로마시대에는 하나의 토지에 관해서 한 명의 소유자만을 인정하는 단일소유권제도를 기본으로 삼았다. 로마법에서 소유권은 사용권(usus), 수익권(fructus), 처분권(abusus)의 세 권능이 하나로 결합된 종합적 권리였다.

(2) 중 세 법

중세의 봉건소유제하에서는 토지소유가 경제적 이해관계 및 사회적 신분관계와 결합되어 토지의 이용 및 처분이 자유롭지 못했다. 하나의 토지에 관해 영주의 「상층소유권」과 봉신 및 농노의 「하층소유권」이 다단계로 나누어진 소유권으로 파악되었다.

(3) 근 대 법

근대 자유주의사상의 영향으로 '사소유권절대의 원칙'이 확립되었다. 로크(John Lock)는 「시민정부론」에서 "사적 소유는 노동의 대가이므로 정당하다"고 주장했다. 국가로부터의 소유권침해를 막고 개인의 지배권능을 확대하는 쪽으로 소유권개념이 형성되었다.

(4) 현 대 법

자본집중과 토지투기로 토지소유권의 남용이 사회문제화하게 되자 토지공개념이 주장되었고, 각국에서는 부동산소유 자체 또는 소유자의 권리행사를 규제하기에 이르렀다.

3. 한국물권법의 기원

(1) 근대사상의 수용

한국민법은 근대 자유주의사상을 기초로 만들어졌다. 개인의 사소유권이 최대한 인정되며 국가는 공공복리를 위하여 부동산소유권을 제한할 수 있을 뿐이다.

(2) 한국의 고유한 제도

민법상 제한물권의 기본체계는 독일의 제도를 수용한 것이지만, 제한물권의 종류와 내용은 독일과 달리 한국의 관습을 반영하였다. 한국민법의 전세권과 관습법의 분묘기지권은 서양법에 없는 한국의 고유한 제도이다.

(3) 로마법의 영향

로마법은 한국물권법에 많은 영향을 미쳤다. ① 소유와 점유의 분리 : 로마법에서는 눈에 보이지 않는 추상적 지배권인 소유권과 소유권이 눈에 보이게 표현된 점유를 구별하였는데, 한국민법에서도 소유권과 점유권을 구분한다. ② 일물일권주의(一物一權主義) : 로마법에서는 한 개의 물건 위에 오직 하나의 완전한 소유권만을 인정했는데, 한국민법도 한 개의 소유권만을 인정하고 중첩적 소유제도는 채택하지 않는다. ③ 소유권과 제한물권의 구별 : 소유자 이외의 타인이 소유권의 일부를 일시적으로 나누어 가짐으로써 하나의 물건 위에 소유권과 제한물권이 동시에 존재할 수 있는 점은 로마법과 한국민법이 같다.

④ 공유 : 로마법의 공유는 각자의 지분권의 결합으로 구성되었다.

(4) 게르만법의 영향

게르만법에서 기원한 제도로서는 ① 부동산과 동산의 구별 ② 부동산등기제도 ③ 동산의 선의취득제도 ④ 합유와 총유 ⑤ 점유자보호 등이다. 독일의 전통법인 게르만법에서는 게베레(Gewere)라는 개념을 통해 소유권과 점유를 일체로서 파악하였으며 점유자를 강하게 보호하였다. 한국법에서는 게베레제도는 받아들이지 않았으나 점유자보호제도는 부분적으로 도입하였다.

4. 물권법의 법적 연원(法源)

(1) 성 문 법

물권에 관한 성문법(成文法)에는 헌법, 법률, 대통령령, 대법원규칙 등이 있다. 법률 중 가장 중요한 것은 민법의 물권편이며, 그 밖에 물권과 관련된 특별법이 많이 있다.

◦ 민법은 제2편 물권에서 총칙, 점유권, 소유권, 제한물권에 관한 원칙을 상세히 규정한다.

◦ 상법에는 상사유치권, 상사질권, 선박저당권, 우선특권 등 민법의 담보물권에 관한 특칙이 있다.

◦ 민사집행법의 강제집행에 관한 규정들에서는 담보물권의 실행을 위한 경매절차를 상세히 규정하고 있다.

◦ 부동산등기법에 따라서 토지와 건물에 관한 권리를 등기하여 이해관계자에게 공시한다.

◦ 부동산 실권리자명의 등기에 관한 법률은 부동산의 투기 및 명의신탁에 의한 재산은닉을 막기 위해 부동산거래에 관한 제한규정을

둔다.

◦ 집합건물의 소유 및 관리에 관한 법률은 아파트에 관한 법률관계를 다룬다.

◦ 가등기담보 등에 관한 법률, 공장저당법, 광업재단저당법 등은 부동산에 관한 담보물권의 새로운 유형을 규정한다.

(2) 관 습 법

물권의 내용에 관한 관습법(慣習法)은 민법 제 1 조에 의해 규범적 효력이 보충적으로 인정된다. 물권에 관한 법원칙 중에는 관습에 의해 발달된 것이 포함되어 있다. 관습법상의 원칙은 대개 판례에 의해 확인됨으로써 그 존재 및 내용이 확실히 드러나게 된다.

◦ 물권의 종류를 창설하는 관습법은 민법 제185조에 의해 성문법과 대등한 효력을 갖게 된다(민법 제 1 조에 대한 예외, 물권법정주의 참조). 동산양도담보권 같은 관습법상의 물권은 민법상 물권인 동산질권과 나란히 물권의 종류에 포함된다.

(3) 조 리

조리(條理)는 성문법이나 관습법이 없는 공백을 보충한다(제 1 조). 조리에는 헌법에서 도출된 일반원칙, 민법의 기초가 된 일반원칙, 법률의 역사, 비교법적 고찰, 사회통념, 정책적 고려 등이 포함된다. 조리는 학설이나 판례에 의해 발견되어 정리된다. 물권행위에 관한 이론대립은 조리의 영역에 속한다. 조리에 의해서는 물권의 종류를 창설하지 못한다.

2
물권이란 무엇인가

1. 물권의 특성

(1) 재 산 권

물권은 재산권의 일종이다. 소유권은 헌법의 보장을 받는 권리에 포함되며, 공공필요에 의하여 이를 수용·사용·제한하려면 헌법이 정하는 방법에 의해야 한다.

(2) 지 배 권

물권은 물건을 직접 지배하는 권리이며, 물권으로부터 파생된 물권적 청구권에 의해 타인의 권리방해를 예방하거나 제거한다. 물권에 의한 물건의 지배란 물권을 가지는 자가 그 대상인 물건을 지배하는 데 있어서 다른 사람의 권리를 매개로 하거나 기타 협력을 받을 필요 없이 권리를 행사한다는 것을 의미한다.

(3) 절 대 권

물권은 특정의 상대방에 대한 권리가 아니라 누구에 대하여서든 주장할 수 있는 배타적 권리이다. 채권이 채무자에 대한 상대권이라는 점과 대비된다.

(4) 양 도 성

양도성은 물권의 한 속성을 이룬다. 채권도 양도가 가능하지만 당사자가 양도할 수 없는 것으로 약정할 수 있다(제449조). 반면에, 물권은 약정에 의하여 그 양도성을 배제할 수 없다. 물권의 양도성에는 다음의 예외가 인정된다. • 지역권은 요역지의 토지의 소유자에게 속하는 것이므로 이 토지소유권으로부터 분리 · 독립하여 양도될 수 없다. 토지의 소유권이 양도되면 지역권도 양수인에게 자동적으로 이전된다(제292조). • 저당권 등의 담보물권은 설정자와 담보물권자 사이의 합의에 의해 양도성을 배제할 수 있으나 등기하여야 제 3 자에게 효력이 있다.

2. 권리의 이분(二分)

(1) 채권과 물권

민법은 재산권을 물권과 채권의 두 종류로 구분한다. 물권과 채권을 명확히 구분하는 체계는 독일식의 판덱텐체계를 수용한 것이다. 개인의 권리를 강한 권리와 약한 권리 또는 절대적 권리와 상대적 권리의 두 종류로 나누는 것은 제 3 자와의 법률문제를 명확하게 하는 장점을 갖는다. 계약당사자 사이의 합의는 공시방법을 갖춘 경우에 대외적 효력을 인정받게 된다.

(2) 소유권과 점유권의 분리

소유권은 물권에 대한 지배의 법적 정당성을 부여한다. 소유권은 물권을 사용·수익·처분할 권리가 있다고 하는 관념적 지배를 의미한다. 반면에, 물건에 대한 사실적 지배는 점유권이라는 별도의 권리로서 인정된다.

(3) 소유권과 제한물권

물권은 소유권과 제한물권으로 분류된다. 소유권과 제한물권은 우선적 효력과 물권적 청구권을 갖는다는 점에서는 공통성을 갖지만, 양자는 파생관계와 대립관계에 놓이게 된다. 소유권이 상위의 권리이고 제한물권은 소유권에서 파생된 하위의 권리라는 점에서 양자는 지위를 달리한다(파생관계). 소유권은 제한물권에 의해 그 권능에 제한을 받기 때문에 양자는 대립적인 관계에 놓인다(대립관계).

3. 물권과 물권적 청구권의 관계

(1) 물권의 방해를 막는 권리

물권자는 물권의 행사를 방해하는 사람에 대하여 목적물반환청구권, 방해제거청구권, 방해예방청구권, 생활방해금지조치에 대한 청구권, 방해로 인한 손해배상청구권 등 구체적인 내용의 청구권을 갖게 된다. 물권적 청구권은 물권으로부터 파생된 것이지만 특정인에 대한 청구권의 성격을 갖는다. 청구권은 권리자가 타인에게 작위나 부작위를 요구하는 권리이다. 물권적 청구권은 물권적인 성격을 다소 띠며, 채권에서 파생된 채권적 청구권과 성격을 달리한다.

(2) 민사소송을 위한 청구권

물권자가 소송상 또는 소외로 어떤 청구를 하기 위하여는 특정한 방해자에 대하여 물권적 청구권을 행사해야 한다. 물권이라는 지배권을 실제로 실현시키기 위해서 물권적 청구권의 행사라는 수단을 필요로 한다.

예를 들어 자동차소유자(A)가 주차장에 주차한 자동차가 누군가에 의해 도난당한 것을 발견한 경우에 어떻게 구제받을 수 있는가를 생각해 보자. 만약 A가 도둑이 누구인지 밝혀 내지 못한 상태에서 법원에 민사소송을 제기하여 "누군가 도둑을 향해서 내가 소유자라는 것을 선언하게 해 달라"라는 청구를 하려 한다면 이러한 소송은 개시되지 않는다. A는 우선 도둑(B)을 밝혀내야 하고, 그 다음으로 자기의 소유권에 기해 어떤 청구를 하려는지(물권적 청구권의 행사)를 구체적으로 밝혀야 한다. 즉 소유권이 '특정인에 대하여 특정한 행위를 요구하는 청구권'으로 구체화되어야 민사소송이 진행될 수 있다. 이 사례에서 A(원고)는 B(피고)에 대하여 물권적 청구권의 일종인 소유물반환청구권(제213조)을 행사하여 자기물건의 반환을 청구하여야 한다.

4. 물권의 객체

물권의 객체는 원칙적으로 물건이지만, 담보물권은 권리에 대하여도 설정될 수 있다. 물권의 객체에 관하여는 다음의 원칙이 적용된다.

(1) 특정·현존의 원칙

물권은 현존할 뿐 아니라 특정된 물건에만 성립한다.

- 물권은 절대적·배타적 권리이므로 특정된 물건에 대하여만 인정되며, 불특정물에 대한 배타적 권리를 인정하는 것은 옳지 않다고 본다. 특정이란 당사자의 의사에 의하여 바로 '그것'으로 지정되는 것을 말한다.
- 배타적 지배는 현존하는 물건에 대하여만 가능하므로 물권은 객체

의 현존(現存)을 요건으로 한다. 법률상 건물로 인정되기 위해서는 최소한 기둥, 지붕, 벽 등이 있어야 한다(대법원 1986. 11. 11. 선고 86누173 판결). 아직 완공되지 않은 아파트단지의 입주권은 채권에 불과하며, 완공된 후 특정 가구(예: 1동 101호)가 지정된 후에야 소유권의 취득 및 저당권의 설정이 가능하다.

(2) 일물일권주의

물권은 한 개의 독립된 물건에 관하여만 성립할 수 있으며, 한 개의 물건에 관하여 한 개의 소유권만이 성립한다. 전자를 가리켜 독립의 원칙 또는 개별의 원칙이라고 하며, 후자를 가리켜 일물일권주의(一物一權主義)라고 하는데, 양자가 그 내용상 엄격히 구분되는 것은 아니다.

◦ 물권의 객체로 되기 위해서는 다른 것들로부터 독립하여 존재해야 한다(건물에 부착된 조명시설은 독립된 물건이 아님). 독립성은 특정성의 전제가 된다. 독립성의 유무는 사회상식 또는 거래관념에 의해 결정된다.

◦ 건물의 일부가 독립한 경제적 목적을 갖고 있는 경우에 그 부분을 나누어 구분소유권의 객체로 할 수 있다(아파트, 오피스텔 등). 용익물권(전세권 등)은 부동산의 일부 위에 설정될 수 있다. 토지의 지하부분에 관해서만 구분지상권을 설정할 수 있다(제289조의2).

◦ 특별법에 의해 입목·공장재산과 같은 집합물에 대한 물권이 인정된다.

◦ 유동물(流動物)에 대한 양도담보에서는 특정의 원칙 및 일물일권주의의 예외가 인정된다. 지정된 양식시설 안의 물고기 전체에 대한 양도담보권이 인정되며, 양도담도 설정 이후에도 물고기의 반입과 반출이 허용된다.

(3) 동산・부동산의 구별

동산과 부동산은 법률상 다르게 취급되는 경우가 많다.

◦ 공시방법의 차이 : 부동산과 동산은 공시방법을 달리한다. 부동산은 등기에 의하여 공시할 수 있으나, 동산은 점유에 의하여 공시하게 된다(제186조, 제188조, 제329조, 제356조). 다만 선박・자동차・항공기・중기는 동산이지만 등기 또는 등록에 의해 공시된다.

◦ 공신의 원칙의 채택여부 : 동산거래에는 공신의 원칙이 인정되므로(제249조), 무권리자로부터 물건을 양도받은 선의의 양수인이 소유권을 취득할 수 있다. 반면에 부동산거래에 있어서는 선의취득이 인정되지 않고 부동산의 진정한 소유자가 보호된다.

◦ 제한물권의 종류 : 용익물권성을 지닌 지상권・지역권・전세권은 부동산에 관하여만 인정되고 동산에는 인정되지 않는다. 담보물권 중 저당권은 부동산에만, 질권은 동산에만 인정된다. 유치권은 동산과 부동산에 모두 인정된다.

◦ 시효취득의 차이 : 시효취득의 요건은 동산과 부동산에 따라 다르다(제245조, 제246조). 부동산은 10년의 등기부취득시효와 20년의 점유취득시효가 허용된다. 동산은 5년 또는 10년의 점유로 취득된다.

◦ 소유권취득사유의 차이 : 무주물선점(제252조)이나 부합(제256조, 제257조)으로 인한 소유권취득의 요건은 부동산과 동산이 다르게 규정되어 있다.

◦ 민사소송과 강제집행의 차이 : 부동산에 관한 소를 제기하는 경우에는 부동산이 있는 곳의 법원에 제기할 수 있다(민소법 제20조). 강제집행의 절차와 방법은 부동산인가 동산인가에 따라 다르다.

3 물권의 종류

1. 물권법정주의

(1) 물권법정주의의 의미

물권은 법률과 관습법에 의하여서만 창설될 수 있다는 원칙을 물권법정주의라고 한다(제185조). 물권은 "임의로 창설하지 못한다"는 뜻은 물권의 창설에 관하여는 계약자유에서와 같은 사적 자치를 허용하지 않겠다는 뜻이다.

◦ 당사자는 법률이 규정한 한정된 숫자의 물권종류(민법에는 7개) 또는 관습법으로 인정된 종류 중에서 하나를 선택해야 한다. 민법은 법률의 경직성을 완화하기 위해 관습법에 의한 물권의 창설을 허용한다.

◦ 당사자가 법률이나 관습법에 없는 새로운 종류의 물권을 창설하는 합의를 하더라도 그 합의는 대세적 효력을 갖지 못한다.

물권법정주의는 다음의 기능을 담당한다.

◦ 공시의 실효성확보 : 물권을 효과적으로 공시하기 위하여 물권의 종류를 한정하며 물권의 내용이 개인별 차이 없이 균일하도록 유지한다. 물권에는 당사자뿐 아니라 제3자에 대한 효력도 인정되므로, 물

권의 종류를 법에서 정하는 범위로 한정함으로써 물권의 공시를 명확하게 하려는 취지이다.

◦ 근대적 소유제의 옹호 : 민법의 부동산물권에 관한 규정은 근대적 토지소유제를 관철한 것인데, 거래당사자가 봉건적인 지주제를 부활시켜 근대적 토지소유제를 붕괴시키는 것을 방지하고자 한다.

(2) 물권법정주의의 내용

◦ 종류의 한정 : 민법, 특별법, 관습법이 정하는 물권 이외에 새로운 명칭을 가진 물권은 허용되지 않는다. 물권을 취득하려는 사람은 법률과 관습법이 정하는 물권의 종류 중에서 하나를 선택하여야 한다. 예를 들어 '아파트 입주권'은 물권으로 인정되지 못하며 그 명칭으로는 등기가 되지 않는다.

◦ 내용의 고정 : 특정한 명칭을 갖는 물권의 내용과 효력은 법률 또는 관습법에 의해서 정해진다. 당사자가 그 명칭에 법정사항과 다른 내용을 부여하는 것은 허용되지 않는다. 예를 들어 '전세권'의 설정등기를 해 놓고 전세금 없이 월세만을 지급하기로 약정하는 것은 허용되지 않는다.

(3) 물권법정주의 위반의 효과

◦ 종류강제에 위반하는 경우 : 새로운 종류의 물권을 창설하는 법률행위는 무효이다. 그러나 그 법률행위가 다른 유사한 물권을 창설하려는 것으로서 해석될 수 있는 때에는 그 다른 물권의 설정으로 활용될 수 있다(무효행위의 전환). 실제로 물권설정에서 무효행위의 전환이 일어난 예는 적다.

예를 들어 부동산 위에 질권을 설정하여 부동산질권이라는 유형을 창설하려는 행위는 무효이므로, 부동산질권은 등기할 길이 없고 따라서 물권으로서 성립하지 않는다. 그러나 당사자의 의사가 채권자로 하여금 부동산을 사용 · 수익케 허용하는 취지인 때에는 그 계약을 전세권설정계약으로 전환하여 전세권등기를 할 수 있다. 실제로 전세권으로 등기하기 위해서는 전세권설정계약이라는 명칭의 계약서를 작성해야 할 것이다. 담보물권은 물권적 효력이 인정되지 않으면 우선변제권을 확보할 수 없어 그 존재의의가 없으므로, 당사자 사이에 채권적 효력만 갖는 부동산질권이란 의미가 없게 된다.

◎ 내용강제에 위반하는 경우 : 물권의 내용을 법률이나 관습법과 다르게 합의하더라도 물권적 효력이 인정되지 않는다. 이 경우에 당사자 사이에 채권적 효력이 인정될 것인가는 규정의 성격에 따라 달라진다. 물권법의 규정 중에는 지상권의 존속기간보장(제280조)과 같이 이와 다른 내용의 합의를 허용하지 않는 규정이 있는데, 이러한 규정에 위반한 약정은 채권적 효력도 부인된다.

그러나 내용강제규정의 목적이 물권의 공시를 위한 것인 경우 또는 어떤 물권 내용규정이 당사자의 이익조정을 위한 임의규정의 성격을 가지는 경우에, 당사자 사이의 채권적 효력은 인정된다. 예를 들어 공유자의 지분을 균등한 것으로 추정하는 규정(제262조)은 공유자간에 이와 다른 합의를 허용하며, 그 합의는 등기되지 않는 한 채권적 효력을 가질 뿐이다. 민법 제309조는 전세권자가 목적물 현상유지 · 수선의무를 지도록 규정하지만, 전세권설정자가 건물의 수선의무를 진다는 합의는 유효하다.

2. 민법에 규정된 물권의 종류

(1) 소 유 권

물건에 대한 전면적 지배권을 소유권이라고 한다. 소유자는 법률의 범위 내에서 그 소유물을 사용·수익·처분할 권리가 있다(제211조). 단일소유권제에 따라 하나의 물건에 대하여는 하나의 소유권만이 인정된다. 하나의 소유권은 한 명의 소유자가 독점하는 것이 보통이지만, 다수의 소유자가 지분으로서 공유하거나 부분을 지정하여 구분소유할 수 있다.

(2) 제한물권

소유자는 소유권의 권능을 일부 떼어 내어 제한물권을 설정할 수 있다. 소유권 중 사용·수익권을 분리해 내어 타인에게 한시적으로 목적물을 사용·수익케 하는 경우를 용익물권이라고 하고, 처분권을 분리해 내어 타인에게 일시적으로 제공하는 경우를 담보물권이라고 한다.

◦ 지상권 : 타인의 토지에 건물 기타 공작물이나 수목을 소유하기 위하여 그 토지를 사용하는 물권(용익물권)을 지상권이라고 한다(제279조).

◦ 지역권 : 일정한 목적을 위하여 타인의 토지를 자기토지의 편익에 이용하는 권리로서 제한물권(용익물권)의 성질을 갖는 것을 지역권이라고 한다(제291조).

◦ 전세권 : 타인의 부동산을 사용·수익하기 위하여 전세금을 지급하고, 그 전세금의 반환청구권에 관하여 그 타인의 부동산을 담보로 삼을 수 있는 물권을 전세권이라고 한다(제303조). 전세권은 타인의 부동산에 대한 용익물권이면서 동시에 담보물권의 성격을 갖는다.

◦ 유치권 : 타인의 물건을 점유한 자가 그 물건에 관하여 생긴 채권의 변제를 받을 때까지 물건을 유치할 수 있는 권리를 유치권이라고 한다(제320조). 유치권은 담보물권의 일종인데, 당사자의 설정계약에 의해 발생하는 것이 아니라 법률의 규정에 의해 발생하므로 법정담보물권이라고 한다.

◦ 질권 : 질권은 동산질권과 권리질권으로 나뉜다. 동산질권은 채권

의 담보를 위해 동산을 점유하고 채무불이행시에 그 동산으로부터 우선변제를 받을 수 있는 권리를 말한다(제329조). 권리질권은 질권자가 재산권을 양도받았다가 채무의 이행이 없으면 그 재산권에서 만족을 얻을 수 있는 권리를 말한다(제329조). 동산질권과 권리질권은 당사자의 설정계약에 의해 성립하는 약정담보물권이다.

◎ 저당권 : 채무자가 담보로 제공한 부동산의 교환가치를 확보해 두었다가 채무불이행이 있으면 그 부동산을 경매하여 우선변제받을 수 있는 권리를 저당권이라고 한다(제356조). 저당권은 목적물에 대한 점유할 권리를 포함하지 않는 비점유담보의 일종이며, 약정담보물권이다.

(3) 점 유 권

점유권은 물건을 사실상 지배하는 사람에게 부여되는 법적 보호이다(제192조). 점유권은 국가질서를 위하여 점유자가 물건을 사실상 지배하고 있는 상태를 존중하는 현상적 권리이다. 다른 물권은 어떤 물건을 지배할 자격이 있다고 법이 승인함으로써 물건을 점유할 권리(본권)를 인정받으며, 현재의 지배상태를 고려하여 결정되는 것은 아니다.

3. 관습법상 물권

(1) 관습법에 의해 인정된 물권

관습에 비추어 독자적인 유형의 물권이 이용되는 것이 사실이며 이것이 시민의 법적 확신을 얻은 경우를 관습법이라고 한다. 관습법상 물권은 물건에 대하여 대세적 · 배타적 효력을 인정하는 권리에 관한 것에 한정된다. 이 점에서 관습법상의 물권은 사실인 관습에 기한 채권적 권리와 구별된다. 만약 물권의 종류를 법률에 정하는 것만으로 한정한다면, 사회의 요청에 부응하지 못하는 경우가 생길 수 있으므로 관습법에 의한 물권이 추가로 인정된다.

◎관습법으로서 인정되기 위한 요건 : 사람들이 반복하여 이용한다는 관습이 존재할 것, 그 관습이 정당하다는 시민들의 법적 확신이 존재할 것, 그 관습이 근대적 소유제도 및 제한물권제도와 조화를 이룰 것 등이 그 요건이다.

◎관습법에 의한 물권창설의 사례 : ① 분묘기지권이나 경작권과 같이 전통적인 제도에 바탕을 둔 경우 ② 거래의 필요성에 따라 새로운 종류의 물권을 설정하는 경우 — 대개 금융거래와 관련한 담보물권에서 발견된다. ③ 민법의 규정을 적용하는 과정에서 생기는 불합리를 제거하기 위하여 관습법상 물권을 인정해야 할 경우가 있으며, 관습법상 법정지상권이 그 대표적인 예이다.

(2) 관습법상 물권의 모습

◎관습법상 법정지상권 : 동일인의 소유에 속하는 대지와 그 지상건물이 매매 등으로 각각 소유자를 달리하게 된 경우에, 건물소유자가 일정한 요건 아래 대지를 사용할 지상권을 갖게 되는 경우에 법정지상권이 인정된다. 관습법에 의한 '등기하지 않은 지상권'은 공시의 원칙에 대한 예외를 인정한 것이다. 이러한 관습법상 물권은 원칙에 어긋나기는 하지만 물권법질서를 교란시킬 정도가 아니므로 예외로서 허용되는 것이다.

◎분묘기지권 : 분묘기지권은 분묘를 수호하고 봉사하는 목적을 달성하는 데 필요한 범위 내에서 타인의 토지를 사용할 수 있는 지상권 유사의 관습상의 물권이다. 분묘기지권은 등기 없이 취득한다(대법원 1996. 6. 14. 선고 96다14036 판결 등 다수판례).

◎경 작 권 : 경작권이란 토지에 농작물을 재배하는 토지에 대한 일종의 점유권이다. 토지를 무단히 개간, 경작했더라도 경작권이 인정되

고 그 경작권의 매매는 유효하다(대법원 1981. 2. 24. 선고 80다2811 판결).

◦ 어 업 권 : 타인의 방해를 받지 않고 일정한 공유수면에 출입하여 수산동식물을 채취할 수 있는 관습법상의 물권이다(대법원 1999. 9. 3. 선고 98다8790 판결).

◦ 동산양도담보와 소유권유보부매매 : 동산양도담보 중에서도 「집합동산에 대한 양도담보권」 및 「유동물에 대한 양도담보권」이 새로이 물권의 유형으로 발전되었다. 집합동산에 대한 양도담보권은 물권의 객체를 하나의 물건이라고 보는 일물일권주의(一物一權主義)에 대한 예외를 인정하는 관습법상 물권이다.

◦ 부동산에 관한 담보물권으로서 종래 「가등기담보」, 「부동산의 양도담보」, 「재매매의 예약」 등이 이용되었고 가등기담보법의 제정(1983)으로 법률의 규정에 의한 물권으로 되었다.

◦ 온천권은 토지나 건물이 아닌 오직 물을 객체로서 삼는데, 물에 관한 배타적 권리를 인정하는 것은 적절치 않으므로 관습상 물권으로 인정하지 않는다(대법원 1970. 5. 26. 선고 69다1239 판결).

쟁점정리 : 민법 제185조와 제 1 조의 관계

관습법상 물권을 인정하는 제185조는 법의 연원을 규정하는 제 1 조의 특칙이다. 민사에 관하여 법률에 규정이 없으면 관습법에 의하고 관습법이 없으면 조리에 의한다(제 1 조). 이에 따르면 관습법은 법률의 공백을 보충하는 보충적 효력을 인정받을 뿐이다. 반면에 물권은 법률 또는 관습법에 의하는 외에는 임의로 창설하지 못한다(제185조). 이에 따르면 법률과 관습법은 대등적 관계에 놓인다.

민법 제185조가 물권에 관한 관습법에 법률과 대등한 효력을 인정하는가 또는 보충적 효력을 인정하는가에 관해서 학설이 대립한다(대등적 효력설과 보충적 효력설).

일반원칙인 제 1 조와 특칙인 제185조는 규율범위 및 역할이 다르다. 제 1 조는 민법총칙, 물권법, 채권법, 친족법, 상속법 등 민사의 모든 영역에 걸쳐서 적용된다. 반면에 제185조는 물권법 중에서도 물권의 종류만을 규율대상으로 한다.

- 물권법에는 물권의 종류와 관련되지 않는 규정도 많이 있다. 예를 들어 부동산 물권변동에 관한 형식주의(제186조)는 물권의 종류보다 차원 높은 규정으로서 제 1 조의 적용을 받으므로 형식주의를 폐지하고 의사주의를 취하는 관습법은 허용될 수 없다.
- 분묘기지권 같은 관습법상 물권을 등기 없이 설정하는 것은 물권의 종류를 추가하는 것으로서 제185조에 의해 허용된다.

4

물권의 효력

1. 소유권의 권능

(1) 사용 · 수익권

소유권의 권능은 사용 · 수익권과 처분권으로 나뉜다. 사용 · 수익권(使用收益權)은 권리자가 목적물을 직접 지배하여 그 물건으로부터 사용의 이익을 누리고 과실, 차임 등 수익을 거둘 수 있다는 것을 의미한다. 소유자가 갖는 과실수취권은 그의 사용 · 수익권에서 파생된 것이다. 소유자는 사용 · 수익권을 스스로 향유하거나 타인에게 임차권, 지역권, 지상권을 설정해 주어 그 타인에게 넘겨줄 수 있다. 예외적으로 소유자의 과실수취권보다 점유자의 과실수취권이 우선하는 경우가 있다. 선의로(자기의 소유로 오신하고) 물건을 점유한 사람은 과실수취권을 가지므로, 그가 진정한 소유자에게 물건을 반환할 때에 그 동안 수취한 과실은 반환할 필요가 없다(제201조 1항).

(2) 처 분 권

소유자는 타인에게 물권을 양도하거나 담보로 설정해줄 처분권(處分

權)을 가진다. 목적물의 소유권을 타인에게 양도하거나 그 물건 위에 담보물권을 설정함으로써 물건의 교환가치를 취하는 것을 가리켜 처분이라고 말한다. 교환가치란 소유자가 타인에게 소유물을 양도함으로써 얻을 수 있는 시가 상당의 금전적 이익을 말한다. 소유자가 물건의 사용가치와 교환가치를 전부 타인에게 넘겨주는 경우를 소유권의 양도라고 하고(예: 시가 백만원의 물건을 백만원에 팔아넘길 경우), 교환가치의 일부만을 타인에게 일시적으로 넘겨주는 경우를 입질(入質) 또는 담보물권의 설정이라고 한다(예: 시가 백만원의 물건을 전당포에 맡기고 오십만원을 빌려쓰는 경우). 소유자가 아닌 제한물권자(용익물권자 또는 담보물권자)도 자기의 제한물권을 타인에게 양도하거나 담보제공(입질)할 수 있는데, 이때 제한물권의 처분이 생기게 된다.

소유자의 처분권은 다음 경우에 제한된다.

◦ 담보물권의 설정 : 물건에 담보물권이 설정되면 소유자의 처분권은 그 담보물권의 범위에서 제한된다.

◦ 가등기된 부동산 : 부동산에 관하여 가등기가 있는 경우에 소유자는 가등기권리자에 대한 관계에서 처분권의 제한을 받는다. 그러나 가등기가 되어 있는 부동산이라도 소유자가 처분하는 것 자체가 완전히 금지되지는 않는다.

◦ 법원의 처분금지명령 : 법원이 소유자에게 처분금지가처분과 같은 상대적 처분금지를 한 경우에 소유자의 처분권이 제한된다.

2. 물권의 배타적 효력

(1) 배타적 효력

소유자가 물건에 관하여 전면적 지배권을 행사하므로 제 3 자는 이를 침해하거나 방해해서는 안 된다. 제 3 자는 제한물권자에 대하여도 그 제한물권의 행사를 방해하는 행위를 해서는 안 된다. 물권의 배타성으로부터 그 물권에 대한 침해·방해가 있는 경우에 물권적 청구권이 발생한다. 물권자는 방해자에 대하여 물권적 청구권으로서 물건반환청구권, 방해예방청구권, 방해배제청구권을 행사할 수 있다.

(2) 대세적 효력

물권은 절대권으로서 누구에 대한 관계에서나 물권의 존재와 효력을 인정받는다. 타인의 물건을 점유하거나 사용하려는 사람은 소유자로부터 계약 등을 통해 허락을 얻어야 한다. 제한물권자가 자기의 권능 중 일부를 타인에게 행사케 하는 계약을 체결한 경우에, 소유자와 제한물권자는 그 계약에 따라 타인의 사용·수익을 인용해야 할 계약상의 의무를 진다.

- 부당이득반환 : 허락 없이(무단으로) 타인의 물건을 사용한 경우에, 무단사용자는 물건의 사용가치를 부당이득(법률상 원인 없는 이득)으로서 반환하여야 할 의무를 진다.
- 손해배상 : 타인의 물건을 파손하여 소유권을 소멸시키거나 축소시킨 경우에, 무단사용자는 불법행위에 의한 손해배상의무(제750조)를 진다.

3. 물권의 우선적 효력

하나의 물건에 대해 여러 개의 권리가 경합하는 경우에 다른 권리를 제치고 그 물건을 지배할 수 있는 효력을 가리켜 우선적 효력이라고 한다. 어떤 물권과 양립할 수 없거나 행사의 순서가 문제되는 채권이 있는 경우에, 물권은 대립하는 채권보다 우선적 효력을 갖는다.

(1) 물권 상호간의 우열

물권과 물권 사이에 경합이 벌어져 권리의 우열이 문제될 수 있다. 물권상호간의 우선순위를 정하는 원칙은 다음과 같다.

- 먼저 성립한 물권이 나중에 성립한 물권보다 우선한다.
- 양립할 수 없는 물권 상호간에는 하나의 물권이 성립하면 다른 물권은 성립하지 않는다. 소유권은 동시에 두 개가 성립하지 못한다. 하나의 물건에 여러 개의 제한물권이 병존 또는 충돌하는 경우에, 양립할 수 있는 제한물권 상호간에는 우선순위에 따라 물건을 지배할 수 있고 양립할 수 없는 제한물권은 우선권이 있는 것만이 성립하고 그렇지 않은 것은 탈락한다.
- 소유권은 물건을 전면적으로 지배하는 권리이고 민법은 단일소유권제도를 취하므로, 하나의 물건에 대해 전면적 지배를 주장하는 여러 개의 권리가 경합하게 되면 하나의 소유권만이 인정된다. 다만 소유권보다 우선순위를 갖는 제한물권, 채권 등에 의해서 제한받을 수 있다.
- 용익물권은 다른 용익물권과 양립할 수 없으므로 하나의 물건에 대하여 하나의 용익물권만이 성립하게 된다. 다만 물건의 일부를 구분하여 서로 다른 부분을 사용하는 경우에는 용익권 사이의 충돌이 생기지 않는다.
- 담보물권은 동시에 여러 개 성립할 수 있으며 성립시기에 따라 우선변제의 순위가 결정된다. 담보물권은 원칙적으로 물건을 사용하지 않고 그 처분권만을 확보해 두는 권리이므로, 용익물권과 충돌하지 않고 양립할 수 있다. 하나의 목적물에 여러 개의 담보물권이 성립하더라도 각 담보물권자는 순서에 따라 우선변제를 받을 수 있기 때문에, 여러 개의 담보물권도 양립이 가능하다.
- 점유권은 본권과의 관계에서 우선적 효력이 없다. 점유권은 본권

과 차원을 달리하므로 경합관계에 놓이지 않는다.

(2) 물권의 채권에 대한 우선적 효력

물권과 채권이 경합하면 원칙적으로 물권이 우선한다. 채권이 물권보다 먼저 성립하였더라도 물권의 우선적 효력에는 영향이 없다. 목적물에 대한 강제집행이나 파산절차가 실시될 때 물권자가 채권자보다 우선변제권, 환취권(소유자), 별제권(담보물권자) 등의 우선적 효력을 누린다. 예외적으로 가등기된 채권과 대항력 있는 임차권은 물권과 같이 우선적 효력을 갖는다.

- 부동산물권을 취득하기 위한 가등기는 그 이후에 등기한 물권자보다 우선적 효력을 갖는다. 가등기된 권리는 채권(소유권이전청구권)이지만 가등기된 이후에는 순위확보의 효력이 인정되어 물권의 취득에 관하여 다른 권리보다 우선적 효력을 갖게 된다.
- 등기된 부동산임차권 및 대항요건(전입신고와 물건의 인도)을 갖춘 주택임차권은 물권과 거의 대등한 효력을 인정받는다. 대항력 있는 임차권은 마치 용익물권이나 담보물권과 같이 등기 또는 대항요건의 취득 선후에 따라 다른 권리와의 우열관계가 생긴다.

사례연습 〈부동산의 사용 · 수익을 목적으로 하는 물권과 채권〉

타인이 소유자로부터 사용 · 수익권을 넘겨받는 방법에는 채권을 취득하는 방법과 용익물권을 취득하는 방법의 두 종류가 있다.

- 임차권 : 채권자(임차인)는 소유자(임대인)에 대하여 갖는 채권(임차권)에 기하여 채권자가 누려야 할 사용 · 수익의 권능을 자기가 일시적으로 누리도록 허락해 줄 것을 청구한다는 법적 구성에 의해 목적물을 사용 · 수익한다.

- 용익물권 : 용익물권자는 소유자에 대한 관계에서 소유자의 사용·수익권을 일시적으로 넘겨받는다는 점에서는 채권자와 같으나, 제3자가 그 용익물권을 함부로 침해할 수 없는 대세적 효력을 갖는다는 점에서 물권의 성질을 갖는다.
- 대항력 있는 임차권 : 채권이라도 법률상 요건을 충족하여 대항력을 취득한 경우에(등기된 임차권, 주민등록을 이전한 주택임차인) 용익물권과 유사한 효력을 갖는다.

예를 들어 주거용 건물의 소유자 A가 집세를 받아 살림에 보태기 위해 방을 세 개 비워 B·C·D에게 방 한 칸씩 세를 놓은 경우를 상정해 보자. B는 대학생으로서 그 집으로 주민등록을 이전하지 않은 채 월세로 살고 있는 반면(순수한 채권), C는 그 집으로 주민등록을 이전하고 월세(월 50만원)로 살고 있다(대항력있는 채권). D는 그 건물의 일부에 대해 전세권등기를 하고 전세금(5천만원)을 내고 살고 있다. 그 동안 A의 집은 A에게 양도되어 A가 새 소유자로서 집을 비워 달라고 요구했다. 이 경우 B·C·D의 지위는 각각 다르게 된다. 이 사례에서 B는 자기의 임차권을 가지고 새 소유자에게는 주장할 수 없으므로(채권은 상대적 효력을 가짐) A의 명도청구에 응해야 한다. C는 대항력 있는 임차권을 갖고 있으므로 새 소유자에게 대항하여 원래의 임대차기간이 만료할 때까지 A에게 월세를 내고 계속 살 수 있다. A는 부담 있는 소유권을 양수받았으므로 D는 용익물권자로서 등기된 존속기간까지 계속 살 수 있고 기간이 만료하면 A로부터 전세금을 반환받아 나가게 된다.

---

4. 이중매매의 법률관계

(1) 채권이 경합하는 경우

하나의 부동산에 관한 두 개의 매매계약은 아직 이행에 착수(예: 중도금지급)하기 전까지는 자유로운 경합관계에 놓인다. 두 개의 매매계약은 각각 채권을 발생시키는 데에 불과하기 때문에 양자 사이에 우열을 가릴 수는 없다. 채권자 중의 한 사람이 먼저 물권을 취득한 경우(등기완료)에는 물권자가 우선적 효력을 누리고 채권자는 그 경합에서 낙오하게 된다.

예를 들어 부동산의 소유자 A는 그 부동산을 B에게 5억원에 팔기로 매매계약을 체결하고 계약금 5,000만원을 받았다. 그 후 C가 나타나서 6억원에 그 부동산을 사겠다고 하자 계약금 6,000만원을 받고 A·C간에 매매계약을 체결했다. 이 경우 누가 소유권을 취득하는가 하는 문제를 상정해 보자.

이 경우 소유자 A는 하나의 부동산에 관해 이중매매를 한 것이다. 매매계약에 의해 제 1 매수인 B와 제 2 매수인 C가 보유하는 권리는 배타성이 없는 채권에 불과하므로 여러 개의 채권이 동시에 존재해도 무방하다. B와 C는 누가 A로 하여금 소유권이전의 의사를 얻어 낼 것인가에 관해 경쟁의 관계에 있다. C가 높은 가격을 제시했으므로 후에 계약을 체결했더라도 A로부터 소유권이전의사와 등기서류의 교부를 얻어 낼 가능성이 높다. 그러나 B가 A에게 나도 1억원을 더 붙여 주겠다고 제안하여 소유권이전의사를 얻어 낼 수도 있는 것이다. 어쨌든 먼저 등기를 경료한 사람이 소유권을 취득하게 된다. 만약 C가 소유권이전등기를 경료했다면 C가 소유권을 취득하게 되고 그 소유권은 누구에 대하여나 주장할 수 있다. B가 갖는 권리는 A에 대한 채권일 뿐이므로 C에 대해서는 주장할 수 없고(채권의 대인적 효력) A에 대하여 계약금의 반환과 더불어 위약금(5,000만원) 또는 채무불이행에 따른 손해배상(중도금을 낸 경우에 한함)을 청구할 수 있다.

◎ 부동산의 이중양도 : 매도인이 하나의 부동산을 이중으로 매매하더라도 매매계약 그 자체만으로는 위법한 행위가 되지 않는다. 민법 제565조 1항에서는 매매당사자가 계약금 상당의 해약금을 배상하고

계약을 해제할 수 있도록 허용하고 있다. 단 이 규정에 의한 해약은 「상대방이 이행에 착수할 때까지」(판례는 대개 중도금 지급까지로 해석)라는 시간적 한계를 갖는다. 매도인은 이중매매 이후에 하나의 매매계약을 해제하고(중도금을 받기 전에) 다른 하나의 매매계약만을 유지시킬 수 있다. 그러나 중도금을 받은 이후에 그 계약을 이행하지 않는 것은 위법한 채무불이행으로서 손해배상의무를 발생시킨다(제390조). 법경제학에서는 이와 유사한 사례에서 매도인이 자기의 경제적 이익을 추구하기 위하여 종전의 매매계약을 파기하는 것을 가리켜 효율적 계약파기(efficient breach of contract)라고 한다.

◎ 동산의 이중양도 : 매도인이 매수인으로부터 중도금을 수령한 이후에 매매목적물인 '동산'을 제 3 자에게 양도하는 행위는 형법상 배임죄에 해당하지 않는다(대법원 전합 2011. 01. 20. 선고 2008도10479 판결). 즉 매매의 목적물이 동산일 경우, 매도인은 매수인에게 계약에 정한 바에 따라 그 목적물인 동산을 인도함으로써 계약의 이행을 완료하게 되고 그때 매수인은 매매목적물에 대한 권리를 취득하게 되는 것이므로, 매도인에게 자기의 사무인 동산인도채무 외에 별도로 매수인의 재산의 보호 내지 관리 행위에 협력할 의무가 있다고 할 수 없다. 동산매매계약에서의 매도인은 매수인에 대하여 그의 사무를 처리하는 지위에 있지 아니하므로, 매도인이 목적물을 매수인에게 인도하지 아니하고 이를 타에 처분하였다 하더라도 형법상 배임죄가 성립하는 것은 아니다.

(2) 물권에 준하는 채권의 경우

한 개의 매매계약이 이미 상당부분 이행되어(잔금지급 등) 부동산에 대한 점유이전이 이루어졌으나 아직 등기가 되지 않고 있는 동안 매수인은 물권에 준하는 채권자로서의 우월한 지위를 누리게 된다. 첫번째 매매계약의 이행과 점유이전 이후에 그 사실을 알고 있는 제 3

자가 두 번째 매매계약을 체결한 경우에 그 매매계약은 사회질서에 어긋나는 법률행위(제103조)가 되어 무효로 된다. 비록 제 2 매수인이 그 매매계약을 기초로 하여 잔금지급과 등기완료를 실행했다 하더라도 그 등기는 말소의 대상이 되는 부실등기에 불과하다. 제 1 매수인은 매도인의 등기말소청구권을 대위하여(채권자대위권) 제 2 매수인에게 등기명의를 매수인에게 돌려놓을 것을 청구할 수 있다(소송상청구 또는 소송외청구). 이렇게 매도인에게 돌려놓은 등기명의를 기초로 제 1 매수인은 자기의 매매계약에 기한 소유권이전등기를 청구하여 자기 앞으로 등기를 해 둠으로써 소유권을 취득하게 된다.

사례연습 〈반사회적 이중양도의 무효〉

판례는 '반사회적 이중양도의 무효의 법리'를 발전시킴으로써 이중매매 중의 일정한 경우는 사회질서에 위반되는 것으로서 등기하더라도 무효로 본다(대법원 1975. 11. 25. 선고 75다1311 판결 등 다수판례).

- 요건 : 반사회적 이중양도에 해당하기 위해서는 위의 상황 이외에 ① 제 1 매수인 B가 A에게 잔금을 다 내고 점유를 이전받아 등기만 안 했지 「사실상의 소유자」의 지위에 있을 것 ② 제 2 매수인 C가 A와 「배임행위에 가담하는 거래」를 하여(C가 B가 사실상 소유자임을 알고 해칠 의사가 있을 것) 소유권이전등기를 경료하였을 것의 두 요건이 추가되어야 한다.

이중양도의 반사회성을 인정하기 위해서는 제 2 양수인이 양도인의 배임행위를 아는 것만으로는 부족하고, 나아가 배임행위를 유인, 교사하거나 이에 협력하는 등 적극 가담하는 것이 필요하다 할 것인데, 이때에는 제 2 양수행위의 상당성과 특수성 및 제 2 양도계약의 성립과정, 경위, 양도인과 제 2 양수인의 관계 등을 고려하여 판단하여야 한다(대법원 2008. 2. 28. 선고 2007다77101 판결).

- 효과 : 소유자 A로부터 C에게 매도하는 매매계약은 민법 제103조

에 의하여 무효이고, 그 매매계약에 기한 소유권이전등기는 원인무효의 등기로서 소유권이전은 일어나지 않는다. 그러나 등기부상은 C가 소유자인 것처럼 등기되어 있으므로, B는 A · C간의 매매계약이 무효라는 것을 주장하여 A의 명의로 등기를 복귀시키고 나서 A에 대하여 B에게로의 소유권이전등기를 청구할 수 있다.

부동산의 이중매매가 반사회적 법률행위에 해당하는 경우에는 이중매매계약은 절대적으로 무효이므로, 당해 부동산을 제 2 매수인으로부터 다시 취득한 제 3 자는 설사 제 2 매수인이 당해 부동산의 소유권을 유효하게 취득한 것으로 믿었더라도 이중매매계약이 유효하다고 주장할 수 없다(대법원 1996. 10. 25. 선고 96다29151 판결).

---

5. 물권적 청구권

(1) 물권의 방해에 대한 구제

물권적 청구권이란 물권의 행사가 침해당하거나 또는 침해당할 우려가 있는 경우에 그 침해의 제거 또는 예방을 청구할 수 있는 물권자의 권리를 말한다. 민법은 물권의 완전한 실현이 방해받는 경우에 물권자에게 물권적 청구권을 부여함으로써 방해자에 대하여 일정의 행위(목적물반환, 방해제거, 방해예방)와 물권회복까지의 손해배상(제204조 등)을 청구할 수 있도록 배려한다. 그 밖에 대항력 있는 부동산임차권(특수한 채권)의 경우에도 물권과 유사하게 물권적 청구권의 일종인 방해배제청구권이 인정된다(다수설). 방해자의 고의 · 과실은 물권적 청구권의 행사요건이 아니며, 이 점은 불법행위에 기한 손해배상청구권과 다른 점이다.

(2) 방해자에 대한 청구권

물권적 청구권은 물권의 효력으로 생기는 청구권으로서, 그 성질은 순수하게 물권적도 아니고 순수하게 채권적도 아닌 「채권에 준하는 청구권」으로 파악된다.

◦ 물권적 청구권은 상대방(방해자)의 귀책사유를 요건으로 하지 않고 방해의 상태가 야기되어 있으면 그 방해상태를 제거하기 위해 발생한다.

◦ 물권적 청구권은 물권과 운명을 같이 한다. 물권과 함께 이전되고 물권과 함께 소멸된다. 다만 발생만은 물권에 대한 침해, 방해 등 필요성이 있을 때에 발생한다.

◦ 물권적 청구권은 부분적으로 채권적 청구권의 성격을 가지므로 이행청구, 이행지체, 채권자지체, 강제이행, 손해배상 등 채권법의 기본원칙의 적용을 받는다.

(3) 점유보호청구권과 본권에 기한 물권적청구권

◦ 점유권에 기한 물권적 청구권은 현상 그대로의 질서안정을 위하여 현재 상태의 점유가 침해되거나 방해받을 경우에 인정되며, '점유보호청구권'이라고 부른다.

◦ 본권에 기한 물권적 청구권은 물권이 가져야 할 권능을 실제 갖추게 하기 위하여 인정된다. 이는 있어야 할 질서로의 안정을 꾀하기 위해 인정된다. 본권에 기한 물권적 청구권은 소유권에 기한 것과 제한물권에 기한 것으로 분류된다. 민법은 지상권, 지역권, 전세권, 저당권에 관해 물권적 청구권을 인정하는 규정을 두고 있으며, 질권에 관해서는 입법상 과오로 명문규정을 빠뜨린 것으로 보아 학설상 물권적 청구권을 인정한다. 다만 유치권에 관해서는 본권에 기한 물권적 청구권은 인정하지 않는다(점유보호청구권만 인정).

(4) 청구의 내용에 따른 분류

◎ 물권적 반환청구권 : 제 3 자가 물권의 객체인 목적물의 점유를 침탈하거나 반환을 거부함으로써 물권이 침해되는 경우에 물권자가 침해자에 대하여 그 반환을 청구할 수 있는 권리이다. 소유권에 기한 토지인도청구 또는 건물명도청구의 사건은 물권적 청구권 행사의 대표적인 예이다. 그 밖에 동산인도청구의 경우도 종종 있다.

◎ 물권적 방해제거청구권 : 목적물에 대한 점유의 침탈 및 반환거부 이외의 방법으로 물권의 행사가 방해되는 경우에 물권자가 방해자에 대하여 방해의 제거를 청구하는 권리이다. 생활방해의 금지청구(제217조) 또는 환경권과 관련된 안온방해의 제거청구권은 물권적 방해제거청구권의 성격을 갖는다. 건물철거청구(일부 또는 전부) 또는 토지 위의 적하물 제거청구 등이 행해진다.

예를 들어 B가 A의 토지에 권한 없이 건물을 건축하는 경우 A는 B에 대하여 그 건물의 철거 및 토지의 인도를 청구할 수 있는데 그 철거청구는 소유권에 기한 방해제거청구권을 행사하는 것이며 인도청구는 소유물반환청구권을 행사하는 것이다. 생활방해금지조치에 대한 청구권의 예로서는 정신병원이나 영안실의 설치로 인한 방해의 중지청구, 백화점이나 극장 등의 건축으로 인한 안온방해의 제거 및 예방청구, 일조권침해를 예방하기 위한 건축고도의 제한을 요구하는 경우 등 모습이 다양하다.

◎ 물권적 방해예방청구권 : 물권의 침해가 현실적으로 발생하지는 않았지만 장래 발생할 염려가 있는 경우에 그 발생을 저지하기에 필요한 일체의 작위 및 부작위를 청구할 수 있는 권리이다. 건축을 위한 지하굴착에 대하여 이웃토지소유자들이 붕괴에 대비한 안전조치를 요구하는 경우에 많이 사용한다. 그 밖에 건축중지청구 등도 있다. 예를

들어 B가 건축공사로 토지를 채굴하여 인근 A의 빌딩이 붕괴될 우려가 있는 경우 A는 B에 대하여 지반공사를 철저하게 할 것을 청구하거나(작위청구), 공사를 하지 말 것을 청구할 수 있다(부작위청구).

◎ 등기말소청구권 : 등기부상 진실한 소유자의 소유권에 방해가 되는 부실등기가 존재하는 경우에 그 등기명의인이 허무인인 때에는 소유자는 그와 같은 허무인 명의로 등기행위를 한 자에 대하여 소유권에 기한 방해배제로서 등기행위자를 표상하는 허무인 명의등기의 말소를 구할 수 있다(대법원 1990. 5. 8. 선고 90다684, 90다카3307 판결).

(5) 물권적 청구권과 소멸시효

물권적 청구권은 소멸시효에 걸리는가. 점유보호청구권에 관하여는 제척기간의 규정이 있으나(제204조 3항 등), 본권에 기한 물권적 청구권에 관하여는 명문의 규정이 없다.

① 소유권에 기한 물권적 청구권

소유권과 같이 그에 기한 물권적 청구권도 소멸시효에 걸리지 않는다고 해석된다(다수설, 20년의 소멸시효에 걸린다는 소수설 있음). 소멸시효에 관한 민법 제162조 2항의 해석으로 소유권은 소멸시효에 걸리지 않는데 물권적 청구권만이 소멸시효에 걸린다면 소유권은 있어도 물건의 반환을 청구할 수 없고 점유자는 소유권을 갖지 않는 데도 반환할 필요가 없다는 부당한 결과가 생긴다는 점, 그리고 제3자가 이를 양수하려고 하더라도 소유자나 점유자의 그 누구한테도 양도를 청구하지 못한다고 하는 모순이 생긴다는 점을 근거로 든다.

판례도 "부동산 매매계약의 합의해제에 따른 매도인의 원상회복청구권은 소유권에 기한 물권적 청구권이고, 이는 소멸시효의 대상이 아니다"라고 한다(대법원1982. 7. 27. 선고 80다2968).

② 제한물권에 기한 물권적 청구권

제한물권에 기한 물권적 청구권은 제한물권과 독립하여 시효에 걸리는가에 관해서는 종래부터 학설의 대립이 있어 왔다.

◦ 긍 정 설 : 제한물권이 존속하더라도 특정인에 대한 물권적 청구권만이 소멸시효로 소멸할 수 있다는 견해이다. 물권적 청구권이 물권에 대한 침해상태가 계속되는 동안 끊임없이 발생하는 상태권의 성격을 갖더라도 소멸시효에 걸린다고 보아야 하며 그 기산점은 최초의 권리를 행사할 수 있는 시점, 즉 최초로 물권의 침해상태를 안 때로부터 기산해야 한다고 주장한다.

◦ 부 정 설 : 제한물권이 존속하는 한 그에 기한 물권적 청구권이 단독으로 시효소멸하는 일은 없다고 보는 견해이다. 물권적 청구권은 물권에 부종하는 청구권이므로 물권적 청구권만이 그 기초인 물권과 분리, 독립해서 소멸시효에 걸릴 수 없다고 한다.

제한물권에 기한 물권적 청구권의 시효소멸에 관해 직접 언급한 판례는 없다. 부동산양도담보에서 피담보채무의 변제후 설정자가 갖는 등기청구권은 물권적 청구권(소유권에 기한 물권적 청구권으로 해석)으로서 시효소멸하지 않는다고 하였다(대법원 1979. 2. 13. 선고 79다24126 판결).

쟁점정리 : 물권적 청구권의 성격과 방해제거비용의 부담

물권적 청구권의 성질이 행위청구권인가 인용청구권인가의 문제에 관해 학설대립이 있는데, 이 문제는 점유의 회수 및 방해의 제거에 드는 비용을 누가(물권자 또는 상대방) 부담할 것인가 하는 비용부담의 문제와 연결된다.

① **행위청구권설** : 물권적 청구권은 물권자가 상대방에게 적극적인 행위를 요구할 수 있는 권리라고 파악하는 견해이다(비용은 상대방의

부담). 물건에 대한 직접의 지배를 내용으로 하는 물권이 타인과의 관계를 일으킴으로 말미암아 그 타인의 행위를 요구하는 권리로 변한다고 해석한다(다수설, 판례).

그 근거는 다음과 같다. 첫째, 물권적 청구권이 행위청구권의 성격을 가짐은 민법의 규정으로부터 명확히 나타난다(제213조, 제214조). 둘째, 타인의 물권을 침해하고 있는 상대방은 그 침해상태를 제거할 행위의무를 지며 물권자는 상대방에게 그 행위의무의 이행을 청구하는 것이라고 파악된다. 셋째, 채무의 변제비용에 관한 민법 제473조는 물권적 청구권에 유추적용되어 상대방이 비용부담하도록 함이 바람직하다. 넷째, 물권적 청구권을 소송상 행사하는 경우에는 민사소송절차에 따라 강제집행되는데, 이때에는 채권과 같이 상대방의 적극적 행위 및 비용부담을 요구하게 된다. 다섯째, 물권자가 상대방에게 적극적인 행위가 아니라 물권자가 상대방의 토지에 들어가서 물건을 수거하는 것을 참아 줄 것을 요구하는 경우에는, 민법 제216조의 인지사용청구권을 행사하여 목적을 달성할 수 있다.

기본적으로 행위청구권설을 취하면서도 예외를 인정할 것인가 그리고 어떤 요건 하에 예외를 인정할 것인가에 따라 다음의 학설들로 세분될 수 있다. • 순수행위청구권설 : 물권자는 상대방의 비용으로 반환 또는 방해의 수거를 청구할 수 있다고 하며 예외를 인정하지 않는 견해이다. • 귀책사유설 : 민법상 물권적 청구권설은 당연히 행위청구권이라고 하면서, 행위청구권설을 관철할 때에 생기는 불합리한 점을 피하기 위하여 과실책임의 일반원칙에 따라 비용부담자를 정하는 견해이다. • 비용독자결정설 : 비용부담에 관해서는 민법 제473조의 변제비용의 부담규정에 따라 원칙적으로 상대방의 부담으로 하되, 상대방의 행위와 관계없이 물권의 침해상태가 발생한 경우에는 동조 단서에 의해 물권자의 부담으로 한다는 견해이다.

② **인용청구권설** : 물권적 청구권은 물권자의 권리행사의 때에 상대방의 인용을 청구할 수 있을 뿐인 권리라고 한다(비용은 청구권자의 부담). 우리나라에는 순수한 인용청구권설을 취하는 분은 없고, 인용청구권설을 기초로 하면서 다만 방해상태가 상대방의 귀책사유에 의하

여 생긴 때에는 상대방에 대하여 적극적인 배제행위 및 비용부담도 청구할 수 있다고 보는 견해(책임설)가 주장되었다.

• 판례는 이 문제에 관해 명확한 입장을 밝히지 않았으나 판결내용에 비추어 행위청구권설을 취하는 것으로 해석된다. 물권적 청구권에 관한 대부분의 판례가 피고에게 물건의 인도(대법원 1966. 10. 4. 선고 66다1421 판결), 건물의 철거(대법원 1967. 2. 28. 선고 66다2228 판결), 경작방해금지(대법원 1961. 11. 16. 선고 4293민상836 판결), 방해물인 둑의 제거(대법원 1967. 3. 28. 선고 67다170 판결) 등을 명령했고 그 비용부담에 관하여 특별한 논의가 없었던 점에 비추어 볼 때, 다른 청구권행사 및 채무이행의 사례에서와 마찬가지로 청구의 상대방인 피고에게 적극적 행위 및 그 비용부담을 요구하고 있는 것이라고 여겨진다. 위의 경우 강제집행비용은 상대방이 부담하게 된다(민집법 제53조).

사례연습 〈물권적 청구권의 충돌〉

◎ 문 제 ◎

A 소유의 돌담이 태풍 때문에 무너져서 이웃 B의 토지에 쌓여 있는 경우를 들 수 있다. A는 B에 대하여 돌의 반환청구권을 가지며, B는 A에 대하여 돌의 집적으로 인해 자기토지의 사용에 방해를 받게 되었음을 이유로 방해제거청구권을 가지게 된다. 이 경우 누가 그 돌을 수거 또는 반환할 의무를 지는가? 토지에 쌓여 있는 돌을 수거하는 데에 30만원 정도의 비용이 든다고 하면 그 비용은 누가 부담해야 하는가?

해 답

물권적 청구권의 성격에 관해서는 행위청구권설과 인용청구권설이 대립하는데, 어떤 학설을 취하는가에 따라 사례해결이 조금 달라진다. 이 사례를 종래의 설명방식으로 풀어보면 다음과 같다.

• 종래의 행위청구권설에 따르면 A가 B에 대하여 돌의 반환청구를 한 경우에, B가 A에게 돌의 반환의무를 지고 그 비용도 B가 부담해야

한다. 만약 이보다 먼저 B가 A에 대하여 방해제거청구권을 행사했다면, A가 돌의 수거의무를 지고 그 비용도 부담해야 할 것이다. 결국 두 개의 물권적 청구권은 상호 모순되는 결과를 가져오게 되므로 행위청구권설이 부당하다는 비판이 과거에 행해졌다.

- 인용청구권설에 따라 이 문제를 풀더라도 모순되기는 마찬가지이다. 자기비용으로 제거행위를 하려는 사람만이 물권적 청구권을 행사하게 될 것인데, 상대방에게 부담을 미루기 위해 A와 B 모두 물권적 청구권의 행사를 꺼리게 될 것이다.

그러나 이 사례를 잘 들여다보면 당사자의 이해관계를 외면한 가상적 문제를 제기하고 있다는 것을 알 수 있으며 실제의 분쟁은 다음과 같이 전개된다.

- 이 사례에서 A와 B는 돌을 B의 토지에서 제거한다는 데에는 의사합치를 보고 있으므로, 물권적 청구권을 행사하기 위해 민사소송을 하는 일은 생기지 않는다. 의견이 일치하지 않는 부분은 행위의무를 누가 지는가 및 비용을 누가 부담하는가의 문제일 뿐이다.
- 실제로 이 사례에서는 한 사람에게만 물권적 청구권이 발생한다. 물권적 청구권을 행사할 필요성이 큰 사람은 B이다. B는 자기토지에 쌓여 있는 돌을 제거하기 위해 방해제거청구권을 행사할 실익을 갖는다. B는 A가 그의 비용으로 제거행위를 할 것을 청구할 수 있으며, A가 이를 하지 않는 경우에는 민사소송을 거쳐 강제집행방법으로서 대체집행을 하고 그 집행비용을 A에게 부담시킬 수 있다(행위청구권설을 취하는 결과).
- A가 B에 대하여 소유물반환청구를 하는 것은 허용될 수 없다. B가 그 돌을 점유하고 있지 않기 때문이다. 점유의 성립에 물건의 사실상 지배 이외에 자연적 의사로서의 점유설정의사가 필요하다는 견해에 의할 경우에, 모르는 사이에 이웃의 물건이 넘어 들어온 경우 점유설정의사가 부정된다고 하면서 이 사례에서 A에게 반환청구권이 생긴다는 것을 어떻게 수긍하는 것인지 납득하기 어렵다. 한편 점유의 성립에 물건의 사실상 지배만이 요구되며 점유설정의사가 필요하지 않다는 견해(사견)에 의하면 이런 경우 사회관념상 점유가 부정되는 것

으로 파악한다.

- A는 B에 대하여 민법 제216조 인지(隣地)사용청구권을 행사할 수 있다. 그 수거행위로 인해 B가 손해를 입은 때에는 보상을 청구할 수 있다(제216조 2항).
- 이 경우 돌담은 민법 제758조가 말하는 공작물에 해당하므로, 이웃 토지소유자(또는 소유자)는 돌담의 소유자(또는 소유자)에 대하여 공작물책임을 물어 손해배상을 청구할 수 있다.

2장

물권의 변동

5

물권변동에 관한 공시의 원칙

1. 물권의 공시제도

(1) 공시의 강제

공시(公示)의 원칙에 따라 물권의 취득이나 설정에는 법률이 요구하는 공시방법을 갖출 것이 법적으로 강제된다. 물권을 취득하는 사람은 그 물권을 외부에서 인식할 수 있도록 공시방법을 갖추어야 한다. 공시방법을 통하여 물건에 대한 권리상황을 대외적으로 알린다.

물권변동에서는 공시의 필요성이 높다. ◦ 물권은 대세적 권리로서 그 권리발생에 관여한 당사자 이외의 사람에 대해서도 그 우선적 효력을 주장할 수 있기 때문에 제 3 자에 대하여 그 존재 및 내용을 알릴 필요가 있다. ◦ 물권은 배타적 권리이므로 제 3 자에 대하여 물권의 존재를 알려 경계심을 갖도록 하고 침해행위를 미연에 방지한다. ◦ 공신의 원칙을 인정하기 위한 전단계로서 공시의 원칙을 도입해야 한다.

(2) 부동산과 동산의 공시방법 차이

공시방법은 부동산과 동산에 각각 다르게 요구된다. 부동산에 관하여는 등기, 동산에 관하여는 점유가 공시방법으로 채택되었다. 점유는 등기에 비해 공시방법으로서 불충분하지만 당사자가 별도의 절차를 밟지 않아도 되는 편리함이 있다.

◦ 동산물권이 증권에 의해 공시되는 경우가 있다. 화물상환증이 그 대표적인 예이다. 그 밖에 창고업자가 임치물에 관하여 발행한 창고증권도 같은 성질을 갖는다.

◦ 동산물권 중 등기·등록에 의하여 공시되는 경우가 있다. 선박 및 항공기는 등기에 의해 공시되고, 자동차나 중기는 등록에 의해 공시된다.

◦ 부동산 위에 표찰을 붙여 권리내용을 알리는 방법이 관습법상 인정된다. 수목(樹木)의 집단, 미분리(未分離)의 과실, 논밭에 심어진 농작물에 관하여 표찰을 붙여 권리내용을 알리는 「명인방법에 의한 공시」가 인정된다.

◦ 동산에 관하여 동산양도담보, 소유권유보에 의한 담보권을 공시하는 방법으로서 물건에 표찰 또는 다른 공시방법을 취하는 경우가 있다.

2. 부동산물권의 공시

(1) 입법정책

부동산의 공시방법으로서 등기제도를 채택하고 동산의 공시방법은 점유로 한다는 점은 대륙법계의 국가에서는 공통되는 요소이다. 그러나 그 공시방법을 어떤 방식으로 강제할 것인가에 관해서는 의사주의(대항요건주의)와 형식주의(효력요건주의)의 두 가지 입법정책이 있다.

◦ 의사주의(대항요건주의)는 당사자의 의사표시(합의)만으로 물권의 변동이 생기고, 등기·인도는 대항요건이라고 보는 입법주의이다. 프랑

스와 일본이 의사주의를 취하고 있다.

◦ 형식주의(효력요건주의)는 당사자의 소유권이전의 의사표시와 더불어 공시방법(등기, 인도)을 갖추어야 물권의 변동이 생기는 것으로 정하는 입법주의이다. 형식주의를 취한 대표적인 국가는 독일이다.

◦ 우리나라에서는 현행민법(1958년 제정, 1960년 시행) 이전까지는 식민지시대에 강제 적용된 일본민법에 따라 의사주의를 취했으나, 현행민법 제정을 계기로 형식주의로 전환하였다. 우리나라의 등기제도는 독일의 등기제도와 정책방향은 같으나 실제 운영에서는 상당한 차이를 갖는다. 독일에서는 소유권이전의 합의에 공증인이 입회한 엄격한 형식(아우프라쑹, Auflassung)이 요구되고 이것이 있어야 등기를 할 수 있지만, 우리 법은 이러한 엄격한 형식을 요구하지 않는다.

(2) 공시의 원칙이 엄격히 요구되는 물권변동

부동산의 물권변동에 관한 형식주의 원칙은 민법 제186조의 "부동산에 관한 법률행위로 인한 물권의 득실변경은 등기하여야 그 효력이 생긴다"는 규정에 의해 채택되었다.

◦ 제186조에서의 '물권'이란 부동산물권 중 소유권, 지상권, 지역권, 전세권, 저당권, 권리질권을 의미한다. 부동산에 관한 점유권과 유치권에 관하여는 제186조가 적용되지 않는다.

◦ 법률행위로 인한 물권의 득실변경에 관하여만 공시의 원칙이 엄격하게 요구된다. 법률행위에 의하지 않는 경우는 공시의 원칙에 대한 예외가 인정된다. 취득자는 등기, 점유와 관계없이 법률의 규정에 따라 물권을 취득한다.

◦ 등기, 점유는 물권적 효력의 발생요건이다. "물권의 득실변경은 등기하여야 그 효력이 생긴다"고 함은 물권적 효력이 발생함을 의미한다. 부동산에 관한 소유권이전은 당사자의 합의만으로는 이루어지지

않고 소유권이전등기가 경료된 때에 효력이 발생한다. 제한물권의 설정도 등기된 때를 기준으로 하여 효력이 발생한다. 당사자가 등기를 위하여 할 수 있는 일은 등기신청인데, 등기신청만으로 소유권이 이전하는 것은 아니다. 등기공무원이 등기부에 실제로 그 신청사항을 기재한 때에 등기가 경료된다.

◦ 물권의 득실변경에 관하여 공시의 원칙이 요구된다. 실제로 등기하여야 효력이 생기는 경우는 물권의 취득과 변경에 한정되며, 소멸은 제외된다. 하나의 물건에 관하여 소유권은 한 명에게만 인정되므로(중첩적 소유의 금지), 어떤 사람이 소유권을 취득하면 종래의 소유자는 소유권을 상실하게 된다. 물권이 소멸하면 비록 등기가 방치되어 있더라도 물권의 소멸에는 영향이 없다. 제한물권의 효력범위 또는 존속기간 등이 변경된 경우에, 이는 물권의 변경에 속하므로 그 사실을 등기하지 않으면 제 3 자에 대한 관계에서 효력이 없다. 다만 전세권은 존속기간이 만료한 후라도 법정갱신된 경우에는 변경등기 없이 효력이 인정된다(제312조 4항).

◦ 담보물권에는 특별한 요건이 부과된다. 담보물권에는 피담보채권에의 부종성이 요구되므로, 담보물권의 설정계약과 등기가 있더라도 실제 피담보채권이 존재하지 않으면 담보물권이 존속하지 않는다. 은행에서 대출받기로 약정하고 부동산에 저당권설정등기를 한 후에도 실제로 은행이 대출계약자에게 대출금을 지급하지 않으면 저당권은 성립하지 않는다. 그리고 대출금을 받은 채무자가 채무를 변제한 후에는 비록 저당권등기가 말소되지 않은 상태라도 저당권은 소멸한다.

(3) 공시의 원칙이 완화되는 물권변동

공시의 원칙이 완화되는 경우는 '법률의 규정에 의한 물권취득'이다. 법률의 규정에 의한 물권취득에 관하여는 등기를 갖추지 않더라도 물권취득의 효과가 발생한다(제187조 본문). 법률의 규정에 의한 물권취득의 경우에는 그 취득요건과 시기가 각 사례마다 다르게 정해진다(상속은 사망 시점).

법률의 규정에 의한 물권취득은 물권취득 자체가 법률의 규정에 의하여 야기되는 경우를 가리킨다. 상속, 공용징수, 판결, 경매 기타 물권취득을 정하는 법률의 규정이 있는 경우가 이에 해당한다. 부당이득반환채무나 불법행위에 기한 손해배상채무의 이행으로서 소유권을 이전하는 경우와 같이, 물권취득의 원인이 되는 채권이 법률의 규정에 의하여 발생하는 경우는 이에 해당되지 않는다.

법률의 규정에 의해 등기 없이 취득한 물권의 경우에도 등기를 하지 않으면 이를 처분하지 못한다(제187조 단서). 예를 들어 A로부터 부동산을 상속받은 B가 그 부동산을 C에게 양도하려면 먼저 A⇒B로의 상속을 원인으로 한 소유권이전등기를 경료하고 나서 B⇒C로의 매매를 원인으로 한 소유권이전등기를 해야 한다는 것을 말한다. 여기서의 처분은 법률행위에 의한 처분을 의미하며 이 경우 민법 제186조에 따라 등기해야 하는데 그 처분행위의 등기를 하기 전에 상속 등에 의한 등기를 먼저 경료할 것이 요구된다.

(4) 등기를 요하지 아니하는 부동산물권취득

◦ 상속으로 취득하는 물권은 등기하지 않아도 이전된다. 상속으로 인하여 부동산물권이 취득되는 시점은 피상속인의 사망시점이다(제997조 참조). 상속인은 상속에 의한 등기를 단독으로(양도인과 공동신청할 필요없음) 신청할 수 있다. 상속에 준하는 포괄유증(제1078조), 회사의 합병으로 인한 포괄승계에 의한 물권의 취득에 관하여도 등기를 요하지 않는다.

◦ 공용징수로 인한 물권의 득실변경은 등기하지 않아도 효력이 생긴다. 공용징수란 특정한 공익사업을 위하여 개인의 소유권 기타 재산권

을 국가, 지방자치단체 또는 사업주체에게 강제로 이전시키는 제도이다. 징수의 절차는 사업자와 토지소유자의 협의에 의한 협의수용을 원칙으로 한다. 그러나 협의가 성립하지 못한 경우에는 토지수용위원회의 재결에 의해 징수한다(재결수용). 공용징수에서 물권의 이전은 보상금의 지급을 정지조건으로 효력이 발생한다.

◦ 판결에 의하여 물권이 이전되는 경우가 있다. 여기의 판결에는 물권의 득실변경을 명하는 '형성판결'만이 해당되며, 그 밖에 이행판결, 확인판결의 경우에는 해당되지 않는다. 물권취득에 관한 형성판결의 예로서는 사해행위취소(제406조)의 판결, 공유물분할판결(제269조 1항), 상속재산분할판결(제1013조 2항) 등이 있다.

◦ 경매로 인한 물권의 득실변경은 경매대금지급시에 등기 없이도 이루어진다. 여기의 경매란 국가기관이 하는 '공경매(公競賣)'를 말한다. 공경매에는 채무의 강제집행을 위한 강제경매(민집법 제80조)와 담보권의 실행을 위한 경매(민집법 제264조 이하), 국세징수법에 의한 경매 등이 있다. 개인이나 사기업이 하는 사경매(私競賣)에는 공시의 원칙이 요구된다.

◦ 기타 법률의 규정에 의한 물권변동의 경우에 공시의 원칙이 완화되기도 한다.

법률이 물권관계의 불분명을 피하기 위하여 그 귀속을 확정하는 경우는 다음과 같다. • 소유자가 없거나 또는 소유자가 불분명한 경우에 있어서의 소유권의 귀속(신축건물의 소유권의 원시취득) • 두 개 이상의 물건이 결합하여 한 개의 물건으로 되는 소유권귀속(부합) • 법률관계의 무효·취소에 의한 물권의 복귀 • 혼동(제191조)에 의한 물권의 소멸 • 소멸통고에 의한 물권의 소멸 • 피담보채권의 소멸로 인한 담보물권의 소멸 • 용익물권의 존속기간 만료에 의한 소멸 • 소멸시효에 의한 제한물권의 소멸 • 물권의 포기 등이다.

법률이 특별한 정책적 이유에 기하여 물권변동을 발생케 하는 경우는 다음과 같다. • 법정지상권(제305조, 제366조), 관습상의 법정지상권의 취득, 관습상의 분묘기지권 • 법정저당권(제649조) 및 법정질권(제648조, 제650조) • 대위에 의한 저당권이전(제368조, 제399조, 제482조, 제484조) • 분배농지의 상환완료에 의한 소유권취득 • 귀속재산의 불하에 의한 소유권취득 등이다.

3. 미등기매수인의 지위

(1) 문제의 제기

매수인이 매도인에게 잔금을 주고 부동산의 점유를 이전받았으나 아직 소유권이전등기를 하지 않은 경우에, 그 매수인은 채권자로서 매도인에 대하여 목적물에 대한 사용·수익권 및 처분권을 포함한 모든 권리를 이전해 줄 것을 청구할 권리를 갖는다. 다만 제 3 자에 대한 관계에서 매수인이 소유자로서 권리행사를 하는 것은 허용되기 어렵다.

민법의 체계에 따라 재산권을 물권과 채권으로 이분하는 원칙을 고수한다면, 미등기매수인의 지위는 그가 대금을 완납했든 점유를 이전받았든 채권자에 머물러야 할 것이다. 그러나 미등기 매수인이 사실상 부동산에 대하여 행사하는 권리를 본다면 소유권에 준하는 권리를 행사하고 있다.

미등기매수인의 지위가 단순한 채권자인가 아니면 물권자에 준하는 지위를 갖는가가 쟁점이 되어 왔다. 공시방법을 갖추지 않은 사람의 법적 지위는 어떠한가, 공시방법 없이 물권을 취득하는 것은 곤란하지만 물권에 유사한 권리를 인정해도 무방하지 않을까 하는 논쟁은 법률가로 하여금 물권과 채권의 한계를 숙고하게 한다.

(2) 매도인과 매수인의 채권관계

매수인이 대금을 완납하고 점유를 이전받은 후에도 매도인에 대한 관계에서는 계속해서 매매계약상의 채권자로서의 지위를 보유한다. 매도인은 아직 등기를 넘겨주지 않았으므로 매매계약의 채권관계는 미이행(未履行)의 상태로 존속한다. 매수인의 지위가 채권자에 불과하더라도 만약 매도인이 매수인에게 대금완납과 상환하여 물건을 인도한 후에 소유권에 기한 반환청구권(제213조)을 행사하여 그것을 빼앗는다면 부당한 결과로 될 것이다.

◦ 매도인이 매수인에 대하여 물권적 청구권을 행사하는 경우에 매수인은 채권을 가지고 방어할 수 있다. 민법 제213조는 「그 물건을 점유할 권리」로서의 채권을 갖는 사람은 소유자의 반환청구를 거절할 수 있도록 하며, 매수인의 채권(급부보유력)은 점유할 권리에 해당한다. 계약당사자 사이에는 채권관계가 물권관계보다 우선적으로 적용된다는 법리가 지배하게 되는 것이다. 매도인은 매매계약이 무효·취소되지 않는 한 매수인에게 인도한 목적물을 다시 빼앗을 수는 없다. 즉 매도인은 매수인에 대하여는 매도하여 인도한 물건의 반환을 청구할 수 없다.

◦ 토지의 매수인이 아직 소유권이전등기를 경료받지 아니하였다 하여도 매매계약의 이행으로 그 토지를 인도받은 때에는 매매계약의 효력으로서 이를 점유사용할 권리가 생기게 된 것으로 보아야 하고 또 매수인이 그 토지 위에 건축한 건물을 취득한 자는 그 토지에 대한 매수인의 위와 같은 점유사용권까지 아울러 취득한 것으로 봄이 상당하므로 매도인은 매매계약의 이행으로서 인도한 토지 위에 매수인이 건축한 건물을 취득한 자에 대하여 토지소유권에 기한 물권적청구권을 행사할 수 없다(대법원 1988. 4. 25. 선고 87다카1682 판결).

(3) 매수인과 제 3 자의 물권관계

제 3 자에 대한 관계에서 소유자는 현재 등기명의를 갖고 있는 매도인이며, 매수인은 제 3 자에 대한 관계에서는 소유자의 권리를 행사할 수 없다. 매수인은 점유할 권리, 사용 · 수익할 권리를 매도인에 대한 관계에서만 주장할 수 있는 채권자에 불과하다. 매수인은 물권자가 아니므로 제 3 자에 대한 관계에서 그 권리를 주장할 수 없다.

제 3 자가 그 부동산을 불법 점거했을 때 소유자로서 반환청구할 수 있는 사람은 매도인이다. 또한 제 3 자에게 소유권을 양도해 주거나, 제한물권을 설정해 줄 수 있는 사람도 매도인이다.

(4) 사실상의 소유자의 지위

미등기매수인은 매도인에 대한 관계에서는 소유권의 사실적 권능을 보유하고 있다. 소유권이 갖는 물건에 대한 사실적 지배권능인 물건에 대한 점유와 사용 · 수익권을 이미 매수인이 보유하고 있으며 그 권능은 매도인에 대한 관계에서는 합법적인 것이다.

이러한 미등기매수인을 가리켜 특별법 및 판례는 '사실상의 소유권'이라는 용어를 사용하기도 한다. 판례는 "양도인이 계약에 터 잡아 양수인에게 사실상 그 목적부동산에 대한 전면적 지배를 취득케 하여 양도인에 대한 관계에서 양수인은 소유권 개념으로서 통합되어 그 실질적 내용을 이루고 있는 사용 · 수익 · 처분 등 모든 권능을 취득한 상태에 이른 경우에, (중략)··· 양 당사자간의 관계를 상대적으로 다루는 데 있어서는, 등기 전이라도 소유권은 실질적으로 양수인에게 옮겨져 있는 것으로 해도 무방하다. 따라서 등기가 양 당사자의 실질적 관계에 상응하는 것이라면, 그 등기가 등기의무자의 신청에 의하지 아니한 하자가 있더라도 유효하다"고 하였다(대법원 1978. 8. 22. 선고 77다343 판결).

(5) 내부적 소유권 · 외부적 소유권

매도인과 매수인이 대금을 완급하고 부동산의 점유를 이전하여 매수인이 그 부동산의 사용 · 수익권을 누리고 처분권도 가지기로 합의했다고 가정하자. 이러한 상태에 있는 미등기매수인은 매도인에 대한 관계(내부관계)에서는 물건에 대한 지배권을 가진다. 매수인은 매도인으로부터 넘겨받은 채권적 권리에 기하여 물건에 대한 사용 · 수익권을 갖는다. 그러나 제 3 자에 대한 관계에서는 매도인이 소유권을 보유하므로, 미등기매수인은 제 3 자에 대하여 소유권에 기한 권리를 행사할 수 없다. 이러한 채권적 권리를 '내부적 소유권'이라고도 한다.

소유권의 법률관계를 내부관계와 분리하여 얘기할 때 외부적 소유권이라고도 한다. 등기한 매수인은 내부적 소유권과 외부적 소유권을 모두 가지게 되며, 이러한 상태가 원칙에 맞는 상황이다. 미등기매수인은 내부적 소유권만 가지며 외부적 소유권은 매도인에게 남겨져 있다.

판례는 「재단법인의 설립에 있어서 출연재산의 귀속」, 「양도담보의 법률관계」, 「명의신탁의 법률관계」에 관하여 내부적 소유권과 외부적 소유권으로 이분하는 이론구성을 하였다. 판례는 민법 제48조의 규정이 출연자와 법인과의 관계를 상대적으로 결정하는 기준에 불과하므로 출연재산이 부동산인 경우에도 "출연자와 법인 사이에는 법인의 성립 외에 등기를 필요로 하는 것은 아니지만, 제 3 자에 대한 관계에 있어서는 출연행위는 법률행위이므로 출연재산이 법인에게 귀속하려면 부동산의 권리에 관한 것일 경우 등기를 필요로 한다"고 하였다(대법원 전합 1979. 12. 11. 선고 78다481 판결).

쟁점정리 : 물권적 기대권설과 반대설

물권적 기대권이라는 법률에 없는 권리개념을 통해 미등기매수인의 지위를 설명하려는 이론을 물권적 기대권설이라고 한다. 완전한 권리의 취득을 위한 요건 중 일부는 이미 실현되어 있으나 아직 실현되어 있지 않은 자의 권리취득의 전망을 기대권이라고 부르는 독일의 이론을 도입하여, 물권적 합의까지 마쳤으나 아직 등기를 하고 있지 않은 자의 법적 지위를 물권적 기대권(완전한 물권에 접근하고 있는 권리) 또는 준물권으로서 설명하는 견해이다. 물권적 기대권설에서 주장하는 권리발생요건과 효과는 다음과 같다.

- 물권적 기대권이 발생하기 위한 요건에 관해서는 물권적 합의 외에 부동산의 인도를 필요로 한다는 견해(인도요건설)와 그렇지 않고 등기서류의 교부시에 물권적 합의를 한 것만으로 충분하다는 견해(인도불요설)가 있다.
- 물권적 기대권의 효과로서 주장되는 것들은 다음과 같다. 첫째, 기대권자는 자기의 권능으로서 부동산을 점유하고 이를 사용·수익할 권한을 가진다. 둘째, 물권적 기대권은 그 권리자에 의해 자유롭게 처분될 수 있다. 셋째, 물권적 기대권에서 등기청구권이 발생하며 그 등기청구권은 소멸시효에 걸리지 않는다. 넷째, 매도인이 그 부동산을 제3자에게 다시 양도한 때에 물권적 기대권자는 그 제3자에게 소유권을 주장할 수 없다.

현재에는 물권적 기대권은 소수설이며 다수설은 이러한 권리개념을 부정한다. 미등기매수인에게 물권적 기대권이라는 법률에 규정되지 않은 권리를 부여하여 특별히 보호할 필요가 없다는 등의 이유에서 물권적 기대권의 도입에 반대한다.

부정설의 논지는 다음과 같다.

- 항변권설 : 부동산의 매수인이 목적물을 인도받았으나 아직 이전등기를 갖추지 않은 상태에서 매도인이 그 매매계약이 유효함에도 불구하고 등기부상 소유자임을 이유로 소유물반환청구권을 행사한 경우에, 매수인에게 로마법상의 「매각되어 인도된 물건의 항변」(exceptio rei venditae et traditae)의 법리를 도입하여 이 항변권을 가지고 반환을 거절할 수 있다는 견해이다.

• 채권자설 : 매수인이 대금을 완불하고 등기서류를 교부받고 부동산을 인도받아 사용・수익하고 있더라도 등기를 하지 않았으면, 매수인은 소유권과 유사한 준물권자의 지위를 취득하지 못하고 단순한 채권자로서의 지위를 가지므로 물권적 기대권을 인정할 필요가 없다는 견해이다.

사견으로서는 채권자설을 취한다. 미등기매수인의 법적 지위를 설명하기 위하여 물권적 기대권이라는 제3의 권리를 도입할 필요는 없다. 만약 이러한 제3의 권리를 인정한다면 민법의 권리체계는 현행법의 2원적 권리체계에서 3원적 권리체계로 변화하게 될 것인데, 이러한 권리체계는 법률에 의하여 결정될 문제이며 함부로 체계를 바꾸어서는 안 된다. 물권적 기대권설을 취하는 경우에 매수인의 지위가 채권자의 지위에 비해 월등 높아지는가 하는 문제를 검토해 보더라도, 그렇지 않다. 물권적 기대권설은 매수인의 법적 지위를 모호하게 표현한다. 미등기매수인을 채권자로 분류하는 편이 민법과 민사소송법 등의 채권에 관한 규정을 적용하여 그 법률관계를 정확하게 파악할 수 있다.

4. 동산물권의 공시

(1) 점유에 의한 공시

동산물권의 공시방법은 점유이다. 동산을 양도하는 물권행위는 당사자의 물권적 합의와 물건의 인도(점유의 이전)에 의해 이루어진다. 물건을 인도하지 않고 물권적 합의만을 해서는 소유권이 이전되지 않는다. "동산에 관한 물권의 양도는 그 동산을 인도하여야 효력이 생긴다"고 하는 민법 제188조는 동산양도에 관해 인도주의(引渡主義)를 취한 것이다.

(2) 인도의 방법

인도의 방법은 물건에 관한 점유를 양도인으로부터 양수인에게 이전하는 행위이다. 인도할 때에는 물건에 대한 사실상 지배의 주체가 변경된다. 인도방법으로는 다음의 네 가지가 허용된다.

① 현실의 인도 : 물건에 대한 장소적 이동 등 사실상 지배의 현실적인 변동이 있는 경우를 가리켜 현실의 인도라고 한다.

② 간이인도 : 양수인이 이미 그 동산을 점유한 경우에 당사자의 의사표시만으로 인도한 것으로 간주되는 경우를 말한다(제188조 2항).

③ 점유개정 : 동산의 양도시에 당사자의 계약으로 양도인이 그 동산의 점유를 계속하면서 양수인이 인도받은 것으로 간주되는 경우를 말한다(제189조).

④ 반환청구권의 양도에 의한 인도 : 제3자가 점유하고 있는 동산에 관한 물권을 양도하는 경우에, 양도인이 그 제3자에 대한 채권적 반환청구권을 양수인에게 양도함으로써 동산을 인도한 것으로 간주되는 경우를 말한다(제190조).

(3) 인도가 필요없는 경우

인도주의의 예외로서 다음의 경우에는 인도가 없어도 동산소유권 이전의 효력이 발생한다.

◦ 부동산의 종물인 동산 : 동산이 부동산의 종물로서의 성질을 갖는 경우에, 그 동산은 부동산소유권의 처분에 따른다(제100조 2항). 동산이 부동산에 부합되어 있거나 종물인 경우에, 그 동산은 저당권의 효력범위에 속하게 되어 경매에 의해 소유권이 이전하게 된다(제358조).

◦ 등기 · 등록으로 공시되는 동산 : 선박은 등기를 가지고 소유권이전의 대항요건으로 한다(상법 제743조). 선박에 관한 권리의 이전은 당사

자의 합의만으로써 효력이 생기며, 등기는 제 3 자에 대한 대항요건일 뿐이다(부동산등기와 같은 효력요건은 아니다). 자동차와 항공기의 소유권 및 이를 목적으로 하는 저당권의 득실변경은 등록하여야 그 효력이 생긴다.

◦ 증권에 의해 표상되는 채권 : 화물상환증, 창고증권과 같은 증권의 인도는 이에 의하여 표창되는 상품 그 자체의 인도와 동일한 효력을 가진다. 상품에 관한 소유권이전 합의와 더불어 이러한 증권을 교부받은 양수인은 그 증권에 의하여 표창되는 상품의 소유권을 취득한다.

5. 명인방법에 의한 공시

관습법상 공시방법의 하나로서 미분리의 과실에 대한 명인방법(明認方法)이 인정된다. 명인방법은 수목의 집단 · 쌀(立稻) · 엽연초 · 인삼 · 과일 · 야채의 소유권에 관한 표찰 · 팻말 등을 부착하는 공시방법이다. 임야 · 논 · 밭 주위에 줄을 치고 그 안의 나무나 농작물이 토지소유자 아닌 제 3 자에게 양도되었음을 밝히는 표찰을 여러 곳에 달아 놓는 방법이 흔히 쓰인다.

◦ 명인방법에 의한 공시의 효과가 인정되기 위해서는 다음의 요건을 갖추어야 한다. 첫째, 객체가 물건 또는 물건의 집단으로서 특정 · 현존하고 있을 것, 둘째, 그 명인방법이 거래계에서 관습으로서 사용되고 있을 것, 셋째, 명인방법이 계속해서 그 물건에 관한 공시의 기능을 다 하고 있을 것(일시적인 표시만으로는 부족함).

◦ 집합물에 대한 물권을 명인방법을 통해 공시하는 것도 허용된다. 토지나 건물과 같은 독립의 부동산에 관한 명인방법은 허용되지 않으며, 대개 토지에 부착된 입목이나 농작물에 대한 권리를 토지와 분리하여 취득하는 경우에 허용된다.

◦ 공시되는 물권은 나무(立木)나 농작물 등에 대한 소유권이며, 그 밖

에 양도담보권의 공시도 허용된다. 지상권·전세권·저당권에 관한 사항을 명인방법으로 공시하는 관행은 없다. 명인방법에 의하여 소유권이나 양도담보권이 공시된 경우에 그 권리자는 토지소유권에 흡수되지 않는 독자의 물권을 취득한다. 이 물권은 토지소유자에 대하여도 대항할 수 있다.

◎ 판례는 명인방법에 의해 공시된 입목은 토지소유권에 흡수되지 않고 별개의 입목소유권으로서 존속함을 인정하였다. 명인방법의 실시는 목적물인 입목이 특정인의 소유라는 사실을 공시하는 팻말의 설치로 다른 사람이 그것을 식별할 수 있으면 충분하므로, 입목소유권의 확인판결을 받은 갑이 명인방법을 실시한 후 임야의 소유권을 취득한 자는 갑의 입목소유권을 다툴 수 없다(대법원 1989. 10. 13. 선고 89다카9064 판결).

6 물권변동에 관한 공신의 원칙

1. 동산물권취득에 한정된 공신의 원칙

(1) 기본원칙

공시의 원칙에 따라 외부에 표시된 공시방법을 믿고 그것에 상응하는 권리가 있을 것이라는 믿음을 갖고 거래한 사람에게 법적 보호를 주고 잘못된 공시를 한 사람에게 불이익을 부과하는 제도를 공신의 원칙(公信의 原則)이라고 한다. 물권변동에서 공신의 원칙이란 무권리자로부터 공시된 외관을 믿고 선의로 물권을 양수받은 자가 그 물권을 취득할 수 있게 되는 것을 말한다. 공신의 원칙은 거래의 안전을 위해 인정된다.

물권의 공시가 실제의 법률관계와 일치하지 않은 경우라도, 그 공시로 인하여 거래상대방에게 신뢰를 유발한 때에는 신뢰한 대로의 법률효과를 부여하는 것이다. 공신의 원칙은 공시방법을 신뢰한 선의의 제 3 자를 보호하는 반면에 진정한 권리자를 희생시키는 제도이다. 물권변동에 공신의 원칙이 채택되면 무권리자로부터 소유권을 양수받은 자라도 소유권을 취득할 수 있게 되는 반면에, 그 반사적 효과로서 진정한 소유자의 소유권상실이 초래된다.

(2) 동산물권취득과 공신의 원칙

우리나라에서는 부동산거래에 관한 공신의 원칙을 채택하고 있지 않으며, 동산거래에 관해서만 공신의 원칙을 채택하고 있다. 민법은 부동산거래에 관하여는 정적 안정성을 추구하고 동산거래에 관해서는 동적 안정성을 취하고 있는 것이다.

- 동산물권취득에 공신의 원칙을 채택한 이유는 동산거래는 부동산거래와 달리 신속성과 안전성에 대한 요청이 매우 높다는 점, 동산물권의 공시방법인 점유가 공시방법으로서 불완전하다는 점이다. 동산물권취득에는 공신의 원칙을 채택하여 진정한 권리자를 희생시키더라도 거래의 안전을 도모하고자 한 것이다. 그 결과 동산소유권과 기타 동산물권의 선의취득(善意取得)이 인정된다(제249조).
- 부동산물권취득에 공신의 원칙을 채택하지 않은 이유는 외관을 신뢰한 무권리자의 보호보다 진정한 권리자의 보호가 더 중요하다는 정책적 판단 때문이다.

2. 동산의 선의취득제도

선의취득이 인정되는 동산물권은 동산소유권과 동산질권에 한정된다. 선의취득은 소유권상실자가 자기가 신뢰하여 맡긴 사람의 배임행위로 인한 불이익을 감수토록 하는 제도이다. 평온·공연하게 동산을 양수한 자가 선의이며 과실 없이 그 동산을 점유한 경우에는 양도인(또는 질권설정자)이 정당한 소유자가 아닌 때에도 즉시 그 동산의 소유권(또는 질권)을 취득한다(제249조, 제343조). 선의취득제도는 물권의 취득에 관해서 인정될 뿐, 물권의 변경이나 소멸에 관해서는 인정될 여지가 없다.

◦ 도품・유실물의 특례 : 소유자가 신뢰를 하여 점유를 맡긴 경우에 해당하지 않는 도품・유실물에 관하여는 선의취득의 특례(제250조, 제251조)가 인정되어 피해자나 유실자는 도난 또는 유실한 날로부터 2년 내에 그 물건의 반환을 청구할 수 있다.

◦ 증권화된 동산 : 동산이 증권에 의하여 표상되는 경우에, 그 증권의 점유에 관해서는 동산의 점유보다 더욱 강한 공신의 원칙이 적용된다. 상법은 화물상환증, 창고증권과 같은 지시채권에 관해서는 유통성의 확보를 위하여 선의취득제도보다 강한 신뢰보호제도를 설치하였다.

쟁점정리 : 의사표시규정에서 선의의 제 3 자 보호와 등기에 대한 신뢰보호

민법은 부동산물권에 관해서는 공신의 원칙을 채택하지 않고 있다. 그 결과 부동산물권의 공시방법인 등기를 믿고 거래한 양수인은 양도인이 무권리자인 경우 소유권을 취득하지 못하는데, 이를 가리켜 "등기에 공신력이 없다"고 한다. 민법이 부동산에 관한 선의취득을 인정하지 않은 이유는 거래안전이 다소 위협을 받더라도 진정한 권리자를 보호할 필요가 더 크다고 입법정책상 판단을 내렸기 때문이다. 우리나라의 부동산등기부는 부동산의 사실상태 및 법률관계에 대한 정확성이 부족하므로, 등기에 공신력을 인정할 경우 혼란이 야기될 것을 우려한 것이다.

그러나 민법총칙에 규정된 의사표시의 선의의 제 3 자 보호규정은 부동산등기에 공신력을 부여하는 기능을 부분적으로 담당하고 있다. 그리고 실종선고의 취소의 효과에 대하여 "취소 전에 선의로 한 행위의 효력에 영향을 미치지 아니한다"는 규정(제29조 1항)도 부동산의 선의취득을 초래한다.

• 의사표시의 하자로 인한 무효・취소의 경우에 선의의 제 3 자는

물권을 취득할 수 있다. 선의취득의 일반규정은 양도인이 무권리자가 된 원인을 묻지 않고 선의의 거래행위를 보호하는 데에 반하여, 의사표시규정은 양도인이 무권리자가 된 원인이 의사표시의 무효·취소의 경우에 한정하여 선의취득을 인정한다. 의사표시규정에 의한 선의취득은 다음의 경우에 한정하여 인정된다. ① 비진의표시를 상대방이 알았거나 알 수 있었을 경우에 그 의사표시는 무효로 되는데, 이 무효는 선의의 제 3 자에게 대항하지 못한다(제107조 2항). ② 상대방과 통정한 의사표시는 무효로 되는데, 이 무효는 선의의 제 3 자에게 대항하지 못한다(제108조 2항). ③ 법률행위의 내용의 중요부분에 착오가 있는 의사표시는 취소할 수 있는데, 이 취소는 선의의 제 3 자에게 대항하지 못한다(제109조 2항). ④ 사기나 강박에 관한 의사표시는 취소할 수 있는데, 이 취소는 선의의 제 3 자에게 대항하지 못한다(제110조 3항).

- 등기에 대한 신뢰가 요건이다. 제 3 자가 보호받기 위해서는 그 제 3 자가 공시방법을 신뢰하여 거래를 했어야 한다. 예를 들어 A로부터 통정허위표시에 의해 B에게로 소유권이전등기가 경료되었고 C는 그 등기를 신뢰하여 B로부터 그 부동산을 매수하여 C의 명의로 이전등기를 마쳤어야 한다. 만약 B가 등기명의인이 아니었다면 제 3 자의 신뢰는 보호될 필요가 없을 것이다.
- 보호받을 제 3 자 명의로 등기가 경료되었어야 한다. 보호받을 수 있는 제 3 자는 무권리자로부터 물건을 양수받아 공시방법을 갖춘 사람에 한정된다. 부동산매매에서는 제 3 자 명의로 등기가 경료되어 있어야 보호받을 수 있다.
- 제 3 자의 선의는 추정된다. 선의취득 일반규정에서는 공시방법을 신뢰한 자에게 선의를 추정해 주는 반면(제197조), 의사표시규정에는 제 3 자의 선의를 추정하는 규정을 두지 않는다. 그러나 제 3 자의 선의는 추정되며, 제 3 자의 악의를 주장하여 의사표시의 무효·취소를 원인으로 물권을 회복하려는 자가 그 악의사실을 입증해야 한다고 해석된다. 결국 양자의 경우 모두 선의는 추정되는 결과로 된다. 그 밖에 의사표시규정에서는 제 3 자의 선의만 요구할 뿐 무과실은 요구하지 않는다는 점에서는 선의취득 일반규정과 차이가 있다.

3. 특별법에 의한 부동산선의취득

특정한 법률관계와 관련하여 등기를 신뢰한 제 3 자를 보호하기 위하여 '선의의 제 3 자 보호규정' 또는 '부동산 선의취득규정'을 두는 특별법이 증가하고 있다.

◦ 부동산실명법의 선의취득 : 부동산 실권리자명의 등기에 관한 법률(1995)은 명의신탁약정을 무효로 하고, 명의신탁약정에 따라 행하여진 등기에 의한 부동산에 관한 물권변동도 무효로 한다(부동산실명법 제 4 조 1항 · 2항). 그러나 이러한 무효는 제 3 자에게 대항하지 못한다는 규정(부동산실명법 제 4 조 3항)을 두어 제 3 자의 선의취득을 인정한다. 예를 들어 A가 자기의 부동산을 은닉하기 위하여 B에게 명의신탁약정과 함께 소유권이전등기를 해 준 경우에, B는 소유권을 취득하지 못한다. B로부터 명의신탁의 사실을 모른 채 등기부를 신뢰하여 부동산을 매수하여 등기를 경료한 C는 소유권을 선의취득할 수 있게 된다.

◦ 가등기담보법의 제 3 자 보호규정 : 청산의무가 남아 있는 부동산을 선의로 양수받은 제 3 자는 완전한 소유권을 선의취득하게 된다. 채무자 등은 청산금채권을 변제받을 때까지 그 채무액을 채권자에게 지급하고 본등기의 말소를 청구할 수 있지만, 그 채무의 변제기가 경과한 때로부터 10년이 경과하거나 또는 선의의 제 3 자가 소유권을 취득한 때에는 그러하지 아니하다(가담법 제11조).

가등기권리자가 청산금을 지급하지 않고 본등기를 경료한 경우에, 그는 부동산 전부에 대한 소유권을 취득하지 못한다. 청산 없는 본등기는 피담보채권액을 초과하는 부분이 민법 제607조와 제608조에 의해 일부무효가 되지만 소유권이전을 무효화시키는 것은 아니고 청산의무를 발생시킬 뿐이다. 청산의무가 붙은 소유권(일부무효인 소유권)은 제 3 자에게 양도될 수 있다. 다만 청산의무의 존재를 모르는 선의의 제 3 자가 양수한 경우에는 부담 없는 소유권을 취득하게 된다. 이것은 가등기담보법 제11조 단서에 의한 '일부무효부분의 선의취득' 또는 '일부무효의 치유'라고 설명된다.

사례연습 〈매매계약의 취소와 등기를 믿은 제 3 자〉

◎ 문 제 ◎

A(표의자 매도인)가 그의 부동산을 B(매수인)에게 매도하고 이에 기하여 소유권이전등기가 경료된 후에 C(전득자)가 그 부동산을 B의 소유라고 믿고 매수하여 C의 명의로 소유권이전등기를 경료하였으나 A와 B 사이의 매매계약이 취소되었다(C가 다시 D · E · F에게 그 부동산을 양도한 경우도 생각해 보자).

문1) A의 법정대리인이 법률행위 당시에 미성년자였음을 이유로 법률행위를 취소했다면, 부동산의 소유권은 누구에게 귀속하는가?

문2) 만약 A가 강박에 의한 의사표시라는 이유로 B에 대해 매매계약을 취소했다면, 부동산의 소유권은 어떻게 되는가?

문3) 만약 매매목적물이 동산이라면 (1), (2)의 경우 어떤 결과로 되겠는가?

해 답

문1의 해답) 부동산에 관한 공신의 원칙의 부정

부동산물권에 관하여는 공시방법을 갖추어도 그것을 신뢰한 제 3 자는 보호받지 못한다(공신의 원칙이 관철되지 않음). 부동산의 선의취득은 원칙적으로 인정되지 않기 때문이다. 이 사례에서 C는 A의 법정대리인의 취소권행사로 부동산의 소유권을 소급적으로 상실하게 되며, 결국 부동산의 소유권은 A에게로 복귀된다. A와 B간의 매매는 취소되었으므로 B명의로 등기가 되어 있었더라도 B는 소유권을 소급적으로 상실하게 된다. B가 소유권을 갖지 않았으므로 C도 무권리자로부터 권리를 승계취득할 수 없었던 것으로 된다. 이와 같이 부동산의 선의취득은 원칙적으로 인정되지 않으므로 C의 등기신뢰는 보호되지 않으며 C는 소유권을 선의취득하지 못한다. D · E · F 등도 설령 선의라 해도 소유권을 취득할 수 없음은 마찬가지이다. 이러한 결과는 거래의 안전을 위협하게 된다.

문2의 해답) 의사표시의 취소와 선의의 제 3 자 보호

민법총칙의 의사표시의 법리에 의하면 선의의 전득자 C는 보호받게 된다(제110조 3항). A의 매매계약의 취소에도 불구하고 그 효력은 선의의 제 3 자인 C에게는 대항할 수 없으므로, A와 C 사이에서는 마치 그 매매계약이 유효하게 존속하는 것처럼 취급된다. C는 마치 진정한 소유자인 B로부터 양수받은 것처럼 그 소유권을 취득하여 보유할 수 있다. 그 결과 C로부터 부동산을 양수받은 D · E · F도 유효하게 권리를 취득한다. C가 선의취득한 이후에는 A와 B 사이의 의사표시의 하자는 더 이상 추급효를 갖지 않으므로 D · E · F의 선의 · 악의는 문제되지 않는다.

문3의 해답) 동산의 선의취득

양도의 목적물이 동산인 경우에 동산의 소유권취득에 관해서는 공신의 원칙이 인정되므로, 동산의 공시방법을 신뢰한 제 3 자는 보호받을 수 있다. 사례에서 A와 B 사이의 매매계약이 취소되었더라도 그 취소 이전에 B가 물건을 점유하였고, C가 B의 점유를 신뢰하여 소유권이전행위와 인도를 받은 경우에는 당해 거래행위에 하자가 없는 한 C는 그 물건의 소유권을 선의취득하게 된다(제249조). 양수 당시에 점유는 평온 · 공연했으며 C가 선의이며 과실이 없을 것이 요구된다. C가 공신의 원칙에 따라 소유권을 선의취득하는 경우에는 A의 취소가 제 3 자에 대하여 대항할 수 있는 것이었는지(절대적 취소) 또는 대항할 수 없는 것이었는지(상대적 취소) 하는 문제는 제기될 필요가 없다. C가 선의취득한 이후에는 그로부터 부동산을 양수받은 D · E · F의 신뢰도 보호된다.

7 물권행위의 개념

1. 물권행위란 무엇인가

(1) 물권행위

물권행위란 물권변동을 직접 목적으로 하는 당사자의 물권적 의사표시의 합치를 말한다. 소유권이전의 물권행위란 양도인과 양수인 사이에 소유권을 이전시키는 것에 관해 당사자 사이에 의사의 합치가 있음을 나타내는 법률행위이다. 물권행위는 처분행위로서 그 행위에 의하여 직접 소유권을 이전시킬 것을 목적으로 한다. 민법총칙의 법률행위는 채권행위와 물권행위로 분류되며, 물권행위는 물권의 변동을 가져오는 법률행위이다. 이러한 법률행위 및 물권행위의 개념은 독일식 판덱텐체계 개념법학의 산물로서 법률전문가만이 이해하는 개념이며 일반인의 생각과는 거리가 있다.

민법은 공시제도와 관련하여 등기, 인도가 있을 때에 소유권이전을 승인하는 형식주의를 취하고 있으므로, 당사자의 물권적 합의만으로는 소유권이전의 완전한 효과가 발생하지 않는다. 따라서 소유권이 이전되기 위해서는 물권행위 이외에도 등기(또는 인도)를 필요로 한다.

(2) 검인계약서

물권행위는 구두의 합의로 하거나 서면합의서로 할 수 있다. 다만 소유권이전등기를 신청하기 위해서는 그 등기원인을 증명하는 서류를 첨부해야 하며, 매매 기타 계약을 원인으로 하는 때에는 검인계약서(檢印契約書)를 제출해야 한다. 검인계약서제도는 부동산등기특별조치법에 따라 부동산 거래계약서를 작성할 때 실제 거래가격을 기재하여 거래부동산의 소재지 관할 시장·군수·구청장의 검인을 받도록 하는 제도다. 독일에서는 부동산거래를 신중하게 하기 위하여 부동산소유권이전의 물권적 합의는 「아우프라쑹」(Auflassung)이라는 특별한 요식행위로 하도록 강제한다(독일민법 제925조).

(3) 채권행위과 물권행위의 이분(二分)

민법이 취하는 판덱텐체계에서는 재산권이 채권과 물권으로 이분되어 있고, 그 논리적 귀결로서 채권행위와 물권행위라는 두 종류의 법률행위가 필요하다. 매매에 의해 물건의 소유권이 이전하는 과정은 「채무발생을 위한 의무부담행위」와 「그 채무의 이행으로서 처분행위」라는 두 단계의 논리적 과정을 거친다.

◦ 채권행위는 당사자 사이에 채권과 채무를 발생시키기를 원하는 의무부담행위이다. 매매계약에 의해서는 매도인의 소유권이전채무와 매수인의 대금지급채무가 발생한다. 채권행위는 물권행위의 법적 원인이 되며, 물권행위는 채권행위에 대한 이행행위로서 행해진다. 채권행위에서는 채권과 채무가 발생하고 그 채무가 이행될 때 채권자는 만족을 얻고 채권채무가 소멸하게 된다. 그러므로 채권행위는 이로 인해 발생하는 채무의 이행이라는 과제를 안게 된다.

◦ 물권행위는 물권변동을 원하는 처분행위이다. 매매계약에서 발생

한 매도인의 소유권이전의무가 이행되기 위해서는 매도인이 매수인에게 매매목적물의 소유권을 이전해 주겠다는 의사표시를 필요로 한다. 물권행위는 채무자가 지는 소유권이전의무의 이행행위에 해당하여 직접 소유권이전의 법률효과를 발생시키는 데 중요한 역할을 한다. 물권행위에 의해서는 당사자 사이에 또 다른 법률행위를 해야 할 채무를 발생시키지 않는다. 다만 물권행위를 했더라도 추가로 등기이전에 필요한 서류제공 등 소유권이전등기에의 협력이 필요한 경우에 이러한 의무는 진다.

채권행위와 물권행위의 이분구조는 물건의 처분을 목적으로 하는 양도계약에서 유용성을 갖는다. 양도계약에서는 일단 계약에 의하여 장래 양도할 물건과 그 대금을 약정하고 그 약정의 이행으로서 물건의 소유권을 이전하는 두 단계의 법률행위가 행해지는 것이 보통이기 때문이다. 양도계약으로서 전형적인 것은 매매, 증여, 교환이 있고 그 밖에 위임, 고용, 도급의 대가로서 물건을 양도하는 경우에도 양도계약과 유사한 상황이 발생한다. 그 밖에 소비대차의 차용금을 상환하기 위한 대물변제에 의해서도 물건의 소유권이 이전하는데, 소비대차는 채권행위이고 대물변제는 물권행위에 해당한다. 용익물권의 설정이나 담보물권의 설정에서는 구태여 그 거래과정을 채권행위와 물권행위로 분리할 실익이 없다(양자를 분리하는 견해도 있음). 제한물권의 핵심은 설정자와 제한물권자 사이의 채권관계에 있으며, 제한물권자는 그 채권관계를 제3자에 대한 관계에서 주장할 수 있다.

(4) 물권변동을 가져오는 법률행위

"부동산에 관한 법률행위로 인한 물권의 득실변경은 등기하여야 그 효력이 생긴다"고 하는 민법 제186조의 법률행위가 물권행위를 말하는지 채권행위를 말하는지에 관해 학설이 대립한다.

◎ 물권변동을 가져오는 법률행위는 물권행위이므로 여기의 법률행위도 물권행위를 가리킨다는 견해가 다수설이다(물권행위설). 이러한 입장은 물권행위의 개념을 인정한다. 그러나 물권행위 독자성을 인정하는 견해와 부인하는 견해로 다시 나뉜다.

◎ 제186조의 법률행위가 채권행위를 가리킨다는 견해도 주장된다(채권행위설). 사견으로는 다음의 근거에서 채권행위설을 취한다. 첫째, 민법 제186조는 '법률행위로 인한'이라고 하여 물권변동의 원인행위를 가리키고 있는데 그 원인행위는 물권행위가 아니라 채권행위가 되어야 한다. 둘째, 채권행위를 살펴보아야 그것이 제186조의 등기할 경우인가 제187조의 등기를 요하지 않는 경우인가가 판단된다.

2. 물권행위의 요건

(1) 목적물의 현존

물권행위는 처분행위이므로 그 요건으로서 목적물의 현존 및 특정을 요구한다. 그러나 채권행위에는 목적물이 현존할 필요도 없고 특정되어 있을 필요도 없다(종류매매의 경우 제375조 2항). 목적물이 현존・특정되기 전에는 채권행위만 해 놓고 목적물이 현존・특정된 후에 물권행위를 함으로써 그 특정물에 대한 소유권이전을 도모할 수 있다.

(2) 처 분 권

물권행위를 할 때에는 양도인이 목적물에 대한 소유권, 기타 처분권을 가지고 있을 것이 요건이다. 양도인이 처분권을 갖지 않은 상태에서 한 물권행위는 무효로 된다. 반면에 채권행위에는 채무자가 양도의 목적에 대한 처분권을 가지고 있을 것이 반드시 요구되지는 않는다. 물건의 소유자가 아니라도 그 물건의 소유권이전채무를 지는 매매계약을 체결할 수 있다(타인소유물매매, 제569조).

(3) 물권적 합의

물권행위는 법률행위의 일종으로서 당사자의 의사표시를 핵심요소로 한다. 양도인과 양수인은 물권행위의 효과의사로서 소유권의 양도(기타 물권변동)를 원하며, 물권행위와 더불어 등기를 하면 소유권양도의 효과가 발생한다. 양도의 합의는 양도인이 소유권을 양수인에게 이전한다는 것을 내용으로 한다.

- 양도의 물권적 합의에는 실질적인 소유권이전의 의사가 포함되어 있어야 한다. 실질적 소유권이전의사란 양도인이 소유권에 기해 갖던 지배의 권능을 모두 양수인에게 넘겨주고 손을 떼겠다는 의사를 말한다. 물건에 대한 사용·수익권, 처분권을 양수인에게 넘겨준다는 뜻이다.
- 양도의 물권적 합의에는 그 양도를 법적으로 승인받기 위해 필요한 공시방법을 갖추려는 의사를 포함하고 있어야 한다. 당사자가 등기 또는 인도를 하지 않겠다고 명시적 유보의사를 밝히지 않은 이상 묵시적 의사표시가 있다고 해석된다.
- 가장의 물권적 합의 : 실질적 의사를 결여하고 단지 공시방법만 갖추려는 경우에 그 물권적 합의는 가장행위에 해당할 것이다. 사용·수익권과 처분권은 모두 양도인이 보유하면서 부동산의 소유자명의만을 타인에게 맡기는 계약을 명의신탁계약이라고 하는데, 이 계약은 부동산 실명의자 등기에 관한 법률(1995) 제 4 조에 의하여 원칙적으로 무효이다.

(4) 등기·인도와 물권행위의 관계

소유권이전 등 물권변동에는 당사자의 합의 이외에 등기·점유의 공시방법을 갖출 것을 필요로 한다. 이와 관련하여 물권행위가 물권적 합의와 공시방법을 포함하는 합체개념인가 또는 물권적 합의만이 물권행위를 이루고 공시방법은 이와 별개의 것인가가 문제된다.

◦ 물권적 합의만을 물권행위의 요소로 보고, 등기는 물권행위 외에 법률이 요구하는 물권변동의 또 하나의 요건이라는 견해가 있다(별개요건설).

◦ 물권적 합의만을 물권행위의 요소로 보고, 등기나 인도는 물권행위의 효력발생요건이라고 보는 견해가 있다(효력요건설).

◦ 물권적 합의와 공시방법이 합쳐져서 하나의 물권행위를 이루게 된다는 견해가 있다(합체설). 등기와 인도라는 공시방법은 물권행위의 형식이나 증명이나 공증이 아니고, 그것은 물권적 합의와 똑같은 값을 갖는 것으로서 물권적 합의로부터 독립한 것이라고 한다.

◦ 부동산물권변동에 관하여는 별개요건설을 취하고 동산물권변동에 관하여는 합체설을 취하는 견해가 있다(절충설). 사견으로는 절충설을 취한다. 부동산물권변동에서 등기는 등기공무원의 공법행위로서 사인의 법률행위의 일부로서 포함시키기에는 적절치 않으므로 별개요건으로 본다. 반면에 동산물권변동에 있어서 인도의 방법에는 현실의 인도 이외에 의사의 합치만으로 되는 간이인도, 점유개정, 목적물반환청구권의 양도합의가 있으므로 물권적 합의와 인도가 합체된 것으로 파악한다.

판례는 이론적 쟁점에 관하여는 직접적 언급을 회피한다. 다만 동산양도행위와 관련하여 "민법 제249조가 규정하는 선의・무과실의 기준 시점은 물권행위가 완성되는 때인데, 물권적 합의가 동산의 인도보다 먼저 행하여지면 인도된 때를, 인도가 물권적 합의보다 먼저 행하여지면 물권적 합의가 이루어진 때를 기준으로 해야 한다"고 하였다(대법원 1991. 3. 22. 선고 91다70 판결).

3. 물권행위의 독자성논쟁

(1) 물권행위의 시점

물권행위의 독자성이란 물권행위가 원인행위인 채권행위로부터 독립하여 별개의 행위로서 행해진다는 것을 말한다. 물권행위의 독자성을 인정하기 위한 전제로서 물권행위의 개념을 인정할 필요가 있다.

거래당사자가 매매계약을 체결하여 소유권이전등기를 하는 과정에서 어느 시점에 물권행위를 하였다고 판단할 것인가에 관한 논쟁이 물권행위 독자성의 문제로서 논의의 대상이 되었다. 일반인인 당사자들은 물권행위라는 개념을 알지 못하지만 일정한 시점에 이르러서 "이제 소유권을 매도인으로부터 매수인에게로 넘기겠다"는 의사를 표시하게 되는데, 이 시점은 법률가가 당사자의 거래과정을 관찰하여 규범적으로 판단할 문제이다.

(2) 독자성인정설

물권변동이 생기기 위해서는 채권행위 외에 물권행위가 행해져야 한다고 하여 물권행위개념을 인정하고 그 행위시기는 계약체결시가 아니라 '잔금지급과 상환해서 등기서류를 교부할 때'라고 보는 견해이다. 사견으로는 독자성인정설을 취한다. 독자성인정설의 근거를 종합하면 다음과 같다.

- 민법은 형식주의를 취하고 있으므로 물권적 합의가 있더라도 등기, 인도가 없으면 물권변동은 생기지 않는데, 여기서 이 등기, 인도는 물권의 변동을 직접 목적으로 하는 물권적 합의와 결합할 수 있을 뿐이고, 청구권을 발생케 하는 데에 불과한 채권행위와는 결합할 수 없다.
- 사회의 거래실제를 살펴볼 때 매매계약 후 등기 전에 대금의 완급과 상환으로 등기서류를 교부할 때에 소유권이전의 합의가 행해진다

고 해석한다. 쌍무계약에서의 동시이행의 원칙에 따라 대금완급과 상환으로 소유권이전에 필요한 물권행위(물권적 합의와 등기신청)를 해야 하므로 물권적 합의는 대금완급시에 행해진다고 보는 것이 타당하다.

◎ 민법 제569조(타인권리의 매매), 제375조(종류채권의 특징), 제742조(비채변제) 등의 채권법규정은 물권행위개념을 인정하고 그 독자시기를 인정하는 것을 전제로 하고 있다.

◎ 채권행위와 물권행위가 서로 분리되어 존재하는 경우도 적지 않으므로 위 두 개념을 인정하는 것이 법이론 구성상 편리하다. 특히 채권행위의 목적물이 특정되어 있지 아니한 경우(종류채무), 매매계약의 성립 당시에는 목적물이 현존하지 않으나 이행기에 제작 완료되는 경우, 기타 채권행위 당시에는 채무자의 수중에 목적물이 존재하지 않는 경우에는 채권행위의 이행을 위하여 불가피하게 물권행위의 개념이 필요하다. 특히 채권행위의 당시에 양도인에게 목적물에 대한 처분권이 없는 타인소유물매매는 이행시에 물권행위를 별도로 필요로 한다.

◎ 물권행위를 채권행위와 분리하여 그 독자성을 인정하는 경우에 당사자는 채권행위와 물권행위의 요건을 각각 달리 정할 수 있다(예: 소유권유보부매매). 물권법정주의는 채권행위에는 적용되지 않고, 물권행위에만 적용되므로, 당사자는 채권행위로서 물권법의 규정에 구애받지 않고 자유롭게 합의할 수 있다.

◎ 매매계약이 체결되었더라도 일방당사자가 계약금 상당액의 해약금을 지급하고 해약할 수 있도록 해제권이 유보되어 있으므로(제565조), 물권행위는 그 해제권이 소멸한 이후(이행에의 착수 이후 중도금지급 이후)에 행하여진다고 보아야 한다. 물권적 합의란 소유권이전에 관한 확정적 의사를 표시하는 것이므로, 어떤 이유에서든 해제할 수 있는 상태, 즉 계약의 구속력이 유동적인 단계에서는 아직 물권적 합의는 없었다고 해석된다.

◦ 매도인이 장래 등기신청을 위하여 미리 검인계약서를 작성해 두었더라도, 그것만으로 대금완급을 받지 않고 소유권을 이전해 줄 확정적 의사를 표현했다고 볼 수 없다. 검인계약서의 작성은 물권적 합의가 있은 후에 등기신청을 위한 서류로서 마련해 두는 것이다.

(3) 독자성부인설

물권행위의 개념은 인정하지만 그 행위시기는 원칙적으로 채권행위와 함께 행해진다는 견해이다. 특히 논의의 초점을 이루고 있는 부동산매매의 경우에 물권행위는 매매계약과 동시에 이루어진다고 본다. 그 근거는 다음과 같다.

◦ 독자성을 부인하여 채권행위 속에 물권행위가 포함되어 있다고 해석하더라도 등기와 인도가 있기까지는 채무의 이행이 완전히 끝난 것이 아니다. 그러므로 채권의 발생과 동시에 이행되는 결과가 되어 채권의 성질에 반한다는 주장은 옳지 않다.

◦ 거래의 실정을 살펴볼 때, 처음의 매매계약 가운데에 소유권이전의 합의도 했다고 보는 것이 당사자의 의사에 부합하고 자연스럽다고 한다. 등기서류를 주고받거나 목적물을 인도하는 것은 공시방법을 갖추기 위한 행위일 뿐이라고 한다.

◦ 지금은 매도증서가 사용되지 않고 검인계약서가 등기원인서면으로 제출되기 때문에, 채권행위 속에 물권행위도 함께 행해진다고 해석된다.

◦ 물권행위의 무인성을 인정하는 것은 부당하므로 그 전제로서 독자성을 인정할 필요성은 없게 된다.

(4) 판　　례

판례는 '물권적 계약'이라든가 '물권적 합의'라는 용어를 종종 사용하면서 일관되게 물권행위의 개념을 인정한다. 물권행위의 시기에 관해서는 많은 판례에서 선이행의 특약이 없는 한 잔금이 지급되어야 물권행위가 이루어진 것으로 입장을 정리하고 있다.

◦ 약정매매대금 전액이 지급되었거나 또는 매매대금 완불 전이라도 소유권이전등기를 하기로 하는 약정이 있다는 사정이 없었던 경우에, 소요서류 위조 등의 방법으로 한 매수인명의의 소유권이전등기는 매도인의 의사에 반하는 것임이 분명하여 실체적 권리관계에 부합하지 않는다(대법원 1985. 4. 9. 선고 84다카130 판결). 이 판결은 잔금지급전 등기의무자의 동시이행의 항변권이 있는 상태에서 등기권리자에 의하여 일방적으로 등기가 이루어진 경우에 그 등기는 등기의무자의 의사에 반하는 것이라는 점, 매매계약을 체결한 것만으로는 소유권이전의사가 있다고 볼 수 없고 잔금 완급시에 명시적·묵시적의 물권적 합의가 있는 것으로 본다는 점을 밝힌 것으로 이해된다.

사례연습 〈물권행위의 독자성과 행위시점〉

◦ 문 제 ◦

다음의 사례에서 물권적 의사표시의 시점을 생각해 보자.

① 1995년 10월 1일 A가 B로부터 건물을 매수하여 계약금을 지급하고 같은 해 10월 15일 중도금을 지급하고 같은 해 10월 31일 잔대금과 동시에 소유권이전등기에 필요한 서류를 교부받아 같은 해 11월 5일 그 매매에 의한 소유권이전등기를 신청했다.

② A가 B의 담배가게에서 담배값을 지불하고 담배 한 갑을 인도받았다.

해 답

①의 경우에는 10월 1일에 채권행위인 매매계약이 있었고 그 이행으로서의 물권적 합의가 적어도 소유권이전등기에 필요한 서류를 교부

받은 10월 31일에 있었으며 물권변동은 소유권이전등기를 신청한 11월 5일에 완성된다. 11월 5일 이후 당사자 사이에는 더 이상 이행의 문제가 남지 않는다.

②의 경우를 특히 현실매매라고 하는데 이 경우 채권행위와 물권행위는 거의 시간적 간격을 두지 않고 연속적으로 행해진다. 이 경우 물권행위는 물권적 합의와 물건의 인도로 완성된다.

---

4. 물권행위의 유인성

(1) 문제의 소재

물권행위는 채권행위가 유효하게 존재하는 것을 조건으로 하는가. 채권행위가 무효 · 취소되면 물권행위도 효력을 상실하는가. 이런 질문은 물권행위의 유인성 · 무인성에 관한 논쟁을 야기한다. 물권행위의 유인성을 인정하는 사람은 그렇다고 대답하고, 무인성을 인정하는 사람은 아니라고 대답한다. 독일민법은 명확히 물권행위의 독자성과 무인성을 인정하지만 우리 민법에는 이에 관한 직접적 표현이 없다.

유인성을 인정하면 물권행위는 그 법률행위 자체의 요건을 갖추는 것만으로는 완전히 효력을 발생하지 못하고 채권행위의 유효한 성립을 요건으로 한다. 유인성을 인정하면 채권행위의 무효 · 취소는 물권행위의 효력에 직접적 영향을 미쳐서 물권행위를 실효시키게 된다. 다만 계약해제의 효과에 관하여는 물권행위의 유인성과 연결시키지 않는 이론이 전개된다.

물권행위의 유인성을 인정할 것인가의 문제는 물권행위의 독자성을 어떻게 파악하느냐 하는 관점과 깊은 관련을 갖는다. • 물권행위에 관하여 그 개념조차 부인하는 물권행위부인설을 취하면, 물권행위의 유인성·무인성은 거론조차 할 필요가 없다. ◦ 물권행위를 독자적 행위로서 인정하지 않는 독자성부인설을 취한다면 물권행위의 무인성을 인정할 여지는 없다. 채권행위와 물권행위가 하나의 행위로서 합체되어 행해지는 것이 원칙이므로 당연히 유인성을 띠게 된다. ◦ 물권행위를 채권행위와 구별되는 독자적인 행위로서 인정하는 독자성인정설을 취하게 되면, 양자를 유인의 관계로 볼 것인가 또는 무인의 관계로 볼 것인가 하는 문제에 마주치게 된다. 무인설은 물권행위를 채권행위와 개념상 구별되는 별개의 행위로 파악하는 물권행위의 독자성을 전제로 하지 않고는 전개될 수 없다.

(2) 유 인 설

물권행위의 무인성을 부정하고 채권행위에 의해 영향을 받는다고 보는 견해가 유인설(有因說)이다(다수설, 판례). 사견으로도 유인설을 취한다. 판례도 유인설을 취한다. 1970년대에 계약해제의 효과에 관해 직접효과설 및 물권행위 유인성에 기한 해제의 물권적 효과설을 취한 판결이 있어 우리 대법원이 물권행위의 유인성을 취함을 표명한 바 있다(대법원 1977. 5. 24. 선고 75다1394 판결). 대물변제한 본래의 채무가 존재하지 않는 경우에 그 채권에 기해 소유권이전등기가 행해졌다고 하더라도, 부동산의 소유권이 이전되는 것은 아니다(대법원 1991. 11. 12. 선고 91다9503 판결).

유인설이 근거로 드는 것은 다음과 같다.

◦ 물권행위의 유인성을 인정하는 것이 사물의 본성에 맞는다. 물권행위는 독자성을 갖고 있다고 하더라도 물권행위의 기능은 채권행위에 의한 의무를 이행하는 데 있는 것이므로 채권행위가 불성립·무효·취소되면 물권행위도 이와 운명을 같이하는 것이 합리적이다.

◦ 부동산거래에서는 1차적으로 진정한 권리자를 보호하고 거래의

안전은 2차적으로 보호되어야 하므로 유인주의가 타당하다. 무인주의는 진정한 권리자를 지나치게 희생시킨다는 단점을 가진다. 무인주의는 선의취득이 인정되는 동산거래에 있어서보다는 선의취득이 인정되지 않는 부동산거래에 있어서 의미를 갖게 되는데, 이 경우에도 무인주의를 취하면 악의의 양수인까지 보호하게 되는 부당한 결과가 생긴다.

◦ 유인주의를 취하는 것이 거래당사자의 법의식에 일치하게 되어, 법과 현실의 괴리를 막을 수 있다. 일반인은 실질이 있는 것에 효과가 있으리라고 기대한다.

◦ 무인주의를 취하더라도 이에 의하여 거래의 안전이 보호되는 범위는 그리 넓지 아니하다. 선의의 제3자 보호규정이 있는 경우에는 유인설을 취하더라도 그 규정에 의해 보호된다. 무인설은 동일한 무효원인이 채권행위와 물권행위에 모두 존재하는 경우에는 거래안전보호의 기능을 하지 못한다.

◦ 채권행위가 강행법규에 위반하거나 기타 사회질서에 위반하는 경우에는 물권행위도 무효라고 보아 이로 인한 소유권이전을 부인하는 것이 타당하다.

◦ 무인성을 인정하기 위하여는 명문규정이 필요한데 우리 민법에는 무인주의를 취하는 취지의 규정이 전혀 없으므로 유인주의를 취한 것으로 해석되어야 한다.

쟁점정리 : 물권행위의 상대적 무인설

물권행위의 무인설(無因說 또는 무인성설)이란 물권행위의 효력을 그 자체의 요건만으로 결정하고 그의 원인이 된 채권행위의 무효·취소에 직접 영향받지 않도록 하는 이론이다. 우리나라의 학자들은 무인설을 취하면서 원인행위와의 조건적 결합을 인정하는 상대적 무인설

(相對的 無因說)의 경향을 띤다.

● 상대적 무인설은 다음의 경우에는 채권행위와 물권행위의 유인성을 인정한다. ▶ 채권행위와 물권행위가 외형상 한 개의 행위로 합체되어 행해진 경우, ▶ 원인행위의 무효·취소원인이 물권행위에도 공통된 경우, ▶채권행위의 유효를 물권행위의 조건으로 삼은 경우이다.

● 무인설 및 상대적 무인설이 근거로서 드는 것들은 다음과 같다.

▶ 물권행위를 채권행위와 별개로 생각한다면 그 유효성 여부도 별도로 생각하여야 한다. 민법은 무인성을 명언하는 규정을 두지 않지만, 물권법과 채권법을 나누어 규정하는 것은 물권행위의 효력을 채권행위의 효력으로부터 단절시키려는 의도가 담겨져 있다.

▶ 물권적 법률관계는 모든 사람에 대하여 명백할 것이 요청되므로, 당사자 사이에만 효력을 갖는 원인행위의 유효성 때문에 제 3 자가 영향을 받게 된다는 것은 부당하다.

▶ 무인성을 인정함으로써 등기의 공신력을 인정하지 않는 민법의 제도상 흠결을 보정하여 거래의 안전을 보호할 수 있다.

▶ 무인주의의 전형인 독일민법도 이에 관하여 아무런 명문의 규정을 두고 있지 아니하므로 이러한 명문의 규정이 없다는 것을 이유로 우리 민법이 무인주의를 취하고 있지 않다고 판정하는 것은 옳지 않다고 한다.

무인설에 의하면 소유권의 이전행위는 그 이전 자체를 내용으로 할 뿐 당사자가 이러한 행위를 하는 목적은 내포하지 않으므로 당사자가 추구하는 목적은 이 행위를 준비하는 다른 원인행위에 의하여 밝혀진다고 한다. 소유권이전행위는 보통 물건의 매매에 기하여 발생한 의무를 이행하기 위한 수단으로 행하여지므로 채권행위인 매매가 물권행위의 법률상 원인으로 된다고 한다. 매매가 무효·취소되더라도 소유권이전행위는 이에 영향을 받지 않으므로 소유권은 매수인에게 이전되고 매수인은 단지 부당이득으로 소유권을 매도인에게 반환(등기말소)하여야 한다. 이 경우에 매도인에게 인정되는 소유권이전등기 말소청구권은 채권에 불과하므로 목적물이 전매되어 제 3 자에게 소유권이전등기가 되면 매도인은 제 3 자에 대하여 그 등기의 말소를 청구할 수 없게 된다.

무인설의 장점은 거래안전의 보호에 있다. 물권행위의 효력을 그 원인이 되는 채권행위의 효력으로부터 단절함으로써 거래의 안전을 보호한다는 것이 독일민법이 무인주의를 취하는 이유이다. 원래 승계에 의한 권리취득은 양도인이 권리자인 경우에 한하여 가능하다. 권리를 취득하고자 하는 자는 양도인이 실제로 권리를 갖고 있는지를 조사하여야 한다. 예를 들어 A·B·C·D 등으로 승계 취득된 경우, E가 D로부터 이를 매수하려면 E는 D가 적법한 권리자인가를 조사하여야 할 뿐 아니라 그 전자인 C·B·A가 각각 적법한 권리자인가를 조사하여야 하는데, 이러한 조사는 쉽지 않을 뿐 아니라 전권리자가 많으면 많을수록 어렵게 된다. 여기에다 유인주의를 취하면 E는 A·B·C·D간의 원인행위에 무효사유가 존재하는가의 여부까지도 조사하지 않으면 안 될 것이기 때문에 거래의 안전을 해치게 된다.

사례연습 〈판례가 물권행위 유인성에 기해 소유권복귀를 인정한 사례〉

- 계약에 따른 채무의 이행으로 이미 등기나 인도를 한 경우에, 그 원인행위인 채권계약이 해제됨으로써 원상회복될 때에 그 이론구성에 관하여 소위 채권적 효과설과 물권적 효과설이 대립되어 있으나 우리의 법제가 물권행위의 독자성과 무인성을 인정하고 있지 않은 점과 민법 제548조 1항 단서가 거래안전을 위한 특별규정이라는 점을 생각할 때에 계약이 해제되면 그 계약의 이행으로 변동이 생겼던 물권은 당연히 그 계약이 없었던 원상태로 복귀한다(대법원 1977. 5. 24. 선고 75다1394 판결). 이 판결은 물권행위의 독자성과 무인성을 모두 부정하였으나 그 이후 물권행위의 독자성을 인정하는 취지의 판결이 여러 개 된다는 점을 고려할 때, 대법원이 물권행위의 유인성을 취하고 있다는 점을 말해 주는 대표판례로서의 성격을 갖는다.
- 갑·을 두 회사의 대표이사를 겸하고 있던 자에 의하여 갑회사와 을회사 사이에 토지 및 그 건물에 대한 매매계약이 체결되고 을회사

명의로 소유권이전등기가 경료된 경우에, 그 매매계약은 갑회사에 불이익을 생기게 할 염려 있는 「이사의 자기거래」에 해당하고 그 거래에 대한 갑회사 이사회의 승인이 없었으므로, 그 매매계약은 을회사에 대한 관계에서 무효이다. 판례는 이러한 입론에 기하여 갑회사의 을회사에 대한 소유권이전등기 말소청구를 인용하였다(대법원 1996. 5. 28. 선고 95다12101 판결).

- 채무자가 채권자의 승낙을 얻어 본래의 채무이행에 갈음하여 부동산으로 대물변제를 하였으나 본래의 채무가 존재하지 않았던 경우에, 당사자가 특별한 의사표시를 하지 않은 한 대물변제는 무효로서 부동산의 소유권이 이전되는 효과가 발생하지 않는다(대법원 1991. 11. 12. 선고 91다9503 판결).

이 사건에서 부동산소유자 갑은 돈을 차용하면서 을(피고)에게 소유권이전청구권보전의 가등기를 해 주었다(1986). 한편 갑은 병(원고)에게 채무이행과 손해배상금 총 6천 7백만원을 지급하라는 1심판결(이 사건과 별도)을 받아 그 채무 중 4천만원은 상계로 처리하고 나머지 2천 7백만원은 그 부동산으로 대물변제하기로 하고 갑에서 병으로의 이전등기를 마쳤다(1987. 11). 그런데 2심판결과 대법원판결에서는 갑의 병에 대한 채무가 3천만원과 지연손해금이라고 축소시켰고(1988), 이에 따라 갑이 대물변제로서 병에게 지급하려 했던 2천 7백만원의 채무는 없었던 것으로 판명되었다. 다른 한편 을은 가등기에 기한 본등기를 마쳐(1987. 12) 병 명의의 등기는 직권 말소되었다. 그러자 병은 갑을 대신하여 차용금과 이자 등 총 1,197만원을 을에게 변제공탁하고 가등기담보법 제11조의 제 3 자로서 본등기 말소청구를 하였다. 이 대법원판결에서는 병이 대물변제의 무효로 담보부동산의 제 3 취득자의 지위에 있지 않으므로 가등기담보법 제11조의 권리행사를 할 자격이 없다는 취지로 판시하였다. 이 판결을 이론적으로 살피건대, 갑으로부터 병에게로의 소유권이전이 을의 본등기 이전까지 일단 유효하게 이루어졌는가가 쟁점으로 취급되었다. 그 소유권이전에는 채권행위에 해당하는 '소비대차채무의 존재', 물권행위에 해당하는 '대물변제의 물권적 합의', '소유권이전등기'의 세 요소가 필요하다. 그런데

채권행위가 무효였다는 판결이 나자 그것은 물권행위에 직접 영향을 미쳐 물권행위를 무효로 하고, 이에 따라 소유권이전등기는 원인무효가 되고, 소유권은 원소유자 갑에게 있다는 결론이 난 것이다. 이 판결은 채권행위와 물권행위 사이의 유인성을 인정하여 갑으로부터 병으로의 소유권이전을 부인하는 법리를 취하였다.

---

(3) 유인주의하의 원상회복과 동시이행

유인설에 의하면 매매가 무효·취소되면 물권행위인 소유권이전행위도 이에 영향을 받아 소유권은 당연히 매도인에게 복귀되므로, 매도인은 매수인에 대하여 소유권에 기한 물권적 청구권을 행사하여 그 물건의 반환 및 등기말소를 청구할 수 있게 된다. 그리고 제3자에게 전매되어 그 명의로 등기되어도 그 제3자가 다른 규정에 의한 보호를 받지 않는 한 제3자명의의 소유권등기의 말소를 청구할 수 있게 된다. 다만 채권행위의 무효나 취소의 사유에 관하여 선의의 제3자 보호규정이 있는 경우에는 그 범위에서 거래의 안전이 보호된다(제107조 2항, 제108조 2항, 제109조 2항, 제110조 3항).

유인주의의 단점으로는 거래안전의 보호에 미흡하다는 점 이외에 원상회복시에 동시이행관계가 깨지는 경우가 생긴다는 점을 들 수 있다. A⇒B의 소유권이전이 매매계약의 취소로 인하여 무효가 된 경우에, 소유권은 취소시에 A에게 자동적으로 복귀한다. 이 경우 B는 대금을 반환(부당이득반환)받을 때까지 점유반환 및 등기말소에 협력하지 않겠다고 하는 동시이행의 항변권을 행사할 수 있다.

그러나 A⇒B⇒C의 이전등기가 된 경우에는 사정이 달라진다. 취소시에 소유권은 A에게 자동 복귀되고, A는 C에 대하여 점유이전 및 등기말소를 청구하게 되는데, 이때 C는 A에 대하여 동시이행의 항변권을 행사할 수 없게 된다. A가 행사하는 권리는 물권적 청구권으로서 방해자라면 누구에게나 행사할 수 있는 권리인 반면, C가 가질 수 있는 권리는 B에 대한 부당이득반환청구권으로서 상대적 권리이기 때문에 A에 대한 관계에서는 부동산을 뺏길 뿐 권리는 갖지 않는다. C는 A에게 부동산을 인도하고 등기말소청구에도 응해야 한다.

이렇게 목적물과 등기명의를 뺏기고 나서야 C는 B에 대하여 자기가 지급했던 대금의 반환을 청구할 수 있는데, 이때 C는 B에 대한 채무는 지지 않으므로 동시이행항변을 할 여지가 없다. B는 C에게 매매대금을 반환하고 난 후, A에 대하여 자기가 지급했던 매매대금을 부당이득으로서 반환청구할 수 있는데, 이때에는 등기말소와 동시이행할 것을 항변할 수 있다.

이와 같이 유인주의를 취하면 전득자 C가 생긴 경우에 소유권을 회복하는 A에게 유리한 반면 C에게는 불리한 결과로 된다. 그러나 무인주의에서는 C가 소유권을 상실하지 않고, A와 B 사이에 부당이득의 반환에 의한 결제가 행해진다.

사례연습 〈채권행위의 취소와 원상회복〉

◎ 문 제 ◎

피한정후견인 A는 자기소유의 토지를 B에게 5억원에 매도하는 매매계약을 체결했다. 그 후 A가 B로부터 잔금을 받고 점유와 등기서류를 넘겨줄 때에는 A가 행위능력을 회복한 후였다. B는 등기를 마친 후 그 부동산을 C에게 7억원에 매도하고 이전등기를 마쳤다. 그 후 A가 B에 대하여 무능력을 이유로 매매계약을 취소한다는 의사표시를 하였다. 당시 부동산시가는 8억원이 되었고, A는 받은 매매대금 중 2억원은 소비하였다. A는 C에 대하여 소유권에 기한 부동산의 반환 및 등기말소를 청구할 권리가 있는가?

해 답

1) 문제의 제기

이 사례는 채권행위의 취소가 물권행위를 실효시키는가 아니면 물권행위는 채권행위 없이 유효하게 존속하는가에 관한 문제이다. 채권행위와 물권행위의 관계에서 유인설을 취하는가 아니면 무인설을 취하는가에 따라 사례의 해결이 달라지게 된다.

2) 유인설에 의한 사례해결

A와 B간의 매매계약의 취소는 A와 B간의 물권적 합의의 무효를 초래한다는 유인설을 취하면, A⇒B의 소유권이전등기는 원인무효의 등기가 된다. 따라서 B⇒C의 소유권이전등기도 처분권한 없는 자의 물권행위를 바탕으로 한 것이므로 무효가 된다. 매매계약의 취소로 소유권은 A에게 복귀하게 된다. A는 소유자로서 C에 대하여 점유의 반환 및 등기말소를 청구할 수 있다. C는 소유권을 상실하고 난 후 B에 대하여 지급했던 매매대금(7억원)의 반환을 청구할 수 있다(부당이득반환청구권의 행사). B가 C에게 매매대금을 반환하고 난 후에 B는 A에게 매매당시 지급했던 매매대금(5억원)을 부당이득으로서 반환청구할 수 있다(제741조, 부당이득반환청구). A는 제한능력자였으므로 받은 이익이 현존하는 한도(3억원)에서 상환하면 된다(제141조 단서).

3) 무인설을 취할 경우

A와 B간의 매매계약의 취소는 A와 B간의 물권행위에 직접 영향을 미치지 않는다는 무인설을 취하면, 그 물권행위는 자체적 요건의 충족만으로 유효하게 성립한다. 물권행위가 유효하므로 A⇒B의 소유권이전등기도 유효하다. 따라서 B⇒C의 소유권이전행위도 아무 하자 없이 존속한다. 소유자는 C이다. A는 매매계약의 취소의 효과를 계약상대방인 B에 대해서만 주장할 수 있다. A는 취소로 인한 원상회복을 위하여 B에 대하여 부당이득반환청구권(제741조)을 행사할 수 있다. B는 A로부터 받은 부동산소유권을 반환할 수 없으므로 대신 시가 상당액(8억원)으로서 가액반환해야 한다(제747조). A는 B에게 당시에 받은 매매대금(5억원)을 부당이득으로서 반환해야 하는데, A는 제한능력자였으므로 받은 이익이 현존하는 한도(3억원)에서 상환하면 된다(제

141조 단서).

4) 결 론

사견으로는 유인설을 취하므로 취소 이후 부동산의 소유권은 A에게 속한다고 본다. A는 C에 대하여 등기의 말소를 청구할 수 있고, 이때 C는 채권자대위권을 행사하여 B에로의 현존이익 3억원의 부당이득반환을 청구하면서 C등기와 B등기의 말소와 동시이행을 항변하는 방법을 강구할 수 있다(능력을 회복한 A가 채무의 이행행위를 한 것은 이의를 보유하지 않는 한 법정추인으로 되어 취소권이 소멸될 수 있다(제145조 1호)).

8

물권변동의 개별적 쟁점

1. 재단법인의 설립에 있어서의 출연재산의 귀속

(1) 문제의 소재

재단법인의 설립자는 일정한 재산을 출연하여야 하는데(제43조 전단), 생전처분으로 재단법인을 설립하는 때에는 출연재산은 법인이 성립한 때로부터 법인의 재산이 되며(제48조 1항), 유언으로 재단법인을 설립한 때에는 출연재산은 유언의 효력이 발생한 때로부터 법인에 귀속한 것으로 본다(제48조 2항). 부동산소유권을 재단에 출연하는 경우에 그 소유권의 귀속시기와 관련하여, 민법 제48조가 민법 제187조에서 말하는 법률의 규정에 해당하는지 아닌지가 논의의 대상이 된다.

(2) 이전등기시설

설립자가 재단법인에 출연한 재산은 법인격취득 이후 법인명의로 소유권이전등기가 완료된 때에 법인에게 귀속되지만, 이전등기가 완료된 후에는 그 소유권이 법인설립시부터 법인에게 귀속되었던 것으로 의제된다고 보는 견해이다. 사견으로는 이전등기시설을 취한다. 그 근거는 다음과 같다. • 법인설립시부터 법인은 부동산에 관한 채권을 보유하게 되며 이 채권에 기해 소유권을 법인명의로 이전받게 된다. 채권은 그 자체로서 재산성을 가지므로 재단법인의 자산으로서 인정된다. • "출연재산은 법인이 성립된 때로부터 법인의 재산이 된다"는 제48조 1항은 재산의 이전에 등기·인도 등 특별한 요건을 필요로 하지 않는 경우에 한해서 적용되며, 이 규정의 의의는 물권 이외의 권리의 이전시기를 법률로 정하는 데에 있다고 해석된다.

(3) 법인설립시설

설립자가 재단법인에 출연한 재단은 제48조의 규정에 의하여 소유권이전등기 없이 법인설립과 동시에 법인에게 이전된다고 보는 견해이다. 제48조는 법률의 규정에 의한 부동산에 관한 물권의 취득은 등기를 요하지 아니한다는 제187조의 '법률의 규정'에 해당하므로 이전등기를 하지 않아도 소유권이 법인에게 이전한다고 해석한다.

(4) 판 례

판례는 이전등기시설을 취하면서 외부적으로는 등기가 있어야 소유권이 이전하지만 내부적으로는 당사자의 의사에 따른다는 설명을 하였다(대법원 전합 1979. 12. 11. 선고 78다481 판결). 판례는 출연자와 법인 사이에서는 등기 없이 부동산소유권이 법인설립시에 법인에게 귀속하지만 제 3 자에 대한 관계에서는 제186조의 원칙에 따라 등기를 필요로 한다고 함으로써 이전등기 이전에 당사자에 따라 그 효과를 달리 인정하였다. 즉 출연재산은 출연자와 법인과의 관계에 있어서 그 출연행위에 터잡아 법인이 성립되면 민법 제48조에 의하여 법인성립시에 법인에게 귀속되어 법인의 재산이 되는 것이고 당사자간의 관계에 있어서는 법인설립 외에 등기를 필요로 하는 것은 아니라 할 것이나, 제 3

자에 대한 관계에서는 출연행위가 법률행위이므로 출연재산의 법인에의 귀속에는 부동산의 권리에 관해서는 법인설립 외에 등기를 필요로 한다는 것이다.

이 사건은 망인 갑이 재단법인(사찰)을 설립하기 위하여 토지를 출연하고(1956) 그 재단법인은 1960년에 설립된 후 아직 소유권이전등기를 하지 않고 있었다. 한편 그 토지는 1965년 갑으로부터 을로 소유권이전등기가 경료되었고 다시 병 등에게 이전등기가 경료되었다. 이 전원합의체판결에서는 재단법인의 권리는 갑 및 그 상속인에 대하여만 주장할 수 있는 채권적 권리(내부적 소유권)로서 증여계약의 당사자가 아닌 을과 병에 대하여는 그 권리로서 주장할 수 없다고 한다. 토지의 소유권은 현재의 등기명의인인 병에게 있다는 취지로 판결한 것이었다.

그 밖에 "유언으로 재단법인을 설립하는 경우에도 제3자에 대한 관계에서는 출연재산이 부동산인 경우는 그 법인에의 귀속에는 법인의 설립 외에 등기를 필요로 하는 것이므로 재단법인이 그와 같은 등기를 마치지 아니하였다면 유언자의 상속인의 한 사람으로부터 부동산의 지분을 취득하여 이전등기를 마친 선의의 제3자에 대하여 대항할 수 없다"고 하였다(대법원 1993. 9. 14. 선고 93다8054 판결).

2. 법률행위의 무효·취소에 의한 물권의 복귀

(1) 양수인이 등기명의자인 경우

법률행위에 기한 소유권이전등기가 경료된 후 그 법률행위가 무효·취소된 경우에, 소유권의 복귀에 관하여 민법 제186조가 적용되어 다시 원소유자에게로 이전등기를 하여야 소유권이 복귀하는가에 관하여 학설이 대립하고 있다. 매도인(A)이 매수인(B)에게 매매계약과 그 이행행위를 하고 소유권이전등기까지 마친 후 아직 B명의로 등기가 남아 있는 동안 매매의 무효를 주장하거나 취소를 한 경우가 이에 해당한다. 이 문제는 물권행위의 무인설을 취하느냐 유인설을 취하느냐에 따라 결론이 달라질 수 있다.

◦ 물권행위의 유인성을 인정하는 견해에 의하면, 비록 물권행위가 원인행위인 채권행위와는 따로 독립하여 행해지고 또한 그것이 완전히 유효하더라도 원인행위가 취소되면 처음부터 그러한 물권변동은 없었던 것으로 되므로 등기를 말소하지 않더라도 물권은 당연히 복귀한다는 견해가 있다(당연복귀설). 사견으로도 당연복귀설을 취한다. 판례는 물권행위의 유인설을 취하는 결과 당연복귀설을 취한다(물권행위 유인설에 관한 판례를 참조하시오).

당연복귀설에 의하면 법률행위가 무효・취소된 경우에 등기가 말소되지 않았더라도 물권은 당연히 원상으로 복귀된다. 이 경우 그 등기는 실체관계와 부합하지 않는 무효의 등기이므로 물권자는 복귀된 물권에 기하여(부당이득반환청구권에 기하여서가 아니라) 그 말소를 청구할 수 있다. 당연복귀설은 소유권을 회복한 사람이 말소등기를 게을리 함으로써 등기와 실체가 괴리되는 현상이 지속되어 매수인명의의 등기를 믿고 그와 거래한 전득자에게 피해가 생길 소지가 많다는 단점을 갖는다.

◦ 물권행위의 무인성을 인정하는 견해에서는 채권행위가 무효・취소되었다 하더라도 물권행위가 유효하고 그에 대응하는 등기가 유효하게 성립되어 있으면 그 물권변동은 그대로 유효하다고 보는 견해를 취한다(등기요건설). 등기요건설에 의하면 취소 후에도 소유자는 등기명의인(B)이다. 채권행위의 당사자 사이에서 부당이득의 반환청구가 가능하게 되는데, 이 부당이득반환청구에 의하여 소유권을 회복할 수 있는 경우는 아직 매수인이 그 부동산을 소유하고 있는 경우에 한하며, 매수인이 제 3 자에게 전매하여 소유권을 이전해 준 경우에는 회복이

불가능하게 된다.

소유권을 회복하는 경우에, 당사자는 부당이득반환의무의 이행을 위해서 또 다른 물권행위와 등기(B⇒A)를 하여야 한다. 이 견해에 의하면 무효·취소로 인한 소유권의 복귀를 위해 별개의 물권행위가 행해지며 이에 관하여 제186조가 적용되어 등기를 효력요건으로 하게 된다고 한다. 그러나 채권행위뿐 아니라 물권행위도 무효·취소된 경우에는 그 소유권이전이 인정되지 않으므로, 소유권은 등기의 복귀 없이 당연히 원소유자에게 복귀하게 된다.

(2) 소유권이 전득자에게 이전된 경우

제3자 보호조항이 없는 경우에는 학설에 따라 차이가 크다. 물권행위의 유인성을 인정하게 되면 매수인이 그 소유권을 전득자에게 이전해 준 경우에도, 매매계약의 무효·취소로 소유권은 매도인(A)에게 복귀하고 전득자는 소유권을 상실하게 된다. 매매계약이 무능력을 이유로 취소(제5조)되거나 반사회성을 이유로 무효로 된 경우(제103조)에 그러하다. 반면에 물권행위의 무인설을 취하는 경우에는 물권행위에 하자원인이 없으면 전득자의 선의·악의를 묻지 않고 전득자가 소유권을 보유하며, 매도인과 매수인은 부당이득반환에 의해 이익을 조정한다(물권행위 무인설에 관한 설명 참조).

제3자 보호조항이 있는 경우에는 문제가 적다. 의사표시의 하자 등으로 인한 무효·취소의 효과는 선의의 제3자에게 대항하지 못하므로(제107조 2항, 제108조 2항, 제109조 2항, 제110조 3항), 무효나 취소의 원인이 의사표시의 하자 등이며 전득자가 이에 관해 선의인 경우에는 전득자(C)가 소유권을 보유한다는 점에서 학설간의 차이가 없게 된다. 이 경우 매도인과 매수인 사이에는 부당이득반환에 의한 이익조정이 행해진다.

의사표시규정에서와 같이 선의의 제 3 자를 보호하는 규정이 있는 경우에, 그 적용을 받는 선의의 제 3 자는 양수인과의 매매 등에 기하여 등기를 경료한 자에 한정된다. 제 3 자의 '선의'의 여부는 취소에 기한 말소등기시를 기준으로 판단된다고 해석된다. 선의의 제 3 자는 법률행위의 취소에 의한 소유권복귀를 알리는 말소등기를 기준시점으로 하여 그때까지 취소의 의사표시가 있었음을 알지 못하고 새로운 이해관계를 맺은 자만이 선의의 제 3 자에 포함된다(말소등기 후에도 인정하는 반대설 있음).

판례는 사기에 의한 법률행위의 의사표시를 취소하면 취소를 주장하는 자와 양립되지 아니하는 법률관계를 가졌던 것이 취소 이전에 있었든가 이후에 있었든가는 가릴 필요 없이 사기 및 그 취소사실을 몰랐던 모든 제 3 자에게 대항하지 못한다고 하였다(대법원 1975. 12. 23. 선고 75다533 판결).

쟁점정리 : 계약해제 후 소유권복귀

1) 해제의 효과에 관한 학설 · 판례

해제의 효과에 관해서는 직접효과설과 청산관계설이 대립한다.

• 직접효과설은 해제에 의하여 계약은 폐기되고 마치 처음부터 계약이 존재하지 않았던 것과 같은 상태로 된다고 보는 이론이다. 해제로 인하여 계약에 기초한 모든 채권관계 및 물권관계가 소급적으로 소멸한다고 본다. 다만 민법 제548조 1항 단서에 의해서 해제의 소급효는 제 3 자의 권리를 해하지 않도록 제한을 받는다고 한다.

• 청산관계설은 해제에 의한 계약의 소급적 소멸을 부정하고, 해제로 인하여 계약은 청산관계로 변질되며 그 청산이 완료되어야 계약관계가 완전히 소멸한다고 보는 이론이다. 사견으로는 청산관계설을 취한다. 청산관계설에 의하면 해제시까지 이행되지 않은 채무는 장래에

대하여 소멸되지만, 그때까지 존속했던 채권관계는 원상회복을 위한 청산의 단계로 변형된다고 본다.

2) **해제 후 소유권의 복귀**

매도인이 매매계약에 기하여 매수인에게 소유권을 이전해 주고 난 후에 그 계약을 해제한 경우에, 목적물에 대한 소유권은 누구에게 귀속되는가. 매도인은 그 소유권 또는 물건을 어떻게 되찾는가. 앞에서 소개한 직접효과설을 취하느냐 청산관계설을 취하느냐에 따라 소유권 귀속이 달라질 뿐 아니라, 직접효과설을 취하는 경우에는 물권행위의 유인설을 취하는가 무인설을 취하는가에 따라 소유권귀속이 달라진다. 또한 해제시에 매수인이 그 물건을 소유하고 있는가 아니면 제 3 자에게 양도한 후인가에 따라 법률관계가 달라진다.

• 당연복귀설은 계약의 일방당사자가 해제의 의사표시를 하면 그 순간 소유권이 매수인으로부터 매도인에게 당연히 복귀한다는 입장이다. 매도인은 해제와 동시에 소유권을 되찾게 되고 그 소유권에 기해 매수인에 대하여 목적물반환청구(소유물반환청구권, 제213조)와 등기말소청구를 할 수 있다고 한다. 당연복귀설은 직접효과설과 물권행위 유인설이 결합된 결과이다. 계약의 해제에 관하여 소급효를 인정하는 직접효과설을 취하면서 물권행위의 유인설에 따라 소유권의 당연복귀가 생긴다고 보는 것이다. 해제는 채무불이행으로 인한 것이므로 그 채권행위만이 해제되지만 이로 인해 물권행위도 효력을 상실하게 되고 따라서 이에 기한 소유권이전은 소급적으로 무효가 된다고 한다. 이 견해를 해제가 물권변동의 효과를 초래한다고 해서 물권적효과설이라고 한다.

• 등기요건설은 계약해제로 인하여 매수인에게 물건반환의무가 생길 뿐이며, 매도인이 소유권을 회복하기 위하여는 매수인으로부터 매도인에게로의 반환의무의 이행(물권행위)과 등기(말소등기 또는 이전등기)를 필요로 한다는 견해이다. 그 이론구성은 다음과 같이 다양하다.

① 직접효과설 · 물권행위무인설은 해제효과에 관하여 직접효과설을 취하여 계약이 소급적으로 소멸되었다고 보지만 그것은 물권행위에는

영향을 미치지 않으므로 소유권은 매수인에게 있다고 하는 견해이다. 매도인과 매수인 사이에는 계약해제로 인한 원상회복의무가 있고 그 의무의 이행으로서 물권행위와 등기를 하여야 소유권이 매도인에게 복귀한다고 설명한다. 해제로 소유권반환의 채권관계가 생길 뿐이라고 본다는 점에 착안하여 채권적 효과설이라고도 부른다.

② 청산관계설은 해제의 효과에 관하여 청산관계설을 취하는 경우에는 물권행위에 관하여 유인설을 취하는가 무인설을 취하는가에 관계없이 해제로 인하여 원상회복의무가 발생하고 그 의무의 이행으로서 물권행위와 등기를 하게 된다고 이해한다. 즉 청산관계설은 매도인에게 소유권이 복귀하기 위해서는 등기를 필요로 한다고 본다. 사견으로는 이 견해를 취한다.

• 판례는 계약의 해제에 관한 직접효과설과 물권행위유인설을 취하여 해제의 의사표시가 있으면 소유권이 당연복귀한다고 본다. "계약에 따른 채무의 이행으로 이미 등기나 인도를 한 경우에, 그 원인행위인 채권계약이 해제됨으로써 원상회복될 때에 그 이론구성에 관하여 소위 채권적 효과설과 물권적 효과설이 대립되어 있으나 우리의 법제가 물권행위의 독자성과 무인성을 인정하고 있지 않은 점과 민법 제548조 1항 단서가 거래안전을 위한 특별규정이라는 점을 생각할 때에 계약이 해제되면 그 계약의 이행으로 변동이 생겼던 물권은 당연히 그 계약이 없었던 원상태로 복귀한다"는 것이다(대법원 1977. 5. 24. 선고 75다1394 판결). 이 사건은 갑(원고)이 을(소외인)에게 주유소 시설물 등을 매도하고 인도를 마친 후 채무불이행을 이유로 그 매매계약을 해제하였으나 물건은 반환받지 못한 상태에서 을의 상속인이 병(피고)에게 연체된 임대료채무에 대한 대물변제로서 그 물건의 소유권을 넘겨주었고 병은 다시 그 물건을 타인에게 처분하였다. 이 판결에서는 해제로 소유권이 갑에게 복귀하였으므로 병의 처분은 불법행위로서 손해배상의무를 발생시킨다고 판시하였다.

이 판결은 물권행위의 독자성과 무인성을 모두 부정하였으나 그 이후 물권행위의 독자성을 인정하는 취지의 판결이 여러 개 된다는 점을 고려할 때 이 판결은 「대법원이 물권행위의 유인성을 취하고 있다」는 점만을 말해 주는 대표판례로서의 성격을 갖는다고 이해된다. 다만 이 판결은 해제의 효과에 관하여 "민법 제548조 1항 본문에 의하면 계약이 해제되면 각 당사자는 상대방을 계약이 없었던 것과 같은 상태에 복귀케 할 의무를 부담한다는 뜻을 규정하고 있다"고 하여 해제의 소급효를 인정하는 직접효과설을 취하면서 물권행위의 유인성에 바탕을 둔 물권적 효과설을 취하고 있다(원심판결은 직접효과설-채권적 효과설을 취하여 병의 소유권을 인정했으나 파기되었다).

3) 제 3 자 보호

매도인이 매매계약을 해제할 당시에 매수인이 이미 부동산을 제 3 자에게 양도하고 이전등기까지 마친 후라면 해제의 효과는 그 제 3 자에게도 미치는가. 민법 제548조 1항 단서는 "그러나 제 3 자의 권리를 해하지 못한다"고 규정한다. 제 3 자와의 관계에서는 앞에서 소개한 학설대립에 관계없이 일치된 결론이 도출된다. 즉 해제로 제 3 자의 소유권이 박탈되지 않는다는 것이다.

제 3 자가 소유권을 보유하는 이론적 근거는 어떤 학설을 취하는가에 따라 다르게 된다. ▸ 직접효과설과 유인설에 의하면 소유권은 매도인에게 당연복귀해야 할 것이지만, 민법 제548조 1항 단서에 의해 해제의 효과가 차단되어 제 3 자는 소유권을 보유한다고 설명한다. ▸ 직접효과설과 무인설에 의하면 채권행위의 실효에도 불구하고 매도인과 매수인의 소유권이전은 유효하므로 제 3 자의 소유권에 영향을 미치지 않게 된다. ▸ 청산관계설에 의하면 계약해제로 매수인에게 원상회복의무가 발생할 뿐이므로 제 3 자의 소유권에는 영향을 미치지 못한다.

3. 소멸시효 · 취득시효로 인한 물권변동

(1) 제한물권의 소멸시효

제한물권은 20년의 불행사(不行使)로 소멸하게 되며 말소등기는 그 소멸의 요건이 아니다. 소멸시효의 효과에 관하여 절대적소멸설을 취하는 결과 제한물권은 시효완성으로 소멸하며 등기의 말소를 기다리지 않고 소멸의 효과가 생긴다고 해석하는 입장에 따른 결론이다(다수설, 사견). 다만 소멸시효의 효과에 관한 상대적소멸설을 취하는 경우에는 말소등기를 요건으로 삼을 수 있다.

(2) 물권의 시효취득

20년간의 점유로 인한 부동산 시효취득은 등기함으로써 소유권을 취득한다(제245조 1항). 물권의 시효취득은 법률의 규정에 의한 것이지만 등기를 요건으로 하고 있다는 점에서 다른 법률의 규정에 의한 물권취득과 다르다.

4. 제한물권의 소멸청구 · 소멸통고

(1) 소멸청구

지상권자가 2년 이상의 지료를 지급하지 아니한 때에는 지상권설정자는 지상권의 소멸을 청구할 수 있으며(제287조), 전세권자가 목적물을 설정계약이나 물건의 성질에 반하여 사용하는 경우에 전세권설정자는 전세권의 소멸을 청구할 수 있다(제311조).

◦ 제한물권의 소멸청구권은 그 표현에도 불구하고 실질적으로는 형성권의 성질을 가지는 것으로 해석된다(다수설, 사견). 제한물권의 소멸청구가 형성권의 행사라고 보는 견해는 소멸청구의 의사표시에 의하여 물권소멸의 효과를 발생시키며 말소등기가 행해질 때에 비로소 소멸하는 것은 아니라고 해석한다. 지상권자나 전세권자의 의무해태 · 계약위반 등으로 인한 권리소멸을 등기가 행해질 때까지 늦추는 것은 부당하기 때문이다.

◦ 제한물권의 소멸청구를 채권적 청구권의 행사로 보아 등기가 있어

야 지상권 · 전세권의 소멸이 생긴다는 견해도 있다.

(2) 소멸통고

전세권의 존속기간을 약정하지 않은 때에는 각 당사자는 언제든지 상대방에 대하여 소멸을 통고할 수 있고, 상대방이 이 통고를 받은 날로부터 6개월이 경과하면 전세권은 소멸한다(제313조). 이러한 전세권의 소멸통고는 해지권행사의 일종으로서 그 의사표시 및 법정 유예기간(6개월)의 경과로 소멸하는 것이며 등기한 때에 비로소 소멸하는 것은 아니다.

5. 물권의 포기

물권의 포기란 물권자가 자발적으로 그 권리를 포기하겠다는 의사표시를 하고 그 물건에 관한 사용 · 수익을 중지하는 것을 말한다. 물권을 포기하기 위해서는 포기의 의사표시를 해야 한다. 소유권의 포기는 상대방 없는 의사표시로서 하지만, 제한물권의 포기는 그 설정자에 대한 의사표시(상대방 있는 의사표시)로서 해야 한다. 점유권은 그 물건에 대한 사실상의 지배를 중단하거나 침탈자에 대한 점유보호청구권을 행사하지 않으면 자동적으로 소멸하며 점유자가 포기의 의사표시를 할 필요는 없다. 이해관계인의 동의는 포기하는 물권이 제 3 자의 제한물권의 대상인 경우에는 물권소멸의 요건이다. 지상권 또는 전세권을 목적으로 저당권을 설정한 자는 저당권자의 동의 없이 지상권 또는 전세권을 소멸하게 하는 행위를 하지 못한다(제371조 2항).

부동산소유권이나 제한물권을 포기하는 경우에 등기하여야 그 물권이 소멸하는가에 관하여 학설이 대립한다.

◦ 부동산물권의 포기는 등기를 하여야 소멸의 효과가 생긴다는 견해

가 있다(등기필요설). 포기는 물권을 소멸시키는 단독의 물권행위로서 민법 제186조에 의해 등기하여야 물권소멸의 효과가 생긴다고 한다.

◦ 부동산물권에 관한 포기의 의사표시는 일종의 형성권의 행사로서 말소등기 없이 소멸의 효과가 발생한다고 해석하는 견해가 있다(등기불요설, 사견). 권리자는 자기 권리를 포기할 자유가 있으며, 포기로 인하여 물권이 소멸하면 남아 있는 등기는 실체 없는 무효의 등기가 될 것이다.

6. 혼동으로 인한 물권의 소멸

(1) 물권의 소멸원인

물권의 공통적 소멸원인으로는 목적물의 멸실, 권리자의 포기, 국가 등에 의한 공용수용과 몰수 등이 있다. 제한물권은 그 밖에 존속기간의 만료, 소멸청구 및 소멸통고, 소멸시효의 완성, 소유권과의 혼동 등의 사유로 소멸한다.

물건이 멸실하면 물권도 소멸한다. 물건의 일부가 멸실된 경우에는 물권은 잔여부분에 관하여 존속한다. 멸실의 유형으로는 • 물건이 완전히 소멸하는 경우(예: 토지의 포락, 건물의 붕괴 등), • 물건의 물질적 변형물이 남아 있는 경우(예: 건물의 붕괴로 남은 목재, 석재 등), • 물건의 가치적 변형물이 남아 있는 경우(예: 건물의 소실로 인한 보험금청구권, 손해배상청구권 등) 등이 있다.

소유권이나 담보물권은 목적물의 물질적 변형물뿐 아니라 가치적 변형물에 대하여도 지배적 권능을 갖는다. 물건의 가치적 변형물을 대상(代償) 또는 대상청구권이라고 하는데, 소유자가 그 대상을 취득함이 원칙이다. 담보물권자도 물건의 가치적 변형물인 대상에 대하여 그 지급이나 인도 전에 압류를 함으로써 우선변제권을 갖는다(제342조, 제370

조). 이렇게 담보물권이 대상에 대하여 효력을 확장할 수 있는 힘을 가리켜 담보물권의 물상대위성(物上代位性)이라고 한다.

(2) 혼동의 요건과 효과

물권의 혼동이란 소유자가 그 목적물에 관한 제한물권을 취득한 경우에 그 제한물권은 소유권에 포함됨으로써 소멸하고 소유권만이 남게 되는 법리를 가리키는 말이다. 동일한 물건에 대한 소유권과 다른 물권이 동일한 사람에게 귀속한 때에는 다른 물권은 소멸한다(제191조 1항 본문).

혼동의 효과로서 혼동에 의하여 효력범위가 적은 제한물권이 소멸하게 된다. 이러한 제한물권의 소멸로 인하여 소유권의 권능은 다시 제한물권이 없던 때의 것으로 회복된다. 소유자가 전면적 지배권에서 일부의 권능을 분리해 내어 그것을 타인에게 주기 위한 목적으로 제한물권을 설정한 것이므로, 소유자가 그 제한물권을 취득하게 되면 구태여 두 개의 권리를 양립시킬 필요 없이 소유권에 부과된 제한을 풀어서 다시 전면적 지배권으로 복귀시키는 것이 당연하다.

민법이 인정하는 물권의 혼동에는 • 소유권과 제한물권과의 혼동, • 제한물권과 그 제한물권을 목적으로 하는 다른 제한물권과의 혼동의 두 유형으로 나뉜다. 혼동의 원칙은 부동산물권과 동산물권에 모두 적용된다.

(3) 물권의 혼동

소유자와 제한물권자가 동일인인 경우에 물권의 혼동이 일어난다. ◦ 소유권과 제한물권이 동일인에게 속하는 경우로서는 소유자가 자기의 물건에 대한 제한물권을 취득한 경우와 제한물권자가 그 물건에 대한 소유권을 취득한 경우를 생각할 수 있으나, 실제로는 후자가 많다. 혼동이 일어나기 위해서는 한 사람이 소유권과 제한물권을 모두 보유해야 한다. 어떤 사람이 자기가 소유자라고 주장하고 제한물권을 소멸시켰으나, 그 후에 소유자가 아님이 밝혀진 경우에는 혼동은 처음부터 일어나지 않은 것으로 된다. 판례도 근저당권자가 저당목적물의 소유권을 취득하게 되어 그 근저당권이 혼동에 의하여 소멸한 후 그 소유권취득이 무효인 것이 밝혀진 경우에, 혼동으로 소멸하였던 근저당권은 당연히 부활한다고 한다(대법원 1971. 8. 31. 선고 71다1386 판결).

◦ 소유권과 제한물권이 동일인에 속하여 혼동으로 소멸한 줄 알았는데, 알고 보니 당시에 이미 그 제한물권이 존재하지 않았던 경우에는 앞의 경우와 사정이 다르게 된다. 제한물권이 존속기간만료 등으로 소멸한 경우에는 소유권은 완전한 것으로 변하게 되는데, 이것은 혼동의 효과가 아니라 제한물권의 소멸에 따른 효과이다.

◦ 제한물권과 그 제한물권을 목적으로 하는 다른 제한물권이 동일인에게 속하게 된 경우에 그 제한물권을 목적으로 하는 다른 제한물권은 혼동으로 인하여 소멸한다(제191조 2항). 지상권에 대한 저당권을 가지는 자가 그 지상권을 취득하는 경우(제371조 1항) 및 전세권에 대해 저당권을 가지는 자가 전세권을 취득하는 경우에(제371조 1항), 그 저당권은 혼동으로 소멸하고 지상권 및 전세권만 남게 된다. 그리고 저당채권에 대해 권리질권을 가지는 자가 저당권을 취득하는 경우(제348조)에는 그 질권은 혼동으로 소멸하고 저당권만 남는다.

(4) 혼동의 예외

제한물권에 제 3 자의 권리가 설정되어 있는 때에는 혼동의 원칙에 대한 예외가 인정된다.

◦ 소유권과 제한물권이 동일인에게 귀속한 경우라도 그 제한물권이 제 3 자의 권리의 목적이 된 때에는 소멸하지 않는다(제191조 1항). 여기

에서 '제3자의 권리의 목적인 때'는 그 제한물권이 소멸하면 제3자의 권리도 소멸하게 되는 경우를 가리킨다. 소유권과 지상권이 동일인에게 속하게 되었지만 그 지상권에 제3자가 저당권을 갖고 있는 경우가 이에 해당한다. 혼동으로 소멸할 전세권에 대해 저당권이 설정되어 있는 경우, 혼동으로 소멸할 저당권에 대하여 권리질권이 설정되어 있는 경우도 그러하다.

부동산에 대한 소유권과 임차권이 동일인에게 귀속하더라도 그 임차권이 대항력을 갖추고 있고 그 대항력을 갖춘 후 저당권이 설정된 때에는 임차권이 혼동에 의해 소멸하지 않는다(대법원 2001. 5. 15. 선고 2000다12693 판결).

◎ 제한물권과 제한물권간의 혼동의 경우에도 같은 법리가 적용된다. 혼동으로 소멸할 제한물권이 타인의 물권의 객체가 된 경우에 그 제한물권은 혼동으로 소멸하지 않는다.

목적물에 다른 제한물권이 설정되어 있는 경우에는 혼동의 원칙이 그대로 적용된다. 혼동의 예외가 인정되는 경우는 제한물권이 제3자의 권리의 목적인 때에 한정되며 목적물이 제3자의 권리의 목적인 때는 이에 해당하지 않기 때문이다(반대설 있음). 예를 들어 소유권과 지상권이 동일인에게 귀속된 경우에, 그 부동산에 저당권 등 다른 제한물권이 있더라도 이에 구애받지 않고 지상권은 혼동으로 소멸한다. 이때 소유자는 저당권의 부담은 계속해서 안게 된다. 다른 예로서 소유권과 1번저당권이 동일인에게 속하는 경우에 그 부동산에 있는 2번저당권은 소멸하지 않고 존속하게 될 뿐 아니라 1번저당권이 혼동으로 소멸하므로 2번저당권은 1번저당권으로 순위가 올라가게 된다. 이를 가리켜 저당권에서의 「순위승진의 원칙」이라고 한다.

사례연습 〈소유권과 제한물권의 혼동〉

• 저당권자(B)가 타인(A)의 토지에 저당권을 가지고 있었는데 B로부터 그 토지소유권을 양수받은 경우에 A의 저당권은 소멸하고 소유권만 취득하게 된다.
다른 사례로서 저당권설정자(C)가 저당권자(D)의 피담보채권을 양수한 경우에 채권자와 채무자가 동일인이 되어(채권·채무의 혼동) 그 피담보채무는 소멸하게 되고 따라서 저당권도 소멸하게 된다. 결국 C는 저당권의 부담 없는 소유권을 보유하게 된다. 다만 C가 그 저당권설정등기를 말소하지 않고 있다가 다시 D로부터 돈을 빌려 저당권설정계약을 체결한 다음에 그 등기를 그대로 유용하기로 약정하는 경우에는 등기의 유용의 문제로 된다. 이 경우 다른 사람의 권리를 해치지 않는 한 D의 저당권등기는 유효하다고 해석된다. 다만 먼저의 저당권은 피담보채무의 소멸시에 같이 소멸하였고 후에 새로운 저당권이 다시 설정되었으나 등기만은 종전 것을 그대로 사용하는 것으로 된다.

• 전세권자(B)가 자기의 전세권설정자(A)로부터 그 부동산을 매수하여 소유권이전등기까지 마친 후에 그 설정자가 허위의 등기서류에 의해 소유권이전등기를 경료하였음이 판명된 경우에, 그 설정자(A)는 부동산소유자가 아닌 동시에 그로부터 전세권의 설정을 받은 자(B)도 전세권을 취득하지 못하게 된다. 따라서 이 사례에서는 아예 소유권과 전세권의 혼동은 일어나지 않는다.

3장

부동산 등기와 물권

9
등기의 기본원칙

1. 부동산등기제도

(1) 등기의 전산화

등기부란 전산정보 처리조직에 의하여 입력·처리된 등기정보자료를 대법원규칙에 정하는 바에 따라 편성한 것을 말한다. 등기기록이란 1필의 토지 또는 1개의 건물에 관한 등기정보자료를 말한다. 등기는 등기관이 부동산등기법에 따라 등기부에 부동산에 관한 권리관계 등 등기정보자료를 입력하는 것을 말한다. 등기는 부동산등기법(1960 제정, 2011 전면개정)에 따라 실시된다.

(2) 물적편성주의와 1물 1권주의

우리의 등기부는 각 부동산별로 편성되는 물적편성제도를 취한다. 이는 소유자별로 편성된 인적편성주의와 대립된다. 등기부는 부동산이 위치하는 지번(주소)에 따라 편성되어 있다.

◦ 토지등기와 건물등기는 별개이다. 우리 민법은 토지와 건물을 별개의 부동산으로 규정하므로 토지등기부와 건물등기부가 각각 별도로

만들어져 있다.

◦ 등기부와 대장은 별개이다. 법원이 물권의 공시를 위하여 작성, 관장하는 것이 등기부이다. 이 밖에 행정부가 조세, 도시계획 등 행정목적을 위해 작성, 관리하는 것이 대장이다.

◦ 하나의 부동산에 하나의 등기가 원칙이다(1부동산 1등기용지 원칙). 과거에는 등기에 용지를 사용하였기 때문에 등기 한 개의 부동산에 관하여 한 개의 등기용지를 설정해 놓고 그 부동산에 관한 모든 사항을 그 등기용지에 종합적으로 기록하는 등기방식을 취했다. 등기전산화 이후에는 "등기기록이란 1필의 토지 또는 1개의 건물에 관한 등기정보자료를 말한다"고 규정한다(부등법 제 2 조 3 호).

◦ 구분건물의 등기는 그 건물의 대지사용권을 포함하는 예외가 인정된다. 구분건물을 신축한 자가 '집합건물의 소유 및 관리에 관한 법률 제 2 조 8 호의 대지사용권을 가지고 있는 경우에 대지권에 관한 등기를 하지 아니하고 구분건물에 관하여만 소유권이전등기를 마쳤을 때에는 현재의 구분건물의 소유명의인과 공동으로 대지사용권에 관한 이전등기를 신청할 수 있다(부등법 제60조 1항).

(3) 공동신청주의의 원칙

등기는 법률에 다른 규정이 없는 경우에는 등기권리자와 등기의무자가 공동으로 신청한다(부등법 제22조 1 항). 실체법상 등기할 권리를 가지는 자가 등기권리자이고, 그 등기로 인하여 불이익을 받게 되는 자가 등기의무자이다. 양 당사자의 공동신청을 등기신청요건으로 함으로써 일방당사자가 실체적 권리관계와 다른 등기기록을 신청함으로써 입게 될 타방당사자의 불이익을 미연에 방지할 수 있게 된다.

등기신청은 대리인에 의해서도 가능하다. 등기의 대리에 관해서는 자기계약 · 쌍방대리의 금지 규정이 적용되지 않으므로, 등기권리자가 등기의무자를 대리하여 자신이 등기를 신청할 수 있으며 한 명의 법무사가 등기권리자와 등기의무자를 대리하여 신청할 수 있다. 등기신청행위에는 조건 및 기한을 붙일 수 없다.

다음의 경우에는 예외적으로 단독등기신청이 허용된다.

◦ 소유권보존등기 또는 소유권보존등기의 말소등기는 등기명의인으로 될 자 또는 등기명의인이 단독으로 신청한다.

◦ 상속·법인의 합병 등 포괄승계에 따른 등기는 등기권리자가 단독으로 신청한다.

◦ 판결에 의한 등기는 승소한 권리자 또는 등기의무자가 단독으로 신청한다.

◦ 부동산표시의 변경이나 경정(更正)의 등기는 소유권의 등기명의인이 단독으로 신청한다.

◦ 등기명의인 표시의 변경이나 경정의 등기는 해당 권리의 등기명의인이 단독으로 신청한다.

(4) 형식적 심사주의

우리 부동산등기법은 등기관의 심사권한을 형식적인 범위로 한정하고 실체적 권리관계에 대한 심사권을 배제하는 형식적 심사주의를 취하고 있다. 등기권리자와 등기의무자 사이에 진정한 매매계약이 있었는지 매매대금이 완납되었는지 등 등기원인이 되는 실체적 권리관계에 대한 조사권은 부여되어 있지 않다.

쟁점정리 : 이중등기의 효력

1) 문제의 소재

부동산등기법은 1부동산 1등기용지의 원칙을 채택하고 있으므로, 일단 어떤 부동산에 관하여 한 개의 등기용지가 개설되면 그 후에 또 하나의 등기용지가 개설되는 것은 허용되지 않으며, 사무착오로 인하여 제 2 의 등기용지가 개설된 경우에 그것은 무효로 됨이 원칙이다. 이중등기의 무효의 원칙은 1부동산 1등기용지의 원칙에서 파생된 것이다. 기존등기와 중복되는 보존등기의 신청이 있으면 각하되어야 한다. 그러나 절차상의 잘못으로 하나의 부동산에 대하여 둘 이상의 등기용지가 개설되는 경우가 간혹 생긴다. 등기부의 멸실, 토지의 분필・합필, 토지의 불특정, 건물의 신축・증축 등의 경우에 이중보존등기가 행해지기 쉽다.

2) 실체법설과 절차법설의 대립

절차상의 하자로 한 개의 부동산에 관하여 양립할 수 없는 두 개 이상의 보존등기가 경료된 경우 어느 보존등기를 유효로 할 것인가는 문제이다. 이중등기의 효력에 관해서는 실체법설과 절차법설이 대립해 왔다.

- 실체법설: 두 등기의 실체법적 법률관계를 따져서 진정한 소유권에 바탕을 둔 등기를 유효한 것으로 판정해야 한다는 견해이다.
- 절차법설: 등기가 경료된 시점의 선후에 의해 형식적으로 유효등기를 판단해야 한다는 견해이다.
- 절충적 절차법설: 기본적으로 절차법설을 취하면서 예외적으로 선등기가 무권리자에 의한 원인무효의 등기이고 후등기가 실체적 요건을 구비한 경우에 한해서 후등기의 유효성을 인정하는 견해이다.

판례는 절충적 절차법설을 취한다.

3) 이중등기의 무효사례

- 등기명의인이 같은 소유권보존등기: 동일부동산에 관하여 등기용지를 달리하여 동일인 명의로 소유권보존등기가 중복되어 등재되어 있는 경우에는 1물 1용지주의를 채택하고 있는 부동산등기법상 시간

적으로 뒤에 경료된 중복등기는 그것이 실체권리관계에 부합하는 여부를 가릴것없이 무효이다(대법원 1979. 1. 16. 선고 78다1648 판결).

• 등기명의인이 다른 소유권보존등기: 먼저 이루어진 소유권보존등기가 직권말소 또는 원인무효가 아닌 한, 뒤에 된 소유권보존등기는 그것이 실체적 권리관계에 부합하는 등기라도 무효라고 한다(대법원 전합 1990. 11. 27. 선고 87다카2961 판결).

• 등기부취득시효와의 관계: 민법 제245조 2항(등기부 취득시효)의 「등기」는 1부동산 1등기용지 원칙에 위배되지 아니한 등기를 말하므로, 소유권보존등기가 2중으로 경료된 경우 먼저 이루어진 소유권보존등기가 원인무효가 아니어서 뒤에 된 소유권보존등기가 무효로 되는 때에는, 뒤에 된 소유권보존등기나 이에 터잡은 소유권이전등기를 근거로 하여서는 등기부취득시효의 완성을 주장할 수 없다(대법원 전합 1996. 10. 17. 선고 96다12511 판결).

• 이중의 회복등기: 동일부동산에 관하여 하나의 소유권보존등기가 경료된 후 이를 바탕으로 순차로 소유권이전등기가 행해졌다가 그 등기부가 멸실된 후 등기명의인을 달리하는 소유권이전등기의 회복등기가 중복하여 행해진 경우에, 등기부멸실로 종전의 등기상황이 불명확한 때에는 각 회복등기일자의 선후를 기준으로 우열을 가린다(대법원 전합 2001. 2. 15. 선고 99다66915 판결).

2. 등기의 종류

(1) 사실등기 · 권리등기

◦ 사실의 등기란 표제부 표시란에 부동산의 위치, 사용목적, 구조, 면적 등 부동산의 상태를 기록하는 것(또는 기록사항)이다.

◦ 권리의 등기란 등기용지 중 갑구와 을구의 사항란에 부동산의 권리관계를 기록하는 등기이다. 이것은 부동산의 권리관계를 기록하는

것이다. 갑구에는 소유권에 관한 사항을 기록하고 을구에는 제한물권에 관한 사항을 기록한다.

(2) 보존등기 · 권리변동등기

◦ 보존등기는 부동산을 원시취득(토지매립, 건물신축 등으로)한 소유자가 아직 등기된 적이 없는 토지나 건물에 관하여 등기용지를 새로 개설하여 소유권을 보존하는 등기를 하는 경우이다. 1912년 등기제도가 시행된 이래 아직 등기되지 않은 부동산도 보존등기의 대상이 된다.

◦ 권리변동등기는 이미 등기부가 만들어진 부동산에 관한 소유권이전, 제한물권설정, 임대차계약 등 권리변동을 기록하는 경우이다. 권리변동의 등기 중 대표적인 것은 소유권이전등기이다.

(3) 기입등기 · 말소등기 · 말소회복등기

◦ 기입등기는 새로운 등기원인에 의하여 등기용지에 새로운 사항을 기입하는 등기를 말한다(소유권보존등기, 소유권이전등기, 저당권설정등기 등).

◦ 말소등기는 이미 행해진 권리등기를 말소함으로써 그 권리관계가 존재하지 않음을 공시하는 등기이다. 예를 들어 권리자가 사망한 경우, 등기된 권리가 원인무효로 밝혀진 경우, 저당권설정등기 · 가등기 등의 등기원인이 변제로 인하여 소멸하게 된 경우 등 등기된 권리 전부가 소멸하였거나 소멸시키려는 경우에 말소등기를 한다.

◦ 말소회복등기는 실질관계에 대응하는 어떤 등기가 있었음에도 불구하고 그 후에 그 등기의 전부 또는 일부가 부적법하게 말소 · 손상된 경우에, 그 말소 · 손상된 등기를 회복 내지 재현함으로써 처음부터 그 말소 · 손상이 없었던 것과 같은 효력을 보유케 할 목적으로 행해지는 등기를 말한다.

◦ 부동산의 소유자가 진정한 등기명의를 회복하기 위한 방법으로는

말소회복등기 이외에 현재의 등기명의인을 상대로 하여 진정한 등기명의의 회복을 원인으로 하는 소유권이전등기절차의 이행을 직접 청구할 수 있다(대법원 1990. 11. 27. 선고 89다카12398 판결). 중간과정이 생략된 등기방법은 부동산이 여러 사람에게 전전 양도된 경우에 순차의 말소회복등기의 복잡성을 피하여 간단하게 소유권등기를 회복하는 장점을 갖는다.

(4) 권리변경등기 · 표시변경등기 · 경정등기

◦ 권리변경등기는 실체적 권리관계와 등기기록 사이에 후발적 불일치가 생긴 경우에(저당권의 피담보채권의 증감, 전세기간의 연장) 권리자가 이해관계인의 승낙서를 얻어 신청하면 그 변경사항을 부기하는 방법으로 하는 등기를 말한다. 권리의 일부소멸의 경우에는 말소등기를 하지 않고 권리변경등기를 하게 된다.

◦ 표시변경의 등기는 등기명의인의 동일성이 유지되는 범위에서 등기부상의 표시를 실체와 합치시키기 위하여 행해지는 것에 불과할 뿐 어떤 권리변동을 가져오는 것이 아니다. 그러므로 등기가 잘못된 경우에 등기명의인은 다시 소정의 서면을 갖추어 경정등기를 하면 되고, 거기에 등기의무자의 관념은 없다.

◦ 경정등기는 등기관이 등기를 완료하였으나 그의 과오로 인한 착오 및 유루(遺漏))가 발견된 경우에(예: 신청서와 등기기록의 불일치) 지방법원장의 허가를 얻어 그 오기나 누락사항을 정정 · 추가하는 경우에 행해진다.

(5) 멸실등기 · 회복등기

◦ 멸실등기는 부동산이 사실상 멸실된 경우에 표시란에 멸실의 원인을 기록하고 그 부동산의 표시와 표시번호를 지우고 그 등기용지를

폐쇄하는 것이다. 멸실등기는 토지나 물건의 전부가 멸실된 경우에 행하는 것이며, 그 일부가 멸실된 경우에는 토지의 면적 또는 건물의 표시에 관하여 변경등기를 한다.

◎ 회복등기는 등기부의 전부 또는 일부가 멸실한 경우(예: 6·25 한국전쟁시 화재로 인한 멸실) 권리자가 등기회복을 신청하여 종전의 권리순위를 보유할 수 있는 등기절차이다.

(6) 주등기·부기등기

◎ 주등기(主登記)는 그 등기기록이 독립적인 성격을 가지므로 독립된 번호를 부여받아 행해지는 등기이며, 독립등기라고도 부른다. 표시란에 등기할 때에는 표시번호에, 그리고 갑구나 을구에 등기할 때에는 순위번호에 이어서 독립된 번호를 가진다.

◎ 부기등기(附記登記)는 기존의 주등기와 내용상 동일성을 갖는 사항에 관하여 주등기의 번호 아래 쪽에 부기번호를 기록하는 경우이다. 권리변경등기나 경정등기는 부기등기의 방법에 의한다. 소유권 이외 권리의 이전등기는 부기등기의 방법에 의한다. 부기등기의 순위는 주등기의 순위에 의하고, 부기등기 상호간의 순위는 그 전후에 의한다.

(7) 종국등기·가등기·예고등기

◎ 종국등기는 소유권이전등기, 저당권설정등기, 가등기에 기한 본등기 등 권리변동의 확정적 효력을 발생케 하는 등기이다. 가등기, 예고등기의 불확정성과 대립되는 개념이다. 임차권의 등기는 이미 발생한 임차권에 대항력을 부여하는 것이지만 확정적인 권리관계를 공시한다는 점에서 종국등기로 분류된다.

◎ 가등기는 부동산물권 및 이에 준하는 권리(권리질권, 임차권)의 설정·이전·변경·소멸의 청구권을 보전하려 할 때 또는 그 청구권이

시기부이거나 정지조건부일 때 기타 장래에 있어서 확정될 것인 때에 하는 예비적 등기이다. 가등기는 물권 자체에 관한 등기가 아니라 물권취득을 향한 채권을 공시함으로써 장래 물권변동이 있을 것이라는 것을 알리고 그 물권변동의 순위를 미리 확보해 두는 것이다. 후에 본등기가 행해진 경우에 그 본등기의 순위는 가등기의 순위에 의한다. 가등기가 채권담보의 목적으로 이용되는 경우에는 가등기담보에 관한 법률의 적용을 받는다. 가등기의 가등기도 가능하다(대법원 1998. 11. 18. 선고 98다24105 판결).

◎ 예고등기는 등기원인의 무효 · 취소로 인한 등기의 말소 또는 회복의 소가 제기되는 경우에 그 제소사실을 제 3 자에게 알리기 위하여 행하는 등기이다. 등기원인의 무효 · 취소로써 선의의 제 3 자에게 대항할 수 없는 비진의표시, 착오의 경우에는 예고등기가 허용되지 않는다. 예고등기는 제 3 자에 대해 제소사실을 알림으로써 경고의 효과를 노릴 뿐이며, 처분금지의 효력이나 추정력은 갖지 않는다.

3. 등기의 요건

(1) 등기의 형식적 요건

등기에는 절차법상 하자가 존재하지 않아야 한다.

◎ 절차상 중대한 하자 : 등기관이 등기를 했더라도 그 등기가 관할 위반의 등기인 경우 또는 그 등기가 등기할 것이 아닌 경우에는 중대한 하자가 있으므로 그 등기는 무효이다. 표제부의 하자가 중대한 때에도 등기가 무효로 된다.

◎ 절차상 경미한 하자 : 당사자에게 등기신청의사가 있었고 그 등기가 실체적 요건을 갖추고 있으면 다소 절차적 요건을 결하더라도 유효한 것으로 취급된다(대법원 1970. 11. 14. 선고 70다2116 판결). 부동산등기법

이 요구하는 신청서의 방식 및 기록사항의 절차법상 하자가 있는 경우에, 일단 경료된 등기는 유효하다(대법원 1968. 8. 23.자 68마823 결정). 이 경우 이해관계인은 등기의 실질적 요건의 흠결을 이유로 하여 등기의 말소를 청구할 수 있다.

◦ 유효한 등기라고 하기 위해서는 등기부상 필요한 등기사항에 대한 기록이 존재하여야 한다. 민법 제186조에서 말하는 등기란 등기부에 문제되는 물권변동상황이 기록된 것을 말한다.

◦ 당해 부동산에 관하여 아직 보존등기가 되어 있지 않거나 또는 문제되는 물권변동에 관해 전혀 등기부에 기록된 바가 없는 경우를 가리켜 등기의 부존재라고 한다.

(2) 등기의 실질적 요건

물권변동에 관한 등기가 실체적 권리관계와 부합하지 않는 경우에(이를 부실등기라 함) 그 등기는 실체적 요건을 갖추지 않은 것으로 된다. 그 사유로서는 • 등기원인의 부존재, • 등기원인의 무효, • 등기원인의 취소, • 등기원인의 해제 · 해지, • 기타 등기원인과 등기의 불일치 등이 있다.

① 법률행위로 인한 물권변동의 경우

◦ 유효한 채권행위가 있어야 한다. 등기될 물권적 권리관계의 발생원인이 되는 채권행위가 존재하여야만 그 등기가 유효하다. 채권행위가 없으면(부존재, 무효, 취소) 물권행위도 효력을 상실하므로(물권행위 유인성) 그에 기한 등기도 효력을 상실하게 된다. 매매계약에서 쌍방당사자가 갑 토지를 목적물로 삼았으나 지번에 관한 착오로 계약서에 을 토지로 표시한 경우에, 매매계약은 갑 토지에 관하여 성립한 것이며, 을 토지에 관한 소유권이전등기는 원인 없이 경료된 것으로서 무효이다(대법원 1996. 8. 20. 선고 96다19581 판결). 갑(피고)이 을(원고)에 대한 점유취

득시효완성을 원인으로 한 소유권이전등기의 의무를 면탈하기 위하여 병과 짜고 가장매매를 하고 이전등기를 한 경우에, 이는 원인무효의 등기이다(대법원 1990. 6. 12. 선고 88다카16898 판결).

◦ 유효한 물권행위가 있어야 한다. 등기의 내용은 물권적 합의에 의하여 뒷받침되어야 한다. 다만 등기 당시에는 물권적 합의가 없었더라도 그 후 이해관계인이 생기기 전에 그에 해당하는 물권적 합의가 이루어진 경우에는 그 무효등기는 유효한 등기로 전환된다. 매매계약서 등 관계문서를 위조하여 이에 의하여 소유권이전등기를 경료하였더라도, 후에 이에 부합하는 채권적 합의 및 물권적 합의가 있는 때에는 이러한 소유권이전등기는 유효하다(대법원 1982. 12. 14. 선고 80다459 판결).

② 법률의 규정에 의한 물권변동의 경우

상속, 공용징수, 판결, 경매 기타 법률의 규정에 의한 물권의 취득원인이 존재하여야 그에 기한 등기가 유효하다. 망인을 상대로 한 소송 등으로 무효인 판결에 기해 소유권이전등기를 한 경우, 상속인이 아님에도 불구하고 상속인인 것처럼 서류를 꾸며 등기한 경우에 그 등기는 무효이다. 아버지가 행방불명되었을 뿐 사망하거나 실종선고를 받지 않았음에도 그 아들이 사망한 것처럼 꾸며 호적부에 사망신고를 한 후 아버지 소유의 부동산에 관하여 상속을 원인으로 한 소유권이전등기는 원인무효의 등기이다(대법원 1971. 4. 6. 선고 71다312 판결). 등기원인이 존재하지 않는다는 것이 소송상 또는 소송 외에서 명확하게 증명된 경우에 한하여 그 무효등기가 말소된다.

(3) 등기의 멸실 · 불법말소

◦ 등기의 멸실에 의하여는 권리가 소멸하지 않는다. 등기의 멸실이란 실체법의 권리관계와 관계없이 등기부의 전부 또는 일부가 멸실한 경우를 말한다. 판례는 물권은 소유권이든 제한물권이든 실체적 권리

관계에서 소멸사유가 생기지 않고 단지 등기가 멸실되었다는 사유만으로는 소멸하지 않는다고 해석한다(대법원 1988. 10. 25. 선고 87다카1232 판결). 부동산등기법에 정해진 법정기간 내에 회복등기를 하게 되면 그 물권이 등기의 멸실에도 불구하고 소멸하지 않은 것으로 처리될 뿐 아니라 종전 등기의 순위도 보유하게 된다.

◦ 소유권이전등기의 불법말소는 채권과 물권 어느 쪽도 소멸시키지 않는다(존속설). 권리등기가 이해관계인이나 제 3 자의 불법행위 또는 등기관의 과오로 인하여 말소된 경우에, 등기말소에도 불구하고 소유자는 채권자에 대한 관계에서는 물론 제 3 자에 대해서도 자신의 소유권을 행사할 수 있다. 말소된 권리는 계약당사자 사이에서 채권적 효력을 가질 뿐이며 제 3 자에 대한 관계에서는 물권적 효력을 주장할 수 없는 반대견해가 있다.

판례는 "등기는 물권의 효력발생요건이고 효력존속요건은 아니므로 물건에 관한 등기가 원인 없이 말소된 경우에 그 물권의 효력에는 아무런 영향을 미치지 아니한다"는 원칙을 취하지만(대법원 1982. 12. 14. 선고 81다카923 판결), 예외적으로 근저당권 등기의 불법말소에 관해서는 제 3 자인 현재소유자(경락인)에 대하여 회복등기를 청구할 수 없다고 저당권의 소멸효과를 인정한다(대법원 1998. 10. 2. 선고 98다27197 판결).

쟁점정리 : 등기상 하자의 치유

등기의 실질적 요건을 다소 결여했더라도 이미 경료된 등기를 무효로 하기보다는 그 등기의 물권변동효력을 인정하는 것이 법적 안정성에 도움이 되는 경우가 많다. 이와 같이 절차법상 또는 실체법상 하자가 있음에도 불구하고 경료된 등기를 유효로 인정하는 경우를 가리켜 하자가 치유되었다고 한다.

- 권리주체의 불일치가 있더라도 그 등기를 유효로 하는 것이 당사

자들의 권리관계에 부합하는 경우에는 예외적으로 유효로 인정된다.

• 법률행위의 하자도 추후에 치유될 수 있다. 판례에 나타난 하자의 치유사례를 보면 다음과 같다. 위조문서에 의한 등기는 실체관계에 부합하지 않으면 무효이지만, 사후에 그 등기에 부합하는 물권행위가 있는 경우에 그 등기는 유효하다(대법원 1982. 12. 14. 선고 80다459 판결). 무권대리인의 신청에 의한 등기라도 본인의 의사에 의해 실체적 유효요건을 갖추고 또한 등기가 이에 부합하는 때에는 그 등기는 유효하다(대법원 1971. 8. 31. 선고 71다1163 판결). 사망한 사람 명의의 등기라도 공동상속인의 등기의사가 있고 현재의 실체적 권리관계에 합치되면 유효하다(대법원 1964. 11. 24. 선고 64다685 판결).

• 등기원인이 실제와 다른 등기라도 유효인 경우가 있다. 부동산등기는 현재의 진실한 권리관계를 공시하면 그에 이른 과정이나 태양을 그대로 반영하지 아니하였어도 유효한 것으로 취급하는 것이 법적 안정성을 꾀할 수 있다. 매매를 증여라고 하는 등 등기원인이 사실과 불일치한 경우라도 당사자가 그 등기에 상응하는 물권변동을 의욕하는 물권적 합의를 했다면 그 하자를 문제삼지 않고 물권변동의 효과를 인정한다.

판례는 등기원인을 사실과 다르게 표시하여 등기신청하는 경우에도, 실체적으로 물권행위에 부합하는 것이라고 말할 수 있다는 근거로 등기원인이 다르게 기록된 등기의 유효성을 인정한다(대법원 1980. 7. 22. 선고 80다791 판결). 다만 소유권이전등기의 신청서에 등기원인을 허위로 기록하여 신청한 경우에는 당사자에게 형벌이 부과된다(부동산등기특별조치법 제6조 등).

등기명의자가 전소유자로부터 부동산을 취득함에 있어 등기부상 기록된 등기원인에 의하지 아니하고 다른 원인으로 적법하게 취득하였다고 하면서 등기원인행위의 모습을 다소 다르게 주장한다고 하여 이러한 주장만 가지고 그 등기의 추정력이 깨어진다고 할 수 없다(대법원 1996. 2. 27. 선고 95다42980 판결). 이 사건에서는 사망한 갑의 부동산을 매매를 등기원인으로 소유권이전등기를 경료한 피고 을(갑의 사위)이 실은 매매가 아니라 갑에게 생활자금을 지원한 대가로 소유권을 이전받았다고 주장했으므로 을의 소유권이전등기의 추정력이 유지되고 그 등기의 무효를 구하는 원고가 그 등기가 갑의 의사에 반하여 이루어진 것임을 입증해야 한다고 판시했다.

• 중간의 거래과정이 다르게 나타난 등기라도 유효인 경우가 있다. 중간생략등기에서와 같이 당사자간의 거래과정이 일부생략된 경우 또는 거래과정이 실제와 다르게 나타난 경우에도 결과적으로 현재 물권이 귀속되어야 할 사람에게로 등기가 경료되었다면 그 등기는 그 하자에도 불구하고 유효한 것으로 인정하는 편이 법적 안정성을 꾀하게 된다.

4. 등기의 효력

(1) 등기의 효력에 관한 개관

등기는 그것이 소유권이전등기인가 말소등기인가 회복등기인가 등 등기의 종류에 따라 법적 효과가 달라진다. 특히 민법 제186조에서 요구하는 등기와 제187조에서 요구하는 등기는 그 효력면에서 큰 차이를 보인다. 전자는 등기시에 물권취득이라는 창설적 효과를 가져오고, 후자는 물권공시라는 효과를 가져올 뿐이며 등기권리자는 이미 등기이전에 물권을 취득하고 있다. 그 밖에 제한물권의 설정등기, 임차권의 등기, 가등기 등이 갖는 효력은 각각 그 등기원인인 제한물권 또는 채권의 성격에 따라 다른 효과를 갖게 된다.

(2) 권리변동적 효력(창설적 효력)

법률행위로 인한 물권변동에서는 등기를 갖추어야 물권취득의 효과가 발생한다. 등기가 법률행위와 결합하여 물권변동을 발생케 하는 효력을 등기의 권리변동적 효력이라고 부른다. 등기가 물권취득의 효과를 가져오는 것은 등기의 단독적 효과가 아니라 등기를 뒷받침하는 실체적 권리관계가 존재할 때에 이와 결합하여서 물권취득효과를 가져오는 것이다.

(3) 대항적 효력

대항적 효력이란 계약당사자 사이에서 생긴 사유로 물건의 양수인·전득자 또는 소유자의 채권자 등 제3자에 대하여도 그 사유를 가지고 효력을 주장할 수 있는 힘을 말한다. 물권의 창설적 효력에는 그 일부로서 대항적 효력도 내포되어 있다.

부동산에 관한 제한물권은 등기함으로써 물권을 취득하게 된다. 부동산에 관한 제한물권에는 지상권, 지역권, 전세권, 저당권, 저당권부채권에 대한 권리질권 등이 있다. 다른 한편 제한물권의 본질을 살펴보면, 제한물권의 바탕이 되는 것은 소유자와 제한물권 사이의 계약이므로 제한물권의 물권적 효력이란 결국 그 계약관계를 가지고 계약당사자가 아닌 제3자에 대하여도 대항할 수 있다는 것을 의미하게 된다. 부동산에 관한 채권인 임차권이나 환매권이 등기된 경우에 그 채권은 보통의 채권과는 달리 제3자에 대한 대항적 효력을 갖게 된다. 제한물권 및 부동산채권에 관하여 존속기간, 지료, 전세금, 이자, 지급시기 등의 임의적 등기사항을 등기한 경우에 이것들도 대항적 효력을 갖게 된다.

(4) 순위확정적 효력

등기는 물권의 우선적 효력을 갖는 순위를 결정하는 힘을 갖는데 이를 가리켜 등기의 순위확정적 효력이라고 한다.

◦ 선등기우선순위의 원칙 : 동일한 부동산에 관하여 등기한 수개의 권리의 순위는 법률에 다른 규정이 없으면 등기의 전후에 의한다(부등법 제5조 1항). 이미 등기가 행해지면 그것이 실체관계에 부합치 않는

것이어서 무효라 할지라도 이와 양립할 수 없는 등기를 할 수 없게 된다. 이때에는 우선순위를 가진 무효등기를 말소하고 나서 새로운 등기를 해야 한다.

◎ 예외 : 위와 같이 등기 전후에 의하여 순위가 결정되는 것이 원칙이지만 다음의 예외가 있다. 첫째, 부기등기의 순위는 주등기의 순위에 의하나 부기등기 사이의 순위는 그 전후에 의한다(부등법 제6조 1항). 둘째, 가등기를 한 경우에 본등기의 순위는 가등기의 순위에 의한다(부등법 제6조 2항).

(5) 추정적 효력

◎ 입증책임의 전환 : 등기는 형식적으로 존재하면 이에 상응하는 실체적 권리관계가 있는 것으로 추정되는데, 이러한 추정에 따르는 힘을 등기의 추정력이라고 한다. 그러므로 그러한 실체적 권리관계가 존재하지 않는다고 주장하거나 또는 실제와 다르다고 주장하는 자는 자기의 주장사실을 입증할 책임을 지게 된다.

◎ 점유의 추정력과의 관계 : 등기를 부동산물권의 공시방법으로 삼은 민법의 기본원칙에 비추어 볼 때, 추정력은 공시방법을 갖춘 자에게 인정되어야 함이 필연적인 결과이다. 그러므로 등기되어 있는 부동산물권의 경우에는 점유의 추정력에 관한 민법 제200조를 적용하지 않고, 등기에 추정력을 부여한다(학설일치). 판례도 점유자를 제치고 등기에 추정력을 인정한다(대법원 1965. 11. 30. 선고 65다1907 판결 등 다수판례). 다만 미등기부동산에 관해서는 점유에 추정력이 부여되어야 한다. 그러나 토지대장에 토지의 소유자로 등재된 자는 그 토지가 미등기상태이더라도 소유자로 추정된다(대법원 1982. 4. 13. 선고 81다780 판결).

◎ 물권에 대한 추정 : 등기는 1차적으로 등기된 물권의 존재 및 그 물권의 취득사실에 관한 추정의 효과를 가져온다. 소유권이전등기가

경료되어 있는 경우에는 전 명의인으로부터 현 명의인에게로의 유효한 소유권이전이 행해진 결과 현 명의인이 진정한 소유자라는 점이 추정된다. 제한물권의 설정등기가 있는 경우에 그에 상응하는 제한물권설정계약이 있었고 그 명의인이 현재 제한물권자임이 추정된다.

◦ 등기원인에 대한 추정 : 등기가 물권의 존재 및 취득사실을 추정하는 한 그 물권취득에 정당한 법적 원인이 있으리라는 점도 추정될 수밖에 없다. 등기가 무효원인에 의한 것이라는 반증이 없는 한 유효원인에 의한 것이라고 추정된다. 따라서 등기원인의 무효를 다투는 사람이 그것을 주장 입증해야 한다. 판례도 이와 같은 입장이다(대법원 1967. 1. 24. 선고 66다1998 판결 등 다수).

다만 등기원인의 구체적인 동일성은 추정되지 않는다. 그러므로 어떤 등기의 법적 원인이 등기부에 등기원인으로서 기록된 것과 일치한다고 추정되지 않는다.

부동산 등기는 현재의 진실한 권리상태를 공시하면 그에 이른 과정이나 태양을 그대로 반영하지 아니하였어도 유효한 것으로서, 등기명의자가 전 소유자로부터 부동산을 취득함에 있어 등기부상 기재된 등기원인에 의하지 아니하고 다른 원인으로 적법하게 취득하였다고 하면서 등기원인 행위의 태양이나 과정을 다소 다르게 주장한다고 하여 이러한 주장만 가지고 그 등기의 추정력이 깨어진다고 할 수 없다(대법원 2005. 9. 29. 선고 2003다40651 판결).

등기명의자가 등기원인행위를 등기에 기록된 것과 다르게 주장하더라도 이것만으로 등기의 추정력이 깨지지는 않지만, 등기원인행위가 전혀 없었던 것으로 추측되는 때에는 등기추정력이 유지될 수 없다(대법원 2001. 8. 21. 선고 2001다23195 판결).

◦ 추정력의 인적 범위 : 등기명의인과 제 3 자가 있는 경우에 등기명의인은 추정력의 법적 보호를 받으므로, 등기명의인의 권리를 부정하

는 제3자가 입증책임을 진다. 소유권이전등기에서 전 등기명의인과 현 등기명의인 사이의 소유권분쟁의 경우에 현 등기명의인이 추정력의 보호를 받으며, 제한물권설정등기에서 소유자와 제한물권의 등기명의인 사이의 제한물권의 존부에 관한 분쟁 등의 경우에도 제한물권의 등기명의인이 추정력의 보호를 받는다고 해석된다(부정설 있음). 소유권이전등기가 경료되었다는 것은 전 등기명의인이 현 등기명의인에게 소유권이전을 위한 등기협력을 했으리라는 것을 추측케 하므로, 이를 부정하는 전 등기명의인이 그 등기가 허위서류에 의한 것이라는 점 또는 기록된 등기원인에 해당하는 법률행위가 없었다는 점을 입증해야 한다. 판례는 소유권이전등기에 관해서(소유권보존등기는 예외) 등기명의인에게 추정력을 부여한다(대법원 1982. 6. 22. 선고 81다792 판결).

◦ 추정력의 번복 : 부동산등기에 물권자로서 등기된 명의인은 그 물권을 취득하여 현재 보유하고 있는 것으로 추정되므로, 이를 부정하여 등기말소를 구하는 자가 그 취득원인의 부존재 또는 물권의 소멸이 객관적으로 의심될 정도로 입증해야 한다. 말소청구인이 그 등기를 말소함으로써 자기가 물권자가 되려는 경우에는 자기가 매매·증여·상속 등 그 물권의 취득원인을 갖고 있음을 적극적으로 입증해야 한다.

◦ 추정력이 부정되는 경우 : 등기에 권리추정력이 부인되는 경우는 다음과 같다. ① 표제부의 등기 : 부동산표시의 등기대상인 부동산의 물리적 상태에 관한 기록에 대하여는 추정력이 부인된다. ② 가등기 : 가등기의 기초가 되는 권리(채권)의 존재에 관한 추정력은 없다. 가등기는 본등기를 위한 순위보전의 효력을 가질 뿐 본등기 이전에 권리추정력을 인정받는 것은 아니다. ③ 예고등기 및 예고등기 이후에 경료된 등기는 권리추정력을 갖지 않는다. 예고등기는 소제기상태를 알리는 것뿐이며, 그 권리관계는 소송절차에 의해 판단된다.

(6) 최소한의 신뢰보호기능

등기를 믿고 부동산을 매수한 선의의 제3자는 매도인이 소유자가 아닌 경우에는 그 소유권을 취득하지 못한다. 우리 민법은 등기에 부동산의 선의취득을 인정할 만큼 강한 공신력을 부여하지 않기 때문이다. 다만 부동산등기의 내용을 신뢰한 자는 선의이고 과실이 없었던 것으로 추정된다. 부동산의 점유자가 선의인 것은 점유의 효과로서 추정되는데(제197조), 그 점유자가 등기를 신뢰하여 점유를 개시한 경우에는 무과실로 간주된다. 반면에 등기에 기록되어 있는 사실을 알지 못한 경우는 등기부를 조사하지 아니하였다는 점에서 과실이 있는 것으로 된다. 등기의 기록을 알지 못했다는 선의의 주장은 특별한 사정이 없는 한 받아들여지기 어렵다. 등기에 기록된 것은 누구나 안 것으로(악의) 추정되기 때문이다.

사례연습 〈등기의 효력〉

◎ 문 제 ◎

A는 자기소유의 부동산을 결혼한 딸인 B에게 증여하면서 등기신청서류에는 등기원인을 매매라고 기록하고 허위의 매매계약서를 첨부하여 B명의로 소유권이전등기 해 놓았다. B가 사망하자 상속인 남편 C와 딸 D가 그 부동산을 공동상속하였으나 남편 C의 단독명의로 등기를 경료하였다.

문1) A의 아들 X가 A와 B 사이의 매매계약이 허위표시일 것이라는 추측으로 C에 대하여 등기말소를 청구한 경우에 어떻게 되는가? 이 경우 누가 입증책임을 부담하는가?

문2) C가 D와의 공동재산을 자기의 단독명의로 등기함에 의해 D는 그 부동산에 대한 권리를 상실하는가?

해 답

1) 등기의 추정력

A로부터 B에게로의 소유권이전등기는 그에 상응하는 실체적 권리관계가 존재하는 것으로 추정되므로, 이 사례에서 X가 B에게 소유권이전의 법적 원인이 없었음을 입증해야 한다.

이 사례에서 A로부터 B에게로의 매매계약서는 허위의 것이었지만 실제로 A로부터 B에게로의 증여계약이 있었으므로 소유권이전의 법적 원인은 존재하였다. 등기원인의 기록이 실제와 차이가 있었다 하더라도 현재의 진실한 권리관계를 공시하는 한 그 소유권이전등기를 무효로 하는 것은 타당하지 않으므로, 그 등기는 하자에도 불구하고 유효하다고 본다. 판례는 등기원인이 증여임에도 불구하고 매매로 기록된 사건에서 "부동산등기는 현재의 진실한 권리관계를 공시하면 이에 이른 과정이나 태양을 그대로 반영하지 않더라도 유효하다. 소유권이전등기가 전 소유자의 의사에 반하여 이루어진 것이 아닌 한, 명의자가 등기원인행위의 태양이나 과정을 다소 다르게 주장하더라도 등기의 추정력이 깨지지 않는다"고 하였다(대법원 1993. 5. 11. 선고 92다46059 판결). 따라서 그 등기의 효력을 다투는 X의 청구는 기각되어야 한다.

2) 상속에 의한 소유권취득

D는 상속권자로서 B의 사망과 동시에 부동산의 지분(전체소유권의 일부분)을 등기 없이 취득하였다(제187조). 이 점은 다른 상속권자인 C의 경우에도 같다. 문제가 되는 것은 C가 자기 지분을 초과하여 등기를 한 것이 문제이다. C의 등기는 D의 지분을 침해하는 것이므로, D는 C를 상대로 상속회복의 소를 제기하여 그 지분을 회복할 수 있다(제999조 1항).

5. 무효등기의 유용

(1) 의의와 유형

등기가 실체적 권리관계를 결여하여 무효이지만 말소되지 않고 있는 동안 그 등기에 상응하는 실체적 권리관계가 발생한 경우에, 그 무효등기를 말소하고 새롭게 등기하는 절차를 생략하여 그 등기를 유효인 것처럼 이용하려는 것을 가리켜 무효등기의 유용(流用)이라고 한다.

◦ 소유권이전등기를 유용하는 경우가 있다. A가 B에게 매매를 원인으로 한 소유권이전등기를 해주었으나 그 매매계약이 허위표시로서 무효임이 밝혀진 후에, 다시 A와 B 사이에 진정한 매매계약이 체결되고 B가 A에게 매매대금을 지급하고 나서 등기는 기존의 소유권이전등기로 유용하기로 합의하는 경우를 예로 들 수 있다.

◦ 제한물권(특히 저당권)의 설정등기를 유용하는 경우 및 가등기를 유용하는 경우가 있다. C의 부동산에 D가 최고액 5천만원의 근저당권설정등기를 한 후 D가 채무를 변제했으나 등기는 말소하지 않고 있다가, 다시 D가 C로부터 4천만원을 꾸고 종전의 근저당권설정등기를 그 채권의 담보를 위해 이용하기로 합의한 경우가 이에 해당한다.

(2) 등기유용의 유효요건

무효등기의 유용합의에 의하여 그에 상응하는 물권변동이 생기기 위한 요건은 다음과 같다.

◦ 유효한 등기가 존재해야 한다. 등기가 절차법상 유효한 등기로서의 요건을 갖추고 있어야 한다. 다소 절차법상의 하자가 있더라도 그 흠이 치유될 정도의 것인 때에는 무방하다.

◦ 유효한 법률행위가 존재해야 한다. 등기명의인 사이에 그 등기에 나타난 권리변동에 상응하는 법률행위가 있어야 한다. 소유권이전등

기의 경우에는 그 양도인으로부터 그 양수인으로의 양도계약 및 물권행위가 있어야 한다. 저당권설정등기의 경우에는 그 소유자와 그 저당권자 사이에 소비대차계약을 체결했을 뿐 아니라 피담보채권이 현실적으로 발생하여야 한다.

◦ 등기유용의 합의가 있어야 한다. 당사자 사이의 등기유용의 합의는 법률행위에 상응하는 새로운 등기의 신청을 하는 대신 기존의 무효등기를 이용하기로 하는 등기신청에 준하는 절차법상의 합의의 성격을 갖는다.

◦ 이해관계인이 없어야 한다. 등기유용의 합의 이전에 이해관계를 갖게 된 제 3 자가 존재하지 않아야 한다. 그 제 3 자는 물권자로서 등기된 자이거나 또는 대항력을 갖춘 임차권 등을 갖게 된 자, 또는 그 부동산을 압류한 자 등 대세적 효력을 가진 자를 말한다.

(3) 등기유용의 효력

당사자의 합의에 따라 소유권이전등기를 유용한 경우에 그 등기는 제 3 자의 이익을 해치지 않는 한 유효하다고 해석된다(제한적유효설). 과거에는 저당권설정등기의 유용에 관하여 무제한적 유효설, 제한적 유효설, 부정설 등 논쟁이 활발했으나 근래에는 제한적유효설이 지배적이다.

제한적유효설이 타당한 이유는 다음과 같다. • 등기는 제 3 자에게 예측하지 않은 손해를 주지 않도록 하는 공시제도이므로 제 3 자의 신뢰를 해치지 않는 한 등기유용을 인정하여도 무방하다. • 등기유용을 무효라고 한다면 그 흠이 전득자에게 미쳐 거래의 안전을 해치게 되므로 피해야 한다. • 저당권등기의 유용은 저당권의 부종성을 전제로 하여 등기가 결과적으로 진실한 채무상태에 합치하는 기능을 하고 있음에 비추어 등기유용이 부당하지 않으며 이를 인정하는 편이 비용절감 등의 편의를 제공한다.

판례는 소유권이전등기의 유용을 유효하다고 한다(대법원 1977. 4. 12. 선고 76다2516 판결). 다만 이해관계인의 부존재를 조건으로 해서만 그 유효성을 인정한다(대법원 1969. 3. 4. 선고 67다2910 판결).

등기유용은 다음과 같은 효과를 발생시킨다.

- 새로운 물권이 발생한다. 등기유용이 허용될 수 있는 요건을 갖춘 경우에는 그 실체적 권리관계의 발생과 더불어 유용합의가 행해진 때에 그 등기에 상응하는 물권이 발생하게 된다.
- 새로운 물권의 발생시점은 유용합의의 때이다. 등기유용은 소급효를 갖지 않는다. 등기와 그에 상응하는 실체적 권리관계가 모두 갖추어졌을 때에 비로소 물권발생의 효과가 생기며 그 이전에는 등기가 무효인 상태로 있었던 것으로 취급된다.

사례연습 〈소유권이전등기의 유용〉

◦ 문 제 ◦

A는 채무를 과도하게 부담하고는 채권자들의 청구에 의해 부동산이 강제집행당하는 것을 피하기 위해 B에게 매매를 원인으로 한 소유권이전등기를 해 주었으나(3월 1일), 채권자들에 의해 그 매매계약이 허위표시로서 무효임이 밝혀졌다(3월 10일). 그 후 B는 자기명의로 부동산등기가 되어 있는 것을 기화로 그 등기비용을 절약하기 위해 그 부동산을 시가보다 약간 싸게 매수하기로 A와 진정한 매매계약을 체결하고 그 매매대금도 전액 A에게 지급하였다(3월 20일). 이 일이 있은 후 B는 그 사정을 모르는 C에게 부동산을 팔고 이전등기를 해 주었다(4월 20일). 한편 A는 A와 B 사이의 첫 번째 매매계약의 무효를 주장하는 채권자 D에게 그의 채권액을 피담보채권으로 하는 저당권을 설정해 주기로 합의서를 작성하였다(3월 15일). D가 그 저당권설정등기를 하려고 하니 먼저 B명의의 등기를 말소하여 A의 명의로 회복하고 나서야 가능하다는 얘기를 듣고 그를 위한 서류를 준비하여 B에 대한 말소등기를 신청하였으나

(4월 25일), 그 때에는 이미 등기명의가 C에게 이전되어 있었다. D는 그 부동산에 저당권설정등기를 할 수 있는가?

해 답

1) 소유권이전등기의 유용

이 사례에서 A와 B 사이에 두 번째 매매계약의 이행과 함께 등기유용의 합의가 이루어졌는바, 그 등기유용합의가 유효한가가 문제이다. 학설과 판례는 이해관계인의 부존재를 요건으로 그 유효성을 인정하는 제한적 유효설을 취하고 있으므로, 이 사례해결에 중요한 포인트는 「보호되어야 할 이해관계인」이 존재하는가이다.

2) 이해관계 있는 제 3 자

유용합의 이전에 이해관계를 갖게 된 제 3 자가 존재하지 않을 것은 무효등기의 유용합의에 의하여 소유권이전의 효과가 생기기 위한 요건 중의 하나이다. 여기서 말하는 제 3 자는 물권자로서 등기된 자이거나 또는 대항력을 갖춘 임차권 등을 갖게 된 자, 또는 그 부동산을 압류한 자 등 대세적 효력을 가진 자에 한정된다. 판례는 이를 "등기상의 이해관계를 가지게 된 자"라고 표현한다(대법원 1994. 1. 28. 선고 93다31702 판결).

이 사례에서 D는 A에 대하여 저당권설정을 청구하는 등기청구권(채권적 청구권)을 가질 뿐이며, 아직 등기를 경료하지 못하여서 물권적 지위를 갖추지 못하였다. 따라서 D의 존재는 A와 B 사이의 등기유효의 합의를 무효로 할 정도에 이르지 못하였다.

3) 기타 쟁점

A의 채권자 D는 A와 B 사이의 첫 번째 매매계약이 통정허위표시로서 무효라는 것을 밝혔더라도 두 번째 매매계약은 진정한 것이므로 그 효력을 다툴 수 없다.

그 밖에 D가 채권자취소권을 행사하여 C로부터 그 부동산을 되찾을 수 있는가가 문제될 수 있다. 그러나 이 사례에서 전득자 C는 전득 당시에 채권자를 해함을 알지 못했기 때문에, D는 C에 대하여 채권자취소권을 행사하여 B · C간의 매매를 사해행위로 취소하고 일탈재산의 회복을 구할 수 없다(제406조 1항 단서).

4) 결 론

B는 A와의 두 번째 매매계약 및 등기유용의 합의에 의하여 소유권을 취득하며 그것을 다시 C에게 양도하였으므로, 현재에는 C가 그 부동산의 소유자로서 인정된다.

---

6. 가 등 기

(1) 청구권보전가등기와 담보가등기

가등기란 부동산물권에 관한 채권을 등기부에 기록해 둠으로써 그 존재를 공시하고 후에 그 채권에 기해 물권을 취득하게 될 경우에 그 가등기 당시에 우선순위를 확보해 둔 것으로 인정되는 제도를 말한다. 가등기는 등기할 수 있는 권리의 설정, 이전, 변경 또는 소멸의 청구권을 보전(保全)하려는 때에 한다.

가등기는 그 원인이 되는 채권관계에 따라 다음의 유형으로 분류된다.

- 청구권보전가등기(순위보전가등기라고도 함)는 매수인이 매매계약(또는 증여, 교환)에 기해 매도인에 대하여 갖는 소유권이전청구권의 이행을 확보하기 위하여 가등기를 해 두는 경우이다. 청구권보전가등기를 해 둔 채권은 제 3 자에 대하여 대항할 수 있다.
- 담보가등기는 소비대차와 대물변제예약에 기한 소유권이전청구권을 보전하기 위하여 하는 가등기를 말한다. 담보가등기에 의해 가등기담보권이라는 담보물권이 발생하게 된다. 가등기가 청구권보전가등기인지 담보가등기인지의 구별은 거래의 실질과 당사자의 의사에 의해 결정되어야 하며 등기부상의 표시에 의해 결정되어서는 안 된다.

담보가등기의 원인이 된 대물변제의 예약은 언제나 합의한 내용 전부가 유효한 것은 아니고, 채권액을 초과하는 부분은 일부무효가 된다(제607조와 제608조). 가등기담보 등에 관한 법률에 의해 채권자는 채무불이행 이후에도 채무이행의 유예기간을 부여하고 그 기간이 경과하여도 이행이 없는 때에 한하여 청산금을 지급과 상환으로 담보부동산의 소유권이전을 청구할 수 있다(가담법 제 4 조). 가등기한 채권자(가등기담보권자)는 채무불이행이 있더라도 청산기간의 경과와 청산금지급의 요건을 갖추어야 그 가등기에 기한 본등기청구권을 갖게 된다. 그 밖에 담보가등기의 경우에는 저당권과 같은 효력도 인정되므로 담보물권성을 갖는다.

(2) 가등기에 의해 보전되는 채권

◦ 물권변동을 목적으로 하는 채권 : 가등기에 의해 보전되는 채권은 부동산에 관한 소유권, 제한물권, 임차권 등의 설정, 이전, 변경, 소멸에 관한 청구권이다. 가등기할 당시에 그 원인된 권리는 아직 채권에 지나지 않으며, 가등기를 했다고 해서 물권으로 변하지 않는다.

◦ 시기부채권 및 정지조건부채권 : 가등기에 의해 보전되는 채권은 시기부(始期附) 또는 정지조건부청구권이라도 무방하다. 아직 시기(始期)가 도래하지 않은 경우라도 채권으로 성립하고 있기 때문이다. 재매매(再賣買)의 예약에 따른 소유권이전청구권을 가등기해 두는 경우가 이에 해당한다.

◦ 미확정채권 : 장래에 확정될 채권도 가등기로서 보전할 수 있다. 미확정채권의 대표적인 경우는 당좌계약, 어음할인계약, 신용카드계약, 물품공급계약 등 기초적 신용계약에 따라 차용금액이 증감하게 되는 경우가 그러하다. 이러한 미확정채권의 담보를 위하여 가등기담보가 많이 이용된다.

◎ 채권의 소멸시효 : 가등기의 기초가 된 채권은 10년(또는 단기시효기간의 적용) 동안 행사하지 않으면 소멸시효에 걸린다. 소멸시효가 완성한 결과 그 채권은 소멸하게 되므로(절대적 소멸설), 가등기는 실체관계에 부합하지 않는 무효의 등기가 된다. 채권이 시효 소멸한 경우에 이와 더불어 가등기에 기한 본등기청구권도 소멸하게 된다.

쟁점정리 : 가등기를 본등기로 고치는 절차

청구권보전의 가등기가 있은 후 소유자(A)가 제3자(C)에게 양도하고 소유권이전등기를 경료한 경우에, 가등기권리자(B)는 어떤 절차를 거쳐서 본등기를 경료할 수 있는가. 즉 A의 부동산에 B명의의 가등기가 있고 나서 A⇒C의 소유권이전등기가 경료된 경우에 이러한 절차적인 문제가 생긴다. 이때 A⇒B로 본등기가 되어야 하는지 아니면 C⇒B로 본등기가 되어야 하는지 문제된다. 그리고 본등기청구에 협력해야 할 등기의무자는 가등기권리자의 채무자인 원래의 소유자(A)인지 아니면 현재 소유자로 등기되어 있는 제3자(C)인지가 쟁점이다.

- 선기입설(先記入說)은 가등기권리자 명의의 본등기를 먼저 기록하고 나서 이와 상충되는 제3자에의 소유권이전등기의 말소를 청구한다는 견해이다(다수설, 판례). 본등기의 기초가 되는 청구권은 채무자(전소유자)에 대한 권리이므로 그에 대해서만 등기청구권을 갖고, 가등기권리자가 제3자를 상대로 직접 등기를 청구할 수는 없다고 본다.
- 후기입설(後記入說)은 가등기권리자가 먼저 제3자에의 소유권이전등기의 말소를 청구하여 그것이 말소되어 원래의 소유자에게로 된 후에 자기명의로의 소유권이전청구를 할 수 있다는 견해이다. 이 견해에 의하면 등기의무자가 제3자가 되어야 하는데, 채무자가 아닌 자가 어떤 근거에서 소유권이전의무를 지는지 설명하기 어렵다는 점, 그리고 가등기권리자에게 본등기 이전에 제3자의 등기를 말소할 권한이 어디로부터 나오는가 하는 의문이 제기된다.

> • 판례는 선기입설을 취한다. 가등기 후에 제 3 자에게 소유권이전의 본등기가 된 경우에 가등기권리자는 본등기를 경료하지 아니하고는 가등기 이후의 본등기의 말소를 청구할 수 없다. 이 경우에 가등기권리자는 가등기의무자인 전소유자를 상대로 본등기청구권을 행사할 것이고, 제 3 자를 상대로 할 것이 아니다. 가등기권자가 소유권이전의 본등기를 한 경우에 등기관은 가등기 이후에 한 제 3 자의 본등기를 직권 말소할 수 있다(대법원 전합 1962. 12. 24. 선고 4294민재항675 결정).
>
> • 부동산등기법은 선기입설에 따르는 것으로 해석된다. 등기관은 가등기에 의해 본등기를 하였을 때에는 가등기 이후에 된 등기로서 가등기에 의해 보전되는 권리를 침해하는 등기를 직권으로 말소하여야 한다(부등법 제92조 1항).

(3) 가등기 상태의 효력

◦ 가등기는 그 자체로서 공시의 효과를 갖는다. 즉 가등기의 기초가 된 채권을 채무자 이외의 제 3 자에게 알리는 공시를 하는 것이다. 제 3 자는 가등기를 통해 소유자를 채무자로 하는 가등기권리자의 채권이 존재한다는 것을 알 수 있다. 제 3 자는 가등기된 채권의 존재를 몰랐다는 항변을 할 수 없게 된다.

◦ 가등기된 채권은 대항력을 갖는다. 청구권보전가등기의 경우에는 소유권이전청구권이 가등기에 의하여 '대항력 있는 채권'으로 되며, 담보가등기에서는 소비대차채권이 '담보물권에 의해 부보되는 채권'으로 된다.

◦ 가등기에 청구권보전의 효력이 부여된다고 보는 견해가 있다(청구권보전효과설). 가등기권리자가 가등기의무자에 대하여 본등기를 위한 협력을 청구하거나 가등기 후에 제 3 자에 대한 등기의 말소를 청구할 수 있다는 것을 청구권보전의 효력이라고 한다. 그러나 가등기는 본등

기가 없는 동안은 그 자체로써 아무런 실체법상의 효력이 없다는 반대견해도 주장된다. 반대견해는 본등기청구권이 가등기의 효력이 아니라 그 원인이 된 매매계약에서 생기는 것이라고 한다.

◦ 가등기는 그 채권에 대하여는 권리추정의 효과를 갖지 않는다. 가등기채무자와 채권자 사이의 내부적 관계에서는 그 가등기에 의한 추정력은 생기지 않으며, 본등기청구 기타 채권의 이행청구를 하려면 그 채권의 존재 등을 가등기권리자가 입증해야 한다. 판례는 "청구권보전가등기가 있더라도 소유권이전을 청구할 법률관계가 있었다고 추정할 수 없다"고 한다(대법원 1963. 4. 18. 선고 63다114 판결).

(4) 본등기 이후의 효력

◦ 본등기순위보전의 효력 : 가등기에 기한 본등기가 행하여지면 본등기의 순위는 가등기를 한 때를 기준으로 하여 결정되는데, 이를 가리켜 가등기가 순위보전의 효력을 가진다고 말한다. 순위보전의 효력은 가등기에 기한 본등기가 행해진 때에 비로소 실제적 효과를 나타낸다.

◦ 물권취득시기는 본등기를 한 때이다. 가등기에 기한 본등기의 경우에, 그 등기에 따른 소유권이전의 효과(또는 제한물권설정의 효과)는 그 본등기를 한 때로부터 발생한다. 그 물권변동의 효력이 가등기를 한 때로 소급하여 발생하는 것은 아니다. 판례도 "가등기는 그 성질상 본등기의 순위보전의 효력만이 있어 후일 본등기가 경료된 때에는 본등기의 순위가 가등기한 때로 소급하는 것뿐이지 본등기에 의한 물권변동의 효력이 가등기한 때로 소급하여 발생하는 것은 아니다"라고 한다(대법원 1981. 5. 26. 선고 80다3117 판결).

◦ 가등기와 본등기 사이의 다른 처분은 효력을 상실한다(중간처분의 실효). 가등기시와 본등기시 사이에 제3자에게로 소유권이전등기가 경

료된 경우에, 실제로 소유권이전등기가 경료된 것은 제 3 자의 것이 먼저이지만 가등기권리자는 미리 순위를 예약해 두었으므로 가등기권리자의 순위가 우선하게 된다. 그러므로 가등기에 기한 본등기가 우선적 효력을 갖게 되고, 이와 양립할 수 없는 제 3 자의 소유권이전등기는 무효로 되며 제 3 자는 소유권을 상실하게 된다. 본등기가 있으면 제 3 자의 소유권이전등기는 직권으로 말소된다. 제 3 자의 소유권이 무효로 되는 경우는 가등기권리자가 본등기를 한 경우에 그러하며, 본등기가 소유권이전등기가 아니라 제한물권설정등기와 같이 제 3 자의 소유권보다 적은 권리인 경우에는 제 3 자의 소유권이 그 본등기의 범위에서 제한을 받게 된다.

(5) 가등기의 가등기

가등기에 의해 공시되는 채권을 제 3 자에게 양도한 경우에, 그 가등기에 부기등기(가등기의 가등기라고도 함)를 함으로써 그 제 3 자가 가등기권리자가 될 수 있다. 판례는 청구권보존의 가등기이든 담보가등기이든 관계없이 채권양도에 따른 가등기의 부기등기를 인정한다(대법원 1998. 11. 18. 선고 98다24105 판결).

사례연습 〈가등기의 효력〉

◎ 문 제 ◎

문1) A(매도인)와 B(매수인)는 건물(시가 9억원)의 매매계약을 체결하면서 계약금(1억원)을 수수하였다. A의 변덕스런 태도로 보아 계약대로 소유권을 이전해 줄지 의심스러워진 B는 A에게 중도금(4억원)지급과 상환으로 가등기를 해 줄 것을 요구하여 그의 소유권이전청구권을 가등기하였다. 그 후 A는 그 부동산을 C에게 10억원에 매도하고 소유권이전등기를 해 주었다. B는 어떤 방법으로 그 부동산의 소유권을 취득할 수 있는가?

문2) 갑(채무자)은 을(채권자)로부터 7억원을 빌리면서 갑의 건물(시가 9억원)을 담보로 제공하기로 하고 그 부동산에 을을 위해 가등기를 경료하여 주었다. 을의 권리관계는 어떠한가? 갑과 을이 가등기에 기해 본등기를 해주기로 하는 제소전화해조서를 작성해 둔 경우라면 어떻게 달라지는가?

해 답

1)번 사례해답

B는 잔금(4억원)을 지급하면서 자기가 유보해 둔 우선순위에 따라 본등기를 하여 C의 소유권을 부인할 수 있다(가등기의 순위보전의 효력). B의 본등기를 신청할 때 A가 승낙서를 써 주지 않으면 법원의 가처분명령을 받아 B가 단독으로 본등기신청을 할 수 있다. 그 밖에 B가 A를 상대로 본등기청구소송을 제기하여 이것을 인용하는 확정판결을 받아 그 판결로 본등기를 할 수 있다. 순위보전의 효력은 가등기의 때를 기준으로 본등기의 순위를 결정한다는 뜻이며, 물권변동의 시기를 가등기시까지 소급시킨다는 뜻은 아니다. 따라서 건물의 임대료를 받을 권리는 B가 본등기를 할 때까지는 A 또는 C에게 속한다.

2)번 사례해답

갑이 변제기에 채무를 이행하지 않으면 을은 갑에게 2억원의 청산금을 지급하고 부동산의 소유권을 이전해 줄 것을 청구할 수 있다. 을은 갑의 협력을 얻어 본등기를 함으로써 소유권을 취득하게 된다.

제소전 화해조서를 작성해 둔 경우에는 본등기절차가 간단해진다. 제소전화해조서란 갑이 을에게 본등기를 해 주는 데에 이의를 제기하지 않겠다는 취지를 화해계약(제731조)으로 체결해 두는 것이다. 제소전화해조서는 갑의 채무불이행이 있으면 을이 갑을 상대로 소송을 제기하여 판결을 받아 본등기를 경료하게 되는 절차를 생략하기 위한 목적으로 행해진다. 을은 갑이 변제기에 채무를 이행하지 않으면 제소전화해조서에 의해 청산금을 공탁하고 단독으로 소유권이전의 본등기를 경료하게 된다.

10

등기청구권

1. 문제의 소재

등기청구권은 실체법상 권리자가 의무자에 대하여 실체법상의 권리에 기초해 등기에 협력할 것을 청구하고 강제할 수 있는 실체법상의 권리를 말한다. 채권자는 상대방의 순조로운 협력이 없는 경우에 법의 힘으로 등기에 협력할 것을 청구하고(채권의 請求力) 임의로 협력하지 않을 때에는 소송상 청구하고(채권의 訴求力) 등기에 협력할 것을 명하는 판결을 얻어 직권으로 등기토록 하는 것(채권의 執行力) 등이 가능하다. 이러한 채권의 효력을 동원하여 등기를 관철하는 권리가 등기청구권이다.

등기의 공동신청의 원칙에 따라 일방당사자는 단독으로 등기신청을 할 수 없고 타방당사자의 협력을 얻어 공동으로 등기신청을 해야 한다(단독신청의 예외 있음). 그 등기에 의하여 물권을 취득하거나 또는 권리에 상응하는 공시방법을 갖추려는 사람은 그 등기신청을 간절히 기대하지만, 상대방의 협력이 없으면 그 등기신청을 할 수 없다.

등기청구권이 발생하는 경우는, • 법률행위에 의해 물권을 취득하려는 때, 매매계약을 체결하고 매매대금을 전부 지급한(또는 지급하려는) 매수인이 매도인에 대하여 소유권이전등기에 협력할 것을 요구하는 경우 등 • 부동산을 점유취득시효의 규정에 따라 취득하려는 때, 20년간 자주점유를 한 점유자가 등기명의인에 대하여 취득시효에 기한 소유권이전등기에의 협력을 요구하는 경우 등 • 물권이 소멸하였으나 등기가 잔존하고 있는 것을 말소하려는 경우 • 채권에 기해 가등기를 해 둠으로써 장래의 본등기의 순위를 미리 확보해 두려는 경우 • 부동산임차권에 대항력을 갖추려고 하는 때, 전세권설정계약을 체결하고 전세금을 지급한 사람이 소유자에 대하여 전세권설정등기에의 협력을 요구하는 경우 • 실제와 다르게 기록된 등기를 말소하거나 정정하려는 경우이다. 각 경우에 따라 등기청구권의 발생원인 및 성격이 다르다.

2. 법률행위와 등기청구권

(1) 등기청구권의 발생원인

매매계약의 이행단계에서 매수인은 매도인에 대하여 등기청구권을 행사하여 소유권이전등기를 경료할 수 있다. 매매계약이나 증여계약에 의해 소유권이 이전되기 위하여 필요한 소유권이전등기는 계약(채권행위)에서 발생하는지 아니면 소유권이전의 물권적 합의(물권행위)에서 발생하는지 하는 등기청구권의 발생원인에 관하여 민법제정 후 계속 학설의 대립이 있어 왔다. 법률행위에 의한 소유권이전에서 등기청구권은 채권행위에 의해 생긴다는 견해(채권행위설)가 다수설과 판례의 입장이다. 채권행위설은 등기청구권이 물권행위 이전에 이미 발생하고 있다고 본다.

◦ 판례는 법률행위에 의한 등기청구권은 매매계약 등으로부터 발생

한다는 입장을 취한다(대법원 1962. 5. 10. 선고 4294민상1232 판결). 중간생략등기, 명의신탁계약 등에 나타난 판례의 입장을 살펴보면 등기청구권의 발생원인은 매매 기타 당사자의 약정이라고 보는 점이 명백하다.

쟁점정리 : 등기청구권에 관한 채권행위설과 물권행위설

등기청구권의 원인을 원인행위인 채권행위에서 찾는 채권행위설이 다음과 같은 근거에서 타당하다고 생각한다(사견).

첫째, 매도인이 소유권이전등기에 필요한 서류를 매수인에게 주기 전에 등기청구권이 존재해야, 매수인이 그 등기청구권을 행사하여 매도인에게 등기서류의 교부를 청구하는 등 등기에 협력을 강제할 수 있다. 등기 없이 소유권이전의 효과가 생기지 않으므로 매도인은 소유권이전의무를 이행하기 위하여 등기협력의무를 이행해야 하며, 이때 두 의무의 관계는 후자가 전자로부터 파생되는 관계에 있다. 저당권설정등기의 경우에는 소비대차계약에 부수한 담보제공약정으로부터 담보물권의 설정청구권이 발생하고 전세권설정등기청구권은 전세계약으로부터 등기청구권이 발생한다고 본다.

둘째, 등기청구권의 행사시기는 소유권이전의무를 이행하기로 약정한 때(이행기)이고 그 등기청구권에는 동시이행의 항변권이 부착되는데, 이러한 것들은 계약으로부터 야기된다. 셋째, 등기청구권은 계약상 채무에서 파생되는 것이므로 그 계약상의 지위와 분리하여 등기청구권만을 양도할 수는 없다. 단순히 채권양도의 방식에 따라 등기청구권만을 양도할 수는 없다는 점은 중간생략등기의 합의가 인정되지 않는 점과 상통한다.

- 물권행위설은 등기청구권이 물권적 합의로부터 나온다는 견해이다. 등기서류의 교부시에 등기청구권이 발생하는 것이 모순이라는 비판에 대하여, 물권적 합의가 언제인가는 합의의 해석문제이며 일률적으로 등기서류 교부시에 물권적 합의가 있다고 볼 수는 없다고 반박한다. 계약일과 중도금과 잔금의 지급일간의 간격, 토지거래허가의 유무

등을 고려하여 구체적인 경우마다 다양하게 결정할 것이라고 한다.

• 등기청구권이 물권적 기대권으로부터 발생한다는 견해는 물권행위설과 유사하다. 이 견해는 물권적 합의가 있으면 취득자에게 물권적 기대권이 생기고 등기청구권은 이 물권적 기대권의 효력으로서 생긴다고 한다. 물권적 기대권은 완전한 권리를 취득시켜 주는 힘을 갖고 있는데, 이 힘이 바로 등기를 갖추어 완전한 물권을 취득케 할 수 있는 등기청구권으로 나타나는 것이라고 설명한다.

(2) 등기청구권의 성질

법률행위에 따른 등기청구권은 등기권리자(매수인)가 등기의무자(매도인)에 대하여만 청구할 수 있는 상대권인가. 아니면 매도인 이외의 제3자에 대하여도 청구할 수 있는 절대권인가. 매수인이 매도인에 대하여 등기청구권을 갖고 있는 동안 매도인이 그 소유권을 제3자에게 양도한 경우에 매수인의 등기청구권은 어떻게 되는가. 이에 관해서는 채권적 청구권설과 물권적 청구권설이 대립한다.

• 채권적 청구권설은 등기청구권이 채권과 같은 상대권이라고 한다(다수설). 사견으로는 채권적 청구권설을 취한다. 등기를 갖추기 전에는 물권행위를 했더라도 물권변동은 일어나지 않으므로, 등기권리자가 물권적 청구권을 가질 수 없다. 채권적 청구권설은 일반 채권과 다른 등기청구권의 특수성을 다음과 같이 인정한다. 첫째, 등기청구권은 채권양도의 방식에 의한 양도가 허용되지 않는다. 매수인은 자기의 계약 상대방인 매도인에 대해서만 등기청구권을 행사할 수 있다. 둘째, 점유를 이전받은 매수인의 경우는 채권의 불행사 상태가 아니라고 파악하며, 따라서 채권 및 그것에서 파생된 등기청구권은 10년이 경과하여도 소멸시효에 걸리지 않는다고 해석한다. 점유를 이전받지 않은 경우에는 등기청구권이 일반 채권과 같이 10년의 불행사로 시효 소멸한다.

◦ 물권적 청구권설은 등기청구권의 발생원인이 물권행위라고 보는 견해이다. 매수인이 잔금을 내고 물건의 점유를 이전받음과 동시에 물권행위가 이루어지면 매수인은 물권적 기대권을 갖으며, 물권적 기대권으로부터 물권적 청구권의 성질을 가진 등기청구권이 발생한다고 한다(물권적 기대권설의 입장). 매수인이 잔금을 내고 점유를 이전받은 후에는 물권적 기대권자의 지위에 있으므로 소멸시효에 걸려 소유권을 상실하지 않는다는 점, 제 3 자의 방해가 있을 때에는 물권적 청구권을 행사하여 방해를 배제할 수 있다는 점을 주장한다.

◦ 판례는 법률행위에 의한 물권변동에 있어서의 등기청구권을 채권적 청구권으로 파악하여 왔다(대법원 1962. 5. 10. 선고 61다1232 판결).

(3) 소멸시효에 관한 쟁점

법률행위에 따른 등기청구권은 10년의 채권 소멸시효에 걸리는가. 이 문제는 등기청구권의 성질을 채권적 청구권으로 보는가 또는 물권적 청구권으로 보는가와 관련된다. 다수설과 같이 채권적 청구권으로 보는 경우에, 등기청구권은 10년간 행사하지 않으면 소멸시효가 완성한다(제162조 1항). 소수설처럼 물권적 청구권으로 보는 경우에는 물권과 독립하여 물권적 청구권만이 소멸시효에 걸리는가 하는 문제에 부딪치게 된다. 채권적 청구권설의 입장에서는 10년의 불행사로 소멸한다고 해석한다.

등기청구권은 계약상의 소유권이전청구권과 불가분의 관계에 있으므로 그 행사도 상호 관련을 맺는다. 등기청구권의 행사는 반드시 등기에 협조할 것을 명시적으로 요구해야 하는 것은 아니고 소유권을 넘겨 줄 것을 요구하면 그 요구 안에 등기청구권을 행사한 것으로 해석된다.

◦ 매도인으로부터 부동산의 점유를 이전받아 사용하고 있는 매수인

의 등기청구권은 불행사로 인한 소멸시효에 걸리는가. 판례는 매수인의 등기청구권은 10년의 소멸시효에 걸리지 않는다는 원칙을 발전시켰다. 매매의 목적물은 부동산 자체이고 등기는 다만 부동산의 거래상황을 공시하기 위한 등기법상의 절차에 불과하므로 매수인이 그 목적물을 인도받아 사용·수익하고 있는 경우에는 시효제도의 존재이유에 비추어 보아 그 매수인을 권리 위에 잠자는 것으로 볼 수 없다(대법원 전합 1976. 11. 6. 선고 76다148 판결). 미등기매수인은 제3자에게 부동산을 처분하고 점유를 승계해 준 경우에도 스스로 그 부동산을 사용·수익하고 있는 경우와 같이 원소유자에 대한 이전등기청구권의 소멸시효는 진행되지 않는다(대법원 1999. 3. 18. 선고 98다32175 판결).

3. 취득시효에 의한 등기청구권

부동산의 시효취득 중에서 등기청구권이 문제되는 경우는 민법 제245조 1항 "20년간 소유의 의사로 평온, 공연하게 부동산을 점유한 자는 등기함으로써 그 소유권을 취득한다"는 규정에 따른 점유취득시효의 경우뿐이다. 등기청구권의 발생근거는 20년간의 자주점유 등 시효취득의 요건을 충족했다는 사실이다. 시효완성자는 정당한 권원에 기해 부동산을 인도받은 양수인과 유사한 지위에서 부동산을 점유·사용·수익해 온 것으로 추정된다.

◦ 취득시효에 의한 등기청구권의 성질은 채권적 청구권이다. 등기권리자인 시효완성자는 당시의 등기명의인에 대하여만 그 권리를 행사할 수 있다(상대권).

◦ 시효취득자는 채권적 등기청구권을 취득할 뿐이므로 이 등기청구권을 행사하여 소유권이전등기를 하기 전에 그 부동산소유권이 제3자에게 이전되어 소유권이전등기가 경료된 경우에는 그 제3자에 대

하여 시효완성을 주장하지 못한다(대법원 1971. 12. 28. 선고 71다1566 판결).

4. 부실등기와 등기청구권

실체관계와 등기의 불일치제거를 위해 등기청구권이 발생한다. 소유권이전등기의 말소등기청구권은 진정한 소유자(등기권리자)와 등기명의인(등기의무자)이 공동으로 신청해야 하므로, 이 경우 등기청구권의 문제가 생긴다. 말소의 목적으로 소유권이전등기를 청구하는 경우에도 같다. 부실등기 말소의 경우에 등기권리자는 등기청구 이전에 이미 소유권을 보유하고 있으므로, 등기권리자가 등기에 의하여 소유권을 취득하게 되는 민법 제186조의 경우와는 상황이 다르다.

실체적 권리와 등기가 일치하지 않는 상황을 해결하기 위하여 행사하는 등기청구권은 그 발생원인이 물권이 된다(학설일치). 이 등기청구권은 물권에 관한 방해를 제거하기 위한 물권적 청구권의 성격을 갖는다. 진정한 소유자는 부실등기의 명의인에 대하여 그가 누구이든 등기청구권을 행사할 수 있으므로 이 권리는 절대성을 갖는다. 그 등기권리자가 등기의무자와 어떤 계약관계를 가지고 그 계약상의 의무를 질 것을 요구하지 않는다.

사례연습 〈등기청구권의 행사〉

◎ 문 제 ◎

A(매도인)는 1990년 부동산소유권을 B(매수인)에게 매도하였고, B는 A에게 잔금까지 모두 지급하였고 그 부동산을 인도받아 사용하였다. 1999년 B는 그 부동산을 C(전득자)에게 매도하고 대금을 받은 후 점유를 이전하여 주었으며, 현재는 C가 그 부동산을 사용하고 있다. C(원고)는 A(피고)에 대하여 소송을 제기하여 A로부터 B에게 1990년의 매매를 원인

으로 한 소유권이전등기절차를 이행할 것을 청구하였다. C의 청구는 인용될 것인가?

해 답

1) 미등기매수인의 지위

B는 잔금을 다 지급하고 A로부터 점유를 이전받은 미등기매수인이다. 미등기매수인의 법적 지위를 어떻게 파악할 것인가에 관해서는 학설이 대립한다. 채권자로 보는 견해(채권설)에 의하면 B는 A에 대한 관계에 있어서만 매매계약에 기한 소유권이전청구권, 잔금지급에 따른 목적물의 사용·수익권 등을 주장할 수 있으며 제3자에 대한 관계에서는 A가 소유자로서 인정된다. 물권적 기대권설에 의하면 B는 물권적 기대권자로서 소유권에 유사한 권리를 가지며 자기의 고유 권리로서 목적물에 대한 사용·수익처분의 권능을 가진다. 판례는 채권설에 바탕을 두고 있으며, 단지 미등기매수인의 등기청구권은 소멸시효에 걸리지 않는다고 본다. 미등기매수인의 권리는 A 이외의 물권자에 대해서는 주장할 수 없으므로 채권설이 타당하다고 본다.

2) 미등기매수인의 계약양도

B가 자신이 갖고 있는 권리를 C에게 양도한 것은 채권설에 의하면 계약상 지위의 양도(계약양도)에 유사한 것으로 파악되고 물권적 기대권설에 의하면 물권적 기대권이란 고유의 권리를 양도한 것으로 파악된다. 채권설에 따르면 B는 타인소유의 부동산을 매도한 자이고(제569조), C가 B에게 대금을 지급하고 점유를 이전받은 이후에 C의 지위는 계약양수인이 되어 소유권이전청구권에 관한 한 채권양수인의 지위와 유사하다. 즉 소유권이전의무자(A)에 대한 채권양도의 통지 또는 A의 승낙이 있어야 C의 A에 대한 소유권이전청구권이 인정될 수 있다(제450조). 사례에서 B는 A에 대해 채권양도의 통지를 하지 않은 것으로 추측된다. 따라서 C는 자기의 매도인 B에 대해서 채권자의 지위에 있지만 A에 대해서는 그의 승낙이 없는 한 채권자로서 인정받지 못한다.

3) 전득자의 등기청구권

전득자 C는 B에 대하여 등기청구권을 가지며, B는 A에 대하여 등기청구권을 갖는다. 등기청구권의 발생원인에 관해서는 채권행위설과 물권행위설이 대립하고 그 법적 성격에 관해서는 채권적 청구권설과 물권적 청구권설이 대립한다. 등기청구권은 매매계약 등의 채권행위로부터 발생하는 채권적 청구권으로 파악하는 것이 타당하다고 생각한다. B는 자기 명의로의 소유권이전등기를 경료하는 것에 관해 이해관계가 적으므로 등기를 게을리할 가능성이 높다. C가 B의 등기청구권을 채권자대위권에 의해 행사하여 A로부터 B에게로의 등기를 하고 C 자신의 등기청구권에 기해 B로부터 C에게로의 등기를 경료할 수 있게 된다.

4) 등기청구권의 소멸시효

이 사례에서 C가 B의 등기청구권을 대위행사하는 시점에는 A와 B 사이의 매매계약이 체결된 지 10년이 훨씬 지났지만, 판례에 따라 그 등기청구권은 소멸시효에 걸리지 않는다고 해석된다. 판례에 의하면 미등기매수인이 제 3 자에게 부동산을 처분하고 점유를 승계해 주었더라도, 스스로 그 부동산을 사용・수익하는 경우와 같이 원소유자에 대한 이전등기청구권은 소멸시효가 진행되지 않는다. C의 B에 대한 등기청구권도 판례에 의하면 소멸시효에 걸리지 않는다.

5) 점유취득시효

C는 전점유자 B의 점유기간과 C의 점유기간을 합산하여 20년이 경과한 후에는 점유취득시효를 근거로 A에 대하여 등기청구권을 행사할 수 있다(제245조 1항). 점유취득시효완성으로 인한 등기청구권은 그 점유자가 토지를 점유하는 동안은 시효로 소멸하지 않으나, 그 점유를 상실한 때로부터 10년간 등기청구권을 행사하지 않으면 소멸시효가 완성한다.

11

중간생략등기

1. 중간생략등기의 법률관계

(1) 중간과정을 생략한 등기

중간생략등기란 물권변동의 원인이 되는 채권관계의 연속을 전부 드러내지 않고 채권관계의 중간과정을 생략한 서류를 꾸며 소유권이전등기를 하는 경우를 가리킨다(A⇨B⇨C를 A⇨C로 등기). 중간생략등기에서는 연속되는 채권관계의 중간에 있는 권리자는 등기에 기록되지 않는다. 부동산의 최초매도인(A)이 중간자(B)에게 매도하였으나 그의 명의로 소유권이전등기를 하지 않은 채 최종매수인(C)에게 전매하고 나서 마치 최초매도인으로부터 최종매수인에게로 직접 매매가 이루어진 것처럼 서류를 꾸며 소유권이전등기(A⇨C)를 경료하는 경우가 중간생략등기의 대표적인 사례이다. 중간생략등기는 순차적인 등기에 따른 비용과 수고를 절약하려는 의도, 중간 거래자를 기록에 나타내지 않으려는 의도, 부동산거래에 따른 양도소득세·취득세·등록세를 면탈하려는 의도로 과거에 많이 이용되었다.

(2) 중간생략의 등기청구

중간생략의 등기청구란 물권변동의 원인이 되는 채권관계의 최종채권자(C)가 최초채무자(A)에게 중간과정을 생략한 등기에 협력해 줄 것을 청구하는 경우를 말한다. 원래 최초매도인(A)은 자기의 채권자인 최초매수인(B)에 대하여만 등기협력의무를 지며, 최종매수인(C)은 자기의 매도인(B)이 갖는 등기청구권을 채권자대위권에 의거하여 대위행사함으로써 채권관계의 연속과정을 드러내는 등기(A⇨B⇨C)를 경료할 수 있다.

그러나 중간생략의 등기청구를 하는 최종매수인은 이러한 연속적 등기를 기피하고 최초매수인으로부터 직접 최종매수인에게 매매된 것처럼 계약서를 꾸며 중간자를 은닉한 등기(A⇒C)를 하려는 경우가 많다. 이때 최초매도인은 자기의 채권자가 아닌 자로부터 마치 양자 사이에 직접적인 채권관계가 있는 것처럼 위장하여 소유권이전등기를 할 것을 요구받게 된다. A는 C의 이러한 요구에 응해서 중간생략등기에 협력할 의무를 지는가 하는 점이 중간생략등기청구의 문제이다.

(3) 경료된 중간생략등기의 효력

최초매도인으로부터 최종매수인에게로 이미 중간생략등기가 경료된 경우에 그것이 실체적 권리관계를 반영한 유효한 등기인가가 문제된다. 이 경우 이왕에 경료된 중간생략등기를 구태여 무효로 할 필요가 있는가 하는 절차적 경제성의 문제가 고려된다.

(4) 부동산등기특별조치법에 의한 규제

실체적 권리관계에 부합하지 않는 등기를 막기 위해 1990년 부동산등기특별조치법이 제정되었다. 이 법의 주요골자는 다음과 같다.

• 소유권이전등기를 신속히(60일 이내) 하도록 강제한다. • 중간생략등기를 금지한다. 중간자의 양도가 등기되어 등기부에 채권관계의 연속적 과정이 드러나도록 한다. • 검인계약서를 등기신청서류로 정하여 계약에 관한 사항을 사실 그대로 알리게 한다.

2. 중간생략의 유형

(1) 중간자의 권리종류에 따른 분류

◦ 중간생략의 보존등기 : 미등기부동산을 양도하는 경우에 원래는 양도인이 보존등기를 한 후 양수인에게 이전등기를 하여야 하나 양수인이 보존등기를 하는 경우, 예컨대 A가 미등기부동산을 B에게 양도하였으나 B명의로 보존등기를 함으로써 A의 권리상황이 등기부에 나타나지 않는 경우이다.

◦ 상속의 중간생략 : 상속인(B)이 상속받은 부동산을 상속등기를 하지 않은 채 제3자(C)에게 양도하여 피상속인(A)으로부터 직접 양수인이 매수한 것처럼 소유권이전등기(A⇒C)를 하는 경우를 말한다.

◦ 시효취득등기의 중간생략 : 20년간 부동산을 점유한 자(B)가 등기명의인(A)에 대하여 갖는 시효취득을 원인으로 하는 등기청구권을 행사하지 않은 채 그 점유를 제3자(C)에게 이전하고 그 제3자가 자기가 시효 취득한 것처럼 등기하는 경우(A⇒C)에 중간생략의 시효취득등기가 행해지게 된다. 판례는 취득시효의 중간생략 등기청구권을 부인한다(대법원 전합 1995. 3. 28. 선고 93다47745 판결).

◦ 중간생략형 명의신탁 : 신탁자(B)가 제3자(A, 매도인)와 부동산의 매매계약을 체결하고 매도인으로부터 수탁자(C)에게로 이전등기(A⇒C)를 하게 하는 경우를 말한다. 중간생략형 명의신탁은 「부동산실권리자명의 등기에 관한 법률」(1995) 제4조에 의해 원칙적으로 무효로 된

다(예외 인정됨).

(2) 중간자의 권리양도시기에 따른 분류

◦ 잔금지급 후의 권리양도 : 중간자(B)가 최초매도인(A)에게 잔금을 모두 지급하고 나서 아직 소유권이전등기를 하지 않은 상태에서 그 권리를 최종매수인(C)에게 양도하여 최초매도인(A)으로부터 최종매수인(C)에게로의 소유권이전등기를 하려고 하거나 이미 그 등기가 경료된 경우를 말한다. 중간자가 최초매도인에 대하여 등기청구를 현실화할 수 있는 시점에서 그 권리를 양도한 경우이다. 이 경우에 최초매도인은 잔금을 다 받았기 때문에 매수인이 누구이냐에 따라 크게 영향을 받지 않으므로 중간생략등기에 동의할 가능성이 높다.

◦ 잔금지급 전의 계약인수 : 최초매수인이 최초매도인에게 계약금만을 지급했거나 또는 중도금을 지급하여 아직 대금지급채무가 일부 남아 있는 상태에서 그 매수인의 계약상 지위를 최종매수인에게 넘겨준 경우이며, 이 경우에도 중간생략등기의 문제가 생긴다. 이때 최초매수인과 최종매수인 사이에는 계약인수가 행해진다. 최종매수인은 소유권이전청구권과 더불어 반대급부 중의 일부인 잔금지급채무를 인수한다. 종전의 계약에서와 같이 최초매도인의 소유권이전의무와 최종매수인의 잔금채무는 동시이행의 관계이다.

3. 중간생략 등기청구의 무효

최종매수인(C)은 최초매도인(A)에 대하여 직접 자기에게 소유권이전등기를 해 줄 것을 청구할 권리를 갖는가. 만약 그러한 등기청구권을 갖는다면 그 권리는 어디에서 나오는가. 그러한 등기청구권이 인정되지 않는다면 그 이유는 무엇인가.

최종매수인의 중간생략 등기청구권은 허용되지 않는다는 등기청구권 부정설이 타당하다. 물권행위에는 소유권이 원인이 되는 매매계약이 존재해야 하는데, 최초매도인(A)과 최종매수인(C) 사이에는 매매계약이 체결되거나 또는 계약인수가 일어나지 않았으므로 등기청구권이 발생하지 않는다고 본다.

쟁점정리 : 중간생략 등기청구권의 인정여부

1) 학 설

최종매수인이 최초매도인에 대하여 직접 자기에게로 소유권이전등기를 해 줄 것을 청구할 권리가 있다는 견해(등기청구 인정설)가 있다. 그 등기청구권의 발생원인이 무엇인가에 관해서 각 학자마다 다른 이론을 전개하고 있다.

- 물권적 기대권설은 잔금지급 후의 권리양도는 물권적 기대권의 양도로서의 성격을 가지며 이를 양도받은 최종매수인은 최초매도인에 대하여 중간생략의 등기청구권을 갖는다고 보는 견해이다.
- 처분권부여설은 처분권부여의 법리에 의해 등기청구권이 채권행위로부터 생기며 최초매도인과 최종매수인 사이에 채권행위가 있었던 것으로 다루어지기 때문에 최종매수인은 최초매도인에 대하여 등기에 협력할 것을 요구할 수 있다는 견해이다.
- 채권양도설은 매수인이 매도인에 대한 소유권이전청구권을 채권양도의 방식에 따라 양도할 수 있고 최종매수인은 양도받은 채권에 기하여 최초매도인에게 직접 등기청구권을 행사할 수 있다는 견해이다.
- 3자합의설은 최초매도인 · 중간자 · 최종매수인간의 3자합의가 있는 때에 중간생략의 등기청구가 가능하다는 견해이다. 중간생략등기의 합의는 등기의 방법과 등기의 효력에 관한 양도인 · 중간자 · 양수인간의 순수한 등기법상의 합의라고 한다.

2) 판 례

종래 판례는 중간생략 등기청구의 문제를 3자합의설의 이론구성에 의거하여 판시해 왔다.

• 중간생략등기의 합의가 없다면 부동산의 전전매수인은 매도인을 대위하여 그 전매도인인 등기명의자에게 매도인 앞으로의 소유권이전등기를 구할 수는 있을지언정, 직접 자기 앞으로의 소유권이전등기를 구할 수는 없다(대법원 1969. 10. 28. 선고 69다1351 판결).

그러나 대부분의 판례들은 3자합의가 없어서 최초양수인이 등기에 협력하기 때문에 중간생략등기를 불허한 사례들이며(대법원 1991. 4. 23. 선고 91다5761 판결; 대법원 1995. 8. 22. 선고 95다15575 판결), 중간생략의 합의가 있었음을 이유로 중간생략등기청구권을 인정한 판결은 없었다.

• 매수인으로부터 소유권이전등기청구권을 양도받은 양수인은 매도인이 그 양도에 동의하지 않는다면 매도인에 대하여 채권양도를 원인으로 하여 소유권이전등기를 청구할 수 없으므로, 매매로 인한 소유권이전등기청구권은 그 권리의 성질상 양도가 제한되고 그 양도에 채무자의 승낙이나 동의를 요하며 양도인의 채무자에 대한 통지만으로는 채무자에 대한 대항력이 생기지 않는다(대법원 2001. 10. 9. 선고 2000다51216 판결).

결론적으로 판례의 진정한 의도는 중간생략의 등기청구권에 관해 부정설을 취한다고 이해된다.

4. 경료된 중간생략등기의 효력

당사자가 편법으로 행한 중간생략등기의 효력에 관하여 유효설과 무효설이 대립한다. 유효설은 최종매수인의 소유권취득을 인정한다는 것이며, 나아가서 그로부터 소유권이전등기를 받은 전득자의 소유권 취득도 인정한다는 것을 의미한다. 무효설을 취하면 최종매수인은 등기부상 소유자로 기록되어 있음에도 불구하고 소유권을 취득하지 못하며, 나아가서 그로부터 소유권이전등기를 받은 전득자도 소유권을 취득하지 못하게 된다.

(1) 유 효 설

등기는 현재의 진실한 권리상태를 공시하면 충분하다고 보아 중간생략등기라도 현재의 소유자와 일치되게 기록되어 있으면 유효하다는 견해이다. 그 이론구성은 중간생략등기청구권에서 설명한 바와 같이 물권적 기대권설, 처분권부여설, 채권양도설, 3자합의설이 각각 다르다.

사견으로는 중간생략의 등기청구권은 부정하지만 경료된 중간생략등기는 거래안전을 위하여 유효로 보는 입장을 취한다. 이미 경료된 중간생략등기의 절차상 하자는 소유권이전을 무효로 할만큼 중대한 것이 아니므로 유효로 인정한다(등기하자치유설). 만약 경료된 중간생략등기를 무효로 할 경우에, C로부터 등기를 믿고 부동산을 매수하여 등기를 마친 D는 소유권을 취득하지 못하게 되어 거래의 안전을 해치게 될 것이다. 그리고 이미 경료된 중간생략등기를 무효로 하게 되면 정의에 어긋나는 결과로 되어 부당하다. 최초매도인이 위법행위인 중간생략등기에 협력하고 나서 그 무효를 다투어 A와 C의 소유권이전등기의 말소를 청구할 수 있게 된다면 이는 정의롭지 못한 결과로 될 것이다.

다만 농지매매증명 또는 토지거래허가를 받아야 한다는 규제가 있는 경우에 그 규제를 회피하기 위한 목적으로 행해진 중간생략등기는 무효이다. 이 경우에는 중간생략의 등기청구가 허용되지 않음은 물론 이미 경료된 중간생략등기도 허가를 받지 않은 것으로써 무효이다.

(2) 무 효 설

경료된 중간생략등기는 무효이므로 등기명의인은 소유권을 취득하지 못한다는 견해이다. 그 이론구성에 있어서는, 형식주의를 취하는 현행민법 아래에서는 중간생략등기는 무효일 수밖에 없다는 물권부재설, 중간생략등기는 부동산등기 특별조치법에 의해 형벌의 제재가 가하여지는 외에 그 등기의 효력도 부인되고 있으므로 무효로 보아야 한다는 강행법규위반설 등이 주장된다.

(3) 판 례

판례는 중간생략등기의 요건으로서 3자합의가 필요하지만 비록 그 합의 없이 경료된 중간생략등기라도 유효하다는 입장을 취한다.

◎ 이미 중간생략등기가 경유된 경우에 있어서는 관계 양도계약당사자들 사이에 양도계약이 적법히 성립되어 이행된 이상 다만 중간생략등기에 관한 합의가 없었다는 사유만으로는 그 등기를 무효라 할 수 없다(대법원 1969. 7. 8. 선고 69다648 판결).

◎ 부동산등기특별조치법에서 미등기전매를 형사 처벌하도록 규정하고 있으나, 이로써 순차 매도한 당사자 사이의 중간생략등기합의에 관한 사법상 효력까지 무효로 되지 않는다(대법원 1993. 1. 26. 선고 92다39112 판결).

◎ 중간생략의 등기를 하였으나 대금의 완불이 없을 뿐 아니라 대금완불 전에 소유권이전등기를 하기로 한 합의도 없는데 불구하고, 위조문서에 의하여 피고명의의 소유권이전등기를 한 것임이 밝혀진 경우에, 그 등기는 최초매도인의 의사에 반한 것으로서 무효이다(대법원 1971. 3. 23. 선고 71다178 판결).

사례연습 〈중간생략 등기청구의 효력〉

◎ 문 제 ◎

A는 B(투기꾼)에게 아파트를 1억원에 매도하고 계약금 1천만원을 받았다(3월 1일). B는 그 부동산에 프리미엄을 붙여 실수요자인 C에게 1억 2천만원에 매도하고 계약금 1천 2백만원을 받았다(3월 3일). B는 C로부터 중도금 4천 8백만원을 받은 후(3월 13일) A에게 중도금 4천만원을 지급하였다(3월 15일). 갑작스런 부동산투기단속이 있자 B는 잠적해 버리고 말았다. C는 A에 대하여 자기가 지급하는 잔금 5천만원과 동시에 직접 자기에게 소유권이전등기를 해 달라고 청구하였다.

문1) A는 이에 응해야 하는가?

문2) 만약 A가 C에 대하여 잔금으로 6천만원을 낼 것을 요구한다면 어떻게 해야 하는가?

해 답

1) 중간생략의 등기청구의 가부

C가 A에 대하여 직접 소유권이전등기를 경료해 줄 것을 청구할 권리를 갖는가가 문제된다. C는 B와 매매계약을 체결하였으며, 등기청구권은 그 매매계약(채권행위)에서 나오는 채권적 청구권이라고 보므로 B에 대하여만 등기청구권을 가진다. B는 C의 등기청구에 대하여 잔금지급과 동시이행하여 등기서류를 교부할 것을 항변할 수 있다.
이 사례에서 C가 A에 대하여 자기가 잔금 5천만원을 낼테니 직접 자기에게 소유권이전등기를 해 달라고 청구한 것은 법적으로 인용될 수 없다.

2) 채권자대위권의 행사

먼저 A로부터 B에게로의 등기가 경료된 후에야 B로부터 C에게로의 등기가 경료될 수 있다. 그 중간등기를 행할 B가 잠적하였으므로 C는 B의 채권자로서 B가 A에 대하여 갖는 등기청구권을 대위행사할 수 있다(제404조 1항). C의 등기청구권의 대위행사가 있으면 A는 자기가

B로부터 잔금 5천만원을 받음과 동시에 등기에 협력할 것을 항변할 수 있다(동시이행의 항변권. 제536조 1항). C는 자기가 B에게 줄 돈에서 먼저 5천만원을 A에게 변제하고 A⇒B의 소유권이전등기를 경료할 수 있다. C의 변제는 이해관계 있는 제 3 자의 변제에 해당한다(제469조). 그 후 C는 B에 대하여 소유권이전등기를 경료하라는 소송을 제기하여 B⇒C의 소유권이전등기를 경료할 수 있다. 이때 B가 나서서 잔금 6천만원과 등기협력이 동시이행관계에 있음을 항변하지 않았다면, 등기가 먼저 경료되고 B는 C에 대하여 1천만원(6천만원에서 5천만원을 공제한 금액)의 채권을 갖게 된다.

3) 계약인수와 경료된 중간생략등기

A는 C에 대하여 잔금으로 6천만원을 낼 것을 요구할 권리를 갖지 않는다. A의 계약상대방은 B이며 그와의 사이에 잔금은 5천만원이 남아 있을 뿐이기 때문이다.

만약 C가 등기절차를 간단하게 하기 위하여 A와의 계약으로 B의 매수인의 지위를 자기가 인수하겠다는 계약을 체결하고 6천만원을 지급하면서 A⇒C의 소유권이전등기를 경료한 경우에 그 등기는 유효하다. 그러나 이것에 의하여 B가 C에 대하여 갖고 있는 잔금채권(정확히는 잔금잔액 1천만원)이 소멸하지는 않는다. B의 의사표시가 없었으므로 B의 계약상의 지위가 C에게 인수되는 계약인수가 있었다고 보기는 어렵다. A와 C 사이에 B와 별개의 계약이 이루어졌을 뿐이다. 어쨌든 A⇒C의 중간생략등기는 이미 경료된 것인 이상 그 하자에도 불구하고 유효하다고 해석된다.

12

명의신탁과 부동산물권

1. 명의신탁의 개념과 유형

부동산의 명의신탁이란 신탁자가 자기의 재산을 수탁자의 등기명의를 빌려 등기해 두고 그 부동산에 관한 사용·수익권 및 처분권 등 실질적인 권한은 모두 신탁자가 보유하는 경우를 가리킨다. 「부동산 실권리자명의 등기에 관한 법률」(1995)에 따라 명의신탁은 금지되지만, 예외적으로 허용되는 명의신탁도 있다.

◦ 금지되는 명의신탁약정은 원칙적으로 무효이다. 명의신탁약정에 따라 행해진 등기에 의한 부동산물권변동은 무효로 된다. 신탁자와 수탁자 사이의 명의신탁약정이 무효로 될 뿐 아니라 이에 기한 소유권 이전등기도 무효이다. 무효인 명의신탁은 신탁자가 출연한 재산을 수탁자의 명의로 등기하지만 그 재산에 대한 사용·수익·처분의 권한은 신탁자가 보유하기로 약정하는 가장신탁관계에 해당한다.

부동산투기금지 또는 농지소유제한을 회피하기 위한 은닉형 명의신탁, 양도소득세 등 세금을 면탈하기 위한 탈세목적 명의신탁, 타인에게 소송수행을 맡기기 위한 소송목적신탁, 채권자의 추심을 피해 책임재산을 빼돌리기 위한 사해목적신탁은 금지된다.

다만 위임형명의신탁(계약명의신탁)의 경우와 명의신탁등기를 신뢰하여 거래한 제 3 자가 있는 경우에는 예외가 인정된다. 유효인 위임형 명의신탁은 부동산에 관한 물권을 취득하기 위한 계약에서 명의수탁자가 그 일방당사자가 되고 그 타방당사자는 명의신탁약정이 있다는 사실을 알지 못한 경우를 말한다.

◦ 허용되는 명의신탁은 사회질서에 위반되지 않는 경우이다. 신탁자가 수탁자에게 명의신탁계약에 기해 등기명의를 맡겨 두기는 했지만, 그 명의신탁계약은 실질적인 신탁관계가 포함되어 있는 등 사회질서에 위반하지 않으므로 유효로 인정된다. 명의신탁이 허용되는 경우는, ① 종중재산의 명의신탁 : 종중이 보유한 부동산에 관한 물권을 종중 외의 자의 명의로 등기한 경우 ② 부부간 명의신탁 : 배우자명의로 부동산에 관한 물권을 등기한 경우 ③ 공유자간 상호명의신탁 등이다.

2. 유효한 신탁관계

(1) 진정한 신탁

진정한 신탁이란 신탁자와 수탁자의 신탁계약이 허위표시가 아닌 진정한 신탁의사에 기초한 경우를 말한다. 이 경우에는 신탁자와 수탁자 사이에 재산이전의 원인을 제공할 만한 실체로서의 신탁관계가 있다. 신탁의 법률관계에서는 신탁계약에 따른 신탁목적을 수행하기 위하여 어떤 권리를 외부적으로 신탁자로부터 수탁자에게 이전하고 내부적으로 신탁목적에 의한 제한을 두게 된다. 진정한 신탁관계는 신탁계약과 이를 실행하기 위한 재산권 이전의 두 요소를 갖춤으로써 성립한다.

진정한 신탁의 유형은 신탁목적에 의하여 담보목적신탁, 개발목적신탁, 처분목적신탁, 증여목적신탁, 추심목적신탁 등으로 분류된다. 진정한 신탁은 적용되는 법률에 따라 일반신탁과 신탁법상 신탁으로 나뉜다.

◦ 일반신탁이란 신탁법의 규율을 받지 않는 범위의 신탁으로서 당사자의 자유로운 신탁계약에 의해 성립하는 경우를 말한다(민법에는 신탁에 관한 규정이 없음).

◦ 신탁법상 신탁이란 신탁법의 요건을 갖춘 경우를 말하며, 관리신탁과 처분신탁으로 구분된다.

(2) 명의신탁이 유효로 되는 경우

◦ 종중재산 등의 명의신탁 : 종중(宗中)의 재산을 그 종원(宗員) 등 개인의 명의로 등기해 둔 경우로서 조세포탈, 강제집행의 면탈 또는 법령상 제한의 회피를 목적으로 하지 않는 경우에 그 명의신탁은 유효하다. 그 밖에 1995년 7월 1일 전에 종교단체나 향교가 그 재산을 개인에게 명의신탁해 둔 경우에도 유효하다.

◦ 부부간 명의신탁 : 실소유자가 자기의 배우자명의로 등기한 경우로서 조세포탈, 강제집행면탈 또는 법령상의 제한의 회피를 목적으로 하지 않은 경우를 말한다. 부부 공동으로 구입한 재산은 각자가 공유지분을 가지므로, 부부 1인의 명의로 등기되었을 때는 그 공유지분을 명의신탁한 것으로 추정한다. 그 밖에 부부간에는 이혼시 재산분할청구권이 인정되므로(제893조의2), 부부 1인의 명의로 등기된 재산에는 배우자로서의 잠재적 분할지분이 포함되어 있다고 해석된다.

◦ 공유자간 명의신탁 : 재산의 위치와 면적을 특정하여 2인 이상이 구분소유하기로 하는 약정을 하고 그 구분소유자의 공유로 등기하는 경우이다. 이 경우 각 구분소유자는 다른 구분소유자에게 자기토지의 일부를 명의신탁한 것으로 되어 상호명의신탁이 성립한다. 상호명의

신탁의 법리는 판례에 의하여 발달되었다. 1필의 토지의 일부를 특정하여 양도하면서 편의상 그 전체에 관하여 공유 지분등기를 경료한 경우, 각자의 공유지분등기는 상호명의신탁에 의한 수탁자의 등기로서 유효하며, 이 경우 등기된 어느 일방의 공유지분이 그 특정부분을 분자로 하고 토지 전체 면적을 분모로 한 비율보다 적게 되어 있더라도 그 특정부분 전부에 대한 다른 등기명의자들의 공유지분등기는 마찬가지로 상호명의신탁에 의한 수탁자의 등기로서 유효하다(대법원 1995. 10. 12. 선고 95다26131 판결).

(3) 명의신탁의 유효요건

명의신탁이 예외적인 경우에 해당하여 유효로 되기 위하여는 다음의 요건을 갖추어야 한다.

- 명의신탁의 유형이 법률이 허용하는 경우에 해당할 것
- 신탁자와 수탁자 사이에 명의신탁계약이 유효하게 존재할 것
- 신탁자와 수탁자 사이에 소유권이전의 합의가 있었을 것. 중간생략형 명의신탁에서는 매도인과 신탁자 사이에 수탁자명의로 등기하기로 하는 합의가 있었을 것
- 수탁자명의로 등기가 경료되었을 것. 이 경우 등기원인을 명의신탁이라고 밝히는 것이 요망되지만 그렇지 않은 경우에도 유효하다고 해석된다.

(4) 유효한 명의신탁의 대내적 효력

신탁자는 수탁자에게 등기명의만을 맡겨 둘 뿐, 내부적인 관계에서는 부동산에 관한 모든 지배권능을 보유한다. 신탁자는 물건의 사용·수익권과 처분권을 단독으로 행사할 수 있으며, 수탁자는 신탁자의 권리행사에 필요한 협조를 할 의무를 진다. 신탁자의 이러한 지배적 권

능을 가리켜 내부적 소유권을 갖는다고 표현하기도 한다. 신탁자의 지배적 권능은 다만 수탁자에 대한 관계에서 채권적으로 주장할 수 있는 것이며 제3자에 대한 관계에서 주장·행사될 수는 없다.

(5) 유효한 명의신탁의 대외적 효력

수탁자가 자기의 등기명의를 이용하여 제3자에게 부동산을 양도한 경우에 그 제3자는 유효하게 소유권을 취득한다. 이렇게 수탁자가 대외적인 관계에서 소유자로서 인정되는 것을 가리켜 외부적 소유권을 갖는다고 표현하기도 한다. 수탁자의 양도행위는 신탁자에 대한 관계에서 비록 명의신탁계약의 위반행위 및 배임행위가 되더라도 제3자에 대한 관계에서는 처분권 있는 자의 처분행위와 같이 취급된다. 이때 제3자의 선의·악의는 묻지 않는다. 다만 제3자가 수탁자와 공모하여 배임행위에 적극 가담한 경우에는 그 양도행위가 반사회적 행위로서 무효로 되어(제103조) 소유권이 이전하지 않는다.

(6) 명의신탁계약의 해지와 원상회복

명의신탁관계는 주로 명의신탁계약의 해지에 의해 해소된다. 해지는 해지권자의 상대방에 대한 일방적 의사표시로서 한다(제543조 1항). 신탁자가 수탁자에 대하여 명의신탁계약을 해지하고 신탁재산에 관한 소유권이전등기를 청구하는 경우에 소유권이전등기에 관하여 관청의 허가 등을 필요로 하는 때에는 이를 갖추어야 한다. 신탁자가 그 부동산의 소유권을 취득할 자격을 갖추지 않은 경우에는 명의신탁계약을 해지할 수 없다.

명의신탁계약은 해지로 인하여 장래에 향하여 효력을 잃는다(제550조).

◦ 신탁자로부터 수탁자에게 이전된 소유권이 명의신탁계약의 해지에 의하여 말소등기 없이 즉시 신탁자에게 복귀되는가, 그렇지 않으면

말소등기가 있어야 신탁자에게 복귀하는가. 이에 관하여는 채권적 효과설과 물권적 효과설이 대립한다(사견은 채권적 효과설). 판례는 채권적 효과설을 취한다(대법원 1996. 5. 31. 선고 94다35985 판결). 채권적 효과설에 따르면 신탁자는 명의신탁약정의 해지와 함께 수탁자에 대하여 말소등기 또는 소유권이전등기의 청구권을 가지며 이의 행사에 의해 등기가 경료된 후에야 부동산의 소유권을 취득한다.

3. 금지되는 명의신탁의 법률관계

명의신탁은 신탁자와 수탁자 사이의 명의신탁약정과 수탁자명의의 등기의 두 요소를 갖는다. 명의신탁약정이란 부동산소유권 및 물권을 사실상 취득하거나 취득하려고 하는 자(실권리자)가 타인과의 사이에서 대내적으로는 실권리자가 부동산에 관한 물권을 보유하거나 보유하기로 하고 그에 관한 등기는 그 타인의 명의로 하는 약정을 말한다. 신탁자는 부동산의 명의신탁이 있었다는 증거로 부동산의 등기권리증을 보관한다.

(1) 이전형 · 중간생략형 · 위임형 명의신탁

명의신탁은 거래당사자 및 소유권이전경로에 따라 다음 세 가지 유형으로 분류된다.

◎ 이전형 명의신탁 : 신탁자가 자기명의로 등기되어 있는 부동산을 수탁자에게 소유권이전등기를 해 주는 경우를 말한다. 신탁자에게서 수탁자에게로의 이전등기의 기초가 되는 채권관계는 명의신탁약정이다.

◎ 중간생략형 명의신탁 : 신탁자가 제 3 자(매도인)와 부동산의 매매계약을 체결하고 매도인으로부터 수탁자에게로 이전등기를 하게 하는

경우를 말한다. 신탁자가 매매계약의 당사자로서 소유권이전청구권 등의 권리의무를 취득하고 등기만 수탁자 이름으로 경료된다. 이전등기의 원인이 되는 채권관계는 매도인과 신탁자(매수인)의 매매계약과 신탁자와 수탁자 사이의 명의신탁약정이다.

보통의 중간생략등기와 중간생략형 명의신탁은 중간자가 등기에 나타나지 않는다는 점에서 공통성을 갖지만 다음과 같은 차이점을 갖는다. 첫째, 보통 중간생략등기의 경우에 중간자와 최종매수인 사이에 진정한 매매계약이 있어 중간자는 소유권이전의 한 과정을 담당할 뿐인 반면, 중간생략형 명의신탁에서는 중간자가 신탁자로서 수탁자에게 소유권이전등기를 해 준 이후에도 물건에 대한 사용·수익권과 처분권을 유보하려 한다. 둘째, 보통의 중간생략등기는 특별한 사정이 없는 한 이미 경료된 경우에 중간생략의 하자가 치유되어 최종매수인은 소유권을 취득한다. 그러나 중간생략형 명의신탁에서는 수탁자가 그 명의로 등기되어 있더라도 소유권을 취득하지 못한다. 다만 그 중간생략등기를 믿고 거래한 전득자는 소유권을 이전받을 수 있다는 점에서 양자가 공통된다.

◦ 위임형 명의신탁 : 신탁자의 위임에 따라 수탁자가 자기의 이름으로 매도인과 부동산의 매매계약을 하고 수탁자명의로 이전등기를 하는 경우를 말한다. '계약명의신탁'이라고 부르기도 한다. 매매계약은 매도인과 수탁자 사이에 체결되며 신탁자는 계약당사자가 아니다.

(2) 명의신탁무효의 원칙

부동산실명법 중 명의신탁의 민사법적 효과에 관한 규정은 다음과 같다. 이 법은 부동산에 관한 물권을 명의신탁약정에 의하여 명의수탁자의 명의로 등기하여서는 아니 된다는 명의신탁행위의 금지를 규정한다. 이 금지명령에 위반하는 경우에는 명의신탁의 사법적 효력을 부인하는 외에 과징금과 형벌을 부과한다.

◦ 명의신탁을 금지하고 있음에도 불구하고 명의신탁약정을 한 경우에, 그 명의신탁약정은 무효이다. 명의신탁이 금지되는 이유는 강행법규에 위반하기 때문이며, 강행법규를 제정한 이유는 그것이 경제적 사회질서를 해치기 때문이라고 볼 수 있다. 결국 명의신탁은 민법 제103조의 반사회적 행위에 해당하며, 제103조의 특별규정인 부동산실명법 제 4 조에 의하여 무효이다.

그 밖에 명의신탁이 무효로 되는 데에는 의사표시로서의 무효원인도 작용하고 있다. 당사자 사이에 진정한 신탁의사가 없는 경우에 그 약정은 신탁의 내용을 갖지 않으므로 신탁계약으로서 인정될 수 없다. 명의신탁에 의해 물권변동이 생기지 않는 이유는 당사자 사이에 진정한 물권변동의사(소유권이전의사)가 없기 때문이다. 소유권이전등기를 할 때에 명의신탁임을 숨기고 그 등기원인을 매매로 기록하면서 가짜 매매계약서를 등기서류로서 제출하는 경우가 대부분인데, 그 매매계약은 통정한 허위표시로서 무효이다(제108조).

다만 중간생략형 명의신탁에서 매매당사자인 매도인과 신탁자 사이의 매매계약은 유효하다. 부동산실명법에는 매도인과 명의신탁자 사이의 매매계약의 효력을 부정하는 규정은 없으므로 매도인과 명의신탁자 사이의 매매계약은 유효하고, 명의신탁자는 매매계약에 기한 소유권이전등기청구권을 보전하기 위하여 매도인을 대위하여 명의수탁자에게 무효인 명의수탁자 명의의 등기의 말소를 구할 수 있다(대법원 1999. 9. 17. 선고 99다21738 판결).

◦ 소유권이전등기가 경료되었더라도 그것이 무효의 명의신탁약정에 의한 것인 때에는 물권변동의 효력이 발생하지 아니한다. 명의신탁에 의한 소유권이전등기 및 제한물권설정등기는 원인무효의 등기로서 소유권이전 및 제한물권설정의 효과가 발생하지 않는다. 부동산소유권

의 명의신탁의 목적으로 소유권이전등기를 했더라도, 소유권은 이전하지 않고 등기부상의 전명의인이 소유권을 보유한다. 다만 부동산에 관한 물권을 취득하기 위한 계약에서 명의수탁자가 그 일방당사자가 되고 그 타방당사자는 명의신탁약정이 있다는 사실을 알지 못한 경우에는(위임형 명의신탁) 유효하다.

◦ 신탁자가 신탁계약을 해지하고 수탁자에 대하여 소유권이전등기를 청구하는 것도 금지된다.

◦ 거래의 안전을 보호하기 위하여 명의신탁약정 및 물권변동의 무효는 제 3 자에게 대항하지 못하도록 무효의 효과가 상대적 무효로 한정된다. 수탁자가 제 3 자에게 한 처분은 유효하다. ① 수탁자로부터 부동산소유권 또는 부동산물권을 양수받은 제 3 자는 명의신탁의 무효에도 불구하고 그 소유권이나 물권을 취득한다. 제 3 자가 자기의 양도인이 단지 명의수탁자에 불과하고 실소유자가 아니라는 사실을 모를 것(선의)은 요건이 아니다. ② 제 3 자는 물권 또는 채권을 취득하기 위하여 등기를 경료한 자(또는 대항요건을 갖춘 자)에 한정된다. ③ 대항하지 못한다는 뜻은 원래 신탁자가 제 3 자에 대하여 명의신탁의 무효를 주장하여 등기의 말소 및 물건의 반환을 청구할 수 없다는 의미이다. 그러나 제 3 자도 등기가 경료된 후에는 무효를 주장할 수 없다고 해석된다. ④ 제 3 자가 수탁자와 공모하여 양도행위와 등기를 한 경우에 그 배임행위는 반사회적 행위로서 민법 제103조에 의하여 무효이므로, 신탁자는 제 3 자에 대하여 무효를 주장하여 등기말소 및 물건반환을 청구할 수 있다.

매도인에게 매매목적물에 관한 소유권 기타 처분권한이 없다고 하더라도 매매계약은 유효하게 성립하므로, 부동산 실권리자명의 등기에 관한 법률 제 4 조 1 항에 따라 무효로 되는 명의신탁약정에 의하여 소유권보존등기를 마친 명의수탁자가 제 3 자와의 사이에 그 부동산에 관하여 매매계약을 체결한 경우에도 매매계약은 유효하고, 그 매매계약이 해제된 때에는 매수인에 대하여 원상회복을 구할 수 있다(대법원 2009. 4. 9. 선고 2008다94714 판결).

사례연습 〈명의신탁의 효력〉

◎ 문 제 ◎

신탁자 A는 수탁자 B를 내세워 매도인 C로부터 부동산을 매수하도록 시키고 자기는 계약장소에 나가지 않고 숨었다. 매매계약은 B와 C가 체결하고 대금은 A가 마련하여 B에게 전달하기로 하였다. ① 만약 A가 대금을 변제기까지 준비하지 못해 B가 채무불이행에 빠졌다면 어떻게 되는가. ② 만약 그 부동산이 토지거래신고지역에 해당하여 B만이 신고필증을 교부받을 자격을 갖추고 A는 그렇지 못한 경우에는 어떠한가.

해 답

현행법하에서 매도인 C가 A의 존재를 모르고 B와 매매계약을 체결한 경우에 B가 계약당사자로서 소유권이전청구권과 대금지급의무를 부담하게 되므로, 배후에 있는 A의 사정은 고려될 필요가 없다. ①의 경우에 B만이 C에 대하여 채무불이행책임을 지게 되며, C는 A에 대하여 대금지급청구를 할 수 없다. ②의 경우에 일단 대금을 완급하고 B가 소유권을 취득하게 된 후 A가 B로부터 소유권을 이전받을 예정이었더라도 A의 소유권취득은 불가능하게 된다.

4장

동산물권의 변동

13

동산의 인도

1. 동산물권양도와 인도

동산에 관한 물권의 양도는 그 동산을 인도하여야 효력이 있다(제188조 1항). 동산물권의 공시방법은 물건의 점유이므로 그 공시방법을 갖추어야 물권의 취득이 인정되는 것이다. 민법은 동산물권의 양도에 있어서 그 동산의 인도를 요건으로 규정하고 있는데, 이와 같은 입법태도를 가리켜 인도주의(引渡主義)를 취한다고 말한다.

선박 및 항공기는 등기에 의해 공시하고, 자동차나 중기는 등록에 의해 공시한다. 이 경우에 인도는 동산물권양도의 요건이 아니다. 점유는 공시방법으로서 불충분하므로, 정확하게 공시할 필요가 있을 경우 또는 채권자에게 물건을 인도하지 않고 담보로 제공할 필요가 있을 경우에 동산의 공시방법으로서 등기 또는 등록을 요구한다.

물건의 인도는 동산소유권의 양도에 있어서 필수적인 요건이다. 인도란 양도인이 양수인에게 물건에 대한 사실상의 지배를 넘겨주는 것을 말한다.

인도는 법률행위가 아니고 사실행위이다. 인도라는 사실행위가 존재한다고 판단되기 위해서는 당사자 사이에 인도의 인식 또는 점유이전의사라는 최소한의 의사(意思)가 개재되어 있어야 한다. 양도인의 점유이전의사 및 양수인의 점유취득의사는 자연적 의사일 뿐이며 법률행위의 의사가 아니다.

인도와 더불어 당사자의 물권적 합의가 있어야 동산물권변동이 발생한다. 물권적 합의와 인도와의 관계에 관하여 다음의 학설이 대립한다(물권행위의 구성요소 참조). • 물권행위의 요소는 물권적 합의만이고 인도는 물권행위의 효력발생요건이라고 하는 견해(효력요건설). • 인도는 물권행위와 별개의 물권변동의 요건으로서 사실행위에 해당한다는 견해(별개요건설) • 동산소유권이전을 위한 인도는 물권행위의 한 요소를 이룬다는 견해(합체설) 등이다.

2. 인도의 종류

(1) 현실의 인도

현실의 인도란 양도인으로부터 양수인에게로 물건이 현실적으로 이전하는 경우를 가리킨다. 현실적 이전이 되었는가는 사회통념을 기초로 판단된다.

물건의 인도는 다음 세 요소로 구성된다.

① 양도인의 인도행위 : 양도인이 양수인이 점유를 인수해 갈 것을 기대하고 점유를 그치는 것이다. 양도인에게 점유보조자 또는 점유매개자가 있는 경우에는 이들에게 물건을 양수인에게 인도하도록 지시하여 자신의 인도행위에 대신한다.

② 양수인의 인수행위 : 양수인이 양도인이 넘겨 준 물건의 점유를 승계하여 취득하는 행위가 필요하다.

③ 인도행위와 인수행위의 관련성 : 양도인이 인도한 물건을 양수

인이 승계하여 점유를 취득한다는 관련성이 있어야 한다.

◦ 장수인도(長手引渡)란 멀리 떨어진 벌채현장의 목재를 매수인에게 인도해 주는 경우와 같이 양도인이 그 물건을 가져다가 양수인에게 전달하지 않고 멀리 떨어진 채로 인도하는 경우를 가리킨다. 장수인도는 양도인이 점유하고 있던 것을 양수인에게 넘겨 주는 것이므로 현실의 인도에 속한다(장수인도를 간이인도와 동일하게 취급하는 견해도 있음). 임야는 관리나 이용의 이전이 있으면 점유의 이전이 있다고 보며, 임야에 대한 소유권양도시에 그 지배권도 넘겨지는 것이 통상적 거래형태이다(대법원 1998. 4. 14. 선고 96다47647 판결).

(2) 간이인도

간이인도(簡易引渡)란 양수인이 이미 그 동산을 점유한 때에 의사표시만으로 하는 인도이며, 이에 따라 동산양도의 효력이 생긴다(제188조 2항).

◦ 의사표시란 양도인과 양수인의 소유권이전의 합의(물권적 합의)를 의미한다.

◦ 양수인의 점유는 양도 전에는 임차권, 임치 등에 의한 타주점유이지만, 간이인도 이후에는 자주점유로 바뀌게 된다.

A가 B에게 임대해 주고 있던 사무기기를 B에게 매매하는 경우에, A가 B로부터 대금을 완납받으면서 그 기계의 소유권을 넘겨준다는 의사표시를 하면 A로부터 B에게로 소유권은 이전하게 된다. A가 B에게 물권적 합의와 별도로 "물건의 점유는 너에게 이전된 것으로 하겠다"는 의사를 표시할 필요가 없다. 이때 물건의 인도 없이 동산소유권이 이전하는 것이 아니라, 간이인도의 방법에 의해 인도하였다고 법적으로 분석될 수 있다. 만약 인도주의를 형식적으로 적용한다면 B가 사무기기를 A에게 반환하였다가 다시 A가 B에게 현실의 인도를 하는 번잡

한 과정을 거치게 될 것이지만 간이인도에 의하여 이 과정이 생략된다. 렌탈물건 소유전환약정은 기계를 처음에 렌탈계약을 통해 빌려 쓰다가 약정기간이 종료한 때에 중고품가격으로 매수하여 소유로 전환하기로 하는 합의인데, 매매대금의 완납과 동시에 간이인도가 행해진다.

(3) 점유개정

점유개정(占有改正)이란 동산에 관한 물권을 양도하는 경우에 당사자의 계약으로 양도인이 그 동산의 점유를 계속하며 양수받은 것으로 합의하는 것이며, 이 경우에 양수인이 인도받은 것으로 본다(제189조). 점유개정은 양도인이 양도 전(前)과 후(後) 점유를 계속하는 인도방식을 말한다. 점유개정은 물건의 장소적 이동이 없는 인도방법으로서 간이인도에서와 같은 간편성, 관념성을 띤다.

◦ 점유개정에 의하여 양도인의 점유는 자주점유(自主占有)에서 타주점유(他主占有)로 전환된다. 양도인과 양수인 사이의 점유매개관계에 기해 양도인은 물건을 직접점유, 타주점유하고, 양수인은 간접점유, 자주점유하게 된다.

◦ 점유개정에는 점유매개관계의 설정계약이 필요하다. 점유개정에 의한 인도가 있다고 인정되기 위해서는 소유권이전의 물권적 합의 이외에 물건의 점유에 관한 계약이 체결되어야 한다. 그 계약은 점유매개관계가 발생할 수 있는 것이어야 한다. 점유매개관계가 발생할 수 있는 계약에는 질권설정계약, 사용대차, 임대차, 임치 등이 있다(제194조). 그 밖에 양도담보의 설정에 의하여 점유개정에 의한 양도가 행해지게 된다.

(4) 반환청구권의 양도에 의한 인도

제 3 자가 점유하고 있는 동산에 관한 물권을 양도하는 경우에는 양도인이 그 제 3 자에 대한 반환청구권을 양수인에게 양도함으로써 동산을 인도한 것으로 본다(제190조). 제 3 자에게 계속해서 직접 점유토록 하면서 간접점유자를 바꾸는 것이다. 반환청구권의 양도에 의한 인도는 간편성, 관념성을 띤다는 점에서 간이인도 및 점유개정과 유사성을 갖는다.

◦ 반환청구권의 양도에 의해 양도인의 간접점유 · 자주점유가 양수인에게 승계된다. 제 3 자는 종전에 양도인과 점유매개관계를 갖는 직접점유자였다가 양도 이후에는 양수인과 점유매개관계를 갖는 직접점유자로서 점유를 계속하게 된다. 양도인이 간접점유를 갖지 않았던 경우에는 반환청구권 양도에 의한 인도가 불가능하다.

사례연습 〈반환청구권의 양도에 의한 소유권이전〉

◎ 문 제 ◎

양도인(A)이 수치인(C)에게 임치해 놓은 보물을 맡겨 놓은 상태대로 양수인(B)에게 매매하면서 임치계약에 기한 C에 대한 반환청구권을 양도하는 합의를 한 경우에, B가 보물의 소유권을 취득하게 되는 법적 과정은 어떠한가?

해 답

• 양도인과 양수인 사이에는 두 개의 법률행위가 행해진다. 하나는 매매계약에 기한 물권행위이고, 다른 하나는 임치계약에서 발생한 채권의 양도(처분행위)이다.

• 채권양도의 처분행위는 임치계약에 기한 임치물의 반환청구권만

을 양도하는 채권양도의 경우와 그 반환청구권과 함께 임치료의 지급의무까지 넘겨주는 등 계약당사자의 지위를 이전하는 계약양도의 경우 두 가지로 분류될 수 있다. 두 가지 다 동산의 인도방법으로서 인정된다.

- 양도되는 반환청구권은 채권적 반환청구권을 말하며, 그 양도는 채권양도 또는 계약양도에 해당하게 된다. 소유권에 기한 반환청구권(물권적 반환청구권)은 민법 제190조가 규정하는 청구권에 포함되지 않는다. 인도가 완료되기 전에는 소유권의 이전은 일어날 수 없으므로, 양수인은 물건을 인도받기 전에는 소유권에 기한 물권적 청구권을 취득하지 못한다.
- 반환청구권의 양도가 채권양도의 성격을 갖는 때에는 채권양도의 규정이 적용된다. 양도인과 양수인의 양도행위에 의하여 채권이 이전하지만, 채무자에 대한 통지 또는 채무자의 승낙이 있어야 그 채권양도를 가지고 채무자 기타 제 3 자에게 대항할 수 있다(제450조).
- 반환청구권이 발생된 계약이 임대차계약이고 양도 당시 아직 임대차기간이 만료하지 않는 경우에, 양수인이 반환청구권만 넘겨받았는지 아니면 임대인의 지위를 인수했는지에 따라 법률관계가 크게 달라진다. 전자의 경우에 "매매는 임대차를 깨뜨린다"는 원칙에 따라, 양수인은 소유자로서 임차인에 대하여 물건의 즉시반환을 청구할 수 있다. 후자의 경우에 양수인은 임대인으로서 임대차계약기간 동안 임차인의 사용·수익을 허용할 의무를 진다.
- 양도인과 직접점유자 사이에 점유매개관계의 기초가 되는 계약이 무효, 취소, 해지, 종료한 경우에, 양도인은 직접점유자에 대한 부당이득반환청구권, 원상회복청구권을 양수인에게 양도함으로써 현실의 인도에 대신할 수 있다. 이들 청구권도 채권적 청구권이다.

14

동산소유권의 선의취득

1. 동산거래안전의 보호

동산의 양수인이 비록 무권리자로부터 양수받았더라도 양도인의 점유사실을 보고 그가 권리자라고 신뢰한 경우에, 양수인에게 그 신뢰에 따른 소유권취득을 인정하는 제도를 선의취득이라고 한다. 동산취득에 관해서는 거래안전을 보호하기 위해 공시의 원칙과 더불어 공신의 원칙까지 채택되어 있다. 평온·공연하게 동산을 양수한 자가 선의이며 과실 없이 그 동산을 점유한 경우에는 양도인이 정당한 소유자가 아닌 때에도 즉시 그 동산의 소유권을 취득하며(제249조), 동산질권에 관하여도 선의취득이 인정된다(제343조).

선의취득제도는 거래의 안전보호 대신 진정한 권리자를 희생시키는 제도이다. 무권리자로부터의 양수인에게 소유권을 부여하기 위해서는 진정한 소유자의 소유권을 박탈할 수밖에 없다. 다만 진정한 권리자가 목적물을 도난·분실당한 경우에는 그 물건을 되찾을 수 있도록 선의취득의 예외를 인정한다.

2. 선의취득의 요건

(1) 선의취득의 목적물

선의취득의 목적이 되는 소유권 및 질권의 객체는 동산이어야 한다. 동산이란 부동산(토지 및 그 정착물) 이외의 물건을 말한다. 다만 토지 위에 정착하고 있는 수목의 집단, 입도(立稻, 경작중의 농작물), 미분리의 과실은 부동산에 속하지만 거래계에서 입도선매(立稻先買)의 방식으로 거래되는 농작물・목재에 관해서는 동산과 같이 취급되어 선의취득이 인정된다.

동산이라도 선의취득규정이 적용되지 않는 물건이 있다.

◦ 선박, 자동차, 항공기 등 등기・등록을 공시방법으로 하는 물건은 그것이 동산이라도 선의취득의 대상으로 될 수 없다.

◦ 화물상환증, 창고증권, 선하증권과 같은 증권에 의하여 표창되는 동산은 그 증권의 교부에 의해 인도되며, 양수인은 지시채권에 관한 거래안전보호의 법리에 따라 보호된다.

◦ 증권적 채권은 동산과 비슷하게 다루어지지만 별도의 규정(제514조, 제524조)이 우선적으로 적용되므로 동산에 관한 선의취득의 규정이 적용되지 않는다.

◦ 금전은 그 명목가치를 보유하도록 강제통용력이 부여되며, 동산선의취득에 관한 민법규정은 금전거래에는 적용되지 않는다.

◦ 양도가 금지되어 있는 물건은 선의취득의 대상으로 될 수 없다.

◦ 도품・유실물에 관하여는 특칙이 인정된다(제250조). 선의취득의 요건이 충족되었더라도 피해자・유실자가 선의취득자에 대하여 2년간 그 물건의 반환을 청구할 수 있다.

(2) 양도인의 점유와 무권리

양도인이 목적물을 점유하고 있었을 것이 요건이다. 양도인의 점유는 직접점유 · 간접점유, 자주점유 · 타주점유 어느 것이라도 상관없다.

양도인이 무권리자일 것이 요건이다. 양도인이 원래부터 무권리자인 경우(임차인, 수치인, 점유보조자)도 있고 양도인의 소유권취득이 후에 무효로 밝혀지거나 취소된 경우도 있다.

(3) 유효한 거래행위의 존재

선의취득의 대상이 되는 권리는 동산물권 중 소유권(제249조)과 질권(제343조)이며, 그 밖에 동산양도담보권도 학설에 의해 선의취득이 허용된다.

- 유치권은 법률상 당연히 발생하고 취득요건도 법정되어 있기 때문에 선의취득의 대상이 아니다.
- 점유권은 물건에 대한 사실상의 지배가 있으면 당연히 취득하는 것이기 때문에 선의취득이 성립할 여지가 없다.

변제, 대물변제, 경매 등의 거래행위가 존재해야 한다. 그 거래행위는 특정승계이어야 한다. 선의취득의 보호대상이 되는 것은 개별적인 거래이므로, 포괄승계의 경우에는 선의취득이 성립하지 않는다. 양도인이 무권리자라는 점을 제외하고는 흠 없는 거래행위여야 한다. 거래행위가 사회질서위반, 양도인의 행위무능력, 대리권의 결여, 착오 · 사기 · 강박에 의한 의사표시 등으로 무효 또는 취소된 경우에는 선의취득이 성립하지 않는다.

(4) 양수인의 점유취득

양수인이 그 동산에 관한 점유를 승계받았어야 한다. 양수인이 양도인의 점유를 신뢰한 것만 가지고는 부족하고 점유를 실제로 취득했을 것이 요구된다. 점유의 취득은 간이인도에 의한 것이라도 무방하다. 선의취득이 인정되지 않는 인도방법은 다음과 같다.

◦ 점유개정의 방법으로 인도받은 경우에는 선의취득이 인정되지 않는다(다수설). 점유개정의 경우에 선의취득을 부정하는 이유는, 선의취득자가 외부에서 잘 인식할 수 있는 점유를 취득하는 경우에만 거래안전의 보호필요성이 높기 때문이다. 원권리자와 양도인 사이에 점유매개관계가 단절되지 않고 있는 상황에서 제 3 자(양수인)에게 소유권의 선의취득을 인정하는 것은 부당하다. 판례는 점유개정에 의한 선의취득을 부정한다(대법원 1964. 5. 5. 선고 63다75 판결).

◦ 반환청구권 양도에 의한 인도를 받은 경우에도 선의취득이 부정되는 경우가 있다. 긍정설은 반환청구권의 양도도 인도방법의 하나이므로 선의취득을 인정해야 한다고 주장한다. 부정설은 반환청구권의 양도에 의한 선의취득을 부정한다(사견은 부정설을 취함). 양도인은 무권리자로서 직접점유자에 대하여 반환청구권을 갖지 않는 것이 보통이고 따라서 그 반환청구권을 양도한다는 것도 불가능하기 때문에 이 방법에 의한 인도가 인정될 수 없다는 것이다.

(5) 점유취득의 평온 · 공연 및 선의 · 무과실

◦ 점유의 취득은 평온 · 공연하게 행하여져야 한다. 양수인이 폭력으로 물건을 탈취한 경우, 물건의 귀속에 관한 분쟁 중 억지로 가져온 경우에 평온성이 부정된다. 점유자의 저항을 우려하여 야간에 은밀히 물건을 반출한 경우에는 공연성이 부정된다.

◦ 점유취득은 선의 · 무과실이어야 한다. 양수인이 거래상대방을 물건의 소유자로 믿은 경우에 선의가 인정된다. 양수인이 상대방을 소유자라고 믿은 것이 거래상 요구되는 주의의무를 소홀히 한 결과라고 인정되는 경우에는 과실 있는 경우에 해당하여 선의취득이 부정된다.

선의 · 무과실의 기준시기는 물권행위가 완성되는 때이다. 선의 · 평온 · 공연은 추정은 되지만 무과실은 선의취득자가 입증해야 한다. 원권리자로부터 점유를 수탁한 사람이 적극적으로 제 3 자에게 부정처분한 경우와 같은 위탁물횡령의 경우에는 선의 · 무과실이 인정되지 않는다(대법원 1991. 3. 22. 선고 91다70 판결).

3. 선의취득의 효과

(1) 양수인의 권리취득

선의취득에 의하여 양수인은 물권행위의 목적이었던 소유권 또는 질권을 취득한다(제249조, 제343조). 양도인의 소유권에 제한물권이 설정되어 있는 경우에, 동산의 선의취득에 의하여 양수인이 취득하게 되는 권리는 특별한 사정이 없는 한 제한물권의 부담이 없는 소유권이다.

(2) 원소유자의 권리상실

진정한 소유자는 선의취득에 따른 반사적 효과로서 소유권을 상실한다. 한 개의 물건에는 한 개의 소유권만이 인정되므로 원소유자의 소유권은 소멸할 수밖에 없다.

(3) 원시취득

선의취득은 원시취득의 성질을 띤다고 해석된다(다수설). 양도인이 무권리자임에도 불구하고 권리취득이 인정된다는 점, 또는 법률의 규정에 의한 취득이라는 점 등이 그 근거이다. 원시취득이라고 보는 결과 전소유자에게 존재했던 제한은 선의취득과 더불어 소멸하게 된다. 반면에 전소유자에게 존재했던 제한을 승계시키려는 견해도 주장된다(승계취득설).

4. 도품 · 유실물의 특칙

(1) 반환청구의 허용

도품이나 유실물의 경우에 그 도난 · 유실 당시의 소유자는 그 물건을 계속 추적하여 현재 그 물건을 점유하고 있는 자에 대하여 반환청구를 할 수 있다. 다만 이러한 추급이 계속되어 거래의 불안이 장기화되는 것을 막기 위하여 그 추급기간을 2년으로 제한한다. 추급에 의해 물건을 반환하는 경우에 공개시장에서 그 물건을 구입한 양수인을 보호하기 위하여 그 대가를 변상받을 권리(대가변상청구권)를 인정하여 양 당사자의 이해를 조정한다.

(2) 반환청구의 요건

◎ 도품 · 유실물 : 도품이란 물건의 소유자나 점유자의 의사에 반하여 도난 또는 강탈당한 물건을 말한다. 유실물이란 점유자의 부주의로 물건이 점유자로부터 이탈한 경우에 그 물건을 가리킨다.

◎ 금전 · 유가증권 : 도품이나 유실물이 금전인 때에는 다시 예외가 인정되어 소유자가 그 금전을 반환청구할 수 없다(제250조). 금전에 관해서는 특별법으로 동산선의취득보다 더 강한 거래안전의 보호책이 강구되어 있다. 유가증권에 관하여는 선의취득의 특칙이 규정되어 있다.

◎ 반환청구권의 행사 : 청구권자는 물건의 전소유자뿐 아니라, 그 물건을 점유하던 임차인, 질권자도 포함된다. 청구의 상대방은 도품이나 유실물을 현재 점유하고 있는 자이다. 도둑이나 유실물의 습득자뿐 아니라, 그들로부터 물건을 양도, 임대받아 현재 점유하고 있는 자도 포함된다.

◎ 2년의 기간 : 피해자 또는 유실자는 도난 또는 유실한 날로부터 2년 내에 그 물건의 반환을 청구할 수 있다(제250조 본문). 기산점은 피해

자나 유실자가 그 물건의 점유를 상실한 때부터 계산된다. 반환청구권의 성질이 청구권이므로 2년의 기간은 시효기간이라고 해석된다(제척기간설의 반대있음).

(3) 반환청구의 효과

도품·유실물을 반환받음으로써 전소유자는 소유권을 회복하게 된다. 그 물건에 대하여 다른 사람이 소유권을 선의취득하고 있었던 경우에, 그 반환에 의하여 그 소유권은 소멸하고 전소유자의 권리가 부활한다. 도품에 관하여도 소유자의 반환청구가 없는 동안은 제3자의 선의취득이 가능하다.

◦ 양수인의 선의 : 양수인이 도품 또는 유실물을 경매나 공개시장에서 또는 같은 종류의 물건을 판매하는 상인에게서 선의로 매수한 때에는 피해자 또는 유실자는 양수인이 지급한 대가를 변상하고 그 물건의 반환을 청구할 수 있다(제251조). 양수인의 선의는 추정된다. 민법은 양수인의 무과실을 요건으로 하지 않으나, 판례는 제249조와 맥락을 같이하여 무과실을 요구한다(대법원 1991. 3. 22. 선고 91다70 판결).

◦ 양수인의 대가변상청구권 : 양수인은 물건의 인도를 거절할 항변권 이외에 그 물건의 인도 전후에 관계없이 대가의 상환을 요구할 청구권을 갖는다. 변상액은 물건의 시가가 아니라 실제 지급한 대가이다.

◦ 유치권 : 변상금에 관하여 유치권이 발생한다. 양수인은 전소유자에게 변상금의 지급을 받을 때까지 그 물건의 인도를 거절할 수 있다. 그 변상금은 그 물건에 관하여 생긴 채권에 해당하므로 유치권이 발생한다(제320조).

◦ 전소유자가 양수인에게 반환청구권을 포기하겠다는 의사표시를 한 경우 또는 2년의 반환청구기간이 경과한 경우에, 양수인은 확정적으로 그 소유권을 보유하게 된다.

5장

점유권과 취득시효

15

점 유 권

1. 점유권의 의의

(1) 점유와 점유권

점유란 물건에 대한 사실상의 지배를 말하며, 점유권이란 사실상 지배상태를 기초로 법이 점유자에게 부여하는 권리 및 기타 이익을 포괄적으로 지칭하는 개념이다. 물건에 대한 사실상의 지배를 사실적 측면에서 바라본 것이 점유이다.

점유권이란 점유를 법적 측면에서 평가한 것이다.

◦ 점유권이란 점유자에게 법이 부여하는 권리 및 기타 이익을 총칭하는 말이다. 선의취득, 시효취득, 권리추정력, 점유보호청구권, 회복자에 대한 과실반환의무의 면제 등이 이에 해당한다. 점유권 자체가 특정인에 대한 특정한 내용의 권리를 가리키는 것은 아니므로, 점유권은 점유자에게 부여되는 법적 지위에 가깝다.

◦ 점유권은 물권의 일종이다. 점유권은 소유권, 용익물권, 담보물권 등 본권과는 성격이 매우 다르다. 본권이 그 권리의 취득원인을 요건으로 하는 데에 반하여 점유권은 점유라는 사실적 측면을 요건으로

하는 물권이다.

◦ 본권은 관철가능성을 갖지만, 점유권은 현재성에 그친다. 본권자는 그 본권의 힘을 발휘하여 권리의 목적을 관철할 수 있다. 본권은 권리자가 그 권리를 취득하기까지의 과정을 추적하여 유효한 법적 원인(매매, 상속 등)을 가진 경우에 한해서 인정된다. 점유권은 사실상 지배상태를 존중하여 그 점유자에게 부여하는 권리이므로, 그 점유자가 그 점유를 정당화할 법적 원인을 가졌는지를 묻지 않는다. 점유권은 원칙적으로 점유가 계속되는 경우에 한해서 인정된다. 점유를 상실한 경우에는 점유권도 소멸하는 것이 원칙이다. 다만 점유보호청구권 중에서 점유물의 반환청구권은 점유를 상실한 때로부터 1년 이내에 행사하면 과거의 점유상태를 회복할 수 있다(제204조 3항).

◦ 점유보호청구권과 점유의 소(訴)가 인정된다. 점유보호청구권은 점유권에 기한 물권적 청구권이다. 점유보호청구권의 한 종류인 반환청구권(제204조)은 점유를 침탈당한 자에게 부여되는 것으로서 점유자가 본권을 가졌는가는 문제삼지 않고 침탈행위 자체만을 문제삼는다. 점유보호청구권을 관철하기 위하여 점유자는 침탈자를 상대로 민사소송을 제기할 수 있는데, 이러한 소송을 가리켜 '점유의 소'라고 하여 보통 물권에 관한 소송인 '본권의 소'와 구별하여 부른다(제208조).

◦ 점유자가 본권을 취득할 수 있는 경우가 있다. 점유라는 사실상태를 기초로 본권을 부여하는 경우는 다음과 같다. ① 무권리자로부터 동산소유권을 양수받은 자에게 그 소유권의 취득을 인정하는 선의취득제도(제249조), ② 점유자의 본권이 증명되지 않더라도 일정기간 점유를 계속한 경우에 소유권의 취득을 인정하는 시효취득제도, ③ 무주물(無主物)의 점유자・유실물의 습득자・매장물의 발견자 등에게 일정한 요건 아래 소유권을 인정하는 제도(제252조, 제253조, 제254조) 등이다.

(2) 자주점유와 타주점유

자주점유란 소유의 의사로 물건을 점유하는 것이다. 자주점유는 마치 소유자인 것처럼 타인으로부터 점유권을 매개받지 않고 주체적으로 물건을 점유하는 경우를 가리키며, 타주점유란 자주점유자의 점유로부터 자기의 점유를 매개받는 경우를 가리킨다. 자주점유는 소유권의 취득시효(제245조, 제246조) 및 무주물선점(제252조)의 요건으로서 점유자의 소유권취득 여부를 결정하는 요건이 된다. 타주점유자는 점유자에게 부여되는 권리(점유보호청구권, 권리추정력 등)를 그 타주점유의 성격에 어긋나지 않는 한 부여받게 된다. 타주점유자는 선의취득이나 시효취득에 있어서 그 점유를 기초로 해서 소유권을 취득하지는 못하지만, 제한물권은 취득할 수 있다. 유실물의 습득에서는 타주점유가 법률의 규정에 의하여 자주점유로 바뀌게 된다.

(3) 간접점유와 직접점유

간접점유란 일정한 법률관계(점유매개관계)에 기하여 타인으로 하여금 물건을 점유하게 하는 것을 말한다. 간접점유를 매개하는 자를 직접점유자라고 하고, 그 직접점유자에게 점유를 하게 한 자를 간접점유자라고 한다. 점유매개관계는 지상권, 전세권, 질권, 사용대차, 임대차, 임치 등을 말한다(제194조). 간접점유와 직접점유는 양자가 대립적이거나 양자택일의 관계에 있는 개념이 아니며, 양자는 반드시 함께 존재하게 된다.

(4) 단독점유와 공동점유

하나의 물건을 한 사람의 점유자가 점유하는 경우를 가리켜 단독점유라고 하며, 여러 명의 점유자가 점유하는 경우를 가리켜 공동점유라고 한다. 하나의 물건에 관하여 간접점유자와 직접점유자가 있는 경우도 넓은 의미의 공동점유라고 볼 수도 있겠지만, 이 경우는 별도로 간접점유, 직접점유의 개념을 사용하며 공동점유라고는 부르지 않는다.

(5) 선의점유와 악의점유

선의점유란 점유 자체의 모습이나 종류를 말하는 것이 아니라, 점유자가 본권이 있다고 믿고 점유를 개시하여 계속하는 경우를 가리키는 말이다. 반면에 악의의 점유란 점유자가 본권을 갖지 않았음을 알고 점유하는 경우로서 무단점유라고도 한다. 선의의 점유자라도 본권에 관한 소에 패소한 때에는 그 소가 제기된 때로부터 악의의 점유자로 간주된다(제197조 2항). 점유보호청구권, 점유자의 회복자에 대한 비용상환청구권, 무주물 · 유실물 · 매장물의 취득 등에서는 점유자의 선의 · 악의를 문제삼지 않는다.

선의점유는 악의점유와 다음의 점에서 차이를 갖는다.

- 동산의 선의취득에서는 양수인의 선의가 필수적인 요건이다(제249조).
- 점유자가 선의인가 악의인가에 따라 취득시효의 인정 여부 및 기간에 차이가 나타난다. 부동산에 있어서 20년의 점유로 인한 점유취득시효(제245조 1항)에서는 점유자의 선의를 요건으로 하지 않고 악의점유자에게도 같은 시효취득혜택을 준다. 그러나 부동산의 등기부취득시효(제245조 2항)는 점유자가 선의인 경우에만 인정된다. 동산의 취득시효에 있어서는 선의인 경우에는 5년간의 점유로 충분하지만(제246조 1항), 악의인 경우에는 10년간 점유하여야 소유권을 시효취득한다(제246조 2항).
- 점유자의 과실수취권은 선의인 경우에만 인정된다(제201조 1항). 선의의 점유자는 회복자에게 수취한 과실을 반환할 필요가 없으나, 악의의 점유자는 수취한 과실은 물론, 소비하거나 훼손한 과실까지 상환하여야 한다.

◦ 목적물의 멸실에 대한 책임경감은 선의의 점유자에게만 인정된다(제246조). 악의의 점유자는 회복자에 대하여 멸실·훼손에 대한 손해를 전부 배상해야 한다.

점유의 태양에 관하여 선의, 악의 이외에도 과실, 무과실, 평온, 폭력, 공연, 은비 등으로 분류되기도 한다. 점유자의 선의가 요구되는 경우에 과실 있는 점유, 폭력, 은비에 의한 점유는 악의점유와 같이 취급되는 것이 일반적이다(제201조 3항). 취득시효에 있어서는 점유자의 선의가 요구되지 않는 경우에도 언제나 평온, 공연이 요구된다(제245조, 제246조). 폭력, 은비에 의한 점유에 대하여는 시효취득을 부정하는 것이 시효제도의 기본정신에 적합하기 때문이다.

(6) 준 점 유

재산권을 사실상 행사하는 경우를 준점유라고 하며, 이때 점유권에 관한 민법규정이 준점유에 준용된다(제210조). 재산권 중에서 준점유의 객체로서 특히 의미를 갖는 것은 채권과 무체재산권이다. 무체재산권에 관해서는 특허법, 저작권법 등 특별법이 적용된다.

2. 점유권의 발생요건

(1) 사실상 지배

특정인이 특정물의 사용·수익권을 지배하고 있는 객관적인 상황이 있는 경우에 물건에 대한 사실상의 지배가 인정된다. 점유자가 스스로 그 물건을 사용하거나 수익해야 점유가 인정되는 것은 아니고 사용·수익이 가능한 상황에 놓이는 것으로서 충분하다.

사실상 지배의 인정 여부는 사회관념에 기초하여 객관적으로 판단된다. 물건과 어떤 정도의 밀접한 관계가 있어야 사실상 지배한다고 볼 수 있는가는 건전한 상식에 비추어 판단된다. 법원에서는 물건과 사람과의 시간적 · 공간적 관계, 본권관계, 타인지배의 가능성 등을 고려한다(대법원 1992. 11. 10. 선고 92다37710 판결).

점유는 관념화 · 규범화되어 있다. 물건에 대한 사실상의 지배는 언제나 사실적으로 드러나는 현상은 아니다. 점유권은 경우에 따라서 관념적, 규범적으로 판단할 필요가 있다.

- 점유자가 물건에 대하여 현상적으로 드러나지 않는 사실적 지배를 하는 것을 허용하는 경우에 점유의 관념화가 일어나게 된다. 간접점유는 관념적인 점유의 대표적인 예이다.
- 점유권의 내용인 개개의 권리들을 부여할 가치가 있는 사람에게만 그 법적 보호를 주고자 할 때, 점유에 대한 규범적 판단이 행해지게 된다. 예를 들어 점포주의 물건을 관리하고 있는 점원에게 점유를 인정하여 그에 따른 권리를 부여하는 것이 불필요하다고 판단되므로, 민법은 점원에게는 점유를 인정하지 않고 점포주에게만 점유를 인정한다.
- 점유권의 양도와 상속을 허용하는 것은 점유의 관념성 · 규범성을 강하게 한다.

예를 들어 승객이 지하철 안에서 타인의 짐을 맡아 가지고 있는 경우, 학생이 학교에서 책상을 이용하는 경우, 등산객이 사유지를 통로로 이용하는 경우, 도둑이 훔친 물건을 장물아비에게 넘길 동안 잠시 소지하고 있는 경우 등에서는 점유를 인정하지 않는 것이 보통이다. 반면에 습득자가 유실물을 주워서 오랫동안 보관하고 있는 경우, 학생이 도서관의 책을 빌려서 집에 갖고 있는 경우, 주민이 이웃의 토지를 오랫동안 통로로 사용하고 있는 경우, 도둑이 오래 전에 훔친 물건을 자기가 사용하고 있어 주위에서 그의 것으로 알고 있는 경우에는 점유를 인정할 수 있다.

(2) 점유설정의사

점유를 인정하기 위해서는 점유의 개시 당시에 점유설정의사가 필요한가에 관하여 학설이 대립한다.

◦ 필요설 : 자기의 지배범위 내에 들어오는 물건들을 일반적으로 지배하려는 포괄적 의식이 있으면 점유설정의사를 인정한다. 점유설정의사는 법률행위에 있어서와 같이 법률효과의 발생을 의욕하는 의사가 아니라 단순히 사실상의 지배를 하려는 자연적 의사라고 한다. 사실상의 지배가 있다고 인정되기 위하여는 적어도 물건에 대하여 사실상의 지배의 관계를 가지려는 의사는 필요하다는 점, 민법은 점유의 취득(제192조)이나 점유권의 상속(제193조)에서 어떤 의사적 요소를 규정하고 있지 않지만, 이것은 점유의 구성요소로서의 의사를 요하지 않는다는 취지일 뿐이고, 점유를 지향하는 의사까지도 배척하는 취지라고 볼 수는 없다는 점 등이 그 근거이다.

◦ 불요설 : 점유설정의사는 민법에서 정하는 요건이 아니며 점유의 사실적 특성에 어긋나므로 요건이 아니라는 견해이다(사견은 불요설을 취함).

◦ 판례 : 점유의사는 권리관계의 변동을 바라는 효과의사가 아니고 일정한 사실관계의 효과에 불과하다(대법원 1973. 2. 13. 선고 72다2450 판결).

◦ 점유자는 행위능력제한자라도 상관없다. 점유의 취득은 법률행위가 아니므로 행위능력을 필요로 하지 않는다.

3. 간접점유

(1) 간접점유

간접점유란 일정한 법률관계(점유매개관계)에 기하여 타인으로 하여금 물건을 점유하게 하는 것을 말한다. 간접점유를 매개하는 자를 직접점유자라고 하고, 그 직접점유자에게 점유를 하게 한 자를 간접점유자라고 한다. 점유매개관계는 지상권, 전세권, 질권, 사용대차, 임대차, 임치 등을 말한다(제194조). 간접점유의 경우에 하나의 물건에 대한 점유자가 여러 명이 될 수 있다. 간접점유자와 직접점유자 사이에 상위점유와 하위점유의 관계가 생긴다.

임대인(A)이 자기가 쓰던 자전거를 임차인(B)에게 임대해 준 경우에, 임대인(A)을 간접점유자라고 부르며 임차인(B)은 직접점유자 또는 점유매개자라고 부른다. A와 B 간의 임대차관계를 점유매개관계라고 부른다. A와 B 사이에 점유매개관계가 성립하기 위하여는 임대차계약을 매개로 점유를 이전하는 사실행위가 있으면 된다. 임대인 A에게 소유권이 있는지 A와 B 사이의 임대차계약이 유효한지 하는 본권에 관한 사항들은 점유매개관계의 요건이 아니다. 임대인 A가 길에 버려진 자전거를 주워 타기 시작한 지 10년이 경과하였다면 그것을 시효취득하게 된다(제246조 1항). 이때 B에게 임대해 주었던 기간도 간접점유를 한 것으로 되어 점유기간에 합산된다.

(2) 점유매개관계의 설정

점유매개관계는 간접점유자와 직접점유자 사이에 점유를 매개시키는 계약관계를 말한다. 점유매개관계는 간접점유의 요소를 이룬다. 점유매개관계를 기초로 직접점유자는 간접점유자에 대하여 점유할 권리·의무를 가진다.

◦ 점유매매관계는 본권계약과 개념상 구분된다. 점유매매관계는 제한물권 또는 채권을 발생시키는 계약과 같은 개념은 아니다. 점유매개관계는 본권에 관한 채권계약과 별개로 점유만을 고찰하여 파악한 개념이지만, 거래계에서는 양자가 같이 취급된다.

◦ 점유매개관계는 매매계약의 체결 이외에 물건이 직접점유자에게

인도될 것을 요건으로 한다. 인도방법으로서는 현실인도, 간이인도, 반환청구권의 양도가 가능하며, 점유개정은 허용되지 않는다.

(3) 법률의 규정에 의한 점유매개관계

점유매개관계는 계약에 의하여 성립하는 경우 이외에 법률의 규정에 의하여 성립하는 경우(법정질권)도 있다.

- 민법은 지상권, 전세권, 질권, 사용대차, 임대차, 임치 기타의 관계를 점유매개관계의 발생원인으로서 열거한다.
- 기타의 관계로서는 근로계약, 위임계약, 도급계약, 운송계약, 창고계약, 위탁판매계약 등이 있다.
- 동산양도담보에 있어서 양도담보권자는 간접점유자가 되고 설정자는 직접점유자가 되는 점유매개관계가 존재한다.
- 소유권유보부매매에서 매도인이 소유권을 유보하여 매수인에게 물건을 인도할 때에 간접점유자로 되고 매수인이 직접점유를 취득한다.

(4) 간접점유의 효과

간접점유자도 물건을 사실상 지배하며 점유권을 구성하는 권리와 이익을 누릴 수 있다.

- 간접점유자에게도 권리추정력이 인정되며(제200조), 선의취득(제249조), 시효취득(제245조, 제246조) 등 소유권을 취득할 권리가 부여된다.
- 침탈이나 방해를 입은 경우에 점유보호청구권을 행사할 수 있고(제204조~제206조), 점유의 소의 원고도 될 수 있다(제207조 1항). 다만 점유자가 점유침탈을 당한 경우에 간접점유자는 그 물건을 직접점유자에게 반환할 것을 청구할 수 있으며, 직접점유자가 반환을 받을 수 없거나 반환을 원하지 아니하는 경우에만 자기에게 반환할 것을 청구할 수

있다(제207조 2항).

◎ 간접점유자는 그 점유하는 물건에 관하여 반환청구권의 상대방으로 될 수 있다. 간접점유자는 본권을 가진 회복자에 대하여 부당이득반환의무를 지게 되는데, 선의의 간접점유자는 과실의 반환(제201조), 멸실에 대한 손해배상청구(제202조)에서 법적 보호를 받게 된다. 간접점유자는 회복자에 대하여 비용상환청구권도 갖는다(제203조).

◎ 간접점유자에게도 점유의 침탈・방해에 대해 방위할 정당한 이익이 있으므로 자력구제가 인정된다. 그러나 간접점유자는 점유자 여부의 식별이 곤란하므로 점유보호청구권만을 인정하는 것이 타당하다고 하여 자력구제를 부정하는 견해도 있다.

4. 점유보조자

(1) 점유주와 점유보조자

점유보조자는 점유자가 아니다. 점유보조자에 대해 점유권을 부여하지 않는 것은 점유주의 이익을 보호하는 기능을 한다. 점유주는 점유권을 자기만을 위하여 보유할 수 있으며, 점유보조자에 의해 점유물을 관리하는 등 점유를 계속할 수 있으므로 그의 행동반경이 확장된다는 이점을 가진다.

점유보조자란 타인의 지시를 받아 물건에 대한 사실상의 지배를 하는 자로서 점유자로서 인정되지 못하는 경우를 가리킨다(제195조). 점유보조자에게 지시를 하는 타인만이 점유자로서 인정되는데 그를 점유주라고 부르기도 한다.

(2) 점유보조관계

점유보조자가 점유주와 맺는 관계를 점유보조관계라고 한다. 점유보조관계의 요건은 객관적으로 점유를 보조하는 관계가 있는 것으로 인정되는 것으로서 충분하다. 점유보조자가 점유주를 위하여 점유한다는 의사는 점유보조관계의 요건이 아니다. 점유보조관계의 모습은 다음과 같이 나타난다.

◦ 사회적 종속관계는 '가사상 · 영업상 기타 유사한 관계'를 말한다. 사회적 종속관계의 발생원인은 계약에 기초한 경우도 있고 법률의 규정에 의한 것인 경우도 있고, 계약 이외의 사실적으로 형성된 종속관계인 경우도 있다. 사회적 종속관계를 이루는 고용계약 등은 점유보조관계의 계기를 이루는 것으로서 충분하며, 반드시 유효할 필요는 없다.

◦ 가사상 관계는 가정부, 파출부 등 가사를 돕는 사람은 주인과 가사상의 종속관계에 있는 경우이다. 점유보조관계에서 말하는 가사란 일상가사대리권에 있어서의 가사(제827조)보다 넓은 개념이다.

◦ 영업상 관계란 어떤 물건이 점유주의 사업, 기타 이익을 추구하는 행위와 관련된 경우를 말한다. 민법 제195조가 규정하는 영업이란 상법에서 말하는 상행위 또는 영업보다 넓은 의미이다. 영업상 관계는 고용계약에 의하는 것이 보통이겠지만 그 밖에 위임, 도급, 임치 등 여러 가지의 계약관계가 이에 해당할 수 있다.

◦ 기타 유사한 관계(민법 제195조)란 포괄적 개념으로서, 사회관념상 점유를 보조한다고 인정되는 모든 경우를 말한다. 친구가 잠시 놀러와 집을 봐 주는 경우에 가사상 · 영업상 종속관계는 없지만 이와 유사한 관계로서 점유보조관계가 있다고 인정해야 할 것이다.

◦ 대표기관이 직무를 수행함에 있어 물건을 사실상 지배하는 경우에 법인의 점유가 인정된다. 이러한 법인과 대표기관의 관계는 마치 점유주와 점유보조자의 관계와 유사하다. 법인건물의 부지에 대하여 명도를 구하는 경우에는 법인을 피고로 해야 하며 대표자를 피고로 해서는 안 된다(대법원 1972. 9. 26. 선고 72다1448 판결). 종단에 등록된 사찰은 법

인격 없는 사단이나 재단이므로, 사찰건물 및 그 부속토지는 그 사찰이 점유하는 것이고 주지의 지위에 있는 자가 점유하는 것은 아니다(대법원 1996. 1. 26. 선고 94다45562 판결).

◎ 아내는 남편의 점유보조자가 아니며 아내는 남편과 공동점유한다. 부부관계는 평등관계이며 부부재산에 관해서도 대등한 지위에 있으므로, 주택, 가구, 자동차 등 부부공동의 생활용품에 관하여 부부간의 점유보조관계는 인정되지 않는다. 부부가 공동으로 사용・수익하는 물건에 관하여는 남편과 아내의 공동점유가 인정된다. 다만 남편의 특유재산이나 남편 단독으로 운영하는 점포를 아내가 남편의 지시에 따라 관리하는 경우에는 아내를 점유보조자로 인정할 수 있다. 부부는 그 특유재산을 각자 관리・사용・수익하기 때문이다(제831조).

(3) 점유보조자의 권리

◎ 자력구제권 : 점유보조자에게도 자력구제권이 인정된다. 점유보조자는 점유침탈의 현장에서 자력방위권 및 자력탈환권을 행사할 수 있다(제209조).

◎ 점유권의 부인 : 점유보조자는 점유권을 취득하지 못한다. 점유주만이 점유권을 취득하게 된다. 점유보조자는 점유주의 지시에 따라 물건을 관리할 뿐이다.

◎ 반환청구의 상대방 : 점유보조자는 점유를 하지 않으므로 제3자로부터의 점유보호청구권의 상대방이 되지 않는다. 점유를 회복하려는 제3자는 점유주를 상대로 반환청구를 해야 한다.

◎ 점유의 하자의 판단 : 점유에 관한 선의・악의는 원칙적으로 점유자를 기준으로 판단할 것이며, 점유보조자를 기준으로 할 것은 아니다. 점유보조자가 선의이고 점유주가 악의인 경우에 점유주는 점유보조자의 선의를 원용할 수 없다. 다만 점유보조자가 악의이고 점유주가

선의인 경우에 민법 제116조 1항을 유추적용하여 점유의 악의를 인정하는 것이 타당하다.

> **쟁점정리 : 간접점유와 점유보조관계의 구별**
>
> 점유매개자를 통한 간접점유와 점유보조자를 통한 점유는 점유가 관념화·규범화되는 현상을 보인다는 점에서 유사성을 갖는다. 그러나 양 제도 사이에는 큰 차이가 있다.
>
> - 점유매개관계에서 간접점유는 직접점유를 매개함으로써 점유가 중첩적으로 성립하는 반면에, 점유보조자를 통한 점유에 있어서는 점유보조자의 점유는 부정되고 점유주만의 점유가 인정될 뿐이다.
> - 점유매개관계에서는 두 사람 사이가 물건의 용익계약 등 채권관계로 맺어져 있으므로 매개자에게도 점유권을 인정하는 것이 타당하다. 그러나 점유보조관계에서는 점유주와 점유보조자 사이에 물건에 관한 계약은 없고, 고용계약 등에 기한 종속관계가 있을 뿐이다.
> - 점유매개자는 자기자신을 위하여 사실상의 지배를 하는 데 대하여, 점유보조자는 타인을 위하여 사실상의 지배를 하고 그 효과는 타인이 누리게 된다.
> - 점유매개관계에서 직접점유자는 점유매개관계를 이루는 계약 등에 의해 확정적인 권리·의무가 결정되어 있음에 반하여, 점유보조자는 수시로 점유주의 명령과 지시에 따라 가변적 의무를 진다.
> - 간접점유자에 대하여는 점유보호청구권이 인정되는 데 대하여, 점유보조자에 대하여는 이러한 청구권이 인정되지 않는다.

5. 점유권에 기한 물권취득

(1) 동산소유권과 동산질권의 취득요건

점유의 이전은 동산소유권과 동산질권의 취득을 위한 요건이다. 민법은 동산물권의 취득에 관하여 인도주의를 취하고 있다. 동산에 관한 물권의 양도는 그 동산을 인도하여야 효력이 발생한다(제188조). 동산질권의 설정은 질권자에게 목적물을 인도함으로써 그 효력이 생긴다(제330조). 질권설정을 위한 목적물의 인도에는 현실의 인도, 간이인도, 목적물반환청구권의 양도의 방법만이 허용되며, 점유개정에 의한 인도는 허용되지 않는다(제332조).

(2) 동산선의취득의 요건

평온, 공연하게 동산을 양수한 자가 선의이며 과실 없이 그 동산을 점유한 경우에, 소유권과 질권의 선의취득이 인정된다(제249조, 제343조). 동산의 공시방법인 점유가 불러일으킨 신뢰에 상응하여 공신력을 부여하는 제도가 선의취득제도이다.

(3) 시효취득의 요건

점유는 일정기간 계속되면 점유자에게 소유권이나 기타 물권을 시효취득할 수 있는 가능성을 부여한다. 점유를 기초로 한 시효취득은 부동산과 동산에 모두 인정된다.

◦ 부동산의 시효취득에는 통상의 점유취득시효와 등기부취득시효의 두 유형이 있는데, 점유취득시효는 "20년간 소유의 의사로 평온, 공연하게 부동산을 점유할 것"이 요건이고(제245조 1항), 등기부취득시효는 10년간 소유의 의사로 평온, 공연하게 선의이며 과실 없이 그 부동산을 점유할 것이 요건이다(제245조 2항). 이러한 점유의 요건만을 충족했다고 해서 부동산소유권을 취득하는 것은 아니고 그 밖에 등기를 필요로 한다.

◦ 동산의 시효취득이 인정되기 위해서는 일반적으로 10년간 소유의 의사로 평온, 공연하게 동산을 점유했어야 한다. 그 점유가 선의이며 과실 없이 개시된 경우에는 5년간의 점유로 충분하다.

(4) 무주물 등의 소유권취득요건

점유는 무주물(無主物)의 취득, 유실물의 취득, 매장물의 취득에 필요한 요건이 된다.

◦ 야생동물, 야생식물 등 무주(無主)의 동산을 소유의 의사로 점유한 자는 그 소유권을 취득한다(제252조).

◦ 유실물은 법률에 정한 바에 의하여 공고한 후 1년 내에 그 소유자가 권리를 주장하지 않으면, 습득자가 그 소유권을 취득한다(제253조). 습득자는 유실 이후 최초로 점유를 취득하여 신고한 자라고 볼 수 있다.

◦ 매장물은 법률에 정한 바에 의하여 공고한 후 1년 내에 그 소유자가 권리를 주장하지 아니하면 발견자가 그 소유권을 취득함이 원칙이다(제254조).

6. 점유의 추정력

(1) 동산과 부동산의 차이

◦ 동산의 점유는 추정력을 갖는다. 점유자가 점유물에 대하여 행사하는 권리는 적법하게 보유한 것으로 추정한다(제200조). 물권이 있을 때에 공시가 행해지므로, 공시가 있으면 물권이 있을 것이라는 추측이 가능하다. 민법은 점유에 법적 추정력을 부여하고 제 3 자의 외관에 대한 신뢰를 보호한다. 즉 점유를 신뢰한 자의 입증책임을 덜어 주고 점유의 외관을 부정하려는 자에게 입증책임을 부담시킨다.

◦ 부동산의 점유는 등기명의인에 대한 관계에서는 권리추정력을 갖지 못한다. 부동산에 대한 물권은 등기에 의하여 공시되므로, 등기를 신뢰한 자를 우선적으로 보호해야 하기 때문이다. 점유의 권리추정

력에 관한 민법 제200조는 동산에 관한 규정이므로 특별한 사정이 없는 한 부동산 물권에 관해서는 적용이 없다(대법원 1981. 9. 8. 선고 80다2616 판결).

(2) 추정의 대상

◦ 본권의 존재 : 동산의 점유자는 그에 상응하는 본권을 갖고 있는 것으로 추정된다. 민법은 점유자가 점유물에 대하여 행사하는 권리는 적법하게 보유한 것으로 추정한다(제200조). 점유자가 점유물에 대하여 행사하는 권리란 물건의 점유를 수반하는 물권 또는 채권을 말한다. 동산물권으로서 점유를 수반하는 물권은 소유권 · 동산질권 · 동산양도담보권 등이 있고, 채권으로서는 매매 · 임차권 · 사용대차 · 도급 · 임치 등이 있다.

◦ 선의 · 평온 · 공연한 점유 : 점유자는 소유의 의사로 선의 · 평온 및 공연하게 점유한 것으로 추정된다(제197조 1항). 점유자에게 그의 무권리에도 불구하고 선의취득 및 시효취득을 인정하고 나아가서 점유의 태양에 관하여도 그 취득요건을 충족시킬 수 있도록 추정력을 부여함으로써 점유자에게 권리취득의 가능성을 매우 강하게 부여한다. 점유자의 무과실도 추정되는가에 관해서는 학설이 대립한다(시효취득에 관한 설명을 참조).

◦ 점유의 계속 : 전후 양 시점에 점유한 사실이 있는 때에는 그 점유는 계속한 것으로 추정된다(제198조). 현재의 점유자는 소유권 기타 물권을 쉽게 시효취득을 할 수 있는 여건이 조성되어 있다. 민법 제198조의 점유계속추정은 동일인이 전후 양 시점에 점유한 것이 증명된 때에만 적용되는 것이 아니라, 전후 양 시점의 점유자가 다른 경우에도 점유의 승계가 입증되는 한 점유계속은 추정된다(대법원 1996. 9. 20. 선고 96다24279 판결).

(3) 권리추정의 요건

◦ 권리추정을 받기 위해서는 점유하는 물건이 동산이어야 한다. 부동산에 관해서는 권리추정력이 인정되지 않는다. 민법은 점유에 대하여 그 형태의 제한을 두지 않고 권리추정력을 부여하므로, 간접점유자도 권리추정력을 갖는다. 그러나 임대인과 임차인 사이에서 임차권이 존속하는가에 관하여 분쟁이 생긴 경우에, 그들의 점유는 권리추정력을 발생시키지 않는다. 추정은 도품, 유실물 같은 점유이탈물의 점유자에 대하여도 부여된다(다수설).

◦ 권리의 행사는 권리추정의 요건이다. 여기서 권리의 행사란 그 물건을 점유하고 그 점유가 자기의 물권이나 채권에 기초한 것임을 주장하는 것을 의미한다. 점유자는 그 물건에 관하여 소유권, 질권 등의 동산물권을 보유함을 주장하거나 매매, 임대차, 도급, 임치 등의 채권자임을 주장하여야 한다.

(4) 권리추정의 효과

◦ 추정력은 입증책임을 면제시킨다. 점유자는 자기가 주장하는 권리의 존재를 적극적으로 증명할 책임을 지지 않는다. 그 점유자의 권리를 부정하는 상대방은 그 권리의 부존재를 입증할 책임을 진다.

◦ 점유자는 자기가 그 물건에 대하여 행사하는 권리를 문제삼는 자에 대한 관계에서 그 권리추정력에 의한 보호를 받게 된다(추정의 인적 범위). 다만 소유자와 그로부터 점유를 취득한 사람 사이에서는 제200조를 적용하지 않는다(대법원 1964. 12. 8. 선고 64다714 판결).

계약당사자 사이에서는 점유의 추정력이 발휘될 수 없다(다수설). 분쟁당사자 사이에서 채권관계와 물권관계가 동시에 문제가 된 경우에는 그 채권관계에 의하여 권리관계가 결정되어야 한다(채권법의 우선적용의 원칙). 점유자는 자기에게 그 권리를 승계해 준 사람(전소유자)에 대한 관계에서도 그 승계의 원인관계를 밝히지 않고 권리추정력에 의해 보호받지는 못한다.

◦ 권리의 추정력은 점유가 계속되는 기간 동안 인정된다(추정의 시간적 범위). 현재 점유자는 과거의 점유기간에 대하여도 권리를 보유했음을 추정받는다. 그러나 과거의 점유자는 현재에도 그 권리를 가지고 있다는 추정을 받지는 않는다. 현재의 권리추정은 현재의 점유자에게만 인정되므로 과거의 점유자는 추정을 받지 않는 것이다.

◦ 점유자가 아닌 자도 점유의 권리추정력을 원용할 수 있다. 민법은 권리추정력을 점유자만이 주장할 수 있는 것으로서 한정하지 않았으므로, 누구나 이 권리추정력을 원용할 수 있다고 해석된다. 점유자에게 불이익한 추정도 가능하다. 제 3 자가 점유의 권리추정력을 원용할 경우에, 점유자가 그에 의하여 불이익을 받는 경우도 생기게 된다.

사례연습 〈점유의 권리추정력〉

◦ 문 제 ◦

문1) 전 소유자(A)가 물건을 도둑(B)에게 강탈당한 이후 매수인(C)이 그 물건을 공개시장에서 구입한 경우에, A는 C에 대하여 그 물건의 반환을 청구할 수 있는가?

문2) 매매 당시 소유자였던 자(갑)로부터 그 물건을 매수하여 소유권을 이전받았다고 주장하는 현 점유자(을)는 갑에 대한 관계에서도 권리추정력에 의한 보호를 받게 되는가?

해 답

문1의 해답) A는 C에 대하여 그 물건의 반환을 청구할 수 있다. 도품을 공개시장으로부터 매수함으로써 그 물건을 선의취득한 현 소유자

(C)는 동산의 선의취득제도의 특칙(제250조, 제251조)에 의하여 그 소유권을 상실하는 대신 매수대금을 변상청구할 수 있다. 이 경우 전 소유자(A)가 소유권을 회복하기 위하여 그 물건이 도품이라는 사실을 증명하고, 현 소유자(C)는 자기가 그 물건을 공개시장에서 구입했음을 증명토록 요구하는 것이 타당하다.

그 물건을 현재 도둑이 점유하고 있는 경우라면, 전 소유자(A)와 도둑(B) 사이에서 도둑에게 권리추정력을 부여하는 것이 부당하다는 의심이 생길 수 있으나, 그 물건이 도품이라는 사실 및 현 점유자가 도둑질을 하였다는 사실을 증명하기 전에는 현 점유자를 도둑이라고 단정할 수 없다. 따라서 이 경우에도 전 소유자가 그 물건이 도난당한 물건임을 증명하여야 반환청구할 수 있다.

문2의 해답) 이 사례에서 현 점유자(을)가 소유자(갑)로부터 물건을 매수하여 소유권을 이전받았는가 아닌가의 판단은 매매계약의 체결 및 이행이 있었는가에 의해 판단된다. 이때 현 점유자는 권리추정을 받지 않으므로, 매매계약이 체결되었다는 사실과 그 계약의 이행으로서 대금을 지급하고 점유를 이전받았다는 사실을 증명해야 한다. 이에 대하여 소유자(갑)는 그 매매계약서가 위조된 것이라든가 그 대금영수증이 위조된 것이라든가 점유를 침탈당했다는 등의 항변과 그 증명을 하여 소유권이전을 부인할 수 있다. 현 점유자(을)가 매매계약 및 그 이행에 관하여 증명하지 못한 경우에는 소유자(갑)에게 그 물건을 반환해야 한다.

만약 현 점유자(을)에게 권리추정력이 인정된다면 B는 처음부터 매매계약이나 그 이행, 물건의 인도 등을 증명하려 노력할 필요가 없을 것이다. 소유자(갑)가 을에게 매매나 증여한 사실이 없음을 증명해야 할 것인데, 을의 어떤 주장도 없는 상태에서 갑이 아무 채권관계가 없었음을 증명한다는 것은 사실상 불가능하다. 증명의 원칙에 비추어 보면, 어떤 법률관계에서든 그 존재를 주장하는 사람이 1차적인 증명책임을 진다.

7. 점유보호청구권

점유자는 그 점유를 침해하는 자에 대하여 그 점유상태를 회복하기 위한 반환청구 및 방해제거청구 등을 할 수 있다. 점유보호청구권은 점유 자체로부터 도출되는 청구권으로서 소유권 등 본권에 기한 물권적 청구권과는 발생 원인이 다르다.

(1) 점유물반환청구권

점유물반환청구권은 점유자가 점유의 침탈을 당한 때에 인정되는 권리이다(제204조 1항). 점유물반환청구권의 요건 중 가장 중요한 것은 점유침탈이다. 점유침탈이라고 인정되기 위해서는 점유자의 사실상의 지배가 위법한 방법으로 배제되었을 것이 요구된다. 점유물반환청구권은 그 침탈을 당한 날로부터 1년 내에 행사하여야 한다(제204조 3항, 제척기간).

점유물반환청구권의 행사에 의하여 전점유자는 물건을 반환받을 수 있다(물건의 환가금 등의 대위물을 반환하는 것은 허용되지 않음). 침탈자가 물건의 반환의무를 임의로 이행하지 않는 때에는 점유의 소를 거쳐 법원에 의한 강제집행이 가능하게 된다.

전점유자는 점유물반환청구권을 행사할 때에 물건의 반환과 더불어 손해배상을 청구할 수 있다. 손해배상의 범위는 침탈로 인한 손해이다. 전점유자가 침탈로 인해 지출해야 했던 비용(대체물의 임차비용) 또는 침탈로 인한 사용이익의 상실분을 기초로 손해배상액을 산정한다.

(2) 점유방해제거청구권

점유자가 점유의 방해를 받은 때에는 방해가 종료한 날로부터 1년 내에 그 방해의 제거 및 손해의 배상을 청구할 수 있다(제205조 1항). 점유의 침탈은 전점유자의 점유를 완전히 배제하고 침탈자가 그 물건의 점유를 취득하거나 소지하는 경우를 말한다. 점유에 대한 방해는 점유자로 하여금 원활하게 점유하지 못하게 하는 방해상황이 있지만 점유를 상실할 정도는 아닌 경우를 말하며 방해자는 그 물건에 대한 점유를 취득하지 못한다.

점유방해배제청구권은 방해가 종료한 날로부터 1년 내에 행사하여야 한다(제205조 2항). 다만 공사로 인하여 점유가 방해를 받은 때에는 공사착수 후 1년을 경과하거나 그 공사가 완성된 때에는 방해의 제거를 청구하지 못한다(제205조 3항). 이러한 공사방해제거청구의 특칙은 점유소송에 한해서 있는 제한이며, 소유권에 기한 방해제거청구에는 이러한 제한이 없다(제214조).

(3) 점유방해예방청구권

점유자가 점유의 방해를 받을 염려가 있는 때에는 그 방해의 예방 또는 손해배상의 담보를 청구할 수 있다(제206조 1항). 점유방해예방청구권은 방해의 현재성을 요건으로 하지 않고 장래 방해에 대한 우려를 요건으로 한다.

(4) 점유자의 자력방위권과 자력탈환권

점유자는 현재의 침탈행위에 대하여 자력으로 방위할 수 있도록 자력방위권(제209조 1항)과 자력탈환권(제209조 2항)을 인정받는다. 침탈행위가 완전히 끝난 다음에 소송을 통하여 원상회복을 구하는 것은 시간도 오래 걸리고 그 실현가능성도 희박하기 때문에, 차라리 침해상태가 계속되는 동안 점유자의 자력방위를 허용하는 편이 그 침탈행위를 응징하고 권리구제를 손쉽게 할 수 있다.

(5) 점유의 소

점유의 소란 점유자가 침해자에 대하여 점유보호청구권을 소송상 행사하는 것을 가리킨다. 점유자의 점유보호청구는 침해자에 대하여 그의 임의적 이행을 청구하는 방법으로 행해져야 함이 원칙이고, 침해자가 그 청구에 응하지 않는 경우에 점유자는 침해자를 상대로 점유의 소를 제기하게 된다.

점유의 소를 본권의 소와 개념상 구분하는 이유는 사실판단 및 법적용에서 점유권과 본권을 구분하기 위해서이다. 점유의 소에서는 점유상태 및 그 침해사실만을 기초로 물건의 반환 여부 등을 판단해야 하며, 본권을 이유로 그 반환 여부 등을 결정해서는 안 된다.

8. 점유자·회복자관계

물건의 소유자는 본권 없이 그것을 점유하는 점유자에 대하여 소유물반환청구권을 행사하여 그 물건을 반환받는다. 이렇게 점유자로부터 물건을 반환받는 소유자 기타 본권자를 가리켜 '회복자'라고 부른다.

점유자는 회복자에게 물건을 반환하는 이외에 점유기간 동안의 과실을 반환하고, 사용이익도 반환하며, 물건의 손상에 대한 손해배상책임을 지며, 물건에 들인 비용의 상환청구도 하게 된다. 이러한 점유자와 회복자 사이의 법률관계를 점유자·회복자관계라고 한다. 점유자의 반환에 따른 권리와 의무는 부당이득 및 불법행위의 법리에서 보다 점유자에게 유리하다.

(1) 과실수취권

선의의 점유자는 점유물의 과실을 취득할 권리를 갖는다(제201조 1항). 원래 천연과실은 그 원물로부터 분리하는 때에 이를 수취할 권리자에게 속한다(제102조 1항). 그 수취할 권리자는 소유자, 용익물권자, 임차인 등 본권자임이 원칙이다.

◦ 선의의 점유자는 본권자의 과실수취권을 배제하고 스스로 취득한 과실을 보유하여도 무방하다. 선의점유자의 과실수취권은 원물을 소유자에게 반환할 때에 과실까지는 반환할 필요가 없다는 반환의무의 면제로서 소극적 성격을 가질 뿐이다. 그 면제범위는 선의의 점유기간 동안 수취한 과실 전부에 미친다.

◦ 악의의 점유자는 과실수취권을 갖지 않는다. 점유자가 자기에게 본권이 없음을 알고 점유하였던 경우(악의)에는 점유기간 동안 수취한 과실을 회복자에게 반환해야 한다. 악의의 점유자가 소비하였거나 과실로 인하여 훼손 또는 수취하지 못한 경우에는 그 과실의 대가를 보상하여야 한다(제201조 2항).

(2) 손해배상책임

◦ 선의점유자의 배상책임은 경감된다. 점유물이 점유자의 책임 있는 사유로 인하여 멸실 또는 훼손된 때에, 점유자는 회복자에 대하여 그에 대한 손해배상책임을 짐이 원칙이지만, 선의의 점유자는 이익이 현존하는 한도에서 배상하도록 그 손해배상의 범위가 감축된다(제202조).

◦ 악의의 점유자(제202조 1문 전단)는 멸실·훼손으로 생긴 손해의 전부를 배상할 의무를 진다.

◦ 물건이 제 3 자에게 양도된 경우에 그 반환불능에 대한 책임도 멸실과 같이 취급된다. 동산의 경우에 선의의 점유자(B)가 자기가 소유

자라고 오신하여 물건을 제 3 자(C)에게 양도한 경우에 제 3 자는 그 동산을 선의취득한다. 이때 진정한 소유자(A)는 그 물건을 회복할 수 없게 되며 그 소유권도 이미 제 3 자에의 양도시점에 상실한 것이 된다. 전소유자(A)는 점유자(B)에게 불법행위책임을 물어 손해배상(현재의 시가 상당액)을 청구하거나 또는 매각대금을 부당이득으로서 반환청구할 수 있다. 부동산에서는 제 3 자에의 소유권이전에 의한 반환불능의 문제는 생기지 않는다. 부동산의 선의취득이 인정되지 않기 때문이다.

◦ 점유물의 멸실 · 훼손은 불법행위에 기한 손해배상청구권을 발생시킨다(대법원 1961. 6. 29. 선고 4293민상704 판결). 불법행위책임은 고의 · 과실로 인한 위법한 손해에 대하여 배상의무를 발생시킨다. 부당이득의 경우에 선의의 수익자는 받은 이익이 현존한 한도에서 반환책임이 있으므로, 불법행위책임에서도 민법 제202조를 유추적용하여 선의의 점유자의 책임을 감경해 주어야 균형이 맞는다.

(3) 비용상환청구권

점유자는 회복자에 대하여 비용상환청구권을 갖는다. 점유자가 들인 비용은 필요비와 유익비로 구분되어 각각 상환범위가 다르다. 비용상환에 관하여는 점유자의 선의 · 악의 또는 자주점유 · 타주점유를 구분하지 않는다.

◦ 청구권자 : 비용상환청구권자는 회복자에게 물건을 인도할 당시의 점유자이다. 현점유자는 원칙적으로 자기가 지출한 비용만을 청구할 수 있으나, 현점유자가 전점유자의 지위를 포괄승계한 경우에는 전점유자가 지출한 비용까지 청구할 수 있다. 그 밖에 현점유자가 전점유자로부터 비용상환청구권을 양수받았다고 볼 만한 구체적인 사정이 있는 경우에도 청구가 허용된다.

◦ 청구의 상대방 : 청구의 상대방은 점유자로부터 물건을 인도받고

자 하는 본권자이다. 현재 그 물건의 소유권 또는 제한물권을 가지고 있을 뿐 아니라 자기를 위하여 물건의 인도를 청구한 자가 그 상환의 무자가 된다.

◦ 필요비의 상환 : 점유자는 회복자에 대하여 필요비의 상환을 청구할 수 있다. 필요비란 물건의 통상적인 관리에 드는 비용을 말하며, 수리비 · 공과금 · 보험료 등이 필요비에 해당할 수 있다. 단순히 물건을 사용하기 위하여 들이는 소모품의 비용(프린터의 잉크공급비 등)은 상환청구할 필요비에 포함되지 않는다. 비용상환의무는 물건을 회복자에게 반환하는 경우에 한해서 발생한다.

◦ 유익비의 상환 : 점유자가 점유물을 개량하기 위하여 지출한 금액 기타 유익비에 관하여는 그 가액의 증가가 현존한 경우에 한하여 회복자의 선택에 좇아 그 지출금액이나 증가액의 상환을 청구할 수 있다(제203조 2항).

◦ 상환청구권의 발생시기 : 점유자의 필요비 및 유익비의 상환청구권은 점유자가 회복자로부터 점유물의 반환을 청구받거나 회복자에게 점유물을 반환한 때에 행사할 수 있다.

◦ 유치권의 발생 : 점유자는 필요비 및 유익비를 상환받을 때까지 물건의 반환을 거절할 수 있으며, 그 필요비상환청구권에 관하여 유치권을 가진다. 유익비의 상환에 관하여 법원에서 유예기간을 허락한 경우에는 그 기간 동안 유치권이 발생하지 않는다(제203조 3항).

사례연습 〈점유의 침탈〉

◎ 문 제 ◎

문1) A는 그의 명의로 등기된 토지를 임차인 B를 직접점유자로 하여 점유하고 있었다. 그러던 중 A의 토지소유권은 등기원인 부재를 이유로 부정되고 등기도 말소되었다. 임대차기간이 만료되자 A는 B에 대하여 명도청구를 하였으나, 그 토지는 당시 C가 점유하고 있어 A는 C에 대하여 간접점유의 침해를 이유로 한 점유의 소를 제기하였다. C는 철거해야 하는가? 만약 C가 B의 승낙하에 점유하고 있는 경우에도 C에 대한 점유의 소가 인용될 것인가?

문2) A의 도둑맞은 물건이 B(침탈자)의 집에 보관되어 있는 것을 보고 몇 주 후에 A가 그것을 강제로 가져온 경우에, B는 A에 대하여 점유물반환청구권을 행사할 수 있는가?

해 답

문1의 해답) 간접점유의 침탈

간접점유자도 그 점유권에 기해 점유물반환청구권을 갖는다. 간접점유자의 반환청구권이 발생하기 위해서는 직접점유자가 점유를 침탈당했을 것을 요건으로 한다.

사례문제 1)에서 C가 B의 동의 없이 토지를 불법점거한 경우에는 그 점유의 소는 인용될 것이다. 그러나 간접점유자는 반환청구권을 행사하여 직접점유자에게 그 물건을 반환할 것을 청구할 수 있을 뿐이며 자기에게 반환할 것을 청구하지 못한다. 다만 직접점유자가 반환받기를 거절하거나, 직접점유자와의 사이에 점유매개관계가 종료한 경우 등에는 자기에게 반환할 것을 청구할 수 있다.

만약 C가 B의 승낙하에 점유하고 있는 경우에는 A의 C에 대한 점유의 소는 기각될 것이다. 판례는 직접점유자가 임의로 점유를 타에 양도한 경우에, 그 점유이전이 간접점유자의 의사에 어긋나더라도 간접점유자의 점유가 침탈된 경우에 해당하지 않는다고 하였다(대법원 1993. 3. 9. 선고 92다5300 판결).

문2의 해답) 상호 침탈

전점유자와 현점유자가 서로 침탈에 의해 점유를 취득한 경우를 상호 침탈이라고 한다.

A가 침탈의 현장에서 또는 추적하여 탈환한 경우에는 B의 점유물반환청구권은 발생하지 않는다(제209조 2항). A가 도난 당한 지 몇 주일 후에 탈환한 경우에, B는 A에 대하여 점유물반환청구권을 행사하여 그 물건을 찾아올 수 있는가가 문제된다.

상호 침탈의 경우에도 점유물반환청구권이 발생하는가에 관하여는 부정설과 긍정설이 대립하는데 법률관계의 합당한 해결을 위하여 긍정설이 타당하다고 생각된다. B가 A를 상대로 점유물반환청구의 소를 제기한 경우에 A는 B의 종전의 침탈사실(1년 이내)에 기해 자기에게도 점유물반환청구권이 있음을 항변하여 B의 반환청구를 막을 수 있다고 본다. A의 항변은 점유침탈의 항변이지 본권에 관한 항변이 아니므로 받아들여질 수 있을 것이다. 그 결과 그 물건은 A가 계속 점유하게 될 것이다. 만약 긍정설에 따라 B의 반환청구를 받아들여 물건을 A로부터 B에게 반환토록 한다면, 반대로 A도 B를 상대로 과거의 침탈행위를 이유로 한 점유의 소(반소)를 제기하여 두 개의 점유의 소가 교차되는 결과를 초래하게 되어 부당하다고 생각한다.

16

취득시효

1. 취득시효제도의 의의

취득시효란 물건을 오랫동안 점유한 사람에게 일정한 요건 하에 소유권 또는 제한물권을 점유개시 때부터 취득한 것으로 인정하는 제도이다. 취득시효제도는 점유자에게 본권에 대한 증명책임을 면제해 주는 제도로서 작용한다. 점유자의 시효취득은 그 반사적 효과로써 진정한 권리자의 권리박탈의 결과를 초래한다. 소유자의 권리의 방치에 덧붙여 점유자의 일정기간 취득이 있는 경우에 시효취득이 가능하게 되므로, 결국 소유권은 권리자의 방치로 인하여 소멸하게 되는 셈이다.

취득시효는 동산과 부동산의 경우에 모두 인정되는데, 각각 점유기간과 요건에 차이가 있다. 부동산취득시효에는 일반취득시효(제245조 1항)와 등기부취득시효(제245조 2항)의 두 종류가 있다. 일반취득시효에서는 부동산을 20년간 자주점유하는 자가 그 기간의 만료 후에 등기함으로써 확정적으로 소유권을 취득하며, 등기부취득시효에서는 등기명의인이 10년간 선의・무과실로 자주점유함으로써 소유권을 취득한다. 동산의 경우에는 10년 점유를 요건으로 하는 일반취득시효(제246조 1항)와

5년 점유를 요건으로 하는 단기취득시효(제246조 2항)의 두 종류가 있다.

사례연습 〈부동산의 시효취득〉

◎ 문 제 ◎

문1) 20년 이상 토지를 점유한 B는 현재 부동산의 등기명의인 A에 대하여 자기에게 소유권이전등기를 해 줄 것을 청구하려 한다. B가 소유권을 취득하는 과정은?

문2) A로부터 부동산을 매수하여 이전등기를 받은 B는 그 후 그 매매계약이 무효이어서 등기를 말소해 줄 의무가 있다는 사실을 알고도 A의 적극적인 말소청구가 없자 등기를 방치하였다. B는 그 후 그 사실을 모르는 C에게 부동산을 팔고 이전등기를 해 주었다. C가 점유와 등기를 이전받아 10년이 지난 후 A로부터 원인무효인 등기의 말소청구를 받게 되었다. 이 경우 C는 소유권을 취득할 수 있는가?

해 답

문1의 해답) 점유취득시효

문1의 경우 B는 먼저 자기의 아버지(사망)가 20년 전에 A의 아버지(사망)로부터 그 부동산을 매수하여 대금을 완납하고 점유를 이전받았을 것을 주장하고(주위적 청구), 이것이 충분히 증명되지 않는 경우를 대비하여 20년 이상 자주점유를 했음을 이유로 소유권의 시효취득을 주장해야 한다(예비적 청구).

법원은 20년 전의 매매가 매매계약서의 멸실 등으로 완전히 입증되지 않더라도 그 매매가 존재했을 것이라고 추측되는 정황증거가 있다면 B의 자주점유를 인정하여 점유취득시효를 인정한다.

B는 A로부터 소유권이전등기를 경료받아 그 부동산의 소유권을 확정적으로 취득한다(취득시효는 B가 점유를 개시한 때).

문2의 해답) 등기부취득시효

C는 선의로 자주점유를 개시했으며 10년 동안 A의 말소청구를 받지

않은 채 무사히 점유했으므로 등기부취득시효의 요건을 갖추어 소유권을 취득하게 된다. 등기부취득시효에 의해 그 등기의 하자는 치유되어 등기된 대로의 권리가 인정되는 결과로 된다.

---

2. 부동산의 일반취득시효

(1) 의 의

20년간 소유의 의사로 평온·공연하게 부동산을 점유하는 자가 등기함으로써 그 소유권을 취득하는 경우를 가리켜 일반취득시효 또는 점유취득시효라고 한다(제245조 1항).

일반취득시효에는 다음과 같은 특징이 있다.

- 일반취득시효에서는 점유자가 등기명의인을 배제하고 소유권을 취득하게 된다.
- 일반취득시효는 20년간 점유의 요건 이외에 자주점유로서의 요건을 갖추어야 인정된다. 자주점유는 단순히 물건을 사용한다는 사실만으로 인정되지 않고, 점유개시 당시 소유권을 취득할 권원이 있었을 개연성이 인정되는 정도의 권원에 관한 약한 증명에 기해서 인정된다.
- 일반취득시효에서 시효완성자는 곧 소유권을 취득하지 못하고 등기하여야 소유권을 취득한다. 등기 전 시효완성자의 지위가 어떤 것인가에 관하여는 복잡한 논의가 전개되는데, 미등기매수인이 갖는 지위와 유사하다.

(2) 객 체

취득시효는 자기소유의 물건을 객체로 할 수도 있고 타인의 소유물을 객체로 할 수도 있다. 1필의 토지 또는 1동의 건물의 일부에 대한 점유에 의하여 그 점유부분의 소유권을 시효취득할 수 있다. 국유재산 가운데 공용재산(관청건물) 등이나 보존재산(문화재 등)이 아닌 잡종재산에 속하는 부동산에 대하여는 시효취득이 가능하다(1991. 5. 13. 헌법재판소는 국유재산법 제5조 2항을 잡종재산에 대해서도 적용하는 것을 위헌이라고 하였다). 공유지분의 일부에 대한 시효취득도 가능하다.

(3) 자주점유

소유권을 시효취득하기 위하여는 점유자가 소유의 의사로 점유(자주점유)하여야 한다. 자주점유는 소유자인 것처럼 타인으로부터 점유권을 매개받지 않고 주체적으로 물건을 점유하는 경우로서 자주점유자의 점유로부터 자기의 점유를 매개받는 타주점유와 구별된다. 일반 취득시효에 있어서 소유권취득을 인정할 것인가 말 것인가를 판단하는 데에 실제 가장 중요한 관건이 되는 것이 자주점유의 요건이다.

◦ 자주점유의 판단은 객관적 · 규범적 판단사항이다. 부동산취득시효를 인정하기 위한 요건으로서의 자주점유라 함은 소유자와 동일한 지배를 하려는 의사에 기한 점유이면 족한 것이지, 법률상 그러한 지배를 할 수 있는 권원, 즉 소유권을 가지고 있거나 또는 소유권이 있다고 믿고서 하는 점유를 의미하는 것은 아니다(대법원 1992. 10. 27. 선고 92다30375 판결).

◦ 자주점유의 판단은 소유권취득의 법적 원인(매매, 증여, 상속 등)과 관련지어서 행해진다. 증여, 매매, 교환 등과 같이 소유권취득이 원인이 되는 계약에 기초해 점유가 개시되었거나 점유자가 그러한 계약이 있다고 믿었던 경우 권원의 성질상 자주점유가 된다.

점유권에 기인한 소는 본권에 관한 이유로 재판하지 못하지만(민법 제208조 2항), 시효취득에는 이 원칙이 적용되지 않는다. 시효취득에 관한 소송은 '본권의 소'이기 때문에, 그 요건이 되는 점유를 본권과 관련하여 판단하여도 무방하다. 자주점유자의 권원의 기초는 반드시 유효한 것일 필요는 없으며, 점유자에게 정당한 권원이 있다고 믿게 할 정도의 외형이 있었던 것으로 충분하다. 예를 들어 점유개시 당시에 점유자가 매매계약의 이행으로서 그 부동산을 인도받았으나 그 매매계약에 무효사유가 존재했음을 모르고 있었던 경우, 그 부동산을 상속받은 것으로 알고 점유해왔으나 실은 그 점유자에게 상속권이 없었던 경우 등이 이에 해당한다.

◦ 점유자의 권원에 대한 주장은 충분한 반대증거가 없는 한 사실인 것으로서 인정된다(반대설 있음). 자주점유의 권원은 점유자가 권원 있는 점유를 해왔다는 개연성이 인정될 정도로 주장·입증되어야 한다. 점유자가 며칠 날 김○○으로부터 매수하여 인도받아 점유를 시작하였다고 주장하면, 등기명의인(피고)은 점유자가 그 당시에 임차인으로서 김○○에게 차임을 지급한 사실이 있다는 반대증거를 제시하여 점유자의 자주점유주장을 깨뜨릴 수 있다.

◦ 무단점유는 자주점유를 방해한다. 무단점유란 정당한 권원 없이 타인의 물건을 점유하는 경우를 가리킨다. 자주점유는 소유권이 있다고 믿고서 점유한 경우를 의미하므로 소유권 없이 타인물건을 점유하려 했던 무단점유는 자주점유에 해당하지 않는다.

◦ 점유자가 점유개시 당시에 소유권취득의 원인이 될 수 있는 법률행위 기타 법률요건이 없이 그와 같은 법률요건이 없다는 사실을 잘 알면서 타인소유의 부동산을 무단점유한 것임이 입증된 경우에, 점유자는 타인의 소유권을 배척하고 점유할 의사를 갖고 있지 않았으므로 소유의사 있는 점유라는 추정은 깨진다(대법원 전합 1997. 8. 21. 선고 95다28625 판결).

◦ 점유자가 성질상 소유의 의사가 없는 것으로 보이는 권원에 바탕을 두고 점유한 사실이 증명되거나 외형적·객관적으로 보아 점유자

가 타인의 소유권을 배척하고 점유할 의사를 가지고 있었던 것은 아니라고 볼 만한 사정이 증명된 경우에는 자주점유의 추정은 깨진다(대법원 1998. 6. 23. 선고 98다10618 판결).

◦ 부동산의 시효취득을 주장하는 자는 평온·공연하게 부동산을 점유하였어야 한다(제245조 1항). 점유자는 특별한 사정이 없는 한 평온·공연하게 점유해 온 것으로 추정된다(제197조 1항).

◦ 취득시효의 요건을 충족시키는 점유의 유형은 직접점유에 한정되지 않고 간접점유도 포함된다.

◦ 20년간 점유가 계속되었어야 한다. 점유는 승계되므로, 점유자의 승계인은 자기의 점유만을 주장하거나 자기의 점유와 전점유자의 점유를 아울러 주장할 수 있다(제199조 1항). 전점유자의 점유를 아울러 주장하는 경우에는 전점유자의 하자(폭력·은비 등)도 승계한다(제199조 2항).

◦ 시효취득을 주장하는 현점유자는 전점유자의 점유기간을 합산하거나(이때 하자도 승계함) 또는 자기의 점유기간만을 계산할 것을 자유롭게 선택할 수 있다. 다만 상속에 의하여 점유권을 취득한 경우에, 상속인은 새로운 권원에 의하여 자기 고유의 점유를 개시하지 않는 한 피상속인의 점유를 떠나 자기만의 점유를 주장할 수 없다(대법원 1992. 9. 22. 선고 92다22602 판결).

◦ 점유계속은 추정된다. 전후 양 시점에 점유한 사실이 있는 때에는 그 점유는 계속한 것으로 추정된다(제198조). 따라서 20년간 점유했다는 증명은 점유를 개시한 시기와 그로부터 20년이 지난 시점의 점유사실을 밝히는 것으로 충분하다. 민법 제198조의 점유계속추정은 동일인이 전후 양 시점에 점유한 것이 증명된 때에만 적용되는 것이 아니라, 전후 양 시점의 점유자가 다른 경우에도 점유의 승계가 입증되는 한 점유계속은 추정된다(대법원 1996. 9. 20. 선고 96다24279 판결).

◦ 점유기간의 기산점은 점유취득시이다. 시효기간은 권원의 입증이

불충분한 권리변동으로 인한 점유취득시부터 기산하여 그로부터 20년이 경과한 시점에 시효완성의 효과가 발생하게 된다. 법원은 권원취득으로 인한 점유개시 당시부터 시효기간을 계산한다(대법원 전합 1995. 3. 28. 선고 93다47745 판결).

예를 들어 A의 명의로 등기된 것은 35년 전이고, B가 그 10년 후에 A로부터 매수하여 대금을 완납하여 인도받아 지금에 이르기까지 사용하고 있다고 주장하는 경우를 생각해 보면, B는 그 10년 후부터 점유를 개시하여 그 20년 후에 시효완성자의 지위를 취득한 후 5년이 경과한 셈이다. 다른 예로서 X(1970 사망)를 부양하던 사위 B가 경작하던 토지를 이어서 경작하고 있고, X의 아들 A'가 자기가 상속받은 것으로 처리하여 등기를 경료하였으나(1975) 그 토지의 상속권자가 누구인지는 불분명하다고 하자. 그 후 A는 그 토지를 A'에게 양도하여(1991) A'의 명의로 등기되어 있던 중 B가 A'에 대하여 1995년 소유권이전등기를 구하는 소송을 제기한 경우를 생각해 보자. 이 경우에 시효완성시점은 매우 중요한 문제로 된다. 1970년부터 상속을 믿고 점유를 시작한 B는 1990년에 시효완성자로서 등기청구권을 취득하였으나 등기는 하지 않고 있던 중 등기명의인이 A로부터 A'에게로 변경되었으므로 소유권을 취득할 가능성은 없어지게 되었다. 만약 1995년부터 거꾸로 기산점을 계산하여 1975년부터 점유를 개시한 것으로 계산하면 B는 1995년에 시효완성자의 지위를 갖게 되어 A'에 대하여 등기청구를 할 수 있게 될 것이지만, 이 방법은 인정되지 않는다.

◦ 소멸시효의 중단에 관한 민법규정은 취득시효기간에 준용된다(제168조 준용). 소유자가 점유자에 대하여 물권적 청구권에 기해 반환청구 등을 한 경우, 또는 점유자가 소유자에 대하여 자기에게 소유권취득의 권원이 없음을 승인한 경우에는 시효중단의 효과가 발생한다(제168조 준용). 소멸시효의 정지에 관한 규정(제179조~제182조)도 취득시효에 유추

적용된다(다수설).

◎ 시효완성 전의 점유의 승계는 합산이 가능하다. 점유자가 자기의 점유취득시효기간이 만료하기 전에 부동산의 점유를 제3자에게 이전한 경우에, 그 제3자는 전점유자의 점유기간을 합산하여 20년의 점유가 완성된 시점에 등기명의인에 대하여 등기청구권을 취득한다. 그러나 시효완성 후에는 승계가 불가능하다. 취득시효완성자가 시효완성 후 부동산의 점유를 제3자에게 이전하면서 양도행위를 하더라도, 그 양수인은 등기청구권을 이전받지 못한다. 완성자가 등기청구권을 취득한 후 그 물건의 점유를 타인에게 이전해 준 경우에도 완성자는 계속하여 그 등기청구권을 보유한다.

(4) 취득시효완성자의 지위

일반취득시효의 요건을 구비한 점유자는 등기함으로써 그 소유권을 취득한다(제245조 1항).

◎ 원소유자는 점유자(취득시효 완성자) 명의로 소유권이전등기가 경료되기까지는 소유자로서 그 토지에 관한 적법한 권리를 행사할 수 있다. 소유자는 시효완성자의 등기에 의해 소유권을 상실하게 될 지위에 놓여 있다. 헌법재판소는 민법 제245조 1항이 규정한 부동산 점유취득시효완성에 의하여 점유자가 소유권을 취득하는 경우 원소유자가 아무런 보상이나 배상을 받지 못한 채 소유권을 상실한다고 하더라도 이는 사유재산권보장을 정한 헌법 제23조에 위반되지 않는다고 하였다(헌재결 1993. 7. 29, 92헌바20).

◎ 소유권취득의 시기는 점유개시의 때로 소급한다(제247조 1항). 시효취득자는 점유개시의 때부터 소유자로서 부동산에 대한 사용·수익권을 가졌던 것으로 되므로, 그의 선의에 관계없이 그동안의 과실수취권을 갖는다(제201조 참조).

◦ 시효완성자의 소유권취득의 성질에 관하여 원시취득설과 승계취득설이 대립한다. 사견으로는 승계취득설에 따라 취득시효등기 전에 담보물권(또는 담보가등기)이 설정되어 있는 경우에 그 담보물권은 시효취득등기에 관계없이 존속하고 시효취득자는 담보부동산의 제 3 취득자의 지위에 놓임이 타당하다고 생각한다.

◦ 취득시효의 등기는 보통의 소유권이전등기와는 다르다. 보통의 소유권이전등기는 그 등기시에 소유권이전의 효과가 발생함에 반하여, 취득시효에 의한 소유권이전등기는 점유개시의 시점에 소급하여 소유권이전의 효과가 생긴다(제247조 1항).

(5) 취득시효완성자의 등기청구

◦ 등기청구권의 취득 : 점유취득시효완성자는 등기명의인에 대하여 등기청구권을 갖는다. 취득시효완성으로 토지의 소유권을 취득하기 위하여는 그로 인하여 소유권을 상실하게 되는 시효완성 당시의 소유자를 상대로 소유권이전등기청구를 하는 방법에 의한다(대법원 1997. 4. 25. 선고 96다53420 판결). 취득시효완성자의 등기청구권은 실체법상 등기청구권이다. 시효완성자는 시효완성시의 등기명의인에 대한 채권으로써 등기청구권을 가지며, 그 등기가 경료되면 소유자가 될 지위에 놓인다.

민법이 시효완성자에게 등기청구권을 부여하는 실질적 근거는 "점유개시 당시에 소유권이전의 권원이 있었을 것이다"라는 추단을 바탕으로 하고 있다. 취득시효완성자의 등기청구권은 민법규정에 의하여 발생하지만 그 기초사실은 20년간의 자주점유 등 시효취득의 요건을 충족했다는 것이다. 시효취득 완성자는 등기 이전에는 물권을 취득하지 못하지만 실질적으로 그 물건을 사용 · 수익하고 있으므로 사실상 소유자(부동산을 인도받은 매수인의 지위, 물권변동의 기본원칙 참조)와 유사한 지위에 있다.

◦ 채권자의 지위 : 취득시효에 의한 등기청구권의 성질은 채권적 청구권이므로, 취득시효완성자의 지위는 채권자의 지위와 유사하다. 등기권리자인 시효완성자는 당시의 등기명의인에 대하여만 그 권리를 행사할 수 있다(상대권). 판례도 일관되게 이 등기청구권을 채권적 청구권으로 파악한다(대법원 1966. 10. 21. 선고 66다976 판결). 시효취득자는 채권적 등기청구권을 취득할 뿐이므로 이 등기청구권을 행사하여 소유권이전등기를 하기 전에 그 부동산소유권이 제 3 자에게 이전되어 소유권이전등기가 경료된 경우에는 그 제 3 자에 대하여 시효완성을 주장하지 못하게 된다(대법원 1971. 12. 28. 선고 71다1566 판결).

부동산점유자가 취득시효완성을 주장할 수 없는, 취득시효완성 이후에 부동산을 취득한 제 3 자는 거래의 안전과 등기제도의 기능을 해치지 않기 위하여 보호할 가치가 있는 자에 국한되며, 자방자치단체의 구역변경 · 폐지 · 분할 등으로 인한 취득자는 보호할 가치 있는 제 3 자에 속하지 않는다(대법원 전합 2002. 3. 15. 선고 2000다23341 판결).

시효완성자(B)는 등기명의인(A)에 대하여 등기청구권을 행사하여 소유권이전등기를 경료함으로써(A⇒B) 소유권의 소급적 취득을 할 수 있는 지위에 있다. 이 지위는 대금을 완납하고 점유를 인도받은 부동산 매수인의 지위와 유사하다. 당사자(A · B) 사이에서는 시효완성자가 내부적 소유권을 가지지만, 제 3 자에 대한 관계에서는 등기명의인이 소유자로서 인정된다. 시효완성자의 권리를 대외적으로 주장할 수 없는 이유로, 소유권이전등기가 행해지기 전까지 시효완성자(B)가 등기명의인에 대하여 갖는 권리는 채권으로서의 성질(상대성)을 갖는다.

◦ 등기의무자 : 취득시효완성자가 등기청구를 하는 상대방은 시효완성 당시의 등기명의인인 특정인에 한정된다(채권이므로). 그 등기명의인이 일시적으로 등기명의를 상실했다가 다시 회복한 경우에 시효완

성자는 그 때 등기청구를 할 수 있다. 판례는 점유취득시효완성을 원인으로 한 소유권이전등기의무를 부담하는 자는 취득시효기간완성 당시의 소유자이고, 취득시효완성사실을 알면서도 소유자로부터 그 부동산을 매수하여 소유권이전등기를 마친 자라고 하더라도, 소유자와의 사이에서 소유자의 위와 같은 의무를 인수하여 이행하기로 묵시적 또는 명시적으로 약정하였다는 등의 특별한 사정이 인정되지 않는 한, 위와 같은 의무를 승계한다고 볼 수 없다고 한다(대법원 1994. 4. 11. 선고 93다50666 판결).

쟁점정리 : 취득시효완성과 처분행위

1) **시효완성 전의 처분은 시효완성을 방해하지 않는다.**

원소유자 A가 시효완성 이전(예: B의 19년 점유 중)에 부동산을 제3자에게 양도한 때에는 B의 시효진행이 방해받지 않고 계속되어 B가 20년간의 점유를 완성한 시점에 그 제3자(C)에 대하여 등기청구권을 취득하게 된다. 이때 C는 A의 잠재적 지위를 승계받게 되는 셈이다.

2) **시효완성 후의 처분**

시효완성 후의 처분은 원성자의 등기청구권을 상실시킨다. 등기명의인(A)은 시효완성자(B)의 존재에 관계없이 부동산을 제3자(C)에게 양도할 수 있는 등 외부관계에서 처분권자로서 인정된다. 등기명의인이 그 부동산을 제3자에게 양도하고 등기를 경료한 때에는 시효완성자(B)의 등기청구권은 이행불능으로 되며, 그 양수인(C)에 대하여 취득시효완성을 이유로 자기에게 소유권이전을 청구할 수 없다. 시효기간 만료 후에 제3자가 소유권이전등기를 먼저 경료한 경우에 판례는 이중양도의 법리에 따라 제3자가 설령 악의라 하더라도 그 소유권을 확정적으로 취득한다고 한다(대법원 1967. 9. 29. 선고 67다1508 판결). 등기명의인 A가 그 부동산을 C에게 매매하고 등기를 경료한 경우에, C는 아무런 하자 없이 소유권을 취득한다. C는 B에 대하여 소유물반환청구권을 행사하여 그 물건의 점유를 취득할 수 있다. 이때 B는 C에 대하여 시효완성자의 지위를 가지고 대항할 수 없다. B의 권리는 A에 대한 채권이기 때문에 채권자 이외의 사람에 대하여는 효력이 없기 때문이다.

• 등기명의인(A)과 양수인(C)이 진정한 양도의 의사 없이 가장매매를 한 경우에 그 매매계약은 통정한 허위표시로서 무효가 된다(제108조 1항). 시효완성자는 그 계약의 무효를 주장하고, 등기명의인의 등기말소청구를 대위행사하여 종전의 등기명의인에게 회복시킨 후, 자기에게 소유권이전등기를 해 줄 것을 청구할 수 있다(C⇒A⇒B). 판례도 토지에 관한 매매계약이 그 토지의 점유시효취득자에 대한 소유권이전등기의무를 면탈하기 위한 목적에서 이루어진 경우에는 통정허위표시에 해당하여 무효라고 하였다(대법원 1994. 10. 11. 선고 94다16090 판결). 소유자로 등기된 자(피고 A)는 점유자(원고)로부터 취득시효완성을 원인으로 한 소유권이전등기를 청구받은 후 그 토지를 피고 B에게 양도한 사건에서, A로부터 B에게로의 소유권이전등기에는 등기원인이 매매라고 기재되었지만, B는 그 등기 이후에 아무런 권리행사를 하지 않고 A가 건축공사를 진행했다는 사실 및 B는 A의 처남으로서 그 토지를 매수할 만한 재산을 갖지 않았다는 사실 등에 기초하여 그 매매계약이 통정허위표시라고 판시하였다.

3) 시효완성 후 처분의 효과

부동산소유권이 제3자에게 양도된 경우에, 시효완성자(B)는 종전 등기명의인(A)에 대한 내부관계에서 불법행위책임을 물을 수 있다. 취득시효완성을 이유로 한 소유권이전등기청구소송을 제기하여 그에 관한 입증까지 마친 후 부동산소유권자가 제3자에게 처분하여 소유권이전등기를 마친 경우에는 취득시효완성을 원인으로 한 소유권이전등기의무가 이행불능에 빠짐으로써 시효취득을 주장하는 자가 손해를 입었다면 불법행위를 구성한다(대법원 1993. 2. 9. 선고 92다47892 판결).

• 부동산소유권이 제3자에게 양도된 경우에 대상청구권이 발생할 수 있다. B가 A에 대하여 등기청구권을 행사한 이후에 A가 제3자(C)로부터 받은 매매대금에 대하여 B는 그것을 자기에게 이전할 것을 청

구할 수 있을 것이다. 등기청구권의 행사 이후 그 부동산은 실질적으로 시효완성자에게 속하는 것이므로, 그로부터 생기는 매각대금, 토지수용금 등의 환가금은 시효완성자에게 이전되어야 하기 때문이다.

종전토지의 일부인 특정부분을 점유하여 취득시효가 완성된 후 그 토지 전체가 환지된 경우에, 시효완성자는 환지된 토지에 관하여 특정부분의 전체면적에 대한 비율에 상응하는 공유지분을 시효취득한 것이라고 본다(대법원 1989. 9. 26. 선고 88다카18795 판결). 점유로 인한 부동산소유권 취득기간 만료를 원인으로 한 등기청구권이 이행불능으로 되었다고 하여 대상청구권을 행사하기 위해서는(협의매각대금의 인도청구) 그 이행불능 전에 등기명의자에 대하여 점유로 인한 부동산소유권 취득기간이 만료되었음을 이유로 그 권리를 주장하였거나 그 취득기간 만료를 원인으로 한 등기청구권을 행사했어야 하며, 그 이행불능 전에 이와 같은 권리의 주장이나 행사에 이르지 않았다면 대상청구권을 행사할 수 없다(대법원 1996. 12. 10. 선고 94다43825 판결).

• 시효완성자의 부당이득반환청구가 가능하다. 시효완성자의 등기청구권이 있은 후에 등기명의인이 그 부동산을 제 3 자에게 처분한 때에, 완성자는 그 매각대금을 부당이득으로서 자기에게 이전해 줄 것을 청구할 수 있다. 부동산의 일반취득시효에서는 소멸시효의 절대적 효력과는 달리 시효완성자의 취득시효주장(원용) 및 등기청구가 있을 때에 비로소 시효완성의 효과가 발생하므로, 시효완성자의 등기청구가 있기 이전에 등기명의인이 선의로 제 3 자에의 처분을 완료한 경우(등기경료)에는 비록 그것이 시효완성 후에 일어난 일이라도 부당이득반환청구를 할 수 없다.

3. 부동산의 등기부취득시효

(1) 등기와 10년 점유

소유권취득의 법적 원인이 없는 경우에도 소유자로서 등기된 자가

10년간의 점유를 한 때 소유권을 취득하게 되는 제도를 가리켜 등기부취득시효라고 한다. 부동산의 소유자로 등기한 자가 10년간 소유의 의사로 평온·공연하게 선의이며 과실 없이 그 부동산을 점유한 때에는 소유권을 취득한다(제245조 2항). 등기부취득시효는 선의취득제도와 유사하게 거래안전을 보호하는 기능을 담당한다.

등기부취득시효에서의 점유는 일반취득시효에서와 공통되는 요소가 많다. 점유계속, 시효의 산정, 자주점유, 평온·공연한 점유 등은 일반취득시효에서와 같다. 등기부취득시효에서는 그 밖에 「그 부동산에 관하여 취득자명의로 등기되어 있을 것」과 「점유가 선의·무과실」로 개시되었을 것을 특유요건으로 한다.

- 시효취득자는 10년간 소유의 의사로 평온·공연하게 선의이며 과실 없이 그 부동산을 점유해야 한다. 일반취득시효에서와 달리 선의·무과실의 요건이 추가된다. 선의란 등기명의인이 그 등기가 실체법상 무효임(권원의 부존재)을 알지 못하고 점유한 경우를 말하며, 무과실이란 등기명의와 점유의 취득에 있어서 거래상 요구되는 주의를 다하였음을 의미한다.
- 등기부시효의 완성자는 소유권을 취득하기 위하여 등기를 새로 할 필요가 없다. 취득시효의 요건을 충족하는 것만으로서 소유권을 취득한다.
- 시효취득자의 소유권취득의 효력이 점유를 개시한 때에 소급한다는 점은 일반취득시효에서와 같다.

(2) 등기명의의 보유

시효취득자는 시효기간 동안 그 부동산에 관하여 소유자로서 등기되어 있어야 한다.

- 등기부상 소유자로서 기재되어 있으면 충분하고, 실체법상 소유권

을 갖지 않더라도 무방하다.

◦ 시효취득자는 그 등기의 원인을 입증할 필요도 없고, 설사 그 등기가 원인무효로 밝혀지더라도 시효취득을 방해하지 않는다. 선의·무과실은 점유개시의 때에 존재하면 충분하다.

◦ 형식적 유효요건을 결여한 등기 중에서 이중등기의 경우에는 후등기는 등기 자체로서 무효이므로 등기부취득시효의 요건인 등기에 해당하지 못한다. 하나의 부동산에 관하여 두 개의 등기부가 개설되면 선등기에 무효사유가 없는 한 후등기가 무효로 되며, 그 후등기에 기한 시효취득은 인정되지 않는다(대법원 전합 1996. 10. 17. 선고 96다12511 판결).

◦ 이중등기 이외의 등기상 형식적 유효요건의 결여는 시효취득을 방해하지 않는다.

◦ 등기의 계속 : 등기명의는 10년간의 시효취득 동안 계속되어야 한다. 반드시 시효취득자의 명의로 계속되어야 하는가, 아니면 전점유자로부터 등기명의를 넘겨받은 경우에 그 기간도 합산되는가에 관하여는 별산설과 합산설이 대립했다. 합산설을 취할 때에 거래안전의 보호에 충실하게 되므로 합산설을 취함이 타당하다. 판례는 종전에 별산설을 취하였다가 1989년 이래 합산설을 취하고 있다(대법원 전합 1989. 12. 26. 선고 87다카2179 판결). 이 판례는 시효취득자명의뿐만 아니라 앞 등기명의까지 합쳐 10년간 소유자로 등기되어 있으면 충분하다고 해석한다. 그 근거로서 등기와 점유는 권리표상방법으로서 같은 가치를 가지므로 점유승계의 규정(제199조)이 등기승계에 유추적용된다고 한다. 상속의 경우에는 피상속인과 상속인의 등기를 합산하여 10년을 넘으면 충분하다(대법원 1989. 3. 28. 선고 87다카2587 판결).

(3) 소유권의 취득

등기부취득시효의 요건을 갖춘 자는 그 점유개시의 당시에 소급하여 소유권을 취득한다.

◦ 시효취득자의 등기는 그 등기 당시로부터 실체법상 유효인 등기였던 것으로 간주된다. 이 소유권취득이 승계취득의 성격을 가짐은 일반 취득시효에서와 같다.

◦ 등기부취득시효와 선의취득의 차이점 : 등기부취득시효에서는 점유기간이 10년이 경과하여야 소유권취득을 인정하는 반면에, 선의취득에서는 즉시의 소유권취득을 인정한다는 차이점을 갖는다. 선의취득의 경우에는 양수인이 양도인으로부터 매매를 했다는 등 유효한 취득원인을 입증할 책임을 지는 반면, 취득시효에서는 자주점유가 인정될 정도의 취득원인을 밝히면 그 법률행위의 존재에 대한 입증이 완전하지 못하더라도 시효취득이 허용된다는 점에 차이가 있다.

◦ 등기부취득시효와 선의취득의 공통점 : 승계취득의 법리에 의하면 취득자에게 소유권을 취득할 자격이 없다는 점, 취득자가 공시방법을 신뢰하여 거래했다는 점, 취득자가 소유권을 취득하기 위하여 자기 명의로 공시방법을 갖추고 있다는 점, 취득자가 선의·무과실로 물건을 점유하게 되었다는 점, 취득자가 평온·공연하게 양수했거나 점유를 취득했다는 점 등이 양자의 공통점이다.

4. 동산의 시효취득

동산의 취득시효제도는 일반취득시효와 단기취득시효의 두 종류로 나뉜다. 일반취득시효의 요건은 10년간 소유의 의사로 평온·공연하게 동산을 점유하고 있을 것이고, 단기취득시효의 요건은 5년간 소유의 의사로 평온·공연하게 동산을 점유하고 있으며, 그 점유가 선의이며 과실 없이 개시되었을 것을 요건으로 한다.

단기취득시효제도는 선의취득시효와 중첩되는 영역이 넓다. 단기취득시효는 점유취득 후 5년이 경과하여야 소유권의 소급적 취득을 인정하는 데에 반하여 선의취득에서는 점유취득 즉시 소유권취득을 인정하므로(제249조), 단기취득시효와 선의취득의 요건을 모두 갖춘 경우에는 선의취득제도가 이용된다. 단기취득시효는 자주점유가 양도행위에 의하지 않은 경우(상속)에 이용할 실익이 있다.

5. 기타 재산권의 취득시효

소유권 이외의 재산권의 취득에는 부동산과 동산에 관한 취득시효 규정이 준용된다.

◦용익물권 : 부동산에 관한 용익물권으로서 지상권과 지역권은 일반취득시효(20년)와 등기부취득시효(10년)가 모두 가능하다. 특히 지상권과 유사한 성격을 가지는 분묘기지권은 20년의 점유로 시효취득되는 사례가 빈번하다.

◦무기명채권 : 무기명채권의 경우에 채권증서의 준점유에 기하여 시효취득을 인정할 수 있다. 이때 동산시효기간을 적용하여 선의·무과실의 여부에 따라 10년 또는 5년의 점유기간이 요구된다. 지명채권은 채권자와 채무자 사이의 인적인 관계이므로 물건의 소유와는 성격이 다르며, 민법이 거래의 안전을 위해 준점유자에 대한 변제의 규정(제470조, 제471조)을 두고 있으므로 그 밖에 시효취득을 인정할 실익이 거의 없다. 어음·수표와 같은 지시채권에 관하여는 그의 유통성확보를 위하여 특별규정을 두고 있으므로 취득시효규정이 준용될 여지가 없다.

◦무체재산권 : 어업권과 광업권에 관하여는 특별법에 의해 시효취득이 인정된다. 그 시효취득에 관하여는 부동산취득시효에 관한 민법규정이 준용된다.

6장

소 유 권

17

소유권의 의의

1. 소유권의 역사

(1) 로마법의 절대적 소유권

서양에서 사유재산제도가 법제화된 것은 로마법에서부터라고 알려지고 있다. 로마법대전(Corpus Juris Civilis)에서는 "소유권은 법률이 금하지 않는 한 물건을 완전히 처분할 수 있는 권리이다"라고 하여 소유권을 절대적이고 자유로운 지배권으로 파악하였다. 소유자는 물건을 사용(usus), 수익(fructus), 처분(abusus)할 수 있는 전면적인 지배권을 부여받았다. 로마법은 철저한 단일소유권제도를 취하여 처분권능과 이용권능이 다른 사람에게 귀속되는 경우에도 소유권은 하나라고 파악하였다. 다만 타인이 제한물권의 설정을 통해 소유자로부터 이용권이나 처분권을 부여받는 것은 허용되었다.

(2) 중세의 봉건적 소유제

중세 봉건적인 소유권의 특징은 분할소유권의 제도를 취했다는 점에서 찾을 수 있다. 중세의 게르만법의 소유권은 상급소유권(Obereigentum)

과 하급소유권(Untereigentum)으로 분할되었다(분할소유권의 체계). 상급소유자에게는 물건에 대한 처분권 및 실체에 대한 권리가 부여되었고, 하급소유자에게는 독자적인 이용권이 부여되었다. 중세의 분할소유권체계를 성문화한 근대법전으로서는 프로이센 일반주법(1794)과 오스트리아민법(1811)이 있었다.

(3) 근대민법의 절대적 소유권

프랑스혁명은 봉건적 소유제를 붕괴시키는 데에 결정적인 역할을 하였다. 1791년 프랑스헌법은 "소유권은 불가침의 신성한 권리이다"라고 규정했다. 프랑스민법은 "소유권은 법률·명령에 의하여 금지된 사용을 하지 않는 한 물건을 가장 절대적인 방법으로 사용·수익·처분하는 권리이다"라고 규정한다. 독일민법은 "소유자는 법률 또는 제3자의 권리에 반하지 않는 한 물건을 임의로 처리하고 또한 타인의 그에 대한 간섭을 배제할 수 있다"고 규정한다.

근대법에서 하나의 물건에 대하여 하나의 소유권만을 인정하는 단일소유권주의는 소유자의 권능을 절대화하는 소유권의 절대성과 결합하였다. 개인의 소유권이 보장됨에 따라 소유자는 자기가 소유하는 물건에 관하여 유일한 소유자로서 독점적인 지배권을 인정받는다. 봉건주의 아래에서 국가가 토지의 상급소유자이고 개인이 하급소유자였던 중첩적 소유제도는 절대적 소유권 개념을 채택하면서 사라졌다. 근대법에서의 '소유권의 불가침성·절대성'이란 표현은 권력에 의한 침범으로부터 시민의 사소유권을 지키기 위해 이용된 개념이었으며, 그렇다고 하여 공공의 필요에 의한 소유권제한조차 배제한다는 의미의 절대성을 나타내는 것은 아니었다.

(4) 현대법의 소유권제한

토지의 사유화와 소유권의 절대성인정에 따라 토지소유의 편중이 극심해지자 공적 사업에 장애가 생기고 빈곤층의 불만이 팽배하는 등 여러 가지 사회적 문제가 발생하였다. 자유주의하에서는 이 문제를 해소하기 위하여 "소유권의 남용을 제한해야 한다"는 움직임이 있었고, 다른 한편 사회주의가 대두하여 사소유권을 최소화하고 토지의 국유화를 주장하였다. 자유주의적 소유권제한 움직임은 1919년 독일에서 바이마르헌법에 규정된 이래 현대의 자유주의국가 헌법에서는 공공복리 등에 의한 제한가능성을 규정하게 되었다.

(5) 우리나라의 소유제

우리나라에서는 고려시대와 조선시대에 왕토사상에 기한 국가적 토지소유제를 취했으나, 일제의 식민지정책의 일환으로 근대적 토지소유의 법제가 도입되었다. 실제로 근대적 토지소유제가 정착하게 된 것은 우리의 독립정부가 들어서고 현행민법이 제정된 이후라고 할 수 있다.

민법은 근대적 소유권개념을 도입하여 단일소유권제를 취한다. 소유권은 물건에 대한 전면적 지배권을 의미하며, 하나의 물건에 대하여 권한행사의 우선순위를 정하는 등의 방법으로 중첩적인 소유를 하는 것은 허용되지 않는다. 다만 하나의 소유권을 그 지분으로서 분할하여 공동소유하는 것은 허용된다. 소유자로부터 제한물권을 설정받거나 채권을 부여받은 경우에 소유자의 권능은 그 범위에서 일시적인 제한을 받게 된다.

하나의 물건에 대하여는 하나의 소유권만이 인정되고 소유자는 사용·수익·처분 등 물건에 관한 모든 권능을 가진다. 소유자의 절대적 지배권의 내용은 ① 사용·수익의 자유, ② 처분의 자유, ③ 침해로부터의 보호 등이다. 개인은 유일한 소유자로서 원칙적으로 국가의 간섭을 배제하고 자유롭게 토지를 지배할 수 있다. 그러나 절대적 지배권이란 소유권에 대한 제한이 가해지기 전의 상태로서 관념상으로 존재할 뿐이며, 현행법하에서의 소유권은 여러 가지의 제한이 가해진 상태로서 존재한다.

2. 소유권의 성질

(1) 사적 소유권

개인은 부동산과 동산에 대하여 사권(私權)으로서의 소유권을 보유할 수 있다. 개인의 사소유권(私所有權)은 헌법에 의해 보장되고 민법에서 규정한다. 민법은 민사의 법률관계에서 개인(사인)의 권리와 의무에 관련된 사항을 규정한다. 국가와 개인 사이에도 국가가 사인(私人)의 자격으로 물건에 관한 분쟁에 관여하는 때에는 민법이 적용된다.

헌법은 "모든 국민의 재산권은 보장된다. 그 내용과 한계는 법률로 정한다"고 함으로써(헌 제23조 1항) 사유재산권을 헌법상의 기본권으로서 인정한다. 사유제산제의 기본을 해치지 않는 범위에서 공공필요에 의한 국가 및 지방자치단체의 재산소유가 허용된다. 재산권의 헌법적 보장은 국가 또는 지방자치단체에 의한 사유재산권의 침해를 금지하는 효과를 가진다. 헌법은 이 점을 명확히 하기 위해 "공공필요에 의한 재산권의 수용·사용 또는 제한 및 그에 대한 보상은 법률로써 하되 정당한 보상을 지급하여야 한다"고 규정한다(헌 제23조 3항).

헌법은 "재산권의 행사는 공공복리에 적합하도록 하여야 한다"고 규정하고 있는데(헌 제23조 2항), 이 규정은 개인의 소유권 행사에 관련되어 있다. 원칙적으로 개인과 개인 사이의 권리와 의무에 관한 문제는 민사법의 문제이다. 소유자가 소유물을 임의로 사용 · 수익 · 처분할 자유와 권리는 법의 대전제로서 존재하므로, 소유권에 대하여 제한을 하는 경우에 그 제한을 정당화할 수 있는 사유가 존재하여야 한다.

(2) 관념적 지배권

소유권은 물건에 대하여 인정되는 권리로서 유체물 및 전기 기타 관리할 수 있는 자연력에 대한 지배권을 의미한다(제98조). 권리는 소유권의 객체가 되지 못한다. 지적재산에 대한 지배권은 무체재산권(특허권, 실용신안권, 저작권)이라고 부르며 소유권과 구별된다. 기업에 대한 지배권도 소유권의 범주에 포함되지 않는다.

소유권은 관념적 지배권으로서 사실상 지배를 기초로 부여되는 점유권과 구별된다. 소유권은 권리의 적법한 승계 및 기타 법률상 소유권취득원인이 있는 경우에 한해서 인정되는 권리이다.

(3) 전면적 지배권

소유권은 물건의 사용가치와 교환가치 기타 모든 가치를 전면적으로 장악할 수 있는 권리이다.

◦ 탄 력 성 : 소유권은 제한을 받았다가 그 제한이 풀리면 다시 전면적 지배권으로 복귀하는 탄력성을 가진다.

◦ 항 구 성 : 소유권은 시간적 제한 없이 영구히 존속한다. 소유권은 소멸시효의 대상으로 되지 않는다.

◦ 혼 일 성 : 소유권은 제한물권이나 기타 물건에 관한 채권과 합해지게 되면 소유권 하나에 모두 융합되어지는 성질을 갖는다. 소유자가 물건에 관한 용익권이나 담보권을 다른 경로로 취득하게 되더라도 특별한 사정이 없는 한 그 용익권이나 담보권은 혼동으로 인하여 소멸하고 소유권은 제한 없는 완전한 것으로 복귀하게 된다(제191조).

(4) 토지소유권의 제한

토지는 인간이 생존함에 있어서 필수적인 공간으로서 그 양을 자유롭게 증가시킬 수 없는 유한한 자원이다. 토지는 그 장소를 이동할 수 없는 고정성을 가진다. 전답을 건축용 대지로 바꾸는 등 용도의 전환은 가능하지만 토지의 양을 증가시키는 일은 매우 제한적으로만 가능하므로 양적 불변성을 가진다.

◦ 토지투기를 억제하여 토지의 효율적 이용을 도모하기 위해 토지공개념이 도입되고 이를 바탕으로 여러 행정적 규제가 행해진다. 토지가 부족함에도 불구하고 자본증식의 목적만으로 토지를 보유하거나 거래하는 것은 금지된다.

◦ 토지는 연속성을 가지므로 이웃토지와 필연적으로 인접하게 된다. 따라서 인접한 토지와 조화로운 사용을 위한 규제가 필요하게 된다. 이러한 목적의 토지소유권에 대한 규제를 상린관계법이라고 한다.

근대의 절대적 소유권개념은 소유자의 자유로운 의사를 존중한 반면 토지의 소유편중, 이용방법의 자의성, 투기목적의 거래 등 폐해의 소지를 제공하였으므로, 그 근본이념부터의 수정이 불가피하게 되었다.

◦ 국토가 국민 모두의 자원이라는 점에 비추어 볼 때 토지가 소수의 사람에게 편중되는 것은 제한되어야 한다.

◦ 토지는 국가의 토지이용정책에 맞게 이용됨으로써 국토의 이용을 합리적으로 조정할 수 있다.

◦ 토지를 사용할 의도가 없이 단지 자본의 안정적인 투자를 위하여 토지를 매입하는 행위는 금지되어야 한다.

(5) 토지공개념의 도입

토지공개념은 토지의 공공성을 강조할 현실적 필요성에 따라 사유재산권을 제한하는 기초법리이다. 토지는 단순한 상품이 아니라 인간의 생활과 생산을 위한 불가결의 기초이기 때문에 그 토지가 지니는 적성이나 기능 혹은 지역에 따라 공공복리를 위하여 적절한 공법적 규제가 행해져야 한다. 토지공개념은 개량주의적 토지사상을 구현하는 수단이라고 할 수 있다. 개량주의적 토지사상이란 자유주의적 토지사상을 기초로 하면서 이로 인한 사회적 병폐를 점진적으로 시정하려는 사회복지국가의 토지사상이다. 사유재산제를 바탕으로 하면서 국가의 조정과 규제를 통하여 토지배분의 형평성과 토지거래의 정당성을 도모하려고 한다.

토지공개념의 도입으로 소유권이 제한되는 경우에 다음의 규제원칙을 지켜야 한다.

- 행정목적이나 기타 공공목적 이외의 재산은 사유재산으로 할 것을 원칙으로 하면서 사인 사이에 균형 있는 분산이 이루어지도록 유도하는 데에 그쳐야 한다.
- 토지소유자에 대한 규제는 국가가 소유권을 몰수, 박탈하는 직접적 방법을 취해서는 안 되고, 부담금이나 기타 조세 등을 통해 토지소유자에 대한 간접적인 압력수단을 취하는 선에서 그쳐야 한다.
- 투기목적의 토지거래를 규제하기 위하여 토지거래의 자유를 제한할 수는 있으나 그 제한은 규제목적에 필요한 최소한에 그치고 상대방 및 거래가격의 결정에 있어서 당사자의 자유를 최대한 인정해야 한다.

토지공개념의 실천과제로서 법률과 제도를 만들 때 유념할 점은 다음과 같다.

- 생존과 생산을 위한 토지소유는 보호하고 재산증식 내지 투기적인 토지소유는 억제한다.
- 토지가 효율적으로 이용되도록 국토이용계획, 도시계획을 세우고

이들과 조화되지 못하는 토지이용을 차단한다. 국가의 토지계획과 상응하는 방법으로 토지개발이 이루어지도록 장려하며, 토지개발로 인한 개발이익증가분은 국가에 환수한다.

◎ 토지거래행위는 투기적 비정상적인 거래에 한정하여 규제하며, 토지거래규제로 인하여 정상적인 거래가 위축당하지 않도록 배려한다.

(6) 토지거래허가제

토지거래허가제란 일정지역 내에 있는 토지에 관해 양도계약이나 용익물권의 설정계약을 체결하기 위해서는 관청의 허가를 받아야 하는 제도를 말한다. 헌법재판소는 토지거래허가제의 합헌성을 인정하였다(헌재 1989. 12. 22. 선고 88헌가13 결정).

◎ 국토이용법에 의해 정부는 토지의 투기적인 거래가 성행하거나 지가가 급격히 상승하는 지역과 그러한 우려가 있는 지역에 대하여 토지의 거래계약 허가구역으로 지정할 수 있다.

◎ 거래당사자의 허가신청의무 : 허가구역 안에 있는 토지에 관한 소유권, 지상권 기타 사용·수익을 목적으로 하는 권리를 이전 또는 설정하는 계약을 체결하고자 하는 당사자는 공동으로 시장·군수·구청장의 허가를 받아야 한다.

(7) 농지매매증명

경자유전의 원칙과 농지소유상한제가 실효성을 갖게 하기 위하여 농지의 소유권이전등기에 농지매매증명서를 첨부토록 하고 있다. 판례는 농지개혁 직후에는 농지매매증명이 없으면 채권계약도 무효라고 했으나(대법원 1958. 11. 6. 선고 4292민상46 판결), 1964년 이후에는 그 증명이 없어도 채권계약은 유효하고 다만 물권계약이 무효로 될 뿐이라고 태도를 수정하였다(대법원 1964. 9. 15. 선고 64다617 판결). 그 결과 농지매매증명을 얻지 못한 매수인은 소유권이전등기는 할 수 없지만 농지를 적법하게 점유하고 수확한 농작물을 보유할 권리를 갖게 되었다.

쟁점정리 : 토지거래허가제와 유동적 무효

토지거래허가를 받지 않은 계약은 유동적 무효(流動的無效)이다. 허가구역 내의 토지에 관하여 당사자간에 체결된 양도계약 등은 토지거래허가를 받을 때까지 무효이다. 매매계약을 체결한 후 관청의 허가를 받은 경우에 매매계약은 체결 시에 소급하여 확정적으로 유효하게 된다. 거래허가가 나지 않음이 확실해진 경우에 그 계약은 소급하여 확정적 무효로 된다.

• 유동적 무효의 의미 : 효력요건을 갖추지 못하여 아직 계약의 효력을 발생시키지 못하는 상태를 가리켜 유동적 무효의 상태에 있다고 한다. 유동적 무효의 상태에서는 계약은 그 목적한 채권·채무를 발생시키지 않는다. 매도인은 매수인에 대하여 대금지급청구권을 갖지 못하고, 매수인은 목적물인도청구권을 갖지 않는다. 거래계약을 체결하고 허가 또는 불허가처분이 있을 때까지 그 거래계약은 유동적 무효로서 허가처분이 있게 되면 그 거래계약은 체결시에 소급해서 확정적으로 유효하고, 불허가처분이 있을 때에는 계약체결시에 소급해서 확정적 무효가 되며 따라서 계약체결 후 허가 또는 불허가처분이 있기까지 거래계약은 효력을 발생하지 아니하고 오직 허가신청 협력의무만이 발생한다(대법원 전합 1991. 12. 24. 선고 90다12243 판결).

• 협력의무 : 매매당사자는 매매계약을 유효하게 하기 위해 토지거래허가에 협력할 의무를 진다. 협력의무를 발생시키는 약정은 명시적으로 하지 않더라도 허가지역에 있는 토지를 매매하는 계약을 하는 경우에는 묵시적으로 그러한 약정이 수반된다고 해석된다. 유동적 무효의 상태에 있는 동안 당사자간의 계약에 의해서는 허가신청의무만이 발생한다. 허가신청 협력의무는 소송으로 강제할 수 있다(대법원 1993. 1. 12. 선고 92다36830 판결).

• 위약금약정 : 매매계약이 유효한 경우에 한해서 계약금은 해약

금으로서의 효력을 가질 수 있다(제565조 1항). 허가를 받기 전에는 매매계약이 효력을 발생하지 않으므로 그 계약시에 받은 계약금도 해약금으로서 몰수 또는 지급청구할 수 없다. 그러나 당사자가 토지거래허가를 받기 위한 협력을 이행하지 않을 경우에 대비하여 위약금약정을 한 경우에 그 약정은 유효하다(대법원 1997. 2. 25. 선고 96다48398 판결).

• 확정적 유효로의 전환 : 토지거래계약이 유동적 무효인 상태에서 그 토지에 대한 토지거래허가구역 지정이 해제된 경우에는 그 토지거래계약은 확정적 유효로 된다(대법원 전합 1999. 6. 17. 선고 98다40459 판결).

• 확정적 무효로의 전환 : 관할 도지사에 의한 불허가 처분이 있을 때나 당사자 쌍방이 허가신청협력의무의 이행거절의사를 명백히 표시한 경우에 계약은 확정적으로 무효로 된다(대법원 1996. 11. 8. 선고 96다35309 판결).

• 계약취소권 : 토지거래허가를 받지 않아 유동적 무효 상태에 있는 거래계약에 관하여 사기 또는 강박에 의한 계약의 취소를 주장할 수 있다(대법원 1997. 11. 14. 선고 97다36118 판결).

• 채무불이행책임 불가 : 허가를 받지 않은 매매계약은 채권계약으로서의 효력도 발생하지 않는다. 매수인은 매도인에게 소유권의 이전은 물론 점유의 이전도 청구할 권리를 갖지 않는다. 매도인은 매수인에게 대금의 지급을 청구할 권리가 없으며, 대금의 이행지체로 인한 지연이자도 청구할 수 없다. 당사자의 일방이 그 의무를 이행하지 않는 경우에, 법적인 청구권을 갖지 않으므로 이행을 소구하거나 강제집행을 청구할 수 없으며, 채무불이행으로 인한 손해배상청구권도 발생하지 않는다.

• 부당이득반환 : 매도인이 매수인에게 목적물을 인도한 경우에도 매수인의 점유 및 토지사용은 법적 원인 없는 것이 되어 부당이득반환의 대상이 된다. 이미 지급한 계약금, 중도금 및 매매대금은 부당이득반환의 대상이 된다. 유동적 무효상태의 계약에 기하여 임의로 지급한 계약금 등은 유동적 무효상태가 확정적으로 무효가 되었을 때 비로소 부당이득으로서 그 반환을 구할 수 있다.

3. 토지소유권의 상하의 범위

◎ 소유권의 범위 : 토지의 소유권은 정당한 이익이 있는 범위 내에서 토지의 상하에 미친다(제212조). 이에 따라 소유권은 지상의 공간 및 지하의 토석과 지하수에 확장된다. 광업권의 객체인 광물과 매장물(제254조)에 대하여는 토지소유권의 효력이 미치지 못한다.

◎ 정당한 이익 : 토지소유권은 정당한 이익이 있는 범위 내로 한정된다. 어떤 범위까지 정당한 이익이 있다고 인정될 것인가는 구체적인 사례에서 거래관념에 따라 객관적으로 판단된다. 그 이익은 재산적 이해관계에 한정되지 않고, 미적인 외관의 유지와 같이 비재산적인 가치도 포함된다.

◎ 침해의 배제 및 손해배상 : 토지소유자는 소유권의 범위 내의 영역에 대해 제3자의 침해가 있는 경우에 물권적 청구권을 행사하여 그 침해를 배제할 수 있다.

◎ 지하수는 온천·광천·약수를 묻지 않고 그 지하수를 채취하는 토지의 소유자가 용수권을 가진다. 지하수는 토지의 구성부분을 이루는 것으로서 지하수의 이용은 토지소유권의 권능의 일부이다. 온천수에 관해서는 그것이 용출되는 토지의 구성부분이지 독립한 물권의 객체가 아니며, 따라서 온천권이라는 관습법상 물권은 인정되지 않는다(대법원 1970. 5. 26. 선고 69다1239 판결).

민법은 인접 토지소유자 사이의 지하수 이용을 보호하기 위한 규정을 두고 있다. 토지소유자와 수요자가 원천이나 수도를 공용하는 경우 각 그 수요의 정도에 응하여 타인의 용수를 방해하지 아니하는 범위 내에서 용수할 권리가 있다. 그 원천 또는 수도가 타인의 건축 기타 공사로 인하여 단수, 감수 기타 용도에 장애가 생긴 때에는 용수권자는 손해배상 및 경우에 따라서는 원상회복을 청구할 수 있다(제236조 1

항 · 2항).

◦ 아직 채굴하지 않은 광물은 광업법에 따라 국가의 채굴취득권의 대상이 된다. 토지의 소유자는 자기 토지에 매장되어 있는 광물에 대한 소유권을 주장할 수 없다. 그러나 광물이 아닌 흙이나 바위는 토지 소유권에 속한다.

4. 선점, 습득, 발견에 의한 소유권취득

(1) 무주물선점

동산의 선점은 소유권취득의 요건을 충족시킨다. 무주(無主)의 동산을 소유의 의사로 점유한 자는 그 소유권을 취득한다(제252조 1항).

◦ 무주의 동산 : 무주의 동산이란 물건은 현존하지만 소유권이 아직 발생하지 않은 경우를 말한다.

◦ 자주점유 : 무주물선점은 소유권취득의 원인이 되므로, 그 요건이 되는 점유도 소유의 의사로 하는 점유여야 한다.

◦ 소유권의 원시취득 : 무주물을 선점한 자는 그 동산에 대한 소유권을 원시취득하게 된다. 그 소유권은 제한물권 등의 부담이 없는 완전한 소유권이다.

무주물선점이 제한되거나 금지되는 경우는 다음과 같다.

◦ 야생동물의 특칙 : 민법은 야생동물에 관해서는 특별규정을 두고 있다. 야생하는 동산은 무주물로 하고, 사육하는 야생동물도 다시 야생상태로 돌아가면 무주물로 한다(제252조 3항).

◦ 광물 · 수산물에 관한 특칙 : 광물은 광업권의 객체로 되고, 수산물은 어업권의 객체로 되므로 무주물이 그러한 권리의 범위에 속하는 때에는 선점자에게 소유권이 인정되지 않는다. 다만 특정 광업권자 · 어업권자의 영역에 들지 않는 구역에서 채취한 광물, 수산물은 무주물

선점의 객체가 된다.

◦ 문화재의 특칙 : 학예, 기예 또는 고고의 중요한 자료가 되는 물건에 대하여는 무주물선점의 법리에 의하지 않고 국유로 한다(제255조 1항). 이 경우에 선점자는 국가에 대하여 적당한 보상을 청구할 수 있다(제255조 2항).

◦ 부동산은 선점의 객체가 되지 않는다. 무주의 부동산은 국유로 한다(제252조 2항). 부동산의 소유자가 소유권을 포기한 경우에 그 소유권은 국가에 귀속하게 되며, 부동산 소유자가 사망한 후 상속인이 없는 경우에도 국가에 귀속한다.

(2) 유실물습득

유실물은 법률에 정한 바에 의하여 공고한 후 1년 내에 그 소유자가 권리를 주장하지 아니하면 습득자가 그 소유권을 취득한다(제253조).

유실물습득의 요건은 다음과 같다.

◦ 유실물 : 소유권취득의 객체가 유실물이어야 한다. 원칙적으로 동산만이 유실물에 해당한다. 도품은 유실물에 해당하지 않으므로, 소유자가 도난당하거나 편취당한 물건은 유실물습득의 객체가 되지 못한다. 임차인이 유실한 물건도 이에 해당한다.

◦ 습득 : 유실물습득을 하려는 자는 물건을 습득한 자이어야 한다. 습득이란 물건을 타인의 것인 줄 알고 스스로 점유하거나 또는 타인의 물건을 발견하여 유실물 발견소에 보관시키는 것을 말한다.

◦ 공고 후 1년이 경과했어야 한다.

◦ 소유자의 권리 불행사 : 공고 후 1년이 경과하도록 소유자가 권리주장을 하지 않았을 것이 요건이다. 소유자의 권리주장에는 점유자에 대한 소유물반환청구(제213조) 이외에 유실물법에 따른 권리의 주장이 포함된다.

유실물습득의 효과로서 습득자는 습득물에 대한 소유권을 취득한다. 그 소유권취득에 필요한 절차에 관해서는 유실물법에서 정한다. 유실물이 학예, 기예 또는 고고의 중요한 자료가 되는 물건인 경우에는 습득자가 소유권을 취득하지 못하고 국유로 된다(제255조 1항). 이 경우에 습득자는 국가에 대하여 적당한 보상을 청구할 수 있다(제255조 2항).

(3) 매장물발견

매장물은 법률에 정한 바에 의하여 공고한 후 1년 내에 그 소유자가 권리를 주장하지 아니하면 발견자가 그 소유권을 취득한다(제254조).

매장물발견으로 소유권을 취득하기 위한 요건은 다음과 같다.

- 매장물 : 매장물이란 과거 누구의 소유물이었을 가능성은 있으나 숨겨져 있어서 현재 누구의 것인지 알 수 없는 물건을 말한다.
- 발견 : 매장물의 발견이란 매장물의 존재를 인식하고 그 사실을 다른 사람에게 알리는 행위를 말한다. 매장물의 발굴작업에 의해서 예상한 물건이 발견된 경우에, 그 발견자는 그 발굴작업을 주도한 사람이지 그에게 고용된 노무자가 아니다.
- 공고 후 1년이 경과해야 한다.
- 소유자의 권리 불행사 : 공고 후 1년 이내에 소유자의 권리행사가 없었어야 한다.

매장물발견의 효과로서 매장물의 발견자는 그 물건에 대한 소유권을 취득함이 원칙이다. 그러나 타인의 토지 기타 물건으로부터 발견한 매장물은 그 토지 기타 물건의 소유자와 발견자가 절반하여 취득한다(제254조 단서). 학술, 기예 또는 고고의 중요한 자료가 되는 물건에 대하여는 매장물발견의 법리에 의하지 않고 국유로 한다(제255조 1항). 이 경우에 발견자 및 매장물이 발견된 토지 기타 물건의 소유자는 국가에 대하여 적당한 보상을 청구할 수 있다(제255조 2항). 그 밖에 문화재보호법에 자세한 규정이 있다.

5. 부합, 혼화, 가공 등에 의한 소유권귀속

(1) 개 설

어떤 물건에 타인의 물건이 결합하거나 타인의 노력과 기술이 첨가되는 것을 가리켜 첨부라고 하고 이는 소유권의 취득원인이 된다. 첨부에는 부합, 혼화, 가공이 있다.

민법의 첨부에 관한 규정들은 다음과 같은 원칙으로 법률관계를 정하고 있다.

◦ 첨부에 의하여 생긴 물건의 소유자를 누구로 할 것인가 하는 문제는 물권법질서에 관한 것이므로 강행규정성을 띤다.

◦ 민법은 물건은 원래의 상태로 분리하는 등의 방법으로 물건의 효용성을 해치지 않고 효용성이 증가된 현재의 상태에서 1인의 소유자를 결정함으로써 합리적인 해결책을 모색하려 한다.

◦ 첨부로 인하여 소유권을 유지·취득하게 되는 자는 부당이득을 하는 결과로 되는데, 이 부당이득은 소유권상실자에게 손실보상으로 반환되어야 한다.

◦ 첨부에 의해 소멸하게 된 구소유권에 대한 제3자의 권리는 첨부에 의해 소유권이 변동된 후에도 보호된다.

(2) 부합된 물건에 관한 소유권

부합이란 소유자를 달리하는 여러 개의 물건이 결합하여 사회관념상 한 개의 물건으로 되는 경우를 가리킨다. 어떤 물건이 부동산에 부합되었다고 인정되기 위해서는 그 부합물이 거래관념에 비추어 독립성을 잃을 정도로 결합되었어야 한다. 누가 합성물의 소유권을 취득할 것인가에 관하여 민법은 부동산의 부합(제256조)과 동산의 부합(제257조)을 다른 원칙에 따라 규율한다.

◦ 부동산과 동산의 부합 : 민법은 부동산의 소유자는 그의 부동산에 부합하는 물건의 소유권을 취득한다고 규정함으로써(제256조 본문), 부동산의 소유권을 동산의 소유권보다 우선시키고 있다.

◦ 건물간의 부합 : 건물은 토지에 부합하지 않는다. 타인 소유의 건물을 증축·개축한 경우에, 그 증축·개축부분이 독립성을 가지는지에 따라 그 권리귀속이 달라진다. 증축·개축부분이 독립성을 가지느냐의 여부는 사회통념을 기초로 판단된다. ① 증축·개축 부분이 독립성을 갖지 않을 경우에는 민법 제256조 본문에 따라 건물의 소유자에게 귀속한다. ② 증축·개축 부분이 독립성을 갖는 경우에는 당연히 기존건물의 소유권에 속하지 않는다고 본다. 증축·개축자가 도급계약 등의 권원을 가지고 건축한 경우에는 건물의 구분소유관계가 발생할 수 있으므로(제256조 단서), 증축자·개축자는 그 부분을 구분소유의 객체로서 등기함으로써 구분소유권을 취득한다. 권원없는 때에는 원칙적으로 기존건물의 소유권에 속하지만 당사자의 합의로 구분소유의 객체로 삼을 수 있다고 해석된다.

부동산부합의 효과는 다음과 같다.

◦ 소유권의 흡수취득 : 부동산의 소유자는 부합된 동산의 소유권을 흡수하여 부동산의 소유권의 범위를 확장시키게 된다(제256조 본문).

◦ 권원에 의한 부속물의 예외 : 타인의 권원에 의하여 부속된 동산은 부동산소유권에 흡수되지 않는다(제256조 단서). 지상권, 전세권, 임차권 등에 의하여 그 부동산을 사용하는 자가 부속시킨 경우를 말한다. 다만 부속된 물건이 부동산과 일체를 이룬 경우에는 부동산 소유권에 흡수된다. 부동산에 부합된 물건이 사실상 분리복구가 불가능하여 거래상 독립한 권리의 객관성을 상실하고 그 부동산과 일체를 이루는

부동산의 구성부분이 된 경우에는 타인이 권원에 의하여 이를 부합시킨 경우에도 그 물건의 소유권은 부동산의 소유자에게 귀속된다(대법원 1985. 12. 24. 선고 84다카2428 판결).

◦ 농작물의 예외 : 타인의 토지에 권원이 없이 파종된 종자 · 식재된 종묘 등 농작물은 경작자의 소유로 되며 부동산소유권에 흡수되지 않는다(반대견해 있음). 관습법에 비추어 볼 때, 농경지를 경작하지 않고 방치하는 지주들은 그 농작물에 대한 권리를 취득하지 않기 때문이다.

◦ 보상청구권 : 부합(혼화 · 가공에서도 같음)에 의하여 손해를 받은 자는 부합물의 소유자에 대하여 부당이득에 관한 규정(제748조 이하)에 따라 보상을 청구할 수 있다(제261조). 합성물의 소유자와 부합물의 소유자 사이에 도급계약 등이 체결되어 있어 그 보상에 관하여 합의가 있는 경우에는 그 계약에 따른다.

동산의 부합은 다음과 같이 인정된다.

◦ 동산에 동산이 부합하여 훼손하지 않으면 분리할 수 없거나 그 분리에 과다한 비용을 요할 경우에 부합이 인정된다. 분리하게 되면 물건의 가치가 현저히 감소하는 경우에도 부합된 것으로 본다.

◦ 소유권의 흡수취득과 손실보상 : 동산에 동산이 부합하여 훼손하지 않으면 분리할 수 없거나 그 분리에 과다한 비용을 요할 경우에는 그 합성물의 소유권은 주된 동산의 소유자에게 속한다(제257조 전단).

◦ 공유관계의 성립 : 피부합물과 부합물 사이에 주종을 구별할 수 없을 때에는 각 동산의 소유자는 부합 당시에 있어서의 가액의 비율로 합성물을 공유한다(제257조 후단). 이 경우에 법률의 규정에 의한 공유관계가 성립한다. 이러한 공유물의 분할에 관해서는 대금분할 또는 가격의 배상에 의한 분할만이 가능하며 현물의 분할은 허용되지 않는다.

(3) 혼 화

동산과 동산이 합쳐져 식별할 수 없게 되는 경우를 혼화(混和)라고 한다. 곡식이 곡식창고에 섞여서 보관되는 경우, 기름이 유류창고에 혼장되는 경우에 혼화의 문제가 생긴다. 이 경우에는 동산간의 부합에 관한 법리가 적용된다(제258조).

◦ 혼화된 동산 사이에 주종을 구별할 수 있을 때에는 혼화된 합성물의 소유권은 주된 동산의 소유자에게 속한다(제257조).

◦ 혼화된 물건들 사이에 주종을 구별할 수 없을 때에는 각 동산의 소유자는 부합 당시에 있어서의 가액의 비율로 합성물을 공유한다(제257조 후단).

◦ 혼화에 의하여 물건의 소유권이 소멸하였을 때에는 그 물권 위에 존재하는 제 3 자의 권리도 소멸한다(제260조 1항).

◦ 혼화에 의하여 손해를 받은 자는 합성물의 소유자에 대하여 부당이득에 관한 규정(제748조)에 따라 보상을 청구할 수 있다(제261조).

(4) 가공에 의한 소유권변동

가공이란 타인의 물건을 재료로 사용하여 새로운 물건을 제작하거나 또는 타인의 물건에 노력과 기술을 가하여 변형시킴으로써 새로운 물건을 제작하는 것을 말한다.

◦ 재료소유자의 흡수취득 : 타인의 동산에 가공한 때에는 그 물건의 소유권은 원재료의 소유자에게 속한다(제259조 1항 본문). 민법은 가공된 물건의 소유자를 누구로 하느냐에 관해서 재료소유자의 흡수취득을 원칙으로 규정한다.

◦ 가공자가 소유권을 취득하는 경우 : 가공으로 인한 가액의 증가가 원재료의 가액보다 현저히 다액인 때에는 가공자의 소유로 한다(제259

조 1항 단서). 가공자가 자신의 재료를 일부 제공한 때에는 그 가액은 증가액에 가산된다(제259조 2항). 가공에 의하여 그 전과 다른 새로운 물건이 제작된 경우에 한함은 물론이다.

◦ 노동관계의 예외 : 종속적 노동관계에 의한 생산에는 민법 제259조를 적용하지 않는 것이 타당하다. 종속노동에서 노동자는 노동에 대한 대가로서 임금을 취득할 것을 목적으로 노동하며 생산물은 사용자 등 기타 권리자에게 귀속하게 된다.

18 소유권에 기한 물권적 청구권

1. 물권적 청구권의 특성

소유자는 소유권을 현실적으로 실현하기 위하여 그 행사를 방해하는 자에 대하여 물권적 청구권을 행사할 수 있다. 소유자의 물권적 청구권은 반환청구권, 방해제거청구권, 방해예방청구권의 세 가지 내용으로 구성되어 있다(제213조, 제214조).

소유권에 기한 물권적 청구권은 소유권으로부터 파생되는 청구권이다. 이는 청구권이므로 특정인(소유자)이 특정인(방해자)에 대하여 일정한 행위(물건의 반환, 방해제거, 방해예방)를 청구하는 권리이다. 물권적 청구권은 방해가 있을 때에 한해서 현실화되었다가 방해가 끝나면 다시 잠재적인 권리로서 소유권에 포함되어진다. 물권적 청구권은 소유권의 일부를 구성하므로 소유권과 분리하여 물권적 청구권만을 양도하는 것은 허용되지 않으며, 물권적 청구권만이 소멸시효에 걸리지도 않는다.

소유권에 기한 방해배제청구권과 방해예방청구권은 인접한 토지소유자 사이의 상린관계와 밀접한 관련성을 갖는다. 상린관계규정에 포함되어 있는 생활방해의 금지규정(제217조)은 방해제거청구권 및 방해예방청구권의 특칙으로서의 성격도 갖는다.

2. 소유물반환청구권

소유자는 법률상 정당한 원인 없이 그 소유물을 점유한 자에 대하여 반환을 청구할 수 있는 소유물반환청구권을 갖는다(제213조).

(1) 요 건

◦ 청구권자 : 소유물반환청구권을 행사할 수 있는 사람은 소유자이다. 아직 등기를 하기 전이어서 사실상 소유권만 갖고 있는 부동산매수인(미등기매수인)은 소유물반환청구권을 행사할 수 없다.

◦ 상 대 방 : 청구의 상대방은 현재 그 물건을 점유하고 있는 사람이다. ① 상대방은 현재의 점유자여야 하며 점유침탈자라도 현재(사실심 변론종결시) 그 물건에 대한 점유를 상실한 때에는 청구의 상대방이 되지 않는다. ② 간접점유자도 소유물반환청구권의 상대방이 될 수 있다. ③ 상대방은 그 물건을 점유할 권리(본권)를 갖지 않은 자(무단점유자)이어야 한다(제213조 단서). ④ 상대방이 권원 없이 물건을 점유하는 것에 관하여 고의·과실이 있을 것은 요건이 아니다.

◦ 점유할 권리 : 점유자가 그 물건을 점유할 권리가 있는 때에는 반환을 거부할 수 있다(제213조 단서). 여기에서 말하는 점유할 권리란 본권을 말한다. 소유자의 반환청구권은 불법의 점유자에 대해서 행사하는 것이 타당하므로 정당한 권리를 가진 자는 이에 응할 필요가 없는 것이다. 점유자가 소유자에 대하여 반환을 거부할 수 있는 물권이나 채권을 갖지 않음에도 불구하고 소유자의 소유물반환청구가 신의칙에 위반하여 허용될 수 없다고 여겨지는 경우에, 그 반사적 효과로서 점

유자에게 반환을 거부할 권리가 생기게 된다.

다음의 권리들이 점유할 권리에 해당한다.

① 점유를 내용으로 하는 제한물권 : 점유할 권리가 지상권・전세권・유치권・질권 등의 물권인 경우는 누구에게 대해서나 효력이 있으므로 소유자에 대해서도 그를 가지고 대항할 수 있다. 법정지상권자 및 법정지상권을 취득할 지위에 있는 자는 소유자의 물권적 청구권을 배척할 수 있다(대법원 1985. 4. 9. 선고 84다카1131 판결).

② 점유를 내용으로 하는 채권 : 임차권, 임치, 도급 등 점유를 수반하는 채권 및 그에 기한 동시이행의 항변권도 점유할 권리에 포함된다. 점유할 권리가 채권 및 그에 기한 동시이행의 항변권인 경우에 그것은 소유자에 대한 채권이어야 함이 원칙이다. 승낙받은 전차인은 임대인(소유자)에 대한 관계에서 임대차관계가 인정되므로 소유자의 반환청구를 거절할 수 있다(제629조 참조).

③ 전매인 : 소유자(매도인)로부터 점유를 이전받은 매수인으로부터 다시 매수한 전매인(轉賣人)과 같이 현재의 점유자가 소유자와 계약관계에 있는 자의 의사에 기해 점유취득을 한 경우에, 점유할 권리가 인정된다. 매수인으로부터 토지를 다시 매수한 자는 매매계약의 효력으로서의 토지의 점유・사용권을 취득하였으므로 매도인은 전매인에 대하여 토지 소유권에 기한 물권적 청구권을 행사할 수 없다(대법원 1998. 6. 26. 선고 97다42823 판결).

④ 대항력 있는 임차권 : 제3자에게 대항할 수 있는 채권을 가진 자는 소유자의 반환청구를 거부할 수 있다. 그 채권이 그 소유자로부터 유래한 것이 아닌 경우에도 대항력을 가지고 반환을 거부할 수 있다. 등기된 임차권, 주택임대차보호법 등의 대항요건을 갖춘 임차권이 이에 해당한다.

(2) 효 과

청구의 상대방은 청구인에게 그의 소유물을 반환해야 한다.

◦ 반환의무의 발생 : 소유자가 소유물반환청구권을 행사하면 상대방은 그 물건의 반환의무를 즉시 이행해야 한다. 여기서 말하는 상대방의 반환의무는 채권관계로부터 나오는 것이 아니라 물권관계에서 생기는 것이다.

◦ 채권법의 준용 : 소유물반환청구권은 물권적 청구권이지만 물권법에 그 청구권의 행사에 관하여 자세한 규정이 없으므로, 채권법의 규정이 그 성질에 반하지 않는 한 유추적용된다. 채권편의 규정 중 강제이행(제389조), 채무불이행책임(제390조 이하), 채권자지체(제401조 이하), 변제(제406조 이하)의 규정은 유추적용할 필요가 크다.

◦ 반환의무의 이행 : 소유물반환청구에서 말하는 반환은 원칙적으로 소유자로 하여금 물건을 직접 점유하게 해 주는 것을 말한다. 만약 피청구인이 단지 간접점유만을 갖고 있던 경우에는 그의 간접점유를 소유자에게 이전시켜 주는 것으로 충분하다.

◦ 반환비용은 청구의 상대방이 부담함이 원칙이다(제473조). 물권적 청구권이 행위청구권의 성질을 갖는다고 보기 때문이다. 소유물의 반환장소는 점유침탈 당시에 그 물건이 있었던 곳이다(제467조 1항). 점유자가 임의로 반환의무를 이행하지 않는 경우에는 소유자는 그 강제이행을 법원에 청구할 수 있다(제389조 1항).

(3) 점유자와 회복자의 관계

본권 없이 점유하는 자는 소유자나 기타 물권자가 그 물건의 반환을 청구하면 점유물을 반환하여야 한다. 이때 점유물 자체의 반환과 동시에 점유자와 회복자 사이에는 그동안 점유자의 권원없이 점유하던 상태에 대한 청산도 함께 행하여져야 한다. 과실의 반환, 손해의 배상 그리고 비용의 상환 등이 그에 해당한다. 민법은 이러한 청산관계를 소유물반환청구권의 부분에 규정하지 않고 점유의 장에서 규정한다. 점유자와 회복자 사이의 관계는 소유물반환청구권과 관련을 가진다.

점유자와 회복자 사이에 임대차 · 임치 · 사용대차 등의 계약에 기한 채권적인 반환의무가 있는 경우에, 그 반환은 물권적 반환청구권에 의해서가 아니라 채권적 반환청구권에 의하며 그 반환의 시기 · 범위 · 하자에 대한 책임 · 비용부담 문제는 계약의 해석에 의해 정해진다.

3. 방해제거청구권

(1) 의 의

소유자는 소유권을 방해하는 자에 대하여 방해의 제거를 청구할 수 있다(제214조 전단). 소유자의 방해제거청구권은 제3자에 의한 방해로 소유권의 내용이 완전히 실현되지 못하는 상태를 제거하고 소유권의 행사를 완만하게 하기 위하여 인정되는 권리이다.

방해배제청구권은 현대사회가 생활공간의 밀집, 과학기술 및 대중매체의 발달 등으로 타인에 대한 방해요인을 많이 내포하게 되자 그 중요성이 매우 높아지게 되었으며 점점 그 적용영역이 확장되고 있다. 근래 방해배제청구권은 신용 · 영업 · 사생활 · 건강 · 쾌적하고 평온한 생활 · 일조(日照) 기타 사인의 이익에 대한 침해를 배제하는 법적 수단으로 이용된다.

◦ 불법행위책임과의 차이 : 물건에 대한 소유자의 권리가 제3자에 의하여 침해된 경우에 민법상의 구제수단으로서 물권적 방해제거청구권과 불법행위에 기한 손해배상청구권이 발생한다. 방해제거청구권은

방해자의 고의·과실을 요건으로 하지 않고 그 방해상태의 존재에 기해 발생하며, 가해상태를 없애고 원상회복시키는 방해배제청구권과 장래의 방해를 저지할 수 있는 방해예방청구권의 두 종류가 있다. 반면에 불법행위법은 과실책임주의를 원칙으로 삼으므로 피해자는 가해자에게 고의·과실이 없는 경우에 아무런 책임을 물을 수 없고 스스로 그 손해를 감수해야 한다. 불법행위법의 구제방법은 원칙적으로 금전으로의 손해배상에 한정된다는 점도 취약점이다.

◦ 방해와 손해의 구별 : 불법행위법의 손해배상은 이미 발생한 침해를 금전으로 전보배상하는 것에 그 내용이 한정된다. 반면에 방해제거청구권은 방해에 대하여 금전배상 이외의 방법으로 방해가 없었던 상태로 회복하는 것을 내용으로 한다. 만약 이웃토지에서 흙이 흘러내려 나의 토지이용을 방해하는 경우, 흘러내린 흙의 제거는 방해제거청구권에 의하여 해결하고, 그 흙으로 말미암아 나의 토지이용이 방해받음으로써 생긴 손해는 불법행위에 의한 손해배상청구권에 의해 해결된다.

방해와 손해는 침해상태의 계속성 및 구제방법에 의해 구별된다. 과거에 경작을 방해한 일이 있다 하더라도 현재 방해를 하고 있지 않은 이상 과거의 방해로 인한 손해배상을 청구함은 허용되지만 경작방해배제를 청구함은 무의미하다(대법원 1963. 1. 31. 선고 62다878 판결).

(2) 요 건

◦ 소유권에 대한 방해 : 민법 제214조에서 말하는 방해란 소유권에 대한 점유침탈이나 불법점거 이외의 모든 방해형태를 말한다. ① 방해는 타인(방해자)이 방해행위를 하였거나 방해상태를 야기한 결과 생겼어야 한다. ② 방해는 현재 계속되고 있어야 한다. ③ 방해제거는 단순히 피해자의 측면에서만 막연하게 고찰할 것이 아니라, 피해자(즉 소유

자)와 방해자 사이에서 구체적으로 판단된다. ④ 방해는 장애와 구별된다. 장애는 그러한 상황이 누구 때문에 생겼는가를 묻지 않고 소유권의 완전한 행사가 불가능한 사실만을 일컫는 말이나(어떤 원인에 의한 것인지를 묻지 않고), 방해는 타인의 행위나 기타 원인제공에 의하여 그러한 상황이 생긴 경우만을 가리킨다.

◦ 방해상태의 야기 : 청구의 상대방은 현재 방해행위를 하는 자이다. 방해원인은 다음 세 가지로 분류된다. ① 상대방의 방해행위로 방해상태가 생긴 경우이다. ② 상대방의 행위에 불가항력이 겹쳐 방해상태가 생긴 경우이다. 예를 들어 커다란 바위 위에 전망대를 신축하였는데 전망대의 중압으로 바위가 부서져 흘러내린 경우가 이에 해당한다. ③ 불가항력에 의하여 방해상태가 생긴 경우에는 상대방의 방해제거의무가 발생하지 않는다. 예를 들어 순수한 자연력, 전쟁, 제3자의 행위로 인한 경우가 이에 해당한다.

◦ 방해의 위법성 : 소유자는 상대방의 위법한 방해에 대해서만 제거청구를 할 수 있다. 즉 방해는 적법한 것이 아니어야 한다. 상대방이 자기의 정당한 권원에 의해서 소유자에게 불편을 주는 경우에 소유자는 그를 감수하여야 한다. 상대방이 지역권이나 임차권에 기한 권리행사를 하는 경우가 그에 해당한다. 그 밖에 공법상 허용된 행위도 있다. 소유자가 인용의무를 지는 경우에도 방해제거청구는 부정된다. 소유자가 상린관계규정이나 당사자간의 합의 또는 공법규정에 의해 인용의무를 지는 경우가 그러하다. 그 밖에 일정한 정도의 방해를 참아야 할 사회생활상 수인(受忍)의무가 부과된다. 방해제거청구권이 고의·과실을 요건으로 하지 않는다는 점은 소유물반환청구권에서와 같다.

◦ 판례에 나타난 사례 : 인접 대지 위에 건축중인 아파트가 24층까지 완공되는 경우, 대학교 구내의 첨단과학관에서의 교육 및 연구활동에 커다란 지장이 초래되고 첨단과학관 옥상에 설치된 자동기상관측

장비 등의 본래의 기능 및 활용성이 극도로 저하되며 대학교로서의 경관·조망이 훼손되고 조용하고 쾌적한 교육환경이 저해되며 소음의 증가 등으로 교육 및 연구활동이 방해받게 된다면, 대학교측으로서는 그 소유권에 기하여 방해의 제거나 예방을 청구할 수 있다(대법원 1995. 9. 15. 선고 95다23378 판결). 토지나 건물의 소유자가 종전부터 향유하고 있던 경관이나 조망, 조용하고 쾌적한 종교적 환경 등이 그에게 하나의 생활이익으로서의 가치를 가지고 있다고 객관적으로 인정된다면 법적인 보호의 대상이 될 수 있는 것이라 할 것이므로, 인접 대지에 어떤 건물을 신축함으로써 그와 같은 생활이익이 침해되고 그 침해가 사회통념상 일반적으로 수인할 정도를 넘어선다고 인정되는 경우에는 위 토지 등의 소유자는 그 소유권에 기하여 그 방해의 제거나 예방을 위하여 필요한 청구를 할 수 있다(대법원 1997. 7. 22. 선고 96다56153 판결).

(3) 효　과

◦ 방해제거의 적극적 행위 : 피방해자는 상대방에 대하여 방해행위를 중지할 것을 요구하거나 또는 그와 함께 방해의 결과를 제거할 것을 청구할 수 있다. 이때 제거의 비용은 방해자인 상대방이 부담한다. 방해제거청구권과 방해예방청구권을 함께 행사하여 장래에 방해행위를 하지 아니할 것도 아울러 청구할 수 있다.

◦ 건물철거청구 : 경계선을 침범하여 이웃토지 위에까지 불법으로 건축한 경우 침범받은 토지소유자는 방해제거로서 건물의 철거와 점거토지의 반환청구를 동시에 청구할 수 있다. 이때 두 개의 청구는 청구권경합관계에 있게 된다. 그 밖에 방해의 중지를 위하여 건축공사의 중지청구도 할 수 있다.

4. 방해예방청구권

소유자는 소유권을 방해할 염려가 있는 행위를 하는 자에 대하여 그 예방 또는 손해배상의 담보를 청구할 수 있다(제214조 후단). 소유물 방해예방청구권은 장래에 야기될 방해에 대한 현재의 청구권이다.

(1) 방해할 염려가 있는 행위

◦ 방해의 염려 : 방해의 염려란 소유권을 침해할 개연성이 객관적으로 존재하는 경우를 말한다. 장래 발생할 것으로 우려되는 방해와 같은 방해가 과거에 발생하였음을 요하지 않는다. 토지의 지반이 침몰할 우려가 있는 경우, 건물이나 기타 공작물이 붕괴할 염려가 있는 경우 등 부동산사용과 관련된 방해가 종종 문제된다.

◦ 토지의 심굴금지 : 민법은 토지의 심굴금지에 관하여 규정을 두고 있는데 이는 소유권 및 점유권에 기한 방해예방청구권에 대한 특별규정으로서의 성격을 가진다. 토지소유자는 인접지의 지반이 붕괴할 정도로 자기의 토지를 깊이 파지 못한다. 그러나 충분한 방어공사를 한 때에는 그러하지 아니하다(제241조).

◦ 지하시설에 대한 제한 : 민법은 지하시설 등에 대한 제한규정을 두고 있는데, 이는 방해제거 및 예방청구권과 관련을 갖는다. 우물을 파거나 용수, 하수 또는 오물 등을 저치할 지하시설을 하는 때에는 경계로부터 2미터 이상의 거리를 두어야 하며 저수지, 거구(개천) 또는 지하실공사에는 경계로부터 그 깊이의 반 이상의 거리를 두어야 한다(제244조 1항). 이러한 공사를 함에는 토사가 붕괴하거나 하수 또는 오액이 이웃에 흐르지 아니하도록 적당한 조치를 하여야 한다(제244조 2항). 토지소유자가 새로이 지하수개발공사를 시행하여 설치한 취수시설을 통하여 지하수를 취수함으로 말미암아 그 이전부터 인근 토지 내의 원

천에서 나오는 지하수를 이용하고 있는 인근 토지 소유자의 음료수 기타 생활상 필요한 용수에 장해가 생기거나 그 장해의 염려가 있는 때에는(제213조, 제236조 참조) 그와 같은 생활용수방해를 정당화하는 사유가 없는 한 인근 토지 소유자는 그 생활용수방해의 제거(원상회복)나 예방을 청구할 수 있다(대법원 1998. 4. 28. 선고 97다48913 판결).

(2) 효 과

◦ 방해예방조치의 청구 : 소유자는 장래의 방해자에 대하여 방해의 원인을 제거하는 등 방해예방에 필요한 조치를 취할 것을 청구할 수 있다. 예를 들어 이웃 건물이 붕괴되어 청구권자의 건물을 덮칠 것이 우려되는 경우에, 그 건물에 붕괴방지를 위한 설비를 하거나 또는 그 건물을 철거할 것 등을 청구할 수 있다. 또는 이웃의 건축으로 일조권의 침해 및 안온한 환경의 침해를 받을 것이 우려되는 경우에, 그 건축을 중단하거나 일정한 고도 이상은 건축하지 말도록 청구할 수 있다.

판례는 주택 인근의 학원건물에서 유리창을 통해 주택내부의 관망이 가능하여 사생활침해가 우려된다는 이유로 건축공사의 중지를 명한 바 있다(대법원 1979. 11. 13. 선고 79다484 판결).

◦ 손해배상의 담보청구 : 소유자는 장래의 방해자에 대하여 장래 손해가 발생할 경우에 대비하여 손해배상금을 확실히 지급받도록 그 지급을 위한 담보를 제공할 것을 청구할 수 있다. 담보로 제공된 손해배상금은 즉시 소유자가 취득하게 되는 것이 아니라, 장래 손해가 현실적으로 발생했을 경우에 소유자가 그 돈으로부터 배상받게 된다.

19

상린관계와 생활방해금지

1. 상린관계

(1) 의 의

민법에는 인접하고 있는 부동산의 소유자 및 거주자들이 이웃에 피해를 주지 않고 부동산을 사용하기 위해 준수해야 할 의무를 정한 규정이 있는데, 이를 상린관계규정이라고 한다(제216조 내지 제244조). 이웃토지(또는 건물)의 주민 상호간의 이익을 조절하는 과정에서 생기는 권리·의무의 법률관계를 가리켜 상린관계(相隣關係)라고 한다. 상린관계규정은 토지소유권에 대한 제한으로서의 성격을 가진 것도 있고, 토지소유권의 확장으로서의 성격을 가진 것도 있다. 상린관계규정에 의해 권리를 취득하거나 의무를 부담하는 사람은 토지소유자에 한정되지 않고 거주자도 포함된다.

(2) 상 린 권

상린관계규정에 의하여 토지소유자 또는 거주자에게 부여되는 권리를 상린권(相隣權)이라고 한다.

◦ 법률규정에 의한 발생 : 상린권은 소유권으로부터 유출되는 법적 지위로서 계약을 필요로 하지 않고 법률의 규정에 의하여 발생하며 등기 없이 발생한다. 그 발생요건 중에서 중요한 것은 권리자와 의무자 사이에 토지가 인접되어 그 이용이 상호 영향을 미친다는 사실이다.

◦ 물권적 효력 : 상린권은 누구에 대하여나 주장할 수 있는 대세적 효력을 갖는다. 상린권의 발생요건을 충족시키는 상황이 있으면 토지 소유자 및 거주자가 변경되더라도 그 권리를 행사하는 데에 방해받지 않는다.

◦ 소유권에의 종속성 : 상린권은 소유권에 종속되는 권리로서 소유권과 분리하여 양도, 임대 등을 할 수 없다. 상린권은 소멸시효에 걸리지 않으며 소유권이 존속하는 한 그 작용으로서 필요한 경우에 상린권이 발생한다.

◦ 포기 : 상린권을 포기하는 것은 허용된다(반대설 있음). 소유자나 거주자가 민법의 상린권과 다른 내용의 합의를 하는 것도 허용된다.

◦ 방해의 제거 : 상린권의 행사에 방해를 받는 때에는 마치 소유권에 기한 방해제거청구권과 유사한 상태에 놓이게 된다. 상린권자는 그 의무자에 대하여 의무의 이행 또는 방해의 제거를 청구할 수 있다.

◦ 상린권간의 충돌 : 한 사람의 상린권과 그 이웃토지 소유자의 상린권이나 다른 기본권이 서로 충돌하는 경우가 생길 수 있다. 이러한 권리충돌의 경우에는 공법상 상린관계와 관련된 규정(건축법 등)을 적용하여 해결을 시도한다. 적절한 규정이 발견되지 않을 때에는 권리남용금지의 원칙과 같은 일반원칙에 의해 해결한다.

(3) 지역권과 상린권의 관계

상린관계규정에 의하여 토지소유자에게 부여되는 권리는 그 내용면에서 지역권과 유사한 경우가 있다. 주위토지통행권(제219조)은 상린관계에 기초해 부여되는 권리이지만, 지역권(제201조)에 의하여도 통행권을 취득할 수 있다. 이웃토지로부터 흘러오는 물을 사용할 권리는 상린관계규정에 의해서도 부여되지만, 용수지역권(제297조)에 의해서도 물의 공급을 받을 수 있다.

지역권과 상린권의 차이점은 다음과 같다.

◦ 상린관계규정은 당사자간의 계약에 기초하지 않고 규범적 차원에서 당사자의 이해를 조절하는 제도임에 반하여, 지역권은 당사자 사이에 토지이용에 관한 지역권설정계약을 체결하고 그 계약내용에 따라 이용권을 행사하게 된다.

◦ 지역권은 제한물권으로서 등기에 의해 공시되는 반면에, 상린관계규정에 의한 권리는 법률의 규정에 의해 발생한 것으로서 등기 없이 발생한다.

◦ 상린권은 인접토지의 상호이용을 위한 최소한의 내용을 갖고 있어 통상 지역권보다 그 권리내용면에서 미미한 효과를 갖는다.

◦ 상린권자는 단지 권리만을 취득하는 것이 아니라 이웃 토지에 대하여 같은 내용의 의무도 지게 되어 상호성을 갖는 경우가 많다. 반면에 지역권에 있어서는 요역지와 승역지가 구분되어 있어 특정토지가 서비스를 제공받는 위치에 놓이게 된다.

(4) 상린관계규정의 성격

상린관계규정 중에는 다른 관습이 있으면 그 관습에 따르도록 함으로써 관습에 우월적 지위를 부여하는 경우가 종종 있다. 민법은 여러 곳에서 사실인 관습이 민법규정에 우선한다는 규정을 두고 있다(제224조, 제229조 3항, 제234조, 제237조 3항 등). 이러한 규정이 있는 경우에, 민법규정은 관습을 보충하는 효력을 가질 뿐이다(제1조 및 제185조에 대한 특칙).

상린관계에 관한 민법 제216조 이하의 규정이 강행규정인가 임의규정인가에 관하여 학설이 대립하고 있다.

◦ 강행규정설 : 상린관계에 관한 규정은 원칙적으로 강행규정이라고 보는 견해이다(다수설, 사견도 같은 입장). 상린관계에 관한 규정은 이웃토지 소유자가 바뀌더라도 관계없이 적용되는 것으로서 물권적 효력을 갖기 때문에 강행규정으로 해석된다. 상린관계규정과 다른 계약을 체결하는 것은 지상권, 지역권과 다른 계약을 체결하는 경우와 같이 자유롭게 허용되지만 그 효력은 당사자 사이에서만 발생한다.

◦ 임의규정설 : 상린관계규정은 토지의 이용을 조절하기 위하여 토지소유권의 내용인 물권적 청구권을 축소하거나 확장하는 것에 불과하므로 이를 임의법규로 파악해야 한다는 견해이다.

◦ 판례는 상린관계규정의 전반적 성격에 대하여는 말이 없고, 단지 지하시설 등에 대한 제한을 규정하는 민법 제244조에 관하여 "동조는 강행규정이 아니며, 그와 다른 내용의 당사자간의 특약은 유효하다"고 하였다(대법원 1982. 10. 26. 선고 80다1634 판결).

2. 생활방해의 금지

(1) 생활방해금지의 원칙

생활방해금지의 원칙은 인접 토지 사이의 생활방해를 방지할 조처를 취할 의무를 이웃에게 부과한다. 토지소유자는 매연, 열기체, 액체, 음향, 진동 기타 이와 유사한 것으로 이웃 토지의 사용을 방해하거나 이웃 주거자의 생활에 고통을 주지 않도록 적당한 조처를 할 의무가 있다(제217조 1항).

민법의 생활방해금지규정은 다음과 같은 특색을 갖는다.

◦ 민법은 생활방해를 인접토지 상호간의 이용조절을 위한 상린관계

의 한 내용으로서 규정하고 있다.

◦ 생활방해는 매연 기타 이와 유사한 물질에 의한 것을 가리킨다.

◦ 생활방해로 되는 것은 토지의 통상의 용도에 적당하지 않은 토지 사용의 경우에 한정된다.

◦ 토지소유자는 생활방해를 방지하기 위하여 적당한 조치를 취할 의무가 있다. 생활방해규정은 토지소유자에 대하여 방지조치의무를 부과하는 효과를 가진다. 방지조치의무는 작위의무인 경우도 있고 부작위의무인 경우도 있다.

◦ 민법은 방지조치와 손해배상을 별개의 원칙에 의해 규율한다. 물권법의 생활방해금지와 더불어 피해자에게 발생한 손해는 불법행위책임을 물어 배상받을 수 있다.

이웃 토지에 끼친 생활방해는 그 단계별로 다음과 같은 효과를 발생시킨다.

◦ 생활방해가 수인한도 내의 경미한 것인 때에는 아무 청구권도 발생하지 않는다. 피해자는 이 정도의 생활방해는 수인하여야 한다.

◦ 생활방해가 경미하지 않더라도 이웃 토지의 통상의 용도에 적합한 것인 때에는 수인한도의 범위 내로 인정된다. 피해자는 그 생활방해를 수인하여야 한다(제217조 2항).

◦ 생활방해가 심각하고 이웃 토지의 통상의 용도에 적합한 것이 아닌 때에는 피해자는 방해방지조치를 청구할 수 있다. 이와 병행하여 과거에 발생한 피해에 대하여는 손해배상을 청구할 수 있다.

◦ 생활방해가 심각하고 이웃 토지의 통상의 용도에 적합한 것이 아니더라도, 생활방해를 방지하는 조치를 하는 것이 경제적 · 기술적으로 기대불가능한 때에는 방지조치도 청구할 수 없고 손해배상도 청구하지 못한다(과실이 없으므로).

(2) 생활방해의 요건

◦ 생활방해의 야기 : 이웃 토지의 사용이 방해받거나 이웃 주거자가 생활에 고통을 받는 경우에 생활방해가 성립한다. 생활방해는 매연 등의 매개체에 의한 경우가 많다. 민법은 그 매개체의 예로서 매연, 열기체, 액체, 음향, 진동 기타 이와 유사한 것을 열거하고 있다. 생활방해의 매개체는 이웃 토지로부터 야기된 것이어야 한다. 토지 자체 또는 그 위에 설립된 건물, 기타 시설 또는 그 토지에서의 주거생활이나 영업생활로부터 방해물질이 배출되거나 방해원인이 야기되어야 한다.

◦ 수인한도초과 : 생활방해는 수인한도(受忍限度)를 넘는 경우에만 규제된다. 매연 등에 의한 생활방해가 피해토지의 통상의 용도에 적합한 것인 때에는 그 피해자는 방해를 인용해야 한다(제217조 2항). 토지의 통상의 용도에 적합한 것인가의 여부는 사회통념에 의하여 객관적으로 정하여야 한다.

병원건물(피고측)이 그 부지의 도시계획상 용도에 적합한 공익시설이라 하더라도 병원측이 운영에 지장을 초래하지 않는 범위에서 원고들의 생활방해를 방지하거나 감소시키기 위한 조치를 할 수 있었을 경우에는, 그 생활방해는 사회통념상 요구되는 수인의 한도를 넘은 것이다(대법원 1997. 10. 28. 선고 95다15599 판결).

◦ 인과관계 : 매연 등의 방해매체가 피해자의 토지사용에 불이익을 야기했다는 인과관계가 존재해야 한다. 이는 과학적 인과관계의 문제로 되는 경우가 많은데, 피해자가 그 개연성만 증명토록 하고, 가해자는 반증을 제시토록 하는 것이 합리적이다.

생활방해에 관하여는 간접증거에 의하여 간접사실을 인정하고 이 간접사실로부터 직접사실을 추인하는 입증방법이 불가피하다(대법원 1974. 12. 10. 선고 72다1774 판결).

(3) 생활방해의 효과

◦ 방지조치의무 : 토지소유자는 매연 기타 이와 유사한 것으로 이웃 토지의 사용을 방해하거나 이웃 거주자의 생활에 고통을 주지 않도록 적당한 조치를 할 의무가 있다(제217조 1항). 방지조치란 장래에 향하여 방해를 받지 않도록 하기 위한 장치의 시설(작위), 방해행위의 중단(부작위) 등을 의미한다.

◦ 방지조치의무의 강제집행 : 방해자가 스스로 방지조치의무를 취하지 않는 경우에, 피해자는 법원에 그 의무의 강제이행을 청구할 수 있다(제389조 1항). 그 의무가 작위를 목적으로 한 때에는 의무자의 비용으로 제3자에게 이를 하게 하는 대체집행의 방법을 취할 것을 법원에 청구할 수 있다(제389조 2항 후문). 그 의무가 부작위를 목적으로 한 경우에 의무자가 이에 위반한 때는 의무자의 비용으로 그 위반한 것을 제거하고 그 장래에 대한 적당한 처분을 법원에 청구할 수 있다(제389조 3항).

◦ 손해배상의 청구 : 피해자는 방해방지조치와 별도로 방해로 인하여 받은 손해의 배상을 청구할 수 있다. 민법 제217조에는 손해배상에 관한 언급이 없으며, 피해자는 불법행위규정(제750조)에 따라 손해배상의 청구를 할 수 있다.

쟁점정리 : 생활방해와 환경오염의 차이

생활방해와 환경오염 사이에는 상호 중복되는 부분도 있지만 그 요건과 효과가 별개로서 차이가 있다.

- 생활방해는 인근 토지의 사용을 조화롭게 하려는 데에 주안점이 두어진 반면, 환경오염책임은 산업사회에서 야기된 환경오염으로 인한

피해를 전보하려는 데에 목적이 있다.

• 생활방해의 효과로서는 방지조치를 취할 의무가 부과되는 반면에, 환경오염의 효과로서는 손해배상의무를 부과하는 것이 중심이다. 다만 환경오염에 관한 특별법에서 오염방지시설을 설치, 가동할 의무를 부과하는 경우도 많다.

• 생활방해의 경우에 방지조치청구 이외에 이미 발생한 손해에 대한 배상을 받기 위해서는 불법행위책임을 물어야 한다. 환경오염책임에 관한 '인과관계의 개연성 증명의 법리'는 생활방해로 인한 손해배상책임에도 적용되어야 한다.

• 소음피해 : 건물의 소유자 또는 점유자가 인근의 소음으로 인하여 정온하고 쾌적한 일상생활을 영유할 수 있는 생활이익이 침해되고 그 침해가 사회통념상 수인한도를 넘어서는 경우에 건물의 소유자 또는 점유자는 그 소유권 또는 점유권에 기하여 소음피해의 제거나 예방을 위한 유지청구를 할 수 있다(대법원 2007. 6. 15. 선고 2004다37904 · 37911 판결).

• 일조권의 방해 : 어떠한 건물 신축이 건축 당시의 공법적 규제에 형식적으로 적합하다고 하더라도 현실적인 일조방해의 정도가 현저하게 커 사회통념상 수인한도를 넘은 경우에는 위법행위로 평가될 수 있으며, 일조방해행위가 사회통념상 수인한도를 넘었는지 여부는 피해의 정도, 피해이익의 성질 및 그에 대한 사회적 평가, 가해 건물의 용도, 지역성, 토지이용의 선후관계, 가해 방지 및 피해 회피의 가능성, 공법적 규제의 위반 여부, 교섭 경과 등 모든 사정을 종합적으로 고려하여 판단하여야 한다(대법원 2004. 9. 13. 선고 2003다64602 판결).

• 환경보호규정의 필요성 : 헌법 제35조 1항은 환경권을 기본권의 하나로 승인하고 있으므로, 사법의 해석과 적용에 있어서도 이러한 기본권이 충분히 보장되도록 배려하여야 하나, 헌법상의 기본권으로서의 환경권에 관한 위 규정만으로서는 그 보호대상인 환경의 내용과 범위, 권리의 주체가 되는 권리자의 범위 등이 명확하지 못하여 이 규정이 개개의 국민에게 직접적으로 구체적인 사법상의 권리를 부여한 것이라고 보기는 어렵고, 사법적 권리인 환경권을 인정하면 그 상대방의

활동의 자유와 권리를 불가피하게 제약할 수밖에 없으므로, 사법상의 권리로서의 환경권이 인정되려면 그에 관한 명문의 법률규정이 있거나 관계 법령의 규정취지나 조리에 비추어 권리의 주체, 대상, 내용, 행사방법 등이 구체적으로 정립될 수 있어야 한다(대법원 1995. 5. 23. 자 94마2218 결정).

3. 인지사용청구와 주위토지통행권

(1) 인지사용의 청구

이웃 토지 사이에는 불가피하게 타인의 토지에 출입할 필요성이 생기므로, 민법은 일정한 경우에 이웃 토지에 출입할 수 있도록 규정한다. 토지소유자는 경계나 그 근방에서 담 또는 건물을 축조하거나 수선하기 위하여 필요한 범위 내에서 이웃 토지의 사용을 청구할 수 있다. 그러나 이웃 사람의 승낙이 없으면 그 주거에 들어가지 못한다(제216조 1항).

이웃 토지에 출입한 경우에 이웃 사람이 손해를 받은 때에는 보상을 청구할 수 있다(제216조 2항). 이 보상은 손실보상으로서의 성격을 가지므로 출입한 사람의 고의 또는 과실을 요건으로 하지 않으며, 보상액도 토지사용으로 인하여 직접적 인과관계를 갖는 불이익을 보상해 주는 수준에 그치게 된다.

(2) 주위토지통행권

어느 토지와 공로 사이에 그 토지의 용도에 필요한 통로가 없는 경우에 그 토지소유자는 주위의 통로를 통행 또는 통로로 하지 아니하면 공로에 출입할 수 없거나 과다한 비용을 요하는 때에는 그 주위의 토지를 통행할 수 있고 필요한 경우에는 통로를 개설할 수 있다(제219

조 1항 전문). 주위토지통행권은 민법의 상린관계규정에 의하여 인정되는 토지사용권이다. 인접토지소유자 사이에 통행로로서의 토지사용에 관한 계약이 없더라도 법률의 규정에 의하여 등기 없이 통행권이 발생하게 된다. 이를 계약에 의한 약정통행권과 구별하여 법정통행권이라고 한다.

(3) 통행권의 발생요건

주위토지통행권이 발생하기 위한 요건은 다음과 같다.

- 통행권자 : 토지의 정당한 이용자이어야 한다. 이웃 토지의 소유자, 지상권자, 전세권자, 대항력 있는 임차인은 이에 해당한다.
- 통로의 부재 : 어느 토지와 공로 사이에 그 토지의 용도에 필요한 통로가 없어야 한다. 이미 통로가 있는 경우에는 그 통로가 불편한 장소로 나 있더라도 더 편리한 장소로의 통행권은 인정되지 않는다.
- 공로출입의 목적 : 주위의 통로를 통행 또는 통로로 하지 아니하면 그 토지소유자가 공로에 출입할 수 없거나 과다한 비용을 요하게 될 것이 예상되어야 한다.
- 피해의 최소성 : 통행을 하게 되는 인접 토지는 통행으로 인한 손해가 가장 적은 장소와 방법을 선택해야 한다(제219조 1항 단서). 통로의 폭에 관하여 사람의 출입에 필요한 정도(1.5M 내지 2M)로 충분한가, 또는 자동차의 출입 및 건축법상 요구되는 통로의 폭을 통로로서 요구할 수 있는가에 관하여 의견이 엇갈린다.
- 등기는 필요로 하지 않는다.
- 토지분할 및 양도의 경우 : 분할로 인하여 공로에 통하지 못하는 토지가 있는 때에는 그 토지소유자는 공로에 출입하기 위하여 다른 분할자의 토지에 대하여만 통행권을 갖는다(제220조 1항). 토지소유자가 그 토지의 일부를 양도한 경우에, 그 일부분의 소유자는 다른 부분에

대하여만 통행권을 가질 수 있다(제220조 2항).

(4) 통행권의 효과

민법상 인정되는 주위토지통행권은 다음과 같은 효과를 발생시킨다.

◦ 통행의 허용 : 통행권자는 그 주위의 토지를 통행할 수 있다. 통행지역은 사람이 겨우 통행할 수 있는 정도로 제한되는 것이 아니고, 통행자가 주택에 출입하여 일상생활을 영위하는 데 필요한 범위의 노폭까지 인정된다. 경우에 따라서는 자동차의 출입이 가능할 정도의 지역을 사용할 수 있다.

◦ 통로의 개설 : 통행권자는 기존의 통로가 없는 경우에 인접토지에 통로를 개설할 수 있다(제219조 1항 전문). 통행권자는 사람이 출입하고 다소의 물건을 공로로 운반할 정도의 폭만 확보할 수 있다면 주위토지 소유자의 손해가 가장 적은 장소와 방법을 선택하여야 한다.

통행로는 현재의 토지의 용법에 따른 이용의 범위에서 인정되며 장차의 이용상황까지를 미리 대비할 것은 아니다(대법원 1992. 12. 22. 선고 92다30528 판결).

가재도구의 운반이 가능한 폭 2M 정도가 상당하다고 판단하고, 자동차출입이 가능하고 장래 노후된 주택의 재건축시 규정에 맞는 폭 6M로 하자는 주장을 배척한 판결이 있다(대법원 1996. 11. 29. 선고 96다33433 판결).

◦ 비독점적 사용 : 통행권자는 통로로 사용하는 인접토지를 독점적으로 사용할 것을 주장하지 못한다. 인접토지의 소유자도 그 통행로를 함께 사용할 수 있다.

상린관계로 인한 통행권자가 통행지 소유자의 점유를 배제할 권능까지 있는 것은 아니므로, 그 통행지 소유자는 그 통행지를 전적으로 점유하고 있는 통행권자에 대하여 그 통행지의 인도를 구할 수 있다(대법원 1977. 4. 26. 선고 76다2823 판결).

◉ 손실보상 : 통행권자는 통행지 소유자의 손해를 보상하여야 한다(제219조 2항). 이는 손실보상의 성격을 띠지만, 실질적으로는 유상계약과 같은 효과를 가지게 된다. 이 손실보상은 유상의 사용계약에서 차임, 지료, 사용료 등에 상응하는 금액이다. 그 금액은 객관적으로 정해짐이 원칙이지만, 당사자의 합의로 사용료의 금액을 결정할 수 있다. 사용료에 관한 당사자의 합의가 이루어지지 않으면 법원이 최종적으로 결정할 수밖에 없다.

토지분할로 인한 통행권이나 일부양도로 인한 통행권의 경우에는 손실보상의무가 발생하지 않는다(제220조 1항).

◉ 수도시설의 통과 : 민법이 부여하는 이웃 토지에의 수도시설 통과권은 주위토지통행권과 유사한 성격을 지닌다. 다만 그 통행지역이 지상이 아니라 지하라는 점에 차이가 있다. 토지소유자는 타인의 토지를 통과하지 아니하면 필요한 수도, 소수관(疏水管), 가스관, 전선 등을 시설할 수 없거나 과다한 비용을 요하는 경우에는 타인의 토지를 통과하여 이를 시설할 수 있다(제218조 1항 본문).

수도시설은 그 설치로 인한 손해가 가장 적은 장소와 방법을 선택하여 이를 시설할 것이며 타 토지의 소유자의 청구에 의하여 손해를 보상해야 한다(제218조 1항 단서). 사정변경에 의한 시설의 변경에 관해서도 규정한다(제218조 2항).

4. 경계와 물에 관한 상린권

(1) 경계의 설치

인접하여 토지를 소유한 자는 공동비용으로 통상의 경계표나 담을 설치할 수 있다(제237조 1항). 민법은 관습이 없는 경우에 대비하여 경계표 및 담의 설치권에 관하여 규정을 두어 공동비용으로의 경계설치청구를 할 수 있도록 한다. 경계나 담의 설치비용은 쌍방이 반분하여 부담하지만, 측량비용은 토지의 면적에 비례하여 부담한다(제237조 2항).

다만 이웃 토지소유자는 자기의 비용으로 담의 재료를 통상보다 높게 할 수 있고 또는 방화벽 기타 특수시설을 할 수 있다(제238조). 민법규정에 따라 담의 특수시설권이 인정되지만, 비용은 특수시설을 주장하는 자가 전담하게 된다.

경계에 설치된 경계표, 담, 구거(개천) 등은 상린자의 공유로 추정한다(제239조 전문). 그러나 경계표, 담, 구거 등이 상린자 일방의 단독비용으로 설치되었거나 담이 건물의 일부인 경우에는 그러하지 아니하다(제239조 후문). 이 경우 비용을 부담한 자의 소유로 된다.

(2) 물에 관한 상린관계

민법상 물에 관한 상린관계는 관습에 기초를 둔 것으로서 체계적으로 불완전하다. 물의 이용에 관하여는 특히 사실인 관습이 민법규정에 우선한다(제224조, 제229조 3항, 제234조).

물에 관한 상린관계의 규정은 용수지역권과 유사한 기능을 담당하는 경우가 많다. 그러나 지역권은 당사자 사이의 계약과 등기에 의하여 발생하는 것인 반면에, 여기의 물에 관한 권리와 의무는 상린관계 규정에 의해 발생하는 법정의 법률관계라는 점에 차이가 있다.

자연유수(自然流水)에 관하여는 인접토지소유자 사이의 승수의무(承受義務)가 부과된다. 토지소유자는 이웃 토지로부터 자연히 흘러오는 물을 막지 못한다(제221조 1항). 고지의 소유자는 이웃 저지(低地)에 자연히 흘러내리는 물이 이웃 저지에 필요한 경우에 그 물을 자기의 정당한 사용범위를 넘어서 이를 막지 못한다(제221조 2항). 인접토지소유자가 이 의무에 위반한 경우에는 소유권에 기한 방해제거청구권 및 방해예방청구권을 행사하여 유수의 흐름을 정상대로 복귀시킬 수 있다.

민법은 타인의 토지로부터 물을 끌어 쓰기 위한 용수권(用水權)에 관하여 여러 개의 규정을 두고 있다.

◦ 공유하천용수권은 공유하천의 연안에서 농업이나 공업을 영위하기 위하여 인수를 할 수 있는 권리이다(제231조).

◦ 하류연안의 용수권은 앞에서 설명한 공유하천용수권에 의해 방해받아서는 안 된다(제232조). 하류연안의 용수권이 방해받은 때에는 방해제거 및 손해배상을 청구할 수 있다.

◦ 용수권의 승계는 인정된다. 농업, 공업에 이용하는 수로 기타 공작물의 소유자나 몽리자의 특별승계인은 그 용수에 관한 전소유자나 몽리자의 권리의무를 승계한다(제233조).

◦ 공용수의 용수권은 상호 이익조절을 위하여 제한된다. 상린자는 그 공유에 속하는 원천이나 수도를 각 수요의 정도에 응하여 타인의 용수를 방해하지 아니하는 범위 내에서 각각 용수할 권리가 있다(제235조).

◦ 용수장해로 인한 손해배상 및 원상회복의 청구가 인정된다. 필요한 용도나 수익이 있는 원천이나 수도가 타인의 건축 기타 공사로 인하여 단수, 감수 기타 용도에 장해가 생긴 때에는 용수권자는 손해배상을 청구할 수 있다(제236조 1항). 그 공사로 인하여 음료수 기타 생활상 필요한 용수에 장해가 있을 때에는 원상회복을 청구할 수 있다(제236조 2항).

20

공동소유와 구분소유

1. 공동소유의 유형

민법상 공동소유로서는 공유, 합유, 총유의 세 유형이 인정되며, 그 밖에 구분소유권에서 공용부분에 관해서 공유의 지분권이 발생한다.

◦ 공유 : 공유(共有)란 여러 사람이 하나의 물건을 각자의 지분에 의하여 공동소유하는 경우를 가리킨다(제262조 1항). 공유자 사이에는 하나의 물건에 관한 공유관계 이외에 다른 단체적 결합이 필요하지 않다. 각 공유자들은 각자의 지분에 따라 독립적인 지배권을 가지며, 객체가 공동이라는 특성으로부터 생기는 최소한의 결합만을 갖는다. 각 공유자는 다른 공유자 의사에 관계없이 자기의 지분을 자유로이 처분할 수 있고, 다른 공유자에 대하여 분할을 청구하여 언제든지 공유관계를 종료시킬 수 있다. 다만 공유자들은 목적물이 동일하기 때문에 서로 지분권의 행사에 제한을 받는다.

◦ 합유 : 합유(合有)는 여러 사람이 조합을 결성하여 조합재산에 속하는 물건을 소유하는 공동소유의 유형이다(제271조 1항). 조합은 조합원들 사이의 계약에 의하여 성립하고 그 조합재산의 귀속, 조합사무의

처리 등도 계약에 의하여 정해짐이 원칙이다. 합유의 주체인 조합은 구성원의 개별성이 뚜렷하게 표면에 나타난다는 점에서 단체적 단일성이 강한 사단의 소유(법인소유 또는 총유의 주체)와 구별된다. 합유관계는 공동사업을 위하여 결합된 조합의 법률관계인 점에서 물건의 공동소유만을 위한 공유관계와 구별된다. 합유는 총유와 공유의 중간 형태이다.

◦ 총유 : 총유(總有)는 법인 아닌 사단의 사원이 집합체로서 물건을 소유하는 공동소유의 형태이다(제275조). 각 사원은 정관에 따라 물건을 사용·수익할 수 있지만, 그 물건의 처분과 관리는 사원총회의 결의에 의한다. 총유는 법인이 아닌 사단이라는 인적 결합체의 존재를 전제로 하고 그 구성원이 그 인적 결합으로부터 단체적 구속을 받는다는 점에 있어서 공유와 다르며 합유와 공통된다.

◦ 건물의 구분소유 : 1동의 건물을 가로 및 세로로 구분하여 그 구분된 부분에 관하여 한 개의 소유권을 인정하는 제도를 건물의 구분소유(區分所有)라고 한다(제215조). 구분소유자는 전용부분에 대한 전유권과 공용부분에 대한 공유지분권을 취득하며, 경우에 따라서는 이와 함께 대지사용권까지 함께 취득한다. 이러한 권리들은 상호 독립성을 갖는 것이 아니라 굳게 결합되어 양도, 담보설정 등에 있어서 일체성을 갖는다. 공용부분에 대한 권리는 법률상은 공유지분권이라고 하지만, 전용부분과 분리하여 그 지분만을 처분하는 것이 금지되며, 공유물의 분할청구도 금지된다.

◦ 준공동소유 : 여러 사람이 공동으로 물건의 소유권 이외의 다른 재산권을 배타적으로 지배하는 경우를 가리켜 준공동소유(準共同所有)라고 한다. 공동소유에 관한 민법규정은 소유권 이외의 재산권에 준용한다. 그러나 다른 법률에 특별한 규정이 있으면 그에 의한다(제278조). ① 소유권 이외의 재산권으로서 배타적인 지배권을 가지는 경우는 제한물권과 광업권, 지적소유권 등이 있는데, 이에 대하여는 특별규정이

있다. ② 제한물권은 소유자에 대한 채권관계를 기초로 하고 있으므로 소유권에 준하여 취급하기보다는 다수 당사자의 채권관계(제408조 이하)에 관한 규정을 적용하는 것이 타당하다. ③ 채권에 관하여 준공동소유를 인정하는 견해도 있으나, 사견으로는 채권의 준공동소유는 인정해서는 안 된다고 생각한다. 채권에 배타적 지배를 전제로 하는 소유권규정을 준용하는 것은 적절하지 않고 또한 채권에 관하여는 민법 제408조 이하에 규정이 있기 때문이다.

2. 공　유

(1) 내부관계

공유자 상호간에는 공유계약 또는 이에 준하는 법정의 채권관계가 존재할 수 있다. 공유계약이나 기타의 채권관계는 단지 물건의 공동소유에 관한 것일 뿐 그 밖의 사항에까지 미치는 단체적 결속은 아니다. 공유계약관계가 그대로 등기됨으로써 제3자에 대한 관계에서도 그 계약과 같은 물권적 효과가 나타나는 것이 바람직하지만, 경우에 따라서는 공유계약의 내용과 등기내용에 차이가 있어 내부적 효과와 외부적 효과가 다르게 나타나는 경우도 있다. 예를 들어 공유계약에서 지분을 1/3과 2/3로 합의했음에도 불구하고 등기부에는 1/2과 1/2로 나타난 경우(또는 지분의 등기가 없는 경우)에 그러한 결과가 생긴다. 공유지분을 승계취득하는 경우에 그 양수인과 다른 공유자와의 관계에는 선의취득의 법리가 적용되지 않는다.

(2) 공동소유자 1인의 권리

각 공유자는 전체 소유권에 대한 지분을 가진다. 이 지분에 기한 소유권(지분권)은 매우 개별성이 강하다. 각 공유자는 지분권에 기하여 공유물 전부를 지분의 비율로 사용·수익할 수 있다(제263조). 공유물의 관리에 관한 사항은 공유자의 지분의 과반수로써 결정된다(제265조 본문). 보존행위는 각 공유자가 독립적으로 할 수 있다(제256조 단서). 1인의 공유자는 공유계약에 제한이 없는 한 공유물의 분할청구권을 가진다. 이 분할청구권은 합유, 총유, 구분소유에서는 인정되지 않는다.

지분을 소유하고 있는 공유자나 그 지분에 관한 소유권이전등기청구권을 가지고 있는 자라 할지라도 다른 공유자와의 협의 없이는 공유물을 배타적으로 점유하여 사용·수익할 수 없다. 그러므로 다른 공유자는 자신이 소유하는 지분이 과반수에 미달되더라도 공유물을 점유하는 자에 대하여 공유물의 보존행위로서 공유물의 인도나 명도를 청구할 수 있다(대법원 전합 1994. 3. 22. 선고 93다9392 판결).

(3) 공유의 지분권

◦ 지분의 개념 : 각 공유자의 지분은 하나의 소유권이 '양적으로 분할된 소유권'을 가리키는 말이다. 공유를 소유권의 양적 분할로 파악하는 결과, 각 공유자의 지분은 물건에 대한 1개의 소유권이 분할된 부분이라고 이해된다. 각 공유자의 지분은 완전히 독립적인 것은 아니다. 공유물의 사용과 관리에 관하여 공유자 간에 제한을 받을 뿐 아니라, 1인의 공유자의 지분이 포기된 경우에 그 지분비율은 다른 공유자에게 분배되므로 그 지분은 상호 제한적으로 작용하다가(상호제한성) 그 제한이 풀리면 원상복귀하는 탄력성을 가진다. 공유자의 지분은 독립된 소유권과 같은 측면이 있으므로 특정인의 지분에 대한 시효취득이 가능하다. 이는 특정인의 지분에 대한 승계취득이 가능한 것과 같은 맥락이다.

◦ 각 공유자의 권리 : 각 공유자는 자기의 지분에 상응하는 양만큼의 권리와 의무를 가진다. 공유물의 사용(제263조)·관리(제265조)·부담

(제266조 1항)·분할시의 담보책임(제270조) 등에 있어서 각 공유자는 그 지분비율에 따라 권리를 가지며 의무를 부담한다.

◦ 탄력성의 원칙 : 각 공유자의 지분 상호간에는 소유권과 제한물권 사이의 관계와 같이 상호 제한했다가 그 제한이 소멸하는 의미의 탄력성이 부여된다. 한 공유자의 지분이 소멸하면 다른 공유자의 지분은 소멸된 지분에 의한 제한으로부터 해방되어 단독소유권으로 되거나, 그 지분비율이 증가한다. 공유자가 그 지분을 포기하거나 상속인 없이 사망한 때에는 그 지분은 다른 공유자에게 각 지분의 비율로 귀속한다(제267조). 그러나 구분소유에 관하여는 이러한 탄력성의 원칙이 적용되지 않는다(집합건물법 제22조).

◦ 지분의 비율과 균등추정 : 각 공유자가 동일한 지분을 가질 것인가 또는 각각 다른 지분을 가질 것인가는 당사자 사이의 합의에 의하여 결정된다. 당사자 사이에 명시적 합의가 있으면 그에 의하고, 명시적 합의가 없으면 당사자가 출연한 비용 및 매매대금에 비례하여 지분을 취득하는 것으로 된다.

각 공유자의 지분은 균등한 것으로 추정된다(제262조 2항). 다만 법률의 규정에 의한 공유관계에서 지분비율의 결정에 관한 다른 정함이 있는 경우에는 그러하지 아니하다(제257조, 제1009조). 지분의 균등추정은 내부관계와 외부관계에서 각각 다른 효과를 갖는다.

① 내부관계 : 공유자 사이에 지분의 비율에 관한 합의가 없는 경우에, 각 공유자의 지분은 내부관계에서 민법 제262조 2항에 따라 균등한 것으로 추정된다. 지분비율에 관한 합의가 없다고 하기 위해서는 당사자의 공유계약을 성실히 해석해 보고 나서 그래도 지분비율이 존재하지 않는 경우라야 한다.

② 외부관계 : 공유자 사이에 공유지분의 비율에 관한 합의가 있어서 내부관계에서는 지분비율이 명백함에도 불구하고 그 지분비율이

등기되지 않은 경우에, 공유자와 제3자의 관계에서는 민법 제262조 2항에 따라 각 공유자의 지분이 균등한 것으로 추정된다.

쟁점정리 : 공유지분의 처분

공유자는 그 지분을 처분할 수 있다(지분처분의 자유, 제263조). 각 공유자는 자기의 지분권을 독자적으로 처분한다. 각 공유자는 자신의 지분을 처분함에 있어 다른 공유자의 동의를 얻을 필요가 없다. 공유자간에 지분권을 처분하지 않기로 하는 약정이 있는 경우에, 이 처분금지약정은 내부관계에서 채권적 효력을 가질 뿐이다. 현행 부동산등기법상 이 약정을 등기할 수는 없다.

지분권을 처분하는 전형적인 형태는 양도이다.

- 지분의 양도 : 지분의 양도에는 채권행위(매매계약)와 물권적 합의 이외에 등기 또는 인도를 해야 함은 보통의 소유권의 양도에 있어서와 같다.
- 담보물권의 설정 : 각 공유자는 자기의 지분에 대하여 담보를 설정할 수 있다. 담보물권자가 담보물을 처분할 때에는 그 지분만을 양도하거나 또는 공유물분할청구를 하여 분할한 후 그 분할부분을 처분할 수 있다.
- 용익권의 설정 : 각 공유자는 독자적으로 지상권, 전세권, 임차권 등의 용익권을 설정할 수 없다고 해석된다. 용익권은 소유권에 대한 제한이라는 법적 측면과 더불어 목적물에 대한 사용·수익이라는 사실적 측면도 갖는다. 각 공유자가 공유물 전부를 지분의 비율로 사용·수익할 수 있을 뿐이므로, 그 지분에 대하여 지상권 등을 설정하는 것은 허용될 수 없다. 용익권의 설정계약은 모든 공유자가 공동으로 체결해야 한다. 그러나 등기상은 지분비율로 공유하는 것으로 되어 있지만, 공유자간의 공유계약에 의하면 특정부분을 각자 사용·수익하기로 하는 구분소유인 경우(공유자간 상호명의신탁)에는 자기의 전유부분에 대하여 독자적으로 용익권을 설정할 수 있다.

◦ 지분의 포기 : 각 공유자는 자기의 지분을 포기할 수 있다. 공유자 1인의 지분의 포기는 다른 공유자의 지분을 증가시키거나 공유관계를 단독소유로 변화시키는 효과가 생긴다(제267조).

◦ 타인지분의 처분 : 1인의 공유자가 다른 공유자의 지분을 양도하는 계약을 체결한 경우에 그 효력은 어떻게 되는가에 대하여 학설이 대립한다. ① 처분권부여설 : 다른 공유자에게 자기지분을 처분해도 좋다는 동의를 주는 것을 처분권부여로 파악하는 견해이다. 타인지분을 무단히 처분한 경우에 타인권리의 매매가 되지만, 후에 지분권자가 이러한 처분에 동의한 경우에는 사후처분권의 부여에 해당한다고 본다. ② 무권대리설 : 타인지분의 매매는 무권대리의 문제로 된다는 견해이다(사견). 자기의 지분에 관한 매매계약은 처분권 있는 매매가 되지만 다른 공유자의 지분에 대하여는 '대리권 없는 매매계약'이 된다. 타인지분을 무단으로 처분하는 매매계약을 체결한 경우에 무권대리의 문제가 생기게 되는 것이다. 무권대리에 의해서는 그 지분소유자가 매수인에 대한 소유권이전의무를 지지 않는다.

◦ 공유물의 처분과의 구별 : 공유자는 다른 공유자의 지분권을 무단히 처분할 수 없다. 1인의 공유자는 자기의 지분을 보유할 뿐, 타인의 지분에 대하여는 처분권을 갖지 않는다. 1인의 공유자가 타인의 지분권에 관하여 그의 동의없이 매매계약을 체결한 경우에, 그 매매계약은 소유권없는 자의 매매계약, 즉 타인의 권리의 매매(제569조)에 해당하게 된다. 1인의 공유자가 자기의 지분과 더불어 다른 공유자의 지분을 모두 합쳐 전체 소유권을 양도하는 계약을 체결한 경우를 가리켜 '공유물의 처분'이라고 하며, 이는 '공유지분의 처분'과 구별된다. 공유물의 처분은 처분자의 행위를 자기지분의 처분부분과 타인지분의 처분부분으로 나누어 고찰하는 것이 명확하다.

(4) 공유물의 분할청구

◦ 분할청구권 : 공유자는 공유물의 분할을 청구할 수 있다(제268조 1항). 공유물분할청구의 자유는 지분의 처분의 자유와 함께 공유의 특

성을 이룬다. 공유물분할청구를 할 수 있다는 점에서 총유 및 합유와 다르다. 공유자 상호간의 결합관계는 어떤 단체적 결합을 전제로 한 것이 아니어서 그리 구속적이지 않다. 각 공유자는 분할이 자기에게 이익이 된다고 판단되면 언제든지 공유관계를 종료시킬 수 있다.

◦ '법률의 규정에 의한 금지'와 '계약에 의한 금지'가 있는 경우에는 공유물분할청구의 자유에 대한 예외가 인정된다. 공유자는 5년 내의 기간으로 분할하지 않을 것을 약정할 수 있다(제268조). 5년 이상의 기간으로 분할금지의 약정을 한 경우에도 그 금지의 효력은 5년까지만 미친다. 분할청구권은 일방적 의사표시로 행사되는 형성권으로서의 성질을 갖는다. 공유물분할청구권은 시효로 소멸하지 않는다.

◦ 공유물분할 : 공유물분할은 그에 의하여 공유관계가 종료하고 각 공유자가 자신에게 배당된 분할부분에 관하여 단독소유권을 취득하는 것이다. 공유물분할은 소유권의 일부이전의 성질을 갖는다. 분할의 결과 취득되는 각 공유자의 단독소유권은 각 공유자간의 권리의 상호적 이전의 결과라고 파악된다. 즉 공유물분할에 의하여 지분권의 교환이나 매매가 성립한다고 본다.

◦ 협의분할과 재판분할 : 공유물을 분할하는 방법에는 협의분할과 재판분할의 방법이 있다. 공유자 사이에 분할의 합의가 성립하지 않는 경우에는 재판분할에 의한다(제269조 1항). 재판에 의한 분할의 경우는 필요적 공동소송이므로 분할청구를 하는 1인의 공유자가 다른 공유자 전원을 상대로 소송해야 한다.

◦ 현물분할과 대금분할 : 분할방법은 현물분할이 원칙이고, 예외적으로 대금분할이 인정된다. 현물로 분할할 수 없거나 분할로 인하여 현저히 그 가액이 감손될 염려가 있는 때에는, 법원은 그 물건의 경매를 명할 수 있다(제269조 2항). 재판에 의하여 공유물을 분할하는 경우에는 법원은 현물로 분할하는 것이 원칙이고, 현물로 분할할 수 없거나

현물로 분할을 하게 되면 현저히 그 가액이 감손될 염려가 있는 때에 비로소 물건의 경매를 명하여 대금분할을 할 수 있다. 공유자 상호간에 금전으로 경제적 가치의 과부족을 조정하게 하여 분할을 하는 것도 현물분할의 한 방법으로 허용되고, 여러 사람이 공유하는 물건을 현물분할하는 경우에는 분할을 원하지 않는 나머지 공유자는 공유로 남는 방법도 허용된다(대법원 1993. 12. 7. 선고 93다27819 판결).

◦ 분할의 효과 : 분할에 의하여 종래의 공유상태는 해소되고 분할방법에 따라 각 공유자는 단독소유권 또는 매매대금청구권을 취득하게 된다. 공유물분할에 의하여 권리이전의 효과가 발생한다. 각 공유자가 취득한 단독소유권은 종전의 지분권으로부터의 승계취득으로서의 성질을 갖는다. 공유물분할의 본질이 지분의 이전이므로 분할의 효과는 소급하지 않는다(단 상속재산의 분할은 소급효를 갖는다). 공유자는 다른 공유자가 분할로 인하여 취득한 물건에 대하여 그 지분의 비율로 매도인과 동일한 담보책임을 진다(제267조 2항). 그 담보책임의 내용은 분할계약의 해제권발생, 대금감액청구, 손해배상청구권의 발생이다.

(5) 공유물에 관한 물권적 청구권

◦ 제3자의 침해 : 제3자가 공유물에 대한 침해·방해행위를 한 경우에, 공유자 1인은 공유물 전부에 대해 목적물의 인도청구을 할 수 있는지, 제3자가 원인 없이 공유물 전부에 대하여 소유권이전등기, 저당권설정등기 등을 경료한 경우에, 공유자 1인이 그것의 말소등기 청구를 할 수 있는지가 문제된다.

공유자 1인은 공유물 전부에 관한 물권적 청구권을 행사하거나 원인 없는 등기의 말소를 청구할 수 있으며, 그 법적 근거는 공유물의 보존행위를 각자가 할 수 있도록 하는 민법 제265조 단서이다(그 밖에 제409조의 불가분채권 유추적용설도 주장됨).

각 공유자는 단독으로 원인없이 제3자에게 경료된 등기 전부의 말소를 구할 수 있다. 그리고 각 공유자는 공유물 전부의 인도를 청구할 수 있지만, 그 청구가 다른 공유자의 이익과 충돌하는 경우에는 예외가 인정된다. 과반수에 미달하는 지분권자가 단독으로 임대한 경우에, 다른 공유자는 그 임차인에 대하여 단독으로 공유물 전부의 인도를 청구할 수 있다. 과반수가 넘는 지분권자의 임대는 공유물의 관리행위로 되어 유효하다(반대설 있음).

◎ 다른 공유자의 침해 : 공유자 1인이 자기의 공유지분을 무시하고 공유물 전부에 대하여 무단으로 단독명의의 등기를 한 경우 또는 공유물 전부를 무단으로 사용·수익하는 경우에, 다른 공유자가 그 지분침해자에 대하여 어떤 권리를 행사할 수 있는지가 문제된다.

각 공유자는 단독명의로 등기를 경료한 공유자의 공유지분을 제외한 나머지 공유지분 전부에 대하여 말소등기를 청구할 수 있다(대법원 1988. 2. 23. 선고 87다카961 판결). 이는 공유물의 보존행위에 해당한다(지분권회복으로 보는 견해 있음).

지분을 소유하고 있는 공유자나 그 지분에 관한 소유권이전등기청구권을 가지고 있는 자라고 할지라도 다른 공유자와의 협의 없이는 공유물을 배타적으로 점유하여 사용·수익할 수 없으므로, 다른 공유자는 자신이 소유하고 있는 지분이 과반수에 미달되더라도 공유물을 점유하고 있는 자에 대하여 공유물의 보존행위로서 공유물의 인도나 명도를 청구할 수 있다(대법원 전합 1994. 3. 22. 선고 93다9393 판결).

(6) 공유자간의 상호명의신탁

부동산의 위치와 면적을 특정하여 2인 이상이 구분소유하기로 하는 약정을 하고, 등기는 그 소유자가 지분으로 공유하는 것처럼 등기함으로써 각각의 구분소유부분이 등기부에 나타나지 않는 경우를 '공유자간의 상호명의신탁'이라고 한다. 이 경우 각 구분소유자는 다른 구분소유자에게 자기 토지의 일부를 명의신탁한 것으로 되어 상호명의신탁이 성립한다(명의신탁에 관한 설명 참조). 공유자간의 상호명의신탁은 허위표시나 반사회적 행위에 해당하지 않고 유효하다.

상호명의신탁의 법리는 판례에 의하여 발달되었다. 판례는 "1필의 토지의 일부를 특정하여 양도하면서 편의상 그 전체에 관하여 공유지분등기를 경료한 경우, 각자의 공유지분등기는 상호명의신탁에 의한 수탁자의 등기로서 유효하며, 이 경우 등기된 어느 일방의 공유지분이 그 특정 부분을 분자로 하고 토지 전체 면적을 분모로 한 비율보다 적게 되어 있다고 하더라도 그 특정 부분 전부에 대한 다른 등기명의자들의 공유지분등기는 마찬가지로 상호명의신탁에 의한 수탁자의 등기로서 유효하다"고 한다(대법원 1995. 10. 12. 선고 95다26131 판결).

3. 합　　유

(1) 내부관계

합유(合有)에서는 합유자 상호간에 먼저 조합계약 또는 이와 유사한 법정의 채권관계가 생기고, 그 조합재산에 속하는 물건에 관한 조합원들의 합유관계가 생기게 된다. 조합계약은 조합재산 및 조합업무에 관한 여러 사항들을 총체적으로 파악하는 것이다. 반면에 합유라는 개념은 조합재산 중 하나의 물건에 초점을 맞추어 그 공동소유의 법률관계만을 파악하는 것이다. 합유자 상호간의 내부관계는 조합계약에 의해 정해지며, 경우에 따라서는 그 계약내용이 외부에 대하여 대항력을 갖지 못하는 경우도 생긴다. 조합계약은 공동사업을 영위한다는 점에서 단체적 성격을 가지기는 하지만, 외부적으로는 단체가 행위하는 것이 아니라 조합원이 모두(합수적으로) 당사자가 되어 계약을 체결하고 물건의 소유권을 취득한다. 따라서 조합계약은 개별성이 강하다.

(2) 공동소유자 1인의 권리

각 합유자는 지분을 가지기는 하지만, 그 지분의 개별성은 약하다. 각 합유자는 조합계약에서 다른 약정이 없는 한, 합유물 전부를 공동으로 사용·수익할 수 있다. 합유물의 관리는 조합업무에 속하므로 업무집행자가 관리하거나 또는 조합원의 과반수의 결정에 따라 행한다(제706조). 합유물의 보존행위는 각자가 할 수 있다(제272조).

갑과 을이 각자 자금을 출자하고 공동으로 공사를 시공하여 그 이익을 반분하기로 하는 동업약정을 맺고 건물의 신축공사를 진행한 경우, 조합의 업무집행자인 을이 조합의 대외적 업무처리를 하면서 자기 이름으로 건물에 관한 공유지분을 취득했다면, 갑은 그 조합계약에 기하여 업무집행자인 을이 취득한 공유지분을 조합(갑과 을의 합유)으로 이전할 것을 청구할 수 있다(대법원 1997. 5. 30. 선고 95다4957 판결).

(3) 지분 및 물건 전체의 처분

합유자는 자기의 지분을 처분하는 데에 제한을 받는다. 합유지분은 조합원의 자격과 결합되어 있으므로, 조합원의 자격을 타인에게 양도함으로써 합유지분도 양도되는 효과가 생긴다. 조합원의 자격을 양도함에는 조합원 전원의 동의가 있어야 함이 원칙이다. 조합원의 지위는 유지하면서 특정한 물건에 대한 1인의 합유지분만을 양도하는 것은 원칙적으로 허용되지 않으나, 조합원 전원의 동의가 있으면 가능하다(제273조 1항). 합유물에 대한 처분은 조합원 전원의 동의가 있어야 하며, 조합원 전원이 계약당사자 및 등기신청당사자가 되어야 한다.

(4) 조합관계의 종료

◎ 조합관계의 종료사유 : 조합계약에서 정한 사유의 발생, 조합원 전원의 합의, 조합의 목적인 사업의 성공 또는 성공불능, 해산청구 등이다.

2인으로 된 동업관계, 즉 조합관계에 있어 그 가운데 한 사람이 탈퇴하면 조합관계는 종료되나 특별한 사정이 없는 한 조합은 해산되지 않는다. 조합원의 합유에 속한 조합재산은 남은 조합원의 단독소유에 속하고, 탈퇴한 조합원과 다른 조합원간의 계산은 민법 제719조 1항에 의하여 탈퇴 당시의 조합재산상태에 의하여 한다(대법원 1996. 9. 6. 선고 96다19208 판결).

◎ 조합의 해산청구 : 경제계의 사정변경에 따른 조합 재산상태의 악화나 영업부진 등으로 조합의 목적달성이 매우 곤란하다고 인정되는 객관적인 사정이 있거나 조합 당사자간의 불화·대립으로 인하여 신뢰관계가 파괴됨으로써 조합업무의 원활한 운영을 기대할 수 없는 경우 등 부득이한 사유가 있는 때에는 조합원이 조합의 해산을 청구할 수 있다(대법원 1997. 5. 30. 선고 95다4957 판결).

4. 총유와 구분소유

(1) 내부관계

◎ 총유 : 총유에 있어서는 총유자 사이에 '법인 아닌 사단'이 존재하고, 그 사단에 속하는 한 개의 물건에 관하여 구성원들 사이에 총유라는 공동소유관계가 생긴다. 법인 아닌 사단은 정관에 의해 그 사단의 모든 중요한 사항이 정해진다. 정관으로 정한 사항 및 그 정관에 따라 사원총회에서 결의한 사항에 따라 각 구성원의 권리와 의무가 정해진다. 민법은 총유의 물권관계를 정관 및 사원총회의 결의에 따르도록

하고 있으므로(제276조), 내부관계와 외부관계에 차이가 생기는 경우는 거의 없다. 총유의 전제가 되는 법인 아닌 사단의 단체성은 매우 강하여 각 구성원의 존재는 단체 속에 묻히게 된다.

◎ 구분소유 : 구분소유가 성립하기 위하여는 구분소유에 적합한 건물이 존재해야 하며, 구분소유자들이 건물의 구분된 부분을 취득하는 법률행위를 하고 소유권이전등기를 경료해야 한다. 한 건물에 여러 구분소유자가 생기게 되면 그들 사이에 그 건물의 소유 및 이용을 위한 관리단이 구성되고 그 관리단이 중요한 사항을 다수결로서 결정한다. 구분소유자가 모인 관리단은 법인 아닌 사단의 성격을 가지므로 총유와 유사한 법률관계가 전개된다. 그러나 민법 및 집합건물법은 건물의 공용부분은 구분소유자들의 공유라고 규정하고 있어서, 실질과 법률의 규정 사이에 괴리가 있다.

(2) 공동소유자 1인의 권리

◎ 총유 : 각 총유자에게는 총유에 기한 지분(물건에 대한 소유권의 일부라는 개념)이 인정되지 않고, 사원의 자격을 가지는 것이 곧 총유자로서의 권리를 가지는 효과를 가져온다(제277조). 각 총유자는 정관 기타의 규약에 좇아 총유물을 사용·수익할 수 있다(제276조 2항). 총유물의 관리는 사원총회의 결의에 의하여 행한다(제276조 1항).

총유물의 보존에 있어서는 공유물의 보존에 관한 민법 제265조의 규정은 적용될 수 없고, 특별한 사정이 없는 한 그 관리에 관한 민법 제276조 1 항의 규정에 따라 사원총회의 결의를 거쳐야 하므로, 종중원들이 총회의 결의 없이 타인명의의 소유권이전등기가 원인무효라고 주장하면서 그 말소등기와 종중 소유임의 확인을 구하는 것은 부적법하다(대법원 1992. 2. 28. 선고 91다41507 판결).

◎ 구분소유 : 각 구분소유자는 자기의 전용부분에 관하여는 독점적

인 소유권을 가진다. 공용부분에 관하여는 공유의 지분권을 가진다. 각 구분소유자는 집합건물의 관리규약에 따라 공용부분을 사용할 수 있다. 공용부분의 관리는 관리단의 결정에 따라서 한다. 구분소유자는 자기의 전유부분을 기초로 독립한 소유권을 가지므로 그 소유권에 기하여 필요한 보존행위를 할 수 있다. 그 밖에 공유부분에 관한 보존행위는 관리단의 결정에 따라 행해진다.

집합건물의 소유 및 관리에 관한 법률 제23조 1항 소정의 관리단은 어떠한 조직행위를 거쳐야 비로소 성립되는 단체가 아니라 구분소유관계가 성립하는 건물이 있는 경우 당연히 그 구분소유자 전원을 구성원으로 하여 성립되는 단체이다(대법원 1996. 8. 23. 선고 94다27199 판결).

(3) 지분 및 물건 전체의 처분

공동소유의 유형에 따라서 각자가 자기의 지분을 양도, 담보설정할 수 있는지 및 공동소유의 객체가 되는 물건을 처분하려면 어떻게 해야 하는지가 달라진다.

◦ 총유 : 총유자는 지분을 갖지 않고 사원자격에 기해 물건을 총유하는 것이므로, 지분의 처분이란 개념은 인정되지 않고 사원자격의 양도만이 가능하다. 사원자격을 양도할 수 있는지 및 그 양도방법은 정관에 의해 정해진다. 사원자격에 대한 담보설정은 허용되지 않는다. 총유물의 처분은 사원총회의 결의에 의한다(제276조 1항). 총유재산은 총유자 개개인의 이름으로 등기되는 것이 아니라 사단의 명의로 등기된다(법인 아닌 사단도 등기명의인이 될 수 있음). 따라서 총유재산인 부동산의 양도는 사단이라는 단체재산의 처분으로 취급된다. 사단의 재산을 사원에게 명의신탁해 놓은 경우에도 그 재산은 사단재산에 속한다.

교인들이 집단적으로 교회를 탈퇴한 경우, 법인 아닌 사단인 교회가 2개로 분열되고 분열되기 전 교회의 재산이 분열된 각 교회의 구성원들에게 각각 총유적으로 귀속되는 형태의 '교회의 분열'은 인정되지 않으며, 교인들이 교회를 탈퇴하여 그 교회 교인으로서의 지위를 상실한 경우, 종전 교회 재산은 잔존 교인들의 총유로 된다(대법원 전합 2006. 4. 20. 선고 2004다37775 판결).

◦ 구분소유 : 각 구분소유자는 자기의 지분을 독립된 소유권과 같이 자유롭게 처분할 수 있다. 공용부분에 대한 지분은 전유부분에 대한 소유권에 포함되어 있으므로, 공용부분에 대한 지분만을 분리하여 처분하는 것은 불가능하다. 공용부분에 대한 분할청구권도 인정되지 않는다. 이 점에서 공유지분과 성격을 달리한다.

사례연습 〈공유와 합유의 법률관계〉

◦ 문 제 ◦

문1) 하나의 건물을 A와 B 두 사람이 각각 2억원과 1억원을 출자하여 공동으로 매입하고 등기는 두 사람의 공유로 등기하면서 그 지분은 표시하지 않았다. B가 그 사정을 모르는 X에게 자기가 1/2의 지분을 가진 것처럼 속여 1억 5천만원에 팔고 B의 지분을 X에게 이전하는 등기를 경료하였다. 그 후 X가 A에 대하여 공유물분할청구를 하면서 자기의 1/2의 지분을 주장하였다. X의 지분은 1/2로 인정되는가? 1/3로 인정되는가?

문2) C와 D가 공동으로 음식점을 경영하기로 하면서 3억원짜리 부동산을 매수하여 C와 D 공동명의로 등기를 하면서 합유관계를 표시하였다. 그 매매대금은 C가 2억원 D가 1억원 출자한 것이다. 1년 후 C와 D 사이에 불화가 생겼고, D는 Y에게 자기의 지분을 양도하는 계약을 체결하였다. Y는 그 합유지분을 취득하는가?

해 답

문1의 해답) 공유의 법률관계

B의 공유지분은 실제에 있어서는 1/3인데 등기부상에는 기재되지 않아 그 지분은 균등한 것으로 추정된다(제262조 2항). 그러나 이러한

추정은 매매대금을 각자 얼마씩 분담했는가 하는 사실이 영수증 등에 의해 증명되면 번복된다. 따라서 B의 공유지분은 등기에도 불구하고 1/3을 초과하지 못한다.

선의의 제3자 X가 이 사실을 모르고 1/2 지분인 것으로 믿고 취득했더라도 부동산의 선의취득은 인정되지 않는다. X도 역시 1/3 지분만을 가질 뿐이다.

X는 공유자로서 분할금지의 특약이 없는 한 공유물의 분할을 청구할 수 있다(제168조). 이 사례에서 분할금지의 특약은 없으므로 X의 분할청구는 받아들여져야 한다. 다만 그 분할의 비율은 X의 지분인 1/3에 따르게 된다. 따라서 A와 X는 2대 1의 비율로 공유물을 분할하게 된다.

문2의 해답) 합유의 법률관계

C와 D는 공동사업을 경영하기 위해 조합을 결성한 것으로 해석된다. C와 D가 출자한 금전은 조합재산을 이룬다. C와 D는 조합원으로서 조합재산에 대하여 지분을 가지며 그 비율은 다른 특약이 없는 한 출자액에 비례한다.

D는 조합재산에 속하는 그 부동산에 관하여 1/3의 합유지분을 갖지만 이는 임의로 처분하지 못한다. 합유자는 전원의 동의 없이 합유물에 대한 지분을 처분하지 못하게 되어 있기 때문이다(제273조).

따라서 D와 Y 사이에 체결한 합유지분의 양도계약은 계약당사자 사이에서 채권적 효력을 가질 뿐 C에 대한 관계에서나 그 밖의 자에 대한 관계에서 효력이 없다. Y는 C의 동의 없이는 등기하지 못하며, 그 계약을 근거로 C의 동의를 강제할 권리도 없다.

C와 D가 불화를 일으켜서 도저히 동업을 계속할 수 없는 경우에, D는 그 조합을 탈퇴하는 것이 가장 좋은 방법이다. 조합은 D의 탈퇴에도 불구하고 존속하며 D는 조합재산의 분배방식에 따라 자기의 지분을 금전으로 계산해서 받을 수 있다(대법원 1996. 9. 6. 선고 96다19208 판결).

7장

제한물권

21

용익물권

1. 용익물권이란 무엇인가

(1) 개 념

타인의 물건을 사용·수익할 권리를 내용으로 하는 제한물권을 가리켜 용익물권이라고 하는데, 이는 지상권·지역권·전세권의 공통적 성격을 파악하여 이들의 특성을 담보물권과 구별하기 위하여 용익물권으로서 분류해 놓은 것이다.

민법은 근대법의 기본원칙에 따라 임차권을 채권으로 규정하고, 다만 그것을 등기한 때에는 제3자에게 대항할 수 있는 것으로 물권화의 길을 터주었다. 그 밖에 관행상 이용되던 전세를 용익물권으로서 물권화하여 입법함으로써 '용익권의 물권화 경향'을 수용하였다. 그 이후 급속한 도시화로 임차인들의 사회문제가 심각하게 되자 임대차 및 용익물권에 관한 민법규정으로는 부족하게 되었다. 주택임대차보호법, 상가임대차보호법 등 특별법이 제정되어 임차인보호를 위한 강행규정을 설치하였다.

전세권은 우리의 관습으로부터 발전된 제도로서, 시민들이 일상적으로 이용하던 계약을 민법에서 용익물권으로 성문화한 것이다. 법정지상권은 토지와 건물을 별개의 부동산으로 보는 중국 · 일본 · 한국의 법제에서 필요한 제도이다. 분묘기지권과 관습법상 법정지상권은 판례에 의해 발견된 관습법상의 용익물권이다.

(2) 설정계약

소유자와 용익권자가 용익권을 설정하는 계약을 체결하고 등기한 경우에 용익물권이 성립하며, 실체관계와 등기가 일치하는 범위에서 제 3 자에 대한 물권적 효력을 가진다. 용익물권에서는 설정자와 용익권자 사이의 채권관계가 그 실체를 이루고 있고, 그 채권관계가 등기됨으로써 외부에 공시되고 아울러 대외적 효력을 갖게 된다.

용익물권설정계약은 채권계약이다. 용익물권설정에 관한 거래실정을 살펴보면 채권행위와 물권행위를 구분하는 의미를 갖는 두 단계의 거래행위를 하지 않으므로 그 설정계약을 채권행위와 물권행위로 구분하는 것은 불가능하다. 채권적 용익권(임대차 등)도 그 존속 중에 이를 등기하면 용익물권으로 될 수 있으며 실제로 채권행위와 물권행위가 구분되지 않는다.

용익물권의 내용을 이루는 사용방법 · 존속기간 · 사용료지급 등에 관한 사항은 원칙적으로 설정계약에 의해 정해진다. 다만 민법이 내용강제규정을 두는 경우에는 그 규정에 의한다(예컨대 제280조). 당사자간의 설정계약의 내용을 제 3 자에 대하여 주장하기 위하여는 그 주장내용에 관해 약정과 등기의 두 가지 요건을 갖추고 있어야 한다.

용익물권은 그 설정계약(채권행위)이 유효한 경우에만 성립하며, 설정계약이 무효 · 취소되면 용익물권도 성립하지 않는다. 등기는 공시의 효력을 가질 뿐 공신의 효력은 갖지 않는다.

(3) 물권적 효력

용익물권은 제3자에 대한 효력을 가진다. 용익물권은 설정자와 용익권자 사이의 설정계약에 의하여 성립하는데, 이 계약의 당사자 사이에서는 그 계약에 의한 채권적 효력이 발생한다. 그 용익권이 등기되면 제3자에 대하여도 그 계약의 효력을 주장할 수 있다. 따라서 용익물권자는 그 설정계약을 가지고 제3자에게 대항할 수 있게 된다.

◦ 물권적 청구권 : 제3자가 용익물권자의 사용·수익을 방해하는 경우에 용익물권자는 그 제3자에 대하여 물권적 청구권을 행사하여 그 방해를 스스로(소유자 도움 없이) 배제할 수 있다(第290조, 第301조, 第319조).

◦ 설정자지위의 승계 : 용익물권은 매매 등으로 인한 목적물의 소유권이전에도 불구하고 존속한다. 대항력이 없는 임차권은 채권적 효력을 가질 뿐이므로 목적물이 제3자에게 양도되면, 그 제3자에 대하여는 임대차계약을 가지고 주장할 수 없게 된다. 종래 이를 가리켜 "매매는 임대차를 깨뜨린다"고 표현해 왔다. 반면에 용익물권의 부담은 소유권과 함께 이전하므로 "매매는 용익물권을 깨뜨리지 못한다"는 결과에 이른다. 양도인과 용익물권자 사이에 체결한 설정계약은 양수인과 용익물권자 사이의 법률관계를 결정하게 된다. 결국 양수인은 용익물권 설정자의 용익계약상의 지위를 넘겨받게 되는 '법률의 규정에 의한 계약인수'가 행해지게 된다.

◦ 용익물권의 양도 : 용익물권은 재산권의 일종으로서 양도성을 갖는다. 용익물권자는 설정자의 동의를 얻지 않고 그 용익물권을 자유로이 양도하거나 담보설정하거나 또는 임대할 수 있다(第282조, 第306조). 용익물권을 양수받은 사람은 설정자에 대하여 그 양도인과 동일한 내용의 권리의무를 갖는다(예컨대 第307조). 결국 전세권자의 전세권설정계약상의 지위가 이전되는 계약인수가 행해지게 되는 셈이다.

2. 용익물권의 종류

물권은 법률 또는 관습법에 의하는 외에는 임의로 창설하지 못하므로(제185조), 용익물권은 다음과 같이 법률 또는 관습법에서 인정하는 유형에 한정된다.

(1) 지 상 권

지상권은 타인의 토지를 사용할 수 있는 용익물권으로서 그 사용목적에 특수성이 있다. 즉 토지의 사용목적이 그 토지 위에 건물·공작물·수목을 소유하기 위하여 그 지반의 사용권을 확보하기 위한 것인 때에 지상권이 설정된다(제279조).

특수한 지상권으로서 구분지상권, 법정지상권, 분묘기지권이 인정되고 있다.

◦ 구분지상권은 지하 또는 지상의 공간을 건물이나 공작물을 소유하기 위하여 용익하는 권리이다(제289조의2).

◦ 법정지상권은 당사자 사이의 지상권설정계약이 없는 경우에 법률이나 관습법이 건물의 철거를 방지하기 위하여 인정하는 건물지반의 토지사용권이다. 법정지상권의 법적 근거는 법률의 규정(제305조, 제366조. 입목, 가등기 등) 또는 관습법이다.

◦ 그 밖에 지상권과 유사한 권리로서 분묘기지권이 있다. 분묘기지권이란 타인의 토지 위에 분묘를 설치 또는 보유하기 위한 목적에 한정하여 그 토지를 사용할 수 있는 용익물권을 말한다.

(2) 지 역 권

지역권이란 일정한 목적을 위하여 타인의 토지를 자기의 토지의 편익에 이용하는 권리이다(제291조). 타인의 토지의 사용방법은 지역권자의 토지의 편익에 제공토록 하는 것이다. 특수지역권으로서는 어느 지역의 주민이 집합체의 관계로 각자가 타인의 토지에서 초목, 야생물 및 토사의 채취, 방목 기타의 수익을 하는 권리가 인정된다(제302조).

(3) 전 세 권

전세권이란 전세금을 지급하고 타인의 부동산을 그의 용도에 좇아 사용·수익한 후 전세권의 소멸시에 목적부동산으로부터 전세금을 우선변제받을 수 있는 권리이다(제303조 1항). 전세권설정계약은 소비대차와 임대차가 결합된 계약이며 전세금의 지급이 계약의 요소라는 점, 타인의 부동산을 사용·수익할 수 있는 용익물권이라는 점, 전세금반환채권을 확보하기 위한 담보물권이라는 점에 전세권의 특성이 있다.

3. 용익물권의 특성

(1) 목적물의 사용

용익물권 중 지상권과 지역권은 그 사용목적이 일정한 내용에 한정되어 있으나, 전세권은 사용방법에 제한이 없다(단 농업목적은 제외).

◦ 지상권은 타인의 토지에 건물 기타 공작물을 소유하기 위하여 그 토지를 사용하는 권리이다.

◦ 지역권은 지역권자의 토지(요역지)가 다른 토지(승역지)로부터의 편의제공을 필요로 하는 때에 설정된다. 그 편의제공의 내용으로는 생활용수·농업용수를 공급받는 것, 지하송수관을 매립하는 것, 일정한 부작위의무를 지는 것(고층건축금지) 등 다양하다.

◦ 전세권은 토지전세권과 건물전세권 모두 가능하지만 건물전세권이 더 많이 이용된다. 특히 주거의 목적으로 설정되는 경우가 많아 전세권은 임차권과 같이 무주택자에게 주택을 제공하는 사회적 기능도

담당한다.

지상권과 전세권은 용익권자가 목적물의 사용·수익권을 가지고 소유자는 그 존속기간 동안 목적물을 사용할 수 없지만, 지역권의 경우에는 독점적 사용·수익권이 부여되지 않고 승역지소유자와 지역권자가 공동으로 승역지를 사용하게 된다. 또한 지상권과 전세권은 목적물을 점유할 권리를 수반하지만, 지역권은 목적물을 점유하지 않고 단지 편의만을 제공받는 데에 그친다.

(2) 존속기간

용익물권의 존속기간은 그 설정계약에 의해 정해짐이 원칙이지만, 민법은 개개의 용익물권에 관하여 최단기간(지상권, 전세권의 경우) 또는 최장기간(전세권의 경우)의 제한을 둔다.

◦ 지상권에 관해서는 최단기간의 제한을 둠으로써 지상건축물의 가치보존을 꾀한다(제280조, 제281조).

◦ 전세권에는 최장기간의 제한과 최단기간의 제한 모두 행해진다(제312조 1항). 최단기간의 제한은 건물전세권에 관해서만 행해진다.

◦ 계약의 갱신에 관하여는 지상권과 전세권에 규정을 두고 있다. 지상권에 관해서는 지상권자에게 갱신청구권을 인정할 뿐 자동갱신은 인정하지 않는다. 지상권자의 갱신청구가 있는 경우에도 지상권설정자는 그 갱신을 거절할 수 있으며, 이때 그 지상물의 매수청구를 받으면 매매계약과 같은 법률관계가 형성된다(제283조). 전세권에 관해서는 법정갱신이 규정되어 있다(제312조).

(3) 대가의 지급

◦ 유상성 여부 : 민법은 용익물권을 반드시 유상계약으로 할 것을 예정하지 않고 있다. 지상권·지역권은 유상·무상 모두 가능하나 거

래계에서 무상인 경우가 점차 줄어들고 있고, 반면에 전세권은 유상계약으로서의 성격을 갖는다.

◦ 지료증감청구권 : 민법은 지상권에 관해서는 지료증감청구권(제286조), 전세권에 관해서는 전세금증감청구권(제312조의2)을 인정한다. 이러한 증감청구권은 그 성격이 사정변경에 의한 계약수정권을 인정하는 것이다.

(4) 소 멸

◦ 소멸통고·소멸청구 : 용익물권은 그 존속기간 동안 계속해서 목적물의 사용권을 취득하는 권리이므로 당사자 사이에 계속적 계약관계가 발생한다. 계속적 계약은 약정존속기간이 있는 경우에는 그 기간의 만료로 인하여 종료하며, 그 약정기간이 없는 경우에는 일방당사자의 소멸통고에 의해 상당한 유예기간이 경과한 후, 그 밖에 계약의 존속중에 일방당사자의 중대한 계약위반이 있는 경우에는 상대방의 소멸청구에 의해 즉시 종료할 수 있다.

◦ 청산 : 기간이 종료하면 용익권자의 사용·수익권이 소멸하므로, 용익권자는 목적물반환의무를 지며, 목적물의 파손에 대해 책임져야 할 경우에는 손해배상의무도 함께 지게 된다. 전세권의 경우에는 설정자가 전세권자에게 전세금을 반환해야 하며(전세금반환의무), 전세권자는 전세금을 반환받을 때까지 목적물을 사용할 수 있다.

4. 용익물권과 임차권의 차이

(1) 대외적 효력

용익물권에서는 설정자와 용익물권자 사이에 체결된 설정계약의 효력이 제 3 자에 대한 관계에서도 효력을 가지게 된다. 반면에 임대차

(대항력 없는)에서는 임대차계약의 효력은 계약당사자 사이에서만 효력을 발생한다.

◉ 용익물권의 경우에는 설정자가 목적물의 소유권을 양도하더라도 그 양수인은 당연히 그 용익물권의 부담을 지게 되고 설정자의 계약상 지위를 인수하게 된다. 반면에 임대차의 경우에는 목적물의 양도로 임차인은 목적물에 대한 사용·수익권을 상실하게 되고, 양수인의 목적물인도청구가 있으면 그 물건을 그에게 인도해야 한다.

◉ 용익물권의 경우에는 설정계약에서 정한 존속기간·지료 등을 등기해 둔 경우에 그 약정내용을 가지고 목적물의 양수인에 대하여 주장할 수 있다. 반면에 임차권의 경우에는 존속기간까지의 존속보장은 채권적 효력밖에 없으므로 임차인은 그 계약의 내용을 제 3 자에 대한 관계에서는 그 효력을 인정받을 수 없다.

(2) 권리의 양도·담보설정·임대

용익물권은 채권에 비하여 재산권으로서의 성격이 더욱 강하게 인정되므로 용익물권자의 처분권한이 법률로서 보장된다. 지상권이나 전세권에 대하여는 이를 담보로 제공하여 저당권을 설정할 수 있다(제371조).

반면에 임차인은 임대인의 동의 없이 그 임차권을 양도하거나 목적물을 전대하지 못한다(제629조 1항). 임차인이 임대인의 동의 없이 양도 또는 전대한 경우에 임대인은 계약을 해지할 수 있다(제629조 2항). 또한 임차권은 저당권의 목적이 되지 못한다.

(3) 물권적 청구권

용익물권자는 물권적 청구권을 행사할 수 있지만, 임차권의 경우에는 물권적 청구권이 부여되지 않으므로 임차인이 직접 제 3 자의 방해를 배제할 수는 없다.

(4) 사용방법의 다양성

용익물권의 내용은 그 유형에 따라 법률이 정하는 것으로 고정되어 있는 것이 보통이다. 반면에 계약에는 내용결정의 자유가 인정되므로, 임대차의 내용은 당사자의 약정에 따라 다양해질 수 있으므로 그 내용에 탄력성을 가질 수 있다.

(5) 존속기간의 보장

용익물권 중 지상권은 민법에 의해 매우 강한 존속기간보장을 받고 있다. 지상권에는 최단기간의 제한이 있고, 그 기간이 매우 장기이다. 지상권에 있어서는 토지의 사용목적에 따라서 30년 · 15년 · 5년을 각각 최단기간으로 정하고 있다.

임차권은 건물소유의 목적으로 계약된 것이라도 20년을 최장기간으로 제한한다. 다만 석조 · 석회조 · 연화조 또는 이와 유사한 견고한 건물 기타 공작물의 소유를 목적으로 하는 토지임대차의 경우는 존속기간의 제한이 없다(제651조), 임차권의 최단기간에 대한 보장은 주어지지 않는다. 건물의 사용에 관하여 전세권과 임차권을 비교하여 보면 건물전세권의 최단기간은 1년임에 반하여, 임차권에는 최단기간의 보장이 주어지지 않는다. 그러나 주택임차인의 경우에는 최단기간을 2년으로 정하여 그 존속을 보장하고 있으므로 주택의 경우에는 채권인 임차권이 물권인 전세권보다 더 잘 보호되는 결과가 된다.

(6) 지상물의 매수청구권

계약의 종료로 용익권이 소멸하게 될 때, 용익권자는 토지소유자에게 그 용익권에 기해 건축한 지상물의 매수를 청구할 수 있다(제283조,

제285조). 이 매수청구권은 용익물권인 지상권의 경우뿐 아니라 채권인 임차권의 경우에도 인정된다(제643조). 지상권자와 임차인은 지상물의 매수청구를 통해 투하자본의 일부를 회수할 수 있게 된다.

사례연습 〈용역물권의 설정과 임대차계약〉

◎ 문 제 ◎

사례 1) 토지소유자 A가 B에게 지상권을 설정하는 계약을 하였다. 그 계약에서는 다음 달 1일에 B가 A로부터 토지를 인도받으며, B는 그 토지에 2층 이하의 목조건물을 건축하여 그 토지를 20년간 사용할 수 있음을 정하였다. 그리고 B는 매달 말일에 지료약정액을 A에게 지급할 것도 정하였다. B는 토지를 인도받아 건물을 완공시켜 그 건물의 보존등기를 하기 직전에 토지에 대한 지상권등기를 경료하였다. B는 어떤 권리를 갖는가?

사례 2) 타인(X)의 주택의 방 한 칸을 5천만원에 전세든 학생(Y)이 있다고 하자. 그는 그 집에 이사들어와서 주민등록도 옮겨 놓았고 임대차계약서에 확정일자도 받아 놓았다. 그러나 몇 달 후 그 집이 이미 저당권설정이 되어 있었고, 저당권자로부터 빚독촉을 받고 있다는 사실을 알게 되었다. Y는 혹시라도 그 전세금을 돌려받지 못하게 될까 불안하여 집주인에게 요구하여 전세권설정등기까지 경료하였다. Y는 어떤 권리를 갖는가?

해 답

사례 1의 해답) 이 사례에서 당사자가 처음부터 지상권설정계약서를 작성했더라도 그 등기 이전에는 임대차의 채권관계만이 발생하고, 그 계약서를 첨부하여 등기신청을 하여 지상권설정등기가 된 때로부터 지상권이라는 용익물권이 발생한다. 지상권의 법률관계는 그 설정계약에서 약정한 것에 따르게 되어(민법규정과 상충되지 않으므로) 사용방법 · 존속기간 · 지료가 모두 그 약정대로 결정된다.

만약 처음에 임대차계약서를 작성하였고, 법률문제를 잘 모르는 B가 이를 기초로 등기신청을 하여 임대차의 등기(제621조)가 되었다면 지상권이 발생하지 않고 '대항력 있는 임차권'으로 남아 있게 된다.

사례 2의 해답) 이 경우 Y는 임차인으로서 주택임대차보호법상의 보호도 받고, 전세권자로서 물권적 효과도 주장할 수 있다. 이 경우 Y는 주택임대차보호법 제 8 조의 다른 담보물권자(선순위자 포함)보다 우선변제받을 수 있는 우선특권을 갖게 된다. 따라서 Y는 주택임차권을 주장하여 전세금 1천만원을 그 저당권자보다 우선변제받게 된다. 만약 Y가 전세권을 주장한다면, 그 저당권자보다 후순위자의 지위에 서게 되어 저당권자가 경매대금에서 변제를 받고 남은 돈이 있어야 그 다음으로 변제받을 수 있게 되어 임차권을 주장하는 것보다 불리하게 된다.

22

담보물권

1. 담보물권이란 무엇인가

(1) 개 념

채권의 만족을 확보하기 위해 설정된 제한물권 및 그 유사의 권리를 담보물권이라고 한다. 담보제도는 채무자의 지급불능이나 지급거절로 인한 위험을 줄이기 위한 신용위험의 회피수단이다. 민법에 제한물권으로서 규정된 유치권·질권·저당권·전세권 이외에 가등기담보와 같은 특별법상 담보물권과 동산양도담보 등 관습법상 담보물권이 있다.

담보물권의 성격은 다음과 같다.

◦ 담보물권은 물권이다. 담보물권은 대세적 효력을 가지며 채권에 대하여 우선적 효력을 갖는다.

◦ 담보물권은 소유권의 내용을 일시적으로 제한하는 제한물권임이 원칙이다. 담보물권은 소유권에 대한 부담으로서 작용한다.

◦ 담보물권은 채권과 더불어 성립하는 부종적(附從的) 권리이다. 피담보채권이 발생해야 담보물권도 발생하고 양자가 같이 이전하며 같이

소멸한다.

◦ 담보물권은 채무자의 임의변제가 없을 때에 대비하는 예비적 권리이다. 임의변제가 없는 때에는 담보물의 경매 등을 통하여 채권자가 적극적으로 채권만족의 절차를 진행시킨다.

◦ 담보물권은 피담보채권의 만족을 목적으로 존재하는 한시적 권리이다.

(2) 담보물권의 기능

담보물권제도의 기능과 과제는, 첫째 채권의 만족을 확실하게 보장해 주는 안정성을 가져야 하며, 둘째 담보제공자를 채권담보의 목적 이상으로 불필요하게 구속해서는 안 되며, 셋째 채무자에게 채무액 이상의 경제적 부담을 강요해서는 안 된다는 것이다.

취약한 일반 채권자의 지위에서 벗어나 안정된 지위를 차지하려는 목적으로 이용되는 것이 담보제도이다. 강제집행절차에서 채무자의 재산이 일반 채권자들을 모두 만족시키기에 부족한 경우에 그 재산의 경매대금은 배당에 참여한 모든 채권자에게 채권액에 비례하여 분배된다. 예를 들어 채무자의 총재산은 1억원 상당의 부동산뿐인데 총채무액이 5억이면 각 채권자는 그 경매대금에서 채권액의 5분의 1만큼씩 분배받게 된다. 이렇게 강제집행에서 모든 채권자가 집행에 참여한 순서에 관계없이 동등하게 취급되는 것을 '채권자평등의 원칙'이라고 한다. 그러나 그 부동산에 5천만원의 저당권을 가진 채권자가 있다면, 그 저당권자가 우선변제권에 기해 5천만원을 가져가고 그 나머지 채무자재산 5천만원을 가지고 일반채권자가 채권액의 9분의 1만큼씩 가져가게 된다(총일반채권액 4억 5천만원).

(3) 물적 담보와 인적 담보의 차이

물적 담보와 인적 담보는 채권의 만족을 확보하기 위한 담보제도라는 면에서 공통성을 갖지만, 다음과 같은 차이를 갖는다.

- 물적 담보는 담보할 재산이 특정되어 있으므로 그 물건에 대하여만 집행할 수 있음에 반하여 인적 담보에서는 집행목적물이 특정되지 않는다.
- 담보물권은 목적물을 배타적으로 지배하고 우선변제권을 확보하는 방법을 취하는 반면에, 인적 담보는 보증채무자 또는 연대채무자를 추가하는 방법을 취한다.
- 채무자의 숫자에 차이가 있다. 물적 담보에서는 채무자는 그 피담보채권의 채무자임에 변함이 없는 반면, 인적 담보에서는 주채무자에 보증인과 연대채무자의 수를 더한 만큼 다수채무자가 존재하게 된다.
- 채권의 만족도에 차이가 있다. 대개 물적 담보가 인적 담보보다 더 안전한 것으로 평가된다.

2. 담보물권의 종류

(1) 민법상 전형담보

민법은 물적 담보를 소유권에 대한 부담으로 파악하고 제한물권의 한 종류로 구성한다. 민법의 물권편에 규정된 담보물권으로는 유치권 · 질권 · 저당권 · 전세권의 네 종류가 있는데, 이를 가리켜 민법의 전형담보 또는 전형담보물권이라고 한다.

- 유치권 : 채권자(유치권자)가 어떤 물건(또는 유가증권)에 관련한 채권을 가지며, 그 물건(또는 유가증권)을 점유하는 경우에 그 채권의 변제를 받을 때까지 그 물건(또는 유가증권)의 반환을 거절할 수 있는 권리를 말

한다(제320조).

◦ 질권 : 질권은 동산질권과 권리질권으로 분류된다. 양자는 그 성질과 내용면에서 큰 차이를 갖는다. 질권자(채권자)는 질권설정계약에 의하여 질권설정자(채무자)가 제공한 동산을 점유하고 채무불이행시에 그 물건으로부터 다른 채권자보다 우선변제를 받을 수 있는 권리를 취득하게 되는데, 이 권리를 동산질권이라고 한다(제329조). 동산질권의 특색은 채권자가 채무자의 물건을 점유함으로써 변제를 간접적으로 강제하는 효과를 꾀한다는 점이다. 질권자가 담보물로서 채권이나 기타의 재산권을 입질받은 경우에는 권리질권이 발생한다(제345조).

◦ 저당권 : 채권자가 채무자(또는 제 3 의 물상보증인)의 부동산을 담보로 잡고 채무불이행시에 그 부동산을 경매하여 우선변제받을 수 있는 권리를 확보한 경우에, 그 권리를 저당권이라고 한다(제356조). 저당권의 설정당시에 피담보채권이 발생하지 않고 기초계약만이 체결되어 있는 경우를 근저당권이라고 한다.

◦ 전세권 : 전세권자가 설정자에게 전세금을 맡기고 그의 부동산을 사용·수익하다가 전세기간의 만료시 그 전세금을 반환받을 권리를 전세권이라고 한다. 전세권자는 전세금반환청구권에 관해서 그 부동산에 경매권과 우선변제권을 갖는다(제303조). 부동산의 사용·수익이라는 면에서는 용익물권의 성격을 가지며, 전세금의 반환청구권의 확보라는 면에서는 담보물권의 성격을 갖는다.

(2) 특별법상의 전형담보

가등기담보 등에 관한 법률에서는 가등기담보·양도담보 등 민법에 규정되지 않은 담보형태를 규율한다.

◦ 가등기담보 : 부동산에 가등기에 의해 공시되는 담보물권이 설정되는 경우를 가리켜 가등기담보라고 한다. 가등기담보란 채권의 담보

를 위하여 채무자(또는 물상보증인)의 부동산에 소유권이전청구권의 가등기를 해 놓고 채무불이행시 채권자가 청산금의 지급과 상환으로 소유권을 이전받을 수 있는 담보제도를 말한다.

◎ 부동산양도담보 : 담보계약시 담보부동산의 소유권을 채권자에게 이전해 두고 채무이행이 있을 때에 그 소유권을 다시 이전받기로 약정한 경우에 부동산양도담보가 성립한다. 부동산실명법은 담보목적의 소유권이전등기를 통하여 부동산양도담보를 설정하는 것을 묵인한다(동법 제3조 2항).

◎ 주택임차인의 우선변제권 : 주택임차인이 임대차종료시 가지는 보증금반환청구권에 대하여 주택임대차보호법 제3조 이하 규정에 의해 우선변제권이 인정된다. 이 우선변제권이 인정되기 위해서는 임차권의 대항요건으로서 주택의 인도와 주민등록을 해야 하며, 보증금의 회수를 위한 대항요건으로서 임대차계약서상의 확정일자를 갖추어야 한다.

(3) 관습법상의 동산담보제도

◎ 동산양도담보 : 동산양도담보란 채무의 이행을 담보하기 위하여 동산의 소유권을 양도하는 합의를 하는 비점유담보를 말한다. 동산양도담보의 약정에 의해 소유권이 채무자로부터 채권자에게로 이전하는가에 대하여서는 신탁적 소유권이전설과 담보물권설 사이에 견해차이를 보인다.

◎ 소유권유보부매매 : 매매계약에 의한 물건의 인도시에 잔대금채권의 확보를 위해 소유권을 매도인에게 유보해 두는 약정을 하는 경우를 소유권유보부매매라고 한다. 매도인은 대금채권을 확보하기 위하여 물건의 점유는 이전하지만, 소유권은 자기에게 유보해 두는 약정을 한다. 이 약정에 따라 매수인은 물건을 사용·수익할 수는 있지만

처분할 권한은 갖지 않는다(성질에 관해 학설대립).

(4) 동산담보 · 부동산담보

동산에 설정되는 담보물권과 부동산에 설정되는 담보물권은 공시방법의 차이로 인하여 다른 특성을 갖는다. 이는 담보권자가 점유를 취득하는가의 차이로 연결되어 점유담보와 비점유담보의 구분을 초래한다.

◎동산담보 : 동산의 공시방법은 점유이전인데, 물건을 사용하기 위해서는 점유가 필요하므로, 담보물권의 공시를 엄격히 관철하기 위해서는 물건의 사용 · 수익을 포기해야 하는 결과로 된다. 민법상의 동산질권은 채권자가 담보물을 점유하는 점유담보(점유질)로서 질권의 공시효과는 높지만, 채무자의 물건사용을 박탈한다는 약점을 갖는다. 이러한 약점을 보충하기 위하여 관습법으로서 동산양도담보라는 별개의 담보유형이 발달되었다.

양도담보는 통상 비점유담보(또는 비점유질)로서 채무자의 물건사용을 허용하는 장점을 갖는 대신 담보권에 대한 공시가 불충분하다는 단점을 갖는다. 소유권유보부매매에서도 채무자가 물건을 점유하므로 비점유담보에 해당한다.

◎부동산담보 : 부동산은 물건의 점유와 관계없는 등기라는 공시방법을 가지므로 담보물권의 설정에 매우 편리하다. 부동산의 담보물권은 비점유담보를 원칙으로 하여 점유는 채무자에게, 담보권은 채권자에게 두는 것을 원칙으로 한다. 대표적인 부동산담보물권인 저당권은 비점유담보이다. 가등기담보도 비점유담보이다. 부동산의 점유담보는 아주 드물게 이용되고 있다.

(5) 약정담보물권과 법정담보물권

◎ 약정담보물권 : 당사자가 그 담보물권의 설정합의와 등기 또는 인도를 함에 의하여 성립하는 담보물권을 약정담보물권이라고 한다. 담보물권의 설정행위는 물권행위에 해당한다. 민법에서 규정하는 약정담보물권은 질권 · 저당권 · 전세권이다. 비전형담보로서 가등기담보 · 양도담보 · 소유권유보부매매 등도 모두 약정담보물권이다.

예를 들어 채무자가 돈을 빌리면서 만약 제 날짜에 갚지 않으면 카메라를 팔아서 채무변제에 충당해도 좋다고 말하면서 채권자에게 카메라를 맡긴 경우에, 돈을 빌리는 것은 소비대차계약에 해당하고 이에 추가하여 질권설정합의와 인도가 행해졌으므로 채권자는 그 카메라에 관해서 약정담보물권인 질권을 취득하게 된다.

◎ 법정담보물권 : 당사자가 일정한 행위를 통해 법정요건을 충족시킨 때에 담보물권이 성립된 것으로 인정되는 경우를 법정담보물권이라고 한다. 질권과 저당권도 일정한 법정요건을 갖추어 성립할 수 있는데, 이 경우를 가리켜 법정질권 · 법정저당권이라고 한다. 그 밖에 상사유치권이나 회사 사용인의 우선변제권 등 특별법상의 법정담보물권이 있다.

예를 들어 복사기를 수리하도록 맡겨서 수리상이 수리비의 채권을 갖는 경우에, 그 도급계약에 의해 발생한 보수지급청구권을 담보하기 위하여 민법은 수리상에게 복사기에 대한 유치권을 인정한다. 이 유치권은 담보설정에 관한 당사자의 합의에 관계없이 채권과 물건 사이의 견련관계에 기초하여 인정되는 법정담보물권이다.

3. 담보물권법의 기본원칙

(1) 특정의 원칙

담보물권의 객체가 되는 물건(담보물)이나 채권·유가증권 등은 현존하는 것이어야 하며 특정되어 있어야 한다. 담보물의 특정성은 담보물권이 유효하게 성립하여 존속하기 위해서 필요한 요건이다. 담보물권은 물권의 일종이므로 물권에 요구되는 '특정의 원칙'에 따라야 한다. 다만 포괄담보·유동담보는 특정성에 대한 예외가 허용된다. 그리고 담보물은 양도성이 있어야 하며, 담보설정에는 처분권이 필요하다.

(2) 공시의 원칙

담보물권의 공시의 원칙은 담보물권 및 그 피담보채권의 존재는 외부로부터 인식될 수 있도록 일정한 표지를 갖추어야 한다는 것이다. ① 약정담보물권은 담보설정행위 이외에 등기(부동산의 경우)·인도(동산의 경우) 등의 공시방법을 갖추어야 한다. ② 법정담보물권은 법률의 규정에 의하여 성립하므로 공시방법을 갖추지 않아도 성립할 수 있다(제187조). 단 유치권은 동산·부동산을 불문하고 점유를 상실하는 때에 소멸한다(제328조).

◦ 부동산담보의 공시 : 부동산담보의 공시방법으로서의 등기에는 여러 종류가 있다. ① 저당권에서는 저당권설정등기를 하며, 이때 채권액도 기재한다. ② 전세권에서는 전세권설정등기가 행해지며, 전세금액도 기재된다. ③ 가등기담보에서는 채권자의 소유권이전청구권의 가등기를 한다. ④ 부동산양도담보는 담보설정시에 소유권이전등기를 하면서 채무자·채권금액·채무변제를 위한 담보라는 뜻이 기재된 서면을 등기신청서와 함께 등기공무원에게 제출하면 양도담보권의 등기가 가능하다(부동산실명법 제3조 2항). 이렇게 양도담보권의 등기를 하지

않고 단순히 소유권이전등기만을 하는 경우도 많다. 후자의 경우 그 소유권이전등기가 양도담보설정의 목적으로 행해졌다는 점이 공시되지 않는다는 취약점을 갖는다.

◎ 동산담보의 공시 : 동산의 공시방법은 물건의 인도이다. 인도의 방법에 따라 공시성이 매우 약해질 수 있다. ① 동산질권에서는 현실의 인도나 간이인도에 의하여 담보물을 채권자의 직접점유에 두거나 반환청구권의 양도에 의해 점유를 이전해야 한다. 이 경우에도 점유는 권리의 구체적 내용을 공시할 수 없으므로 불충분하다는 취약점을 갖는다. ② 동산양도담보에서는 성립시 채권자에게 양도담보권을 설정할 뿐 물건을 현실적으로 인도하지 않는다. 관습상 소유자표시의 표찰에 의해 담보권을 공시한다. ③ 동산의 소유권유보부매매의 경우에도 이를 공시하는 방법이 없다.

◎ 권리질권 : 권리질권의 설정은 그 권리의 양도방법에 따라 입질(入質)의 통지, 증서의 인도, 유가증권의 배서·교부 등의 공시방법을 갖추어야 한다.

(3) 부종의 원칙

담보물권은 피담보채권에 부종(附從)해서만 성립하고, 그 범위를 한도로 존재하며, 피담보채권이 소멸하면 담보물권도 소멸하는 것을 가리켜 부종의 원칙이라고 한다. 담보물권이 피담보채권에 의존하는 성질을 갖는 것을 담보물권의 부종성이라고도 한다. 약정담보물권이든, 법정담보물권이든, 비전형담보이든 피담보채권에의 부종성이 인정된다.

◎ 성립상의 부종 : 담보물권은 피담보채권이 존재하는 경우에만 유효하게 성립한다. ① 피담보채권 : 담보물권을 설정하는 목적이 피담보채권의 만족을 확보하는 것인 경우에 피담보채권 없는 담보물권은

목적 없는 권리가 되어 그 존재를 인정할 필요가 없기 때문이다. ② 제3자 명의의 등기 : 근저당권 설정계약상의 채무자 아닌 제3자를 채무자로 하여 된 근저당권 설정등기는 채무자를 달리 한 것이므로 근저당권의 부종성에 비추어 원인 없는 무효의 등기이다(대법원 1981. 9. 8. 선고 80다1468 판결).

그러나 부동산매매대금의 지급을 담보하기 위해 당사자간 합의에 기해 목적부동산에 근저당권자를 매도인이 지정하는 제3자로 하고 채무자를 매도인으로 하는 근저당권을 설정하고 매도인이 제3자로부터 매매잔대금 상당액의 차용금증서를 작성하여 교부한 경우에, 매매잔대금채권은 매도인으로부터 제3자에게 양도된 것이므로 이 경우 제3자 명의의 근저당권 설정등기는 피담보채무가 존재하여 부종성에 반하는 무효의 등기가 아니다(대법원 전합 2001. 3. 15. 선고 99다48948 판결).

◦ 내용상의 부종 : 담보물권의 효력범위는 피담보채권에 의해 결정되며, 피담보채권의 범위를 초과하는 것은 허용되지 않는다. 다만 담보물권의 피담보채권이 그 설정원인이 된 채권액보다 소액인 것은 허용된다. 예를 들어 소비대차계약에 의해 발생한 채권 중 일부만을 입질한 경우, 또는 실제 채권액보다 등기된 채권액이 소액인 경우가 그러하다.

◦ 소멸상의 부종 : 담보물권의 성립 후에 피담보채권은 계속해서 존속하고 있어야 하며, 피담보채권이 변제 등의 사유로 소멸하게 되면 담보물권도 소멸하게 된다. 피담보채권의 변제·소멸시효완성으로 저당권은 자동적으로 소멸하게 되지만(제369조), 말소절차를 거치기 전에는 껍데기만의 저당권등기가 남아 있게 되는데, 당사자가 이것을 기화로 새로운 피담보채권을 발생시키고 그 등기를 그대로 이용하려는 경우가 종종 있다. 이를 저당권등기의 유용(流用)이라고 하며, 그 유효성이 제한적으로 인정된다.

◎ 근저당의 부종성 완화 : 부종의 원칙이 초래하는 금융거래의 경직성을 막기 위해 근저당권, 근질권 같은 근담보제도가 이용된다. 근저당은 피담보채무의 최고액만을 정하고 채무의 확정을 장래에 보류하여 설정되는 저당권을 말한다(제357조 1항 본문). ① 성립상 부종성의 완화 : 피담보채권성립 전의 근저당권성립이 인정된다. ② 내용상 부종성의 완화 : 저당권의 효력범위는 결산기에 이르러 확정된다. ③ 소멸상 부종성의 완화 : 피담보채무확정시까지의 채무의 이전 또는 소멸은 저당권에 영향을 미치지 않는다. 기초계약이 종료하여 채무결제가 완료된 경우에는 저당권도 소멸한다.

◎ 저당등기의 유용과 부종성완화 : 피담보채권의 소멸로 인하여 저당권이 소멸하였으나 아직 말소등기가 되지 않은 것을 기화로 다시 동일한 당사자 사이에 채권을 발생시키고 종전의 저당권등기를 그 피담보채권으로 활용하기로 약정한 경우에, 그 유용(流用) 전에 이해관계 있는 제 3 자가 생기지 아니한 때에 한해서 저당권의 성립을 인정한다. 이러한 저당등기의 유용은 담보물권의 부종성에 예외를 인정하여 무효의 등기를 유효한 것으로 전환시키는 것이다.

(4) 수반의 원칙

담보물권은 피담보채권에 수반하여서만 양도 · 입질할 수 있다는 원칙을 수반의 원칙이라고 한다(제361조).

◎ 담보물권은 피담보채권과 분리하여 양도 · 입질하지 못한다. 담보물권 자체는 독립적인 존재의의를 가지지 않기 때문이다.

◎ 피담보채권은 독립해서 양도 · 입질할 수 있으며, 이때 그 채권에 부종한 담보물권은 소멸하게 됨이 원칙이다.

피담보채권의 처분이 있음에도 불구하고 담보물권의 처분이 따르지 않는 특별한 사정이 있는 경우에는 채권양수인은 담보물권이 없는 무담보채권을 양수한 것이 되고 채권의 처분에 따르지 않은 담보물권은 소멸한다(대법원 1999. 2. 5. 선고 97다33997 판결).

◦ 담보물은 그 소유자에 의해 자유롭게 처분될 수 있음이 원칙이다. 담보물권은 소유권의 이전에 관계없이 그 물건에 대한 부담으로 존속하기 때문에 소유권이 양도된 경우 양수인은 담보물권이 붙은 소유권을 이전받게 된다.

◦ 수반의 원칙은 강행규정의 성격을 가지므로 당사자의 약정으로 이 원칙을 배제할 수 없다.

(5) 물상대위의 원칙

담보물권객체의 멸실 · 수용 등의 이유로 소유자에게 손해배상청구권 · 보상금청구권 · 환지청구권 등이 발생한 경우에, 담보물권자가 그 청구권에 대하여 압류하여 우선변제받을 수 있는 것을 담보물권의 물상대위성이라고 한다. 담보물권에 이러한 성질을 인정하는 것을 물상대위(物上代位)의 원칙을 취했다고 한다(제342조, 제355조, 제370조). 담보물권자는 그 대물(代物)에 압류함으로써 효력확장을 인정받을 수 있다. 물상대위의 원칙은 담보물권의 효력을 강화시킨다.

물상대위의 요건은 다음과 같다.

◦ 물상대위가 인정되는 담보권 : 물상대위의 원칙은 질권(제343조, 제355조)과 저당권(제370조)에 인정되며, 유치권에는 인정되지 않는다. 유치권자가 물건의 점유를 상실하면 유치권도 소멸된다는 점을 고려할 때 물건이 멸실된 경우에 유치권도 소멸됨이 균형을 이룬다.

◦ 물상대위가 허용되는 사유 : 물상대위는 담보물의 멸실 · 훼손 · 공용징수 등에 한정되어 인정된다. 담보물이 양도 또는 임대차되는 경우에는 담보물권이 그 물건 위에 존속하므로 물상대위가 허용되지 않는다.

◎ 물상대위의 객체 : 물상대위의 대상이 되는 것은 멸실, 훼손 또는 공용징수로 인하여 담보설정자가 받을 금전 기타 물건이다. 물상대위의 객체가 되는 금전이나 물건은 담보물의 멸실 · 훼손 · 공용징수와 직접적인 인과관계가 있는 것으로서 물건과의 경제적 · 사회적 동일성이 인정되는 범위로 한정된다. 소유자에게 지급된 금전이나 인도된 물건에 대해서 담보물권이 인정되지 않는다. 그 금전이나 물건은 담보의 부담 없는 것이 된다.

◎ 압류의 필요성 : 담보물권자가 물상대위를 하기 위해서는 그 금전 · 물건의 지급 · 인도청구권을 압류해야 한다. 물상대위의 객체가 담보물과의 동일성의 전제가 되는 특정성을 보전하기 위해서 보상금에 대한 압류를 필요로 한다(가치권설). 저당목적물의 변형물인 금전 기타 물건에 대하여 이미 제 3 자가 압류하여 그 금전 또는 물건이 특정된 이상 저당권자는 스스로 이를 압류하지 않고서도 물상대위권을 행사할 수 있다(대법원 1996. 7. 12. 선고 96다21058 판결).

◎ 우선변제권의 행사 : 담보물권자는 압류된 금전채권이나 물건으로부터 우선변제받을 수 있다. 압류된 금전채권은 원래의 청구권자(멸실된 물건의 소유자)에게 지급되지 않고 담보물권자에게 우선적으로 지급되고 남는 것만 청구권자에게 지급된다. 물건은 경매절차를 밟아 환가된다. 다른 채권자가 압류한 경우에도 종전 담보권자의 우선변제권이 인정된다(물권설은 부정함). 물상대위권의 행사시기는 배당요구의 종기까지로 한정한다(대법원 2000. 5. 12. 선고 2000다4272 판결).

쟁점정리 : 담보물권의 물상대위성

담보물이 멸실된 후에도 담보물권에 대해 물상대위성을 인정하는 이유는 무엇인가에 관하여는 학설이 대립한다. 민법 제342조가 물상대위의 요건으로 압류를 요구하는 이유와 관련하여 논의가 전개된다.

- 가치권설 : 담보물권은 물건의 교환가치를 파악하는 권리이므로 물건의 멸실에도 불구하고 소멸하지 않으며, 그 효력이 목적물을 대체하는 가치에 당연히 미친다고 보는 견해이다(다수설, 특정성보전설이라고도 함) 사견으로는 가치권설을 취한다. 압류는 보상금이 채무자의 일반재산에 혼입되어 특정성을 잃게 되는 것을 방지하기 위한 요건일 뿐이라고 본다.
- 물권설 : 담보물권은 물권이므로 물건의 멸실과 동시에 소멸하지만, 법률이 담보물권자를 보호하기 위하여 압류를 요건으로 보상금에 대한 특권을 인정한다는 견해이다. 압류는 담보물권자의 우선권을 공시하는 역할을 한다고 보아 담보물권자 자신이 압류한 경우에만 물상대위가 인정된다고 한다(우선보전설 · 압류공시설이라고도 함).
- 판례는 가치권설을 취하여 다른 채권자의 압류 전에 담보권자의 압류가 없어도 다른 채권자보다 우선변제받을 수 있다고 한다(대법원 2000. 5. 12. 선고 2000다4272 판결).

민법 제370조, 제342조 단서가 저당권자가 물상대위권을 행사하기 위하여 저당권설정자가 받을 금전 기타의 물건의 지급 또는 인도 전에 압류해야 한다고 규정한 것은 물상대위의 목적인 채권의 특정성을 유지하여 그 효력을 보전함과 동시에 제 3 자에게 불측의 손해를 입히지 않으려는 데에 있으므로, 저당목적물의 변형인 금전 기타 물건(이 사건에서는 토지수용에 대한 보상금)에 대하여 일반채권자가 물상대위권을 행사하려는 저당채권자보다 단순히 먼저 압류나 가압류의 집행을 함에 지나지 않은 경우에는 저당권자는 그 전은 물론 그 후에도 목적채권에 대하여 물상대위권을 행사하여 일반채권자보다 우선변제를 받을 수 있다(대법원 1994. 11. 22. 선고 94다25728 판결).

(6) 불가분의 원칙

담보물권자는 피담보채권의 전부만족을 얻을 때까지 담보물의 전체에 대하여 권리를 행사할 수 있다는 것을 불가분의 원칙이라고 한다. 불가분의 원칙은 모든 담보물권에 적용된다. 권리질권에도 동산질권의 규정이 준용되므로(제355조) 불가분의 원칙이 인정된다. 다만 입질된 채권이 금전채권이고 분리하여 환가·청구하는 것이 가능한 경우에는 피담보채권의 범위에서만 실행하는 것이 신의칙상 타당하다.

◎ 채권의 일부소멸 : 피담보채권의 일부가 변제·상계·공탁 등으로 소멸하여 피담보채권의 범위가 축소되더라도 담보물권의 객체는 처음과 같다. 금 23만여원의 저당채무 중 잔존채무가 불과 1만원 미만이라 하더라도 저당권의 소멸을 이유로 저당권설정등기의 말소등기를 청구할 수 없다(대법원 1970. 3. 24. 선고 70다207 판결).

◎ 담보물의 일부멸실 : 담보물의 일부멸실이나 기타 가치감소는 피담보채권액 및 담보물권의 범위에 영향을 미치지 않는다.

◎ 담보권자의 포기 : 담보물권자가 담보물의 일부를 포기하는 것은 무방하다.

◎ 신의칙상 담보축소청구권 : 피담보채권의 잔존부분이 근소하여 근저당권의 채권최고액과 현저한 차이를 갖는 경우에, 근저당권설정자는 그 채권최고액을 감액하여 변경등기할 것을 청구할 신의칙상의 권리를 갖는다고 해석된다.

◎ 공유물분할의 경우 : 담보물권이 공유물의 전체 위에 설정된 경우에, 그 담보물권은 분할된 각 부분 위에 채권액의 전부에 관해 효력을 갖는다. 담보물권이 공유지분에 설정된 경우에, 공유물이 그대로의 형대로 존속하는 때에는 지분의 비율에 응해 물건 위에 존속하고 현물분할된 때에는 분할된 각개의 물건 위에 그 지분의 비율에 응하여 존

속한다.

◎ 공동저당의 예외 : 경매대가를 동시배당하는 때에는 각 부동산의 경매대가에 비례하여 그 채권의 분담을 정한다(제368조 1항).

◎ 전세권의 예외 : 전세권에서 목적물의 일부가 불가항력으로 멸실된 때에는 그 멸실된 부분의 전세권은 소멸한다(제314조 1항).

4. 담보물권의 효력

담보물권에는 일반적으로 다음의 권능이 인정되는데, 각 담보물권의 성질에 따라서 어떤 것은 인정되고 어떤 것은 인정되지 않는다.

(1) 유치적 효력

담보물권이라는 본권으로부터 어떤 물건을 점유할 권리가 나오고 이에 기해 채무자 또는 제 3 자에게 물건의 인도를 요구할 수 있는 것을 담보물권의 유치적 효력이라고 한다. 점유할 권리를 인정하는 이유는 담보물권의 공시방법을 갖추도록 하려는 것과 변제에의 압력수단으로 작용시키려는 수단으로서 담보물의 점유를 필요로 하기 때문이다. 특히 변제에의 압력수단으로서 담보물을 점유할 권리를 갖는 것을 유치적 효력(유치권과 다름)이라고 한다.

담보물권의 유치적 효력은 담보물권자가 채무자의 물건사용을 박탈함으로써 변제를 간접적으로 강제하는 효과를 꾀하는 것이다. 당사자의 약정으로 담보물권자의 사용·수익을 허용할 수 있다.

담보물권자에게 담보물을 점유할 권리가 인정되는 경우를 점유담보라고 한다. 비점유담보에는 점유할 권리가 인정되지 않는다.

◎ 동산질권은 점유할 권리가 인정되는 대표적인 담보물권이다. 제332조(점유개정에 의한 질권설정의 금지)는 이를 관철시키려는 취지이다.

◦ 권리질권자는 채권증서를 점유할 권리를 갖는다(제347조). 채권증서의 점유를 통해 채권에 대한 준점유를 하게 된다.

◦ 전세권은 점유할 권리를 포함한다. 전세권자는 그 사용기간이 만료했더라도 전세금을 반환받을 때까지 물건의 반환을 거절할 권리가 있다고 해석되는데(제317조), 이러한 반환거절권의 행사는 유치적 효력을 의미한다.

◦ 양도담보 등의 비전형담보는 거의 대부분 비점유담보이므로 담보권자에게 물건을 점유할 권리가 인정되지 않는다.

◦ 법정담보물권인 유치권에는 점유할 권리가 불완전하게 인정되어 담보물의 인도청구권은 없고 반환거절권만을 갖는다.

유치적 효력에는 한계가 있다. 담보물권자의 점유할 권리는 그보다 우선권이 있는 채권자에게 대항하지 못한다(제335조 단서). 우선특권을 가진 채권자, 선순위담보권자 등이 이에 해당한다.

(2) 순위보전의 효력

담보물권자는 물건에 관하여 우선순위를 확보받게 된다. 이러한 우선순위는 우선변제권이 있는 담보물권에 인정된다. 여러 담보물권자 상호간의 우선순위도 정해질 수 있는데, 부동산담보물권자 사이에서는 순위가 매우 중요한 역할을 한다.

◦ 순위는 환가액으로부터의 채권만족순서와 관련되며, 이는 경매이전단계에서도 우월한 법적 지위를 나타내 준다.

◦ 순위는 담보물권의 존속 여부와 관련된다. 순위가 확보된 담보물권은 그 이후의 양도·임대·용익물권설정에 관계없이 계속 그 물건에 대한 부담으로서 존속한다. 다만 그 물건에 대한 경매가 행해지는 때에는 선순위담보권도 그 경매의 배당절차에 참가해야 한다.

◦ 저당권은 동일부동산 위에 여럿이 중첩적으로 설정될 수 있는데,

이들 저당권은 성립시기(실무상으로는 등기의 선후)에 의해 순위가 정해진다. 다만 선순위 저당권이 먼저 소멸한 경우에 후순위 저당권의 순위가 올라가게 되는데, 이를 순위승진의 원칙이라고 한다.

◎ 비전형담보에서도 순위가 문제된다. 가등기담보에서 순위는 가등기의 시점의 선후에 따라, 환매권부매매에서는 매매 및 환매권의 등기의 선후에 따른다.

◎ 전(轉)질권자는 질권자에 우선하고, 전(轉)전세권자는 전세권자에 우선한다.

(3) 물권적 청구권

담보권자는 물권적 청구권을 행사하여 담보물의 가치하락을 미연에 방지하거나, 점유담보의 경우 점유를 계속할 수 있다.

◎ 유치권에 기한 물권적 청구권은 인정되지 않으며, 점유에 기한 점유보호청구권만이 인정된다.

◎ 질권에서는 동산질권자에게 점유보호청구권 이외에 질권에 기한 물권적 청구권이 인정된다(다수설).

◎ 저당권에는 저당권에 기한 방해제거청구권이 인정되며(제370조, 제214조), 저당권자에의 반환청구 또는 점유보호청구는 인정되지 않는다.

◎ 전세권에 기한 물권적 청구권(제319조, 제213조, 제214조)과 함께 점유에 기한 점유보호청구권이 인정된다.

◎ 소유권양도의 형식을 취한 비전형담보에서 담보권자는 소유자로서의 물권적 청구권(제213조, 214조)을 행사할 수 있다.

◎ 가등기담보권자(담보목적의 가등기)의 경우에 저당권자와 같이 방해제거청구권만이 인정된다.

(4) 경 매 권

채무자가 채무를 이행하지 않는 경우에 담보물로부터 채권의 만족을 얻기 위하여 그것을 경매에 붙일 수 있는 권한을 가리켜 경매권이라고 한다.

담보물권자는 원칙적으로 경매권을 갖는다. 경매는 담보물을 환가하는 절차로서 담보권을 실행하는 첫 단계이다. 여기서 말하는 경매란 담보권의 실행을 위한 경매절차로서 민사집행법에 정한 절차에 의한다.

유치권자 · 동산질권자 · 저당권자 · 전세권자는 경매권이 있으며, 비전형담보권자는 일반적으로 경매 이외의 방법으로 환가한다. 그러나 권리질권자는 직접 청구에 의해 만족을 얻을 수 있다.

(5) 간이변제충당권

간이변제충당은 담보권자가 담보물을 타인에게 팔지 않고 자기가 보유하면서 그 가격상당액의 채무변제가 있는 것으로 계산해 주는 제도이다. 담보물을 환가하는 과정이 지나치게 복잡하고 시간이 걸리는 것을 방지하기 위하여 민법은 간이변제충당의 제도를 두고 있다. 간이변제충당은 담보권의 실행을 신속 · 용이하게 해 주는 반면에 담보물의 가격평가가 정당하지 않은 때에는 채무자의 이익을 해치게 될 우려가 있다.

(6) 우선변제권

담보물권자가 담보물의 환가금(경매대금 등)으로부터 다른 채권자보다 우선하여 자기채권의 변제를 받을 수 있는 자격을 가리켜 우선변제권이라고 한다.

- 권리질권 · 저당권 · 전세권에 우선변제권이 인정된다(제329조, 제356

조, 제303조). 가등기담보권에 관하여도 저당권과 같은 지위에서 우선변제권이 인정된다(가담법 제13조).

◦ 유치권자에게는 경락대금에서의 우선변제는 인정되지 않지만 사실상의 우선변제권이 인정된다.

◦ 귀속정산형 실행방법(가등기담보의 실행 등)은 채권자가 소유권을 취득함으로써 우선변제보다 강한 효과를 도모한다.

23

지 상 권

1. 지상권이란 무엇인가

(1) 토지의 사용권

토지의 사용목적이 그 토지 위에 건물·공작물·수목을 소유하기 위하여 그 지반의 사용권을 확보하기 위한 것인 때에 지상권(地上權)이 설정된다(제279조 참조). 지상권은 타인의 토지를 사용할 수 있는 용익물권이다. 건물 등을 소유하려고 하는 사람이 자기 토지를 갖지 않은 경우에 그는 타인의 토지 위에 지상권을 설정하여 그 건물 등의 지반에 대한 사용권을 확보해 둘 수 있다.

◦ 토지소유권의 제한 : 지상권은 토지에 대한 제한물권으로서 지상권자는 토지소유자의 사용·수익권을 일시적으로 넘겨 받게 되며, 토지소유자는 지상권을 설정한 부분에 대하여는 사용·수익할 수 없다. 지상권은 토지소유권에 대한 물적 부담으로서 원칙적으로 토지소유권의 양도와 함께 그 부담도 이전한다.

◦ 지상권의 양도·전대·담보설정 : 지상권자는 타인에게 그 권리를 양도하거나 그 권리의 존속기간 내에서 그 토지를 임대할 수 있다

(제282조). 그 밖에 지상권자는 지상권을 담보객체로 삼는 저당권을 설정할 수 있다. 지상권은 지상권자라는 특정인을 위한 권리이므로 그 양도를 위하여는 양도행위 및 등기가 있어야 한다.

지상권에 기해 건축한 건물을 양도하는 경우에도, 건물의 소유권이전등기 외에 토지에 대한 지상권의 이전등기를 경료해야 지상권이전의 효과가 발생한다(다수설). 건물이전등기는 경료되었으나 지상권이전등기가 이루어지지 않은 경우에, 지상물의 양수인이 필요한 범위 내에서 토지사용권을 가진다고 해석된다(반대설 있음). 건물의 양수인은 양도인의 지상권을 대위행사할 수 있으므로 지상권의 본래의 존속기간 동안은 토지소유자가 건물양수인에 대해 건물의 철거를 청구할 수 없다고 해석된다.

(2) 지상에 대한 권리

지상권은 통상 그 객체가 되는 토지의 사용을 전적으로 지배하는 사용권이다. 지상권자의 토지사용방법은 설정계약에 의해 건물의 소유, 수목의 식재 등 일정한 범위로 한정될 수 있다.

◎ 건물의 소유목적 : 건물은 토지와 별개의 부동산이므로 지상권이나 기타 토지사용권이 없더라도 건물 등을 소유하는 것 자체는 가능하다. 그러나 토지사용권 없는 건물소유권은 건물의 보유를 계속할 수 있는 힘을 부여받지 못하며, 토지소유자의 철거청구가 있을 때 건물소유권으로 대항할 수 없다.

예를 들어 B가 A의 토지를 무단으로 점유하여 그 위에 자기의 재료로 집을 지은 경우에 B는 건물의 보존등기 없이 그 건물의 소유권을 원시취득하게 된다. 그러나 B는 토지사용권을 갖지 않으므로 A의 철거청구가 있으면 그 집을 철거해야 한다. 만약 B가 토지사용권 없이 A의 토지 위에 집을 지었다고 해서 A가 그 집을 소유하게 된다면, A

는 정당한 이유 없이 타인의 물건을 소유하는 것으로 되기 때문에 법은 이러한 결과를 허용하지 않는다. B의 건물소유권은 토지소유자의 청구가 있으면 언제든지 철거되어야 하는 토지사용권의 흠결을 가진 것이다.

◦ 공작물의 소유목적 : 공작물이 법률의 규정 또는 관습법에 의하여 토지와 별개의 소유권의 객체로 인정되는 경우에, 타인의 토지 위에 이를 소유하기 위해 지상권이 필요하다.

◦ 수목의 소유목적 : 타인의 토지 위에 수목을 식재하여 소유권을 취득하기 위해서는 지상권이나 임차권 등 토지사용권을 가져야 한다. 입목법에서 입목(立木)은 토지에 부착된 수목(樹木)의 집단으로서 그 소유자가 이 법에 의하여 소유권보존의 등기를 받은 것을 말한다. 즉 입목은 등기된 것에 한하여 토지와 별개의 부동산으로 인정된다. 등기되지 않은 나무들은 토지소유권에 흡수되며, 별개의 소유객체로 인정되지 않는다. 다만 명인방법에 따라 공시함으로써 별개의 소유객체로 취급될 수 있다.

(3) 구분지상권

지하 또는 지상의 공간은 상하의 범위를 정하여 건물 기타 공작물(터널 · 지하철 · 송전시설 · 광고시설 등)을 소유하기 위한 지상권의 목적으로 할 수 있는데(제289조의2), 이를 가리켜 구분지상권(區分地上權)이라고 한다. 이 경우 설정행위로서 지상권의 행사를 위하여 토지의 사용을 제한할 수 있다(제289조의2 제 1 항 후문). 구분지상권제도는 토지의 입체적 · 다면적 사용을 가능케 하여 토지이용의 효율화를 꾀하기 위하여 1984년 도입된 제도이다.

구분지상권과 통상의 지상권은 다음의 점에서 서로 다르다.

◦ 구분지상권의 설정목적은 건물 기타 공작물의 소유에 한정되나,

통상의 지상권은 그 외에 수목의 소유를 목적으로 할 수도 있다.

◦ 구분지상권은 설정계약에 따른 토지의 구분된 일부만을 사용하고 소유권의 행사에 영향을 미치지 않음이 원칙이나 다만 설정계약으로 토지소유자의 사용을 제한하는 특약을 할 수 있으며(제289조의2 1항 후단), 이는 등기함으로써 제 3 자에게 대항할 수 있다. 통상의 지상권에 있어서는 지상권자가 토지소유자를 배제하고 독점적으로 사용하는 것이 원칙이다.

◦ 토지소유자는 구분지상권의 효력범위 이외의 부분에 관해 다른 구분지상권 기타 용익권을 설정할 수 있으며, 이미 배타적 토지사용권이 설정되어 있는 경우에도 사용권자 전원의 승낙을 얻어 구분지상권을 설정할 수 있다(제289조의2 2항). 통상의 지상권의 경우에는 한 사람의 사용권자만이 허용됨이 원칙이므로 이러한 문제가 생기지 않는다.

구분지상권 없이 타인토지의 지상이나 지하를 무단으로 사용한 경우에는 임료상당의 부당이득반환의무를 진다. 타인토지의 지하에 권원 없이 공작물을 매설함으로써 공작물소유자가 토지소유자로부터 얻는 부당이득은 원칙적으로 지하부분의 임료 상당액이다(대법원 1996. 12. 23. 선고 96다7984 판결).

2. 약정지상권

(1) 약정지상권의 발생요건

◦ 당사자 : 지상권 설정자는 반드시 그 지상권이 설정될 토지의 소유자이어야 한다. 지상권은 타물권이므로 토지소유자가 자기를 지상권자로 하여 지상권설정행위를 하는 것은 허용되지 않고, 지상권설정 이후에 지상권자가 토지소유권을 취득하게 된 때에는 원칙적으로 지상권이 혼동으로 소멸한다(제191조 1항 본문).

◦ 객체 : 지상권의 객체는 토지에 한정된다(제279조 참조). 토지는 1필의 토지의 전부인 경우가 보통이지만, 토지의 일부분에 대해서만 지상권설정을 하는 것도 허용된다.

◦ 지상권설정계약 : 지상권은 토지소유자와 지상권자 사이의 지상권설정계약에 의해 발생하는 약정지상권을 원칙으로 한다. 유증의 경우에는 단독행위로 지상권이 발생한다. 그 밖에 지상권설정의 목적, 지상권의 물적 범위, 존속기간, 지료의 지급 등에 관한 약정은 등기하여야 제 3 자에 대한 효력을 갖는다.

◦ 지상권설정등기 : 약정지상권의 설정은 법률행위로 인한 물권취득에 해당하므로 등기하여야 효력이 발생한다(제186조). 지상권의 발생시기는 토지등기부에 지상권의 설정등기가 경료된 때이다. 지상권은 순수한 용익물권이므로, 만약 전세권의 실질을 가진 용익권을 전세권이 아닌 지상권으로 등기하였다면, 전세금반환청구권을 확보하는 담보물권성은 인정받지 못한다.

(2) 약정지상권의 효력

(가) 토지의 사용 · 수익

지상권자와 지상권설정자의 법률관계는 원칙적으로 설정계약(또는 단독행위)에 의해 정해진다. 민법은 지상권자를 보호하기 위하여 당사자의 법률관계의 내용을 법률로 정하는 강행규정을 둔다. 지상권의 내용에 관한 규정들(제280조 내지 제287조)에 위반되는 계약으로서 지상권자에게 불리한 것은 그 효력이 없다(제289조, 편면적 강행규정).

◦ 사용 · 수익권 : 지상권자는 토지를 점유하고 사용 · 수익할 수 있다. 지상권자는 지상권의 효력이 미치는 토지에 관해서 독점적인 사용 · 수익권을 갖는다(구분지상권과 비교할 것). 지상권설정자는 지상권자에게 토지의 사용을 전적으로 맡길 의무를 지며, 지상권설정자가 스스

로 토지를 사용하거나, 제 3 자에게 임대차나 용익물권을 설정해 줌으로써 지상권자의 토지사용을 방해한 경우에 그는 설정계약의 위반에 대하여 채무불이행책임을 진다.

◎ 지상권의 물적 효력범위 : 지상권의 효력이 미치는 토지의 범위는 원칙적으로 토지소유권의 사용범위와 같다. 지상권자는 토지소유자와 마찬가지로 정당한 이익이 있는 범위 내에서 토지의 상하를 사용할 수 있다(제212조 참조).

◎ 설정목적의 제한 : 지상권자는 지상권설정목적의 범위 내에서 토지를 사용할 권리를 갖는다. 지상권자가 목적제한의 범위를 넘어서 토지를 사용하는 경우에 지상권설정자는 설정계약의 위반을 이유로 사용중지 및 채무불이행으로 인한 손해배상을 청구할 수 있다. 지상권자의 계약위반이 중대한 경우에 지상권설정자는 계약의 준수 및 위반결과의 제거를 최고하고, 이에 응하지 않는 경우에 계약을 해지할 수 있다(등기하면 물권적 효력을 가짐).

◎ 사용방해목적의 지상권 : 토지소유자의 토지사용을 방해하기 위한 목적의 지상권설정계약도 유효하다. 담보가치의 확보를 위한 지상권, 소유자의 건물신축을 방해하기 위한 지상권, 지상권자가 건축에 대한 구체적 계획 없이 장래의 막연한 건축을 위해 지상권을 설정하는 경우 등도 잠재적인 토지사용을 목적으로 하는 것으로서 유효하다. 담보목적의 지상권이 설정된 경우에 지상권은 피담보채권 및 저당권(또는 기타 담보물권)의 존속을 조건으로 하여 존속하게 되는 속성을 띠는데, 이러한 저당권과의 연관성은 당사자 사이에서 채권적 효력을 가질 뿐이다.

토지를 매수하여 그 명의로 소유권이전청구권보전을 위한 가등기를 경료하고 그 토지상에 타인이 건물 등을 축조하여 점유·사용하는 것을 방지하기 위하여 지상권을 설정한 경우에, 이는 가등기에 기한 본등기가 이루어질 경우 그 부동산의 실질적인 이용가치를 유지·확보할 목적으로 전 소유자에 의한 이용을 제한하기 위한 것이며, 본등기청구권이 시효의 완성으로 소멸하였다면 그 가등기와 함께 경료된 위 지상권 또한 그 목적을 잃어 소멸한다(대법원 1991. 3. 12. 선고 90다카27507 판결).

(나) 지료의 지급

지상권설정계약은 당사자의 합의에 따라 유상계약 또는 무상계약으로 체결될 수 있다. 거래관행에 비추어 타인의 토지를 유상으로 사용하는 것이 보통이다.

◦ 지료의 지급시기 : 지료의 지급시기는 정기급을 원칙으로 한다. 지료의 지급수단은 다른 특약이 없으면 금전으로 지급한다.

◦ 지료증감청구권 : 지상권설정계약에서 지료의 금액을 확정한 경우에 그 지료액이 토지에 관한 조세 기타 부담의 증감이나 지가의 변동으로 인하여 상당하지 아니하게 된 때에는 당사자는 그 증감을 청구할 수 있다(제286조). 이러한 증감청구권은 그 성격이 사정변경에 의한 계약수정권을 인정하는 것이라고 할 수 있다. 지료증감청구권은 형성권으로서 계약관계를 변경하는 효력을 갖는다고 여겨진다(학설일치).

◦ 제 3 자에의 대항 : 지료액 또는 그 지급시기 등 지료에 관한 약정은 이를 등기하여야만 제 3 자에게 대항할 수 있으므로, 지료의 등기를 하지 않은 이상 토지소유자는 그 지상권자의 지료연체사실을 들어 지상권을 이전받은 자에게 대항하지 못한다(대법원 1996. 4. 26. 선고 95다52864 판결).

(다) 지상권의 존속기간

민법은 지상권의 존속기간에 관하여 최단기간의 제한을 둠으로써 지상권자를 보호한다.

◦ 법정의 최단기간 : 법정의 최단기간은 지상권의 설정목적이 무엇인가에 따라 달라진다. 견고한 건물(석조, 석회조, 연와조 또는 이와 유사한 경우)이나 수목의 소유를 목적으로 하는 때에는 30년, 견고하지 않은 건물(목조건물)의 소유를 목적으로 하는 때에는 15년, 그리고 공작물의 소유를 목적으로 하는 때에는 5년으로 정해져 있다(제280조 1항 1호 · 2호 · 3호). 지상권설정 당시에 존속기간을 정하지 않았고 건물 기타 공작물의 종류와 구조도 정하지 않은 경우에 지상권은 견고하지 않은 건물의 소유를 목적으로 한 것으로 간주되므로(제281조 2항), 그 존속기간은 최단 15년으로 된다.

◦ 약정기간 : 설정계약에서 존속기간을 약정한 경우에 그 기간은 법정의 최단기간보다 단축하지 못한다(제280조 1항). 그 기간보다 단축한 기간을 정한 때에는 그 법정의 최단기간까지 연장한다(제280조 2항). 계약으로 지상권의 존속기간을 정하지 않은 때에는 그 기간은 법정의 최단기간으로 한다(제281조 1항).

◦ 계약의 갱신 : 당사자가 계약을 갱신하는 경우에 지상권의 존속기간은 갱신한 날로부터 적어도 법정의 최단기간으로 연장된다. 당사자는 최단기간보다 단축하지 못하지만, 이보다 장기의 기간을 정할 수 있다(제284조).

◦ 지상권자의 갱신청구권 : 지상권이 소멸한 경우에 건물 기타 공작물이나 수목이 현존한 때에는 지상권자는 계약의 갱신을 청구할 수 있다(제283조 1항). 지상권설정자가 계약의 갱신을 원하지 않는 때에는 지상권자는 상당한 가격으로 그 건물 기타 공작물이나 수목의 매수를 청구할 수 있다(제283조 2항).

(라) 제 3 자에 대한 권리

◦ 토지소유권의 양도 : 지상권은 물권이므로 토지소유권을 양수받

은 자에 대하여도 그 효력을 보유한다.

◦ 물권적 청구권 : 지상권자는 지상권의 행사를 방해하는 자에 대하여 지상권에 기한 물권적 청구권을 행사하여 반환청구, 방해제거청구 및 방해예방청구를 할 수 있다(제290조, 제213조, 제214조). 그 밖에 지상권자가 토지를 점유하던 중에 제 3 자의 방해를 받은 경우에는 점유권에 기한 점유보호청구권도 갖는다(제204조, 제205조, 제206조).

◦ 상린관계의 문제 : 지상권자는 토지를 사용하는 사람으로서 인접한 토지소유자 또는 토지사용자와 조화를 이루도록 해야 한다. 이웃하는 토지소유자 사이의 상린관계에 관한 민법규정은 지상권자와 인지소유자 사이에 준용된다(제290조).

(3) 약정지상권의 소멸

지상권의 소멸사유는 다음과 같다. ① 목적물 멸실, ② 토지소유권의 수용 등의 경우, ③ 우선하는 담보권의 실행, ④ 지상권자의 소유권 취득, ⑤ 소멸시효(20년)의 완성, ⑥ 지상권의 포기, ⑦ 존속기간의 만료, ⑧ 지상권 설정자의 소멸 청구(제287조).

지상권소멸청구권은 지상권자가 2년 이상 지료를 연체한 경우에 인정되는 것으로서(제287조) 그 성격에 관해서는 형성권설과 청구권설이 대립한다. ① 형성권설 : 소멸청구권은 형성권의 성질을 가지는 해지에 해당한다는 견해이다(다수설). 사견으로는 형성권설을 취한다. 형성권에 의한 물권변동은 법률의 규정에 의한 물권변동이므로 민법 제187조에 따라 등기하지 않아도 지상권소멸의 효과가 발생한다. ② 청구권설 : 소멸청구권은 보통의 채권적 청구권이며 그 행사에 의하여 지상권이 당연히 소멸하지 않고 그 밖에 등기까지 해야 소멸한다는 견해이다.

지상권이 소멸하면 토지를 반환할 의무가 발생한다.

◦ 토지반환의무 : 지상권자는 지상권의 소멸로 인해 더 이상 토지를 점유하여 사용할 권리를 갖지 않으므로 그 토지를 토지소유자에게 반환해야 한다.

◦ 지상물수거의무 : 지상권이 소멸한 때에는 지상권자는 건물 기타 공작물이나 수목을 수거하여 토지를 원상에 회복하여야 한다(제285조 1항). 지상권자는 지상물을 수거할 수 있고, 토지소유자는 철거를 청구할 수 있다.

◦ 비용상환청구권 : 지상권자가 토지에 이익이 되는 유익비를 부담한 경우에 지상권소멸시에 토지소유자에게 그 비용을 상환받을 수 있다(학설로 인정됨). ① 필요비 : 필요비는 상환청구할 수 없다. 임대인은 계약존속 중 그 사용·수익에 필요한 상태를 유지하게 할 의무를 부담하므로(제623조) 필요비의 상환청구도 인정되지만(제626조 1항), 지상권설정자는 이러한 의무를 부담하지 않으므로 지상권자에게 필요비상환청구권은 인정되지 않는다. ② 유익비 : 지상권자가 유익비를 지출한 경우에 지상권소멸시에 토지소유자의 선택에 따라서 지상권자가 그 토지에 관하여 지출한 금액이나 또는 현존하는 증가액을 상환케 할 수 있으며, 법원은 토지소유자의 청구에 의하여 상당한 상환기간을 허여할 수 있다(제626조 2항의 유추적용).

(4) 지상물매수청구권

지상물의 매수청구권이란 소멸시 지상물(공작물·수목)을 상당한 가격으로 지상권자로부터 지상권설정자에게 양도하도록 요구할 수 있는 권리로서, 그 행사로 매매계약이 성립한 것과 같은 효과를 갖는 경우를 가리킨다. 이 매수청구권은 법률의 규정에 의하여 「매매계약에서와 같은 채권관계를 발생시키는 형성권」으로서의 성격을 갖는다.

지상물의 매수청구를 할 수 있는 사람은 경우에 따라 지상권자 또는 지상권설정자이다.

◎ 지상권설정자의 매수청구권 : 지상권이 소멸한 경우에 지상권설정자가 상당한 가격을 제공하여 그 공작물이나 수목의 매수를 청구한 때에는 지상권자는 정당한 이유 없이 이를 거절하지 못한다(제285조 2항).

◎ 지상권자의 매수청구권 : 지상권자가 갱신청구를 했으나 지상권설정자가 계약의 갱신을 원하지 않는 때에는 지상권자는 상당한 가격으로 그 건물 기타 공작물이나 수목의 매수를 청구할 수 있다(제283조 2항). 지상물매수청구권은 지상권이 존속기간의 만료로 인하여 소멸하는 때에 지상권자에게 갱신청구권이 있어 그 갱신청구를 하였으나 지상권설정자가 계약갱신을 원하지 아니할 경우 행사할 수 있는 권리이므로, 지상권자의 지료연체를 이유로 토지소유자가 그 지상권소멸청구를 하여 이에 기초하여 지상권이 소멸된 경우에는 매수청구권이 인정되지 않는다.

매수청구의 효과는 다음과 같다.

◎ 지상물의 소유권이전의무 : 매수청구권이 행사되면 토지소유자와 지상권자 사이에 지상물을 매수하는 계약을 체결하지 않더라도 법률의 규정에 의하여 매매계약이 성립한 것과 같은 효과가 발생한다. 그 결과 매매계약이 체결된 것과 같이 지상권자에게는 지상물의 소유권 이전채무가 발생하고, 지상권설정자(토지소유자)에게는 대금지급의무가 발생한다.

◎ 매매대금의 결정 : 매매대금은 상당한 가격이다. 이는 시가에 의하여 결정됨이 원칙이라는 것을 의미한다. 당사자 사이에 합의가 가능하면 그에 따라 결정되며, 합의가 불가능하면 소송에 의해 판사가 결정한다.

◎ 등기 : 토지소유자가 지상권자로부터 건물을 매수한 경우에 그 건물소유권은 매매대금의 완급으로 이전하고 소유권이전등기 없이도 무

방하다(제187조).

◎ 소유권의 이전시기 : 매수청구권의 행사가 있으면 곧 지상물에 대한 소유권이 매수청구인에게 이전하는 것은 아니다. 그 형성권의 행사로 매매계약을 체결한 것과 같이 채권채무가 발생할 뿐이고, 소유권이 이전하는 시기는 대금을 완급한 때라고 해석된다.

3. 법정지상권

(1) 법정지상권의 의의

법정지상권은 당사자 사이에 지상권설정계약이 없는 경우에 법률이나 관습법이 건물의 철거를 방지하기 위하여 인정하는 건물지반의 토지사용권이다.

현재 법률의 규정 또는 관습법에 의해 인정되는 법정지상권은 다음과 같은 종류가 있다. ① 전세권보호를 위한 법정지상권(제305조), ② 저당권의 실행으로 인한 법정지상권(제366조), ③ 가등기담보권의 실행에 의한 법정지상권, ④ 매매로 인한 법정지상권(관습법상 법정지상권), ⑤ 분묘기지권 등이다. ⑥ 입목에 관한 법정지상권 : 토지와 입목이 동일인에게 속하고 있는 동안에 경매 기타의 사유로 토지와 입목이 소유자를 달리하게 된 경우에 법률의 규정에 의한 법정지상권이 인정된다(입목법 제6조 1항).

법정지상권의 공통요건은 다음과 같다.

◎ 당사자의 합의가 없을 것 : 법정지상권의 당사자가 될 토지소유자와 건물소유자 사이에 지상권설정계약이 체결되지 않았을 것이 법정지상권의 성립요건이 된다. 설정계약이 체결된 경우에는 그 계약에 따라 약정지상권이 발생한다.

◎ 토지와 건물이 동일인의 소유에 속했을 것 : 경매 또는 매매 등이

있을 당시에 토지와 건물이 동일인에게 귀속했던 경우에 한해서 법정지상권이 인정됨이 원칙이다(대법원 1995. 7. 28. 선고 95다9075 판결). 법정지상권의 성립 이전에 건물소유자가 토지소유자와 동일인이었기 때문에 그 토지 위에 지상권을 설정할 필요가 없었던 경우에 한해서 법정지상권의 인정필요성이 생긴다.

미등기건물을 그 대지와 함께 매도하였다면 비록 매수인에게 그 대지에 관하여만 소유권이전등기가 경료되고 건물에 관하여는 등기가 경료되지 아니하여 형식적으로 대지와 건물이 그 소유 명의자를 달리하게 되었다 하더라도 매도인에게 관습상의 법정지상권을 인정할 이유가 없다(대법원 전합 2002. 6. 20. 선고 2002다9660 판결).

◎ 경매 · 매매 등으로 토지와 건물의 소유자가 다르게 될 것 : 법정지상권은 경매나 매매 등의 양도 이후에 토지와 건물의 소유자가 달라진 경우에만 인정된다. 그 양도의 원인으로서는 경매와 매매 이외에 증여, 귀속재산의 귀속, 공유물의 분할, 국세징수법에 의한 공매 등이 포함된다. 토지와 건물의 소유자가 다르게 되는 실제의 경우는 토지 또는 건물의 일방에만 담보물권(저당권 · 전세권 · 가등기담보권)이 설정되어 있다가 그 담보물권이 실행되는 경우이다.

◎ 등기는 요건이 아니다. 법정지상권은 법률의 규정 또는 관습법에 의해 생기는 물권취득이므로 등기하지 않아도 지상권성립의 물권적 효과가 생긴다(제187조). 경매의 경우에 경락인은 건물의 소유권을 취득함과 동시에 등기 없이 법정지상권을 취득한다(대법원 1979. 8. 29. 선고 79다1087 판결).

법정지상권은 약정지상권과 다음의 점에서 차이를 보인다. ① 발생원인 : 법정지상권은 법률 또는 관습법에 의하여 인정되는 지상권이다. ② 범위제한 : 법정지상권은 원칙적으로 기존건물의 소유를 위해서만 인정된다. 그 밖에 법정지상권과 유사한 분묘기지권은 분묘의 기지를 사용하기 위한 목적으로만 인정된다. ③ 지료 : 약정지상권에서는 설정계약 또는 그 후의 계약에 의하여 지료(地料)의 지급 여부 · 금액 · 지급시기 등을 정하지만, 법정지상권에서는 지료에 관한 계약체결을 기대하기 어려우므로 법원의 결정에 의하여 지료에 관한 여러 사항이 결정되는 경우가 많다. ④ 처분가능성 : 법정지상권자는 약정지상권과 달리(제282조 참조) 원칙적으로 지상권의 양도, 저당권설정, 토지의 임대 등을 할 권한이 없다.

(2) 전세권보호를 위한 법정지상권

민법은 전세권의 존속보호를 위하여 법정지상권을 인정한다. 대지와 건물이 동일한 소유자에게 속한 경우에 건물에 전세권을 설정한 때에는 그 대지소유권의 특별승계인은 전세권설정자에 대하여 지상권을 설정한 것으로 본다(제305조 1항 본문).

◦ 요건 : ① 법정지상권을 취득하는 사람은 전세권이 설정되어 있는 건물의 소유자이다. ② 전세권설정 당시에 토지소유자와 건물소유자가 동일인이었으나, 토지의 양도 등으로 토지소유자가 건물소유자와 다른 사람이 되었어야 한다. ③ 건물소유자가 토지소유자에 대하여 건물철거약정을 했더라도 전세권의 존속기간 동안은 법정지상권이 존속한다. ④ 전세권자가 건물철거에 합의한 경우에는 그 법정지상권은 발생하지 않는다.

◦ 효과 : ① 대지소유자는 타인에게 그 대지를 임대하거나 이를 목적으로 한 지상권 또는 전세권을 설정하지 못한다(제305조 2항). ② 지료는 당사자의 청구에 의하여 법원이 정한다(제305조 1항 단서). ③ 법정지상권의 존속기간은 전세권등기에 나타난 존속기간 동안이라고 해석된다.

(3) 저당권의 실행에 의한 법정지상권

토지와 그 위의 건물이 동일인에게 속하고 있는 동안에 어느 한쪽에만 저당권이 설정된 후 저당권의 실행(경매)으로 토지와 건물의 소유자가 다르게 된 경우에 법정지상권이 인정된다. 저당물의 경매로 인하여 토지와 그 지상건물이 다른 소유자에 속한 경우에는 토지소유자는 건물소유자에 대하여 지상권을 설정한 것으로 본다(제366조).

◦ 건물의 존재 : 저당권 설정 당시부터 토지 위에 건물이 존재하는 경우에만 법정지상권이 성립한다.

◦ 재건축 : 토지에 대한 저당권설정 당시에 존재한 건물이 멸실되었더라도 재건축된 경우에는 저당권의 실행으로 소유자가 달라지면 법정지상권이 성립된다. 건물이 재건축된 경우 법정지상권의 내용은 구(舊)건물을 기준으로 한다(다수설, 판례). 저당권은 구건물의 존재를 담보가치산정의 기초로 한 것이므로 구건물을 기준으로 함이 타당하다. 신건물이 견고성과 면적에 있어 구건물을 훨씬 상회하는 경우에, 이로 인해 토지의 경매대금이 현저히 감소할 우려가 있는 때에는 신건물의 철거를 청구할 수 있다.

◦ 신축 : 저당권설정시에는 건물이 없었으나 그 후 신축된 경우에는 법정지상권이 성립하지 않는다. 저당권자가 토지의 담보가치를 나대지(裸垈地)인 상태로 평가했음에도 불구하고 후에 법정지상권의 제한을 받게 된다면 토지가격의 하락으로 저당권자에게 예측하지 않은 손해가 생기기 때문이다.

예외적으로 건물이 있는 채로 경매하더라도 그 저당권자의 채권만족에 방해가 되지 않는 경우에는 법정지상권이 인정되어도 무방하다. 토지를 목적으로 저당권을 설정한 후에 설정자가 그 토지 위에 건물을 축조한 경우에, 토지와 건물의 일괄경매가 인정된다(제365조). 그러나 그 건물의 경매대가에 대하여는 우선변제권이 인정되지 않는다.

甲이 종전건물을 철거하고 건물을 신축하기 위해 대지에 관하여 乙 은행 앞으로 근저당권 및 지상권설정등기를 경료한 다음 이를 담보로 대출을 받은 후, 건축자금이 부족하자 丙 주식회사와 '丙 회사가 대지 소유권 및 신축 중인 건물에 관한 건축허가를 넘겨받아 공사를 계속하되 완공시 대금정산 후 甲에게 대지 및 건물소유권을 돌려주기로' 약정하고 대지에 관한 소유권이전등기와 건축주 명의이전을 마쳤는데, 근저당권자인 乙 은행의 신청에 의해 대지에 관해 임의경매절차가 개시되어 제3자가 낙찰받아 소유권을 취득하였고, 丙 회사가 신축한 현존건물 중 일부에 관해서만 소유권보존등기를 마친 후 丁 명의로 매매를 원인으로 한 소유권이전등기가 경료된 경우에, 甲은 현존건물의 소유를 위하여 대지에 관한 법정지상권을 취득할 지위에 있지 않다(대법원 2011. 9. 29. 선고 2011다31324 판결).

◦ 건축 중인 건물 : 토지에 저당권이 설정될 때 건축공사가 개시되어 건물의 규모와 종류를 객관적으로 예상할 수 있었던 경우에는 그 범위의 건물에 관해서 법정지상권이 성립한다.

◦ 보존등기 여부 : 토지에 저당권이 설정될 때 토지와 건물이 동일인에게 귀속했지만 건물에 보존등기가 되어 있지 않았던 경우에, 경매로 법정지상권이 성립된다. 저당권자는 토지현황을 조사한 다음 저당권을 취득하는 것이 보통이므로 저당권자가 불측의 손해를 입을 우려가 없기 때문이다.

◦ 동일인의 소유 : 저당권의 설정 당시에 토지와 건물이 동일인에게 속하고 있었어야 한다. 토지와 건물의 등기부상의 소유자가 같아야 하며, 실질적으로 동일인의 소유에 속한 것만으로는 이 요건을 충족하지 못한다.

◦ 저당권설정 : 저당권이 토지 또는 건물 중의 하나 또는 양쪽에 대

하여 설정되어 있었어야 한다.

◎ 저당권의 실행 : 저당권의 실행을 위한 경매가 진행되어 토지 또는 건물의 하나 또는 양쪽이 경락되었어야 한다.

◎ 경락 : 경매로 인하여 건물소유자가 토지소유자와 다른 사람으로 되었어야 한다. 토지에 저당권을 설정할 당시 토지의 지상에 건물이 존재하고 있었고, 그 양자가 동일소유자에게 속하였다가 그 후 저당권의 실행으로 토지가 낙찰되기 전에 건물이 제 3 자에게 양도된 경우에 민법 제366조 소정의 법정지상권이 인정된다(대법원 1999. 11. 23. 선고 99다52602 판결).

◎ 토지사용권의 취득 : 이 법정지상권에 의하여 건물소유자가 토지사용권을 취득하며, 지료는 당사자의 청구에 의하여 법원이 이를 정한다(제366조).

(4) 가등기담보권의 실행에 의한 법정지상권

토지와 그 지상의 건물이 동일인에게 속하는 동안에 그 토지 또는 건물에만 가등기담보권·양도담보권·매도담보권이 설정된 후 그 담보권의 실행(귀속청산)으로 토지와 건물의 소유자가 다르게 된 경우에 법정지상권이 인정된다(가담법 제10조 전문).

가등기담보권자가 담보부동산에 대하여 저당권자와 같은 방법으로 실행을 한 경우에(처분청산) 그 경매에 의하여 토지소유자와 건물소유자가 다르게 된 경우에는 민법 제366조에 따라 법정지상권이 발생한다(가담법 제12조 1항).

(5) 관습법상 법정지상권

토지와 건물이 동일인에게 속하고 있는 동안에 그 건물 또는 토지만이 매매되어 양자의 소유자가 다르게 된 경우에, 일정한 요건 아래 관습법상 법정지상권이 인정된다. 판례는 "토지와 지상건물이 동일인의 소유에 속해 있다가 각각 그 소유자를 달리하게 되는 경우에 성립하는 관습상의 지상권은 그 경우 당사자 사이에 건물을 철거하기로 하는 등의 특별조건이 없다면 토지소유자는 토지건물소유자에게 그 건물소유를 위한 지상권을 설정하여 주기로 한 의사가 있었던 것이라고 해석하여 인정되는 권리이다"라고 하여(대법원 1986. 5. 27. 선고 86다카62 판결) 당사자의 추단된 의사를 근거로 법정지상권의 성립을 인정하였다. 판례가 인정한 법정지상권의 범위확대에 대하여 비판의 소리가 높다. 비판의 근거는 다음과 같다. ① 관습의 존재 여부가 의문이라는 점, ② 자발적인 용익관계조정의 기회를 박탈한다는 점, ③ 요건이 불명료하다는 점, ④ 토지소유자의 희생을 강요한다는 점, ⑤ 거래의 안전을 해친다는 점 등이다.

관습법상 법정지상권을 인정할 필요성은 다음과 같다. ① 법정지상권은 우리 법제가 건물을 토지와 별개의 부동산으로 취급하는 결과 부득이하게 인정될 필요가 생기게 된다. ② 민법이 제한물권을 타물권으로서만 허용하기 때문에 그 건물양도 이전에 소유자지상권이 인정되지 않는 것도 법정지상권의 인정을 불가피하게 만든다. ③ 토지와 건물이 각각 분리되어 양도될 경우에 그 양도 당시에 건물양수인이 토지양수인과 지상권설정계약을 맺을 기회가 없는 때에는 법정지상권을 인정할 필요가 있다.

◎ 건물 : 처분 당시에 건물이 존재하고 있었어야 한다. 건물로서의 요건을 갖추고 있는 이상 무허가건물이거나 미등기건물이거나를 가리지 않는다(대법원 1988. 4. 12. 선고 87다카2404 판결). 토지에 대한 가등기가 있은 후 토지소유자가 건물을 신축하고 나서 본등기가 경료된 경우에는, 그 가등기권리자의 이익보호를 위해 법정지상권이 성립하지 않게 된다.

◎ 매매 또는 증여 당시에 토지와 건물이 동일인의 소유였을 것이 요건이다. 아파트시공회사가 아파트수위실을 축조하여 이를 아파트소유자들에게 미등기 상태로 양도함과 동시에 그 토지부분에 대한 영구사용권을 부여한 다음 토지를 제 3 자에게 처분한 경우에 법정지상권이 인정된다(대법원 1993. 2. 23. 선고 92다49218 판결).

◎ 매매 등으로 인해 토지소유자와 건물소유자가 다르게 되었을 것이 요건이다. 동일인의 소유에 속하였던 토지와 건물이 매매, 증여, 강제경매, 국세징수에 의한 공매로 그 소유권자를 달리하게 되어야 한다. 명의가 다른 것만으로는 불충분하며, 실질적으로 다른 사람이어야 한다.

미등기건물을 그 대지와 함께 매도하였다면 비록 매수인에게 그 대지에 관하여만 소유권이전등기가 경료되고 건물에 관하여는 등기가 경료되지 아니하여 형식적으로 대지와 건물이 그 소유 명의자를 달리하게 되었다 하더라도 매도인에게 관습상의 법정지상권을 인정할 이유가 없다(대법원 전합 2002. 6. 20. 선고 2002다9660 판결). 이 판례를 통하여 매매로 인한 관습법상 법정지상권의 범위가 종전보다 축소되었다.

◎ 처분당시 토지와 건물이 동일인 소유일 것이 요건이다. 경매 등이 있을 당시 토지와 건물이 동일인에게 귀속하고 있어야 하므로, 대지와 그 지상의 미등기건물을 매수하여 대지에 관하여는 소유권이전등기를 했으나 건물에 대해서는 소유권이전등기를 하지 못하여 전소유자에게 속하고 있는 동안 대지에 대하여만 임의경매가 진행되어 경락된 경우에는 위 건물의 소유를 위한 관습법상의 법정지상권은 성립되지 않는다.

◎ 당사자 사이에 토지사용에 관한 다른 약정이 없어야 한다. 철거약정 또는 임대차계약이 있는 경우에는 법정지상권이 성립하지 않는다(대법원 1999. 12. 10. 선고 98다58467 판결).

◎ 토지공유의 경우 : 공유자간에 그 중 1인 또는 수인 소유의 건물

이 있는 공유대지를 분할하여 각기 단독소유로 귀속케 한 결과 그 대지와 지상건물이 소유자를 달리하게 된 경우에 법정지상권이 인정된다(대법원 1974. 2. 12. 선고 73다353 판결).

(6) 법정지상권의 효과

법정지상권자는 건물의 지반이 되는 토지를 점유하여 건물의 사용·보수·철거 등의 목적으로 사용할 수 있다.

◦ 증축·개축의 경우뿐만 아니라 재축·신축의 경우까지도 법정지상권이 인정된다(대법원 1990. 7. 10. 선고 90다카6300 판결).

◦ 약정지상권자의 토지사용범위는 그 객체가 되는 1필의 토지 전부에 미치지만, 법정지상권자의 토지사용권은 건물을 사용하는 데 필요한 범위(1필의 토지의 일부)에 한정된다.

◦ 법정지상권의 존속기간은 약정지상권의 경우와 같이 최단기간이 보장되지 않는다. 기존의 건물을 사용하기 위한 법정지상권의 경우에 법원이 지상권의 최단존속기간보다 짧은 존속기간을 정할 수 있다(대법원 1996. 3 22. 선고 95다49318 판결).

◦ 법정지상권자는 토지의 사용대가로서 지료를 지급해야 할 의무를 진다. 민법 제305조, 제366조는 법정지상권자에게 지료지급의무가 있음을 규정하고 있고, 그 지료의 액수 및 지급방법은 당사자의 청구에 의하여 법원이 정하도록 한다. 법정지상권에 대하여도 지상권자의 갱신청구권·매수청구권·지상권소멸청구권 등 지상권에 관한 민법규정들이 유추적용된다.

법정지상권의 처분은 다음과 같이 한다.

◦ 등기가 요건이 아닌 물권변동 : 법정지상권은 등기하지 않아도 그 취득 당시의 소유자 혹은 그 후에 소유권을 승계취득한 자에게 이를 주장할 수 있다(대법원 전합 1965. 9. 23. 선고 65다1222 판결). 법정지상권의 취

득은 법률의 규정에 의한 부동산에 관한 물권변동이므로 등기하지 않아도 토지소유자 혹은 전득자에게 지상권을 주장할 수 있지만, 법정지상권자가 이를 등기하지 아니하면 그 지상권을 처분할 수 없다(제187조).

◦ 등기 없이 처분한 경우 : 법정지상권을 가진 건물소유자로부터 건물을 양수하면서 법정지상권까지 양도받기로 한 자는 채권자대위의 법리에 따라 전건물소유자 및 대지소유자에 대하여 차례로 지상권의 설정등기 및 이전등기절차의 이행을 구할 수 있으므로, 신의칙상 대지소유자가 법정지상권을 취득할 지위에 있는 자에 대하여 소유권에 기한 건물철거를 요구할 수 없다(대법원 전합 1985. 4 9. 선고 84다카1131 판결). 이 경우 임료상당 부당이득의 반환청구는 허용된다(대법원 1988. 10. 24. 선고 87다카1604 판결).

◦ 법정지상권의 포기는 허용된다(반대설 있음). 대지에 관한 관습상의 법정지상권을 취득한 피고가 대지소유자와 대지에 관한 임대차계약을 체결한 경우에, 관습상 법정지상권을 포기하였다고 본다(대법원 1981. 7. 7. 선고 80다2243 판결).

4. 분묘기지권

(1) 분묘보유를 위한 용익물권

분묘기지권이란 타인의 토지 위에 분묘를 설치 또는 보유하기 위한 목적에 한정하여 그 토지를 사용할 수 있는 용익물권을 말한다. 분묘기지권은 분묘의 지반이 된 토지를 사용하는 토지사용권으로서 성질은 물권이다. 분묘기지권은 당사자의 설정합의에 의하는 것이 아니라 관습법상 인정되는 법정용익물권으로서 등기를 요건으로 하지 않는다(제187조). 다만 분묘기지권의 존재를 외부에 알리기 위하여 분묘가 봉분의 형태로서 눈에 띄어야 하며, 평장되어 있는 분묘에 관하여는 분묘기지권이 인정되지 않는다. 분묘기지권은 우리의 전통적 조상숭배 관념을 고려하여 인정된 권리이긴 하지만 결과적으로는 토지소유자의 희생을 강요하고 토지의 합리적 사용을 방해하며 근래의 장례문화에 맞지 않는다는 폐단이 있다.

지상권과 분묘기지권은 다음의 점에서 다르다. ① 지상권은 타인의 토지 위에 건물 기타 공작물 등을 소유하기 위한 권리인데, 분묘기지권은 분묘를 소유하기 위한 것이라고는 보기 어렵다. ② 분묘기지권자의 토지사용권은 지상권자와 달리 매우 소극적인 것이어서 새로운 분묘를 설치한다든지 하는 적극적 행위를 할 수 없다. ③ 지상권자에게는 다양한 처분의 가능성이 부여되지만(양도, 목적토지의 임대 등) 분묘기지권은 상속의 대상이 될 뿐이다. 분묘기지권은 법적 성질에 있어서 통상의 지상권과 동일하나 다만 법적 근거가 관습법인 것에 차이가 있는 데에 불과하다는 견해가 있다. 사견으로는 분묘기지권을 지상권과 다른 유형의 용익물권으로 인정하는 것이 타당하다고 생각한다.

(2) 성립요건

분묘기지권이 성립하려면 다음 중 하나의 요건을 갖추어야 한다. ① 토지소유자의 승낙을 얻어 분묘를 설치한 경우(대법원 1967. 10. 12. 선고 67다1920 판결), ② 자기소유의 토지에 분묘를 설치하고 이 토지를 타인에게 양도한 경우, 다만 평장되어 외부에서 인식할 수 없는 경우는 제외된다. ③ 타인의 토지 위에 승낙 없이 분묘를 설치한 자가 20년간 평온·공연하게 분묘의 기지를 점유함으로써 분묘기지권을 시효취득한 경우(대법원 1959. 4. 30. 선고 4291민상182 판결). 이 경우에 분묘는 그 존재를 외부에서 인식할 수 있는 형태를 갖추어야 한다. 민법 제245조 1항에서 요구하는 시효완성자의 등기는 분묘기지권의 발생요건이 아니다.

(3) 내 용

◦ 토지사용권의 범위 : 분묘기지권은 분묘를 설치한 목적을 달성할 수 있는 범위에 한하여 토지를 사용할 수 있다. 분묘수호자가 그 분묘에 대하여 가지는 관습에 의한 지상권유사의 물권은 비단 그 분묘의 기지뿐만 아니라 그 분묘의 설치목적인 분묘의 수호 및 제사에 필요한 범위 내에서 분묘기지 주위의 공지를 포함한 지역에까지 미친다(대법원 1986. 3. 25. 선고 85다카2496 판결).

◦ 방해배제청구권 : 분묘기지권자는 분묘의 기지에 해당하는 토지를 점유할 권리를 가지므로, 이에 방해를 당한 때에 그 방해의 배제를 청구할 수 있다.

◦ 지료의 지급 : 분묘기지권자가 토지사용에 대한 대가로서 지료를 지급해야 할 것인지에 관해서는 다음의 견해가 대립한다. ① 분묘기지권의 유형에 따라 취급을 달리한다는 견해가 있다. 토지소유자의 승낙을 얻어 분묘를 설치한 유형에 관하여는 당사자 사이에 지료에 관한 약정이 있으면 그에 따르고, 그러한 약정이 없는 때에는 무상이라고 하며, 자기 토지 내에 분묘를 가지고 있던 자가 그 토지를 처분하여 분묘기지권을 취득하게 되는 때에는 지료를 지급하여야 하며, 분묘기지권을 시효취득하는 경우에는 무상이라고 한다. ② 명시적인 반대의 약정이 없는 한 어느 경우에도 토지소유자의 청구가 있으면 지료를 지급할 의무가 있다는 견해가 있다(사견). ③ 판례는 분묘기지권을 시효취득하는 경우에 지료를 지급할 필요가 없다고 한다(대법원 1995. 2. 28. 선고 94다37912 판결).

◦ 존속기간 : 분묘가 존속하고 권리자가 분묘의 수호와 봉사를 계속하는 동안 분묘기지권도 존속한다고 해석된다(다수설). 분묘기지권의 존속기간은 민법의 지상권에 관한 규정에 따를 것이 아니라 당사자

사이의 약정 등 특별한 사정이 있으면 그에 따르며, 그런 사정이 없으면 권리자가 분묘의 수호와 봉사를 계속하는 한 그 분묘가 존속하고 있는 동안은 분묘기지권이 존속한다(대법원 1982. 1. 26. 선고 81다1220 판결).

사례연습 〈경매로 인한 법정지상권〉

◎ 문 제 ◎

A는 자기소유의 토지(A명의로 등기) 위에 건물을 신축하여 보존등기를 하지 않은 채 거주하였다. A는 B로부터 5천만원의 돈을 빌리고 토지 위에 저당권설정등기를 하였다. A가 빌린 돈을 갚지 못해 그 토지는 경매되었고 C가 경락인으로서 소유권을 취득하였다. A는 그 건물에 계속 살던 중 C로부터 건물철거청구를 받게 되었다. A는 그 건물을 철거해야 하는가?

해 답

1) 건물소유권의 원시적 취득

자기의 토지 위에 건물을 신축한 자는 그 건물이 완공된 시점에 건물소유권을 원시적으로 취득한다. 사례에서 A는 등기 없이 건물의 소유권을 취득하지만 그 건물에 관한 보존등기를 하지 않으면 제 3 자에게 양도하거나 저당권을 설정할 수 없다.

2) 토지에 대한 저당권실행

토지소유자 A는 B를 위하여 저당권을 설정해 주었으나, 그 피담보채무의 변제기에 채무를 변제하지 못하여 저당권자인 B의 경매로 그 토지소유권이 C에게 양도되었다. C는 경락대금을 완납한 때에 등기 없이 토지소유권을 취득한다(제187조).

3) 건물을 위한 토지사용권의 부재

건물소유자 A는 경매 이전에는 토지소유자로서 별도의 토지사용권을 설정받지 않더라도 건물을 그 토지 위에 보유할 수 있었으나, 경매 이후에는 토지소유자(C)로부터 토지사용권을 취득하고 그 건물을 보유할 수 있음이 원칙이다. 이 사례에서 A와 C 사이에 지상권, 전세권, 임차권 등의 토지사용계약은 체결되지 않았다. 그러나 경매로 인하여 토지와 건물이 소유자가 다르게 된 경우에는 법정지상권의 존부를 검토해 보아야 한다.

4) 법정지상권의 성립

저당물의 경매로 인하여 토지와 건물이 다른 소유자에게 속한 경우에, 토지소유자는 건물소유자에 대하여 지상권을 설정한 것으로 본다(제366조). 이 사례에서 토지소유자와 건물소유자가 다르게 된 것은 저당물의 경매로 인한 것이므로, A는 민법 제366조에 따라 건물의 보유를 위하여 법정지상권을 취득하게 된다. 따라서 A는 건물을 철거할 필요가 없다.

그 법정지상권은 유상이므로, A는 C와 합의하여 적당한 지료를 정하고 그 합의가 이루어지지 않으면 법원이 정하는 지료를 지급해야 한다.

※ 주의할 점: A가 토지에 저당권을 설정해 준 이후에 건물을 신축한 경우라면, A의 법정지상권은 인정되지 않는다. 즉 건물 없는 토지에 저당권이 설정된 후 저당권설정자가 그 위에 건물을 건축하였다가 담보권의 실행을 위한 경매절차에서 경매로 인하여 그 토지와 지상건물이 소유자를 달리하였을 경우에는, 민법 제366조의 법정지상권이 인정되지 아니할 뿐만 아니라 관습상의 법정지상권도 인정되지 아니한다(대법원 1995. 12. 11. 선고 95다1262 판결). 이 사례에서는 건물신축 이후에 저당권을 설정한 것으로 보아 문제를 풀었으나, 두 가지 경우를 구분하여 사례해결을 모색해도 좋을 것이다.

24

지 역 권

1. 지역권이란 무엇인가

지역권이란 일정한 목적을 위하여 타인의 토지를 자기의 토지의 편익에 이용하는 용익물권의 일종이다. 편익을 제공받는 토지를 요역지, 편익을 제공하는 토지를 승역지라고 한다(제291조).

◦ 소유자와 지역권자의 공동사용 : 지역권은 토지(승역지)소유자와 함께 사용·수익권을 공유하는 용익물권이라는 점에서 다른 용익물권과 다르다.

◦ 지역권자의 토지편익 : 지역권의 설정목적은 지역권자의 토지에 편익을 제공받는 것에 한정된다(통행로로 이용, 공업용수제공). 지역권의 행사에 의하여 요역지의 이용가치가 증대될 것이 기대된다.

◦ 요역지소유권에의 부종성 : 지역권은 토지의 편익을 위하여 존재하는 종적(從的) 권리이기 때문에 요역지를 떠나서 독립하여 존재할 수 없다. 지역권의 부종성은 다음과 같은 구체적인 의미를 갖는다. ① 지역권자는 요역지의 소유자일 것이 필수적으로 요구된다. ② 지역권은 요역지소유권에 부종하여 이전하며(제292조 1항), 요역지와 분리하여 양

도할 수 없다(제292조 2항). 요역지의 소유권이 양도되면 양수인은 다른 특약이 없는 한 지역권이 부착된 토지소유권을 취득한다(등기는 필요없음. 제187조). ③ 지역권은 요역지에 대한 소유권 이외의 권리의 목적이 된다(제292조 1항).

◦ 승역지소유권에의 물적 부담 : 승역지는 지역권의 존속기간 동안 제한물권의 부담을 안게 된다. 지역권설정자는 승역지의 토지소유자이어야 한다. 지역권설정자가 승역지를 타인에게 양도하면 토지양수인은 지역권의 부담 있는 토지소유권을 취득하게 된다.

◦ 공유토지에서 지역권의 불가분성 : 요역지 또는 승역지가 수인의 공유에 속하는 경우에 그 공동소유권의 지분의 비율로서 관념상 토지의 전부에 효력을 미치므로 불가분성을 갖는데, 민법은 공유자의 1인이 지역권을 취득하면 그 효력을 공유자 전원에 미치게 하며, 그 결과 다른 공유자도 지역권을 취득하게 하고(제295조, 제296조), 공유자의 1인에 관하여 지역권의 소멸사유가 생기면 그 효력이 전부 부인된다(제293조 1항).

2. 지역권의 설정

◦ 지역권설정계약 : 지역권은 약정용익물권이므로 지역권설정자와 지역권자가 토지이용에 관한 계약(지역권설정계약)을 체결함에 의하여 설정될 수 있다. 설정계약에서는 설정목적을 구체적으로 정하여야 하며, 이는 등기해야 한다. 지역권설정자는 승역지의 소유자이어야 하고, 지역권자는 요역지의 소유자임이 원칙이다. 지역권은 요역지소유권에 부종하는 권리이기 때문이다. 반면에 지상권자, 전세권자, 대항력을 갖춘 임차권자는 스스로 지역권설정행위를 할 수 있다는 견해가 있다.

◦ 등기 : 지역권은 그 설정등기를 하여야 효력을 발생한다(제186조).

지역권설정등기는 1차적으로 승역지의 토지등기부에 행해지며, 2차적으로 요역지의 토지등기부에도 지역권설정사항을 기재하여야 한다.

◦ 시효취득 : 타인의 토지를 점유하여 20년간 평온·공연하게 지역권을 행사해 온 사람은 등기함으로써 지역권을 취득할 수 있다(제245조 1항, 제248조). 다만 지역권의 행사가 계속되어 왔으며 외부에 표현되어 왔어야 한다(제294조). 이때 지역권의 시효취득자는 그 점유개시의 때에 자기에게 지역권이 있다고 믿었던 권원의 존재개연성을 증명해야 한다. 지역권(통행지역권)을 시효취득한 자라도 등기한 바 없고 그 대지(승역지)의 소유권이 취득시효기간 경과 후 제 3 자에게 매도되어 소유권이전등기까지 경료된 경우에 그 지역권을 승계취득한 자는 그 대지소유자에게 이를 주장할 수 없다(대법원 1990. 10. 30. 선고 90다카20395 판결).

3. 지역권의 내용

(1) 승역지의 사용권

◦ 목적범위 내 : 지역권자는 설정목적의 범위 내에서 승역지를 사용할 권리가 있다. 지역권은 구체적인 토지사용권으로서 그 설정목적에서 정해진 범위에서만 사용할 수 있다.

◦ 요역지에의 편익제공 : 지역권에 의해 제공받는 영역은 지역권자의 토지(요역지)의 편익에 제공되는 것이어야 한다. 요역지의 편익이란 결국 요역지 주민의 편익 및 요역지사용을 위한 편익을 의미하지만, 그 편익은 요역지와 관련성을 가지고 있어야 하므로 지역권자(요역지의 소유자)가 소유하는 다른 토지의 편익(예: 다른 토지에의 수도관)을 위한 용역은 지역권의 범위에 포함되지 않는다.

◦ 통행지역권 : 지역권이 자기토지에서 이웃 토지를 거쳐 도로에 이르기 위한 통행로로서 사용하기 위한 목적으로 설정된 경우를 통행지

역권이라고 한다. 어느 토지에 대하여 통행지역권을 주장하려면 그 토지의 통행으로 편익을 얻는 요역지가 있음을 주장·입증하여야 한다(대법원 1992. 12. 8. 선고 92다22725 판결). 분양택지들을 매각하면서 토지 중 일부에 관해 다른 택지소유자들의 통행을 묵인한 경우에, 묵시적인 지역권설정계약이 성립되었다고 볼 수 없다(대법원 1991. 4. 23. 선고 90다15167 판결).

◎ 용수지역권 : 지역권은 전통사회에서 물(생활용수·공업용수 등)을 공급받기 위한 목적으로 종종 설정되었는데, 민법은 이러한 목적의 지역권을 「용수지역권」이라고 부르며, 물의 사용에 관하여 다음과 같은 자세한 규정을 두고 있다. 승역지의 수량이 요역지 및 승역지의 수요에 부족한 때에는 그 수요정도에 의하여 먼저 가용에 공급하고, 다른 용도에 공급하여야 한다(제297조 1항 전문). 그러나 설정행위에 다른 약정이 있는 때에는 그 약정에 의한다(제297조 1항 단서). 승역지에 수개의 용수지역권이 설정된 때에는 후순위의 지역권자는 선순위의 지역권자의 용수를 방해하지 못한다(제297조 2항).

◎ 부작위지역권 : 승역지의 토지소유자가 지역권자를 위하여 특정한 행위를 하지 않을 것을 설정행위로 정한 경우에 부작위지역권이 발생하며, 승역지소유자가 이에 위반한 때에는 시정을 요구할 수 있다. 고층빌딩을 짓지 않을 것, 온천수를 채취하지 않을 것 등의 사례가 있다.

◎ 불계속 지역권 : 지역권자가 승역지의 사용을 계속적으로 필요로 하는 것이 아니라 계절, 기후(가뭄 등) 기타 특별한 상황에서만 그 사용을 필요로 하는 경우를 가리켜 불계속지역권 또는 비상시적 지역권이라고 한다.

◎ 상린관계 : 지역권에 기해 승역지를 사용하는 자에게 이웃 토지와의 사이에 상린관계의 민법규정이 적용된다. 지역권자도 상린관계규

정에 따라 이웃 토지에 대한 주위토지통행권을 인정받을 수 있다(대법원 1977. 9. 13. 선고 75다1958 판결).

(2) 승역지소유자의 의무

◦ 토지제공의무 : 승역지의 소유자 또는 이용자는 지역권의 행사를 위하여 토지를 제공할 의무를 진다. 그 외에 설정계약에 따라 목적물 인도, 작위 · 부작위 의무를 진다.

◦ 행위의무의 부담 : 승역지소유자가 요역지를 위하여 적극적인 행위(공작물의 설치 등)를 할 것을 지역권의 내용으로 약정할 수 있다. 적극적 행위를 할 급부의무라도 그것이 토지의 편익에 이용하기 위한 부수행위인 때에는 지역권의 내용으로 포함될 수 있다.

◦ 공작물의 설치 · 관리의무 : 승역지소유자는 약정이 있는 경우에 한하여 공작물의 설치 · 수선의무를 진다. 지역권설정계약에서 승역지 소유자(지역권설정자)는 자기의 비용으로 지역권의 행사를 위하여 공작물의 설치 또는 수선의 의무를 부담할 수 있다(제298조). 이러한 약정은 등기됨으로써(부등법 제137조) 제 3 자에 대한 효력을 갖게 된다. 승역지의 소유자는 지역권의 행사를 방해하지 않는 범위 내에서 지역권자가 승역지에 설치한 공작물을 사용할 수 있으나(제300조 1항), 수익 정도의 비율로 공작물의 설치 · 보존의 비용을 분담하여야 한다(제300조 2항).

(3) 지료의 지급

지역권은 그 설정계약에서 유상 또는 무상으로 합의될 수 있다. 민법은 지역권의 지료(地料)에 관하여 아무 규정을 두고 있지 않으나 지상권의 규정이 유추적용될 수 있다. ① 설정계약에서 지료(토지사용대가)의 지급을 합의한 경우에 지역권자는 약정한 지료를 지급할 의무를 진다. ② 지료약정이 없는 경우에는 관습법에 따라 유상성 여부를 결정한다.

(4) 존속기간

지역권의 존속기간은 그 설정계약이나 그 이후의 계약에 의해 정해진다. 그 존속기간의 약정으로 제 3 자에게 대항하기 위하여는 등기해야 한다(임의적 등기사항). 지역권의 존속기간을 약정하는 경우에 영구히 존속하는 것으로 할 수 있는지에 관하여 이를 허용하는 견해가 있으나, 사견으로는 영구존속약정을 무효라고 해석한다.

4. 특수지역권

특수지역권이란 어느 지역의 주민이 집합체의 관계로 각자가 타인의 토지에서 초목, 야생물 및 토사의 채취, 방목 기타의 수익을 하는 권리를 말한다(제302조). 특수지역권도 요역지의 소유권 및 용익권과 결합하는 부종성을 가지므로 특수지역권을 요역지와 분리하여 양도하거나 다른 권리의 목적으로 하지 못한다(제292조 2항 유추적용).

◦ 성질 : 특수지역권의 성질에 관해서는 특수지역권은 그 본질상 인역권(人役權)이라고 하는 견해가 있다(인역권설). 사견으로는, 특수지역권도 주거지역과 밀접한 관련이 있으며, 소유자 또는 용익권자가 편익을 얻는 것은 사람만이 권리주체가 될 수 있음으로 인한 것일 뿐이라고 생각한다(지역권설).

◦ 성립요건 : 특수지역권은 법률 또는 관습법에 의하여 인정되는 법정지역권이다. 따라서 특수지역권은 법률 또는 관습법이 정하는 요건을 충족하면 등기하지 않고 취득될 수 있다(제187조).

◦ 내용 : 특수지역권자는 승역지를 점유하지 않고 특정한 편익을 위하여 출입하고 이용할 뿐이다. 특수지역권의 내용과 효력을 정하는 규

범으로서는 관습이 법률보다 우선적으로 적용된다.

◎ 소 멸 : 특수지역권에는 존속기간이 정해지지 않는다. 관습상 승역지 소유자가 자기의 이익을 위하여 그 토지에 건축을 하거나 다른 용도로 사용함으로써 지역권자에의 사용을 허락하기 곤란한 사정이 생기게 되는 경우에 특수지역권은 소멸한다.

25

전 세 권

1. 전세권이란 무엇인가

전세권(傳貰權)이란 전세금을 지급하고 타인의 부동산을 그의 용도에 좇아 사용·수익한 후 전세권의 소멸시에 목적부동산에 대한 담보물권자로서 전세금을 우선변제받을 수 있는 권리이다(제303조 1항). 제한물권으로서의 전세권은 '채권적 전세권'과 구별하여 '물권적 전세권'이라고 부른다. 전세권자가 부동산소유자의 사용가치와 교환가치의 대부분을 한꺼번에 차지하기 때문에 소유자의 권능이 매우 축소된다.

전세권의 특징은 용익물권과 담보물권의 성격을 함께 보유한다는 점이다. ① 전세권설정계약은 소비대차와 임대차가 결합된 계약이며 전세금의 지급이 계약의 요소이다. 전세금이 지급된 후에야 그 전세금의 반환청구권이 피담보채권이 된다. ② 타인의 부동산을 사용·수익할 수 있는 용익물권이다. 전세권자는 전세권의 존속기간 동안 목적물의 사용·수익권을 가지며, 이 사용·수익권을 제 3 자에 대하여 주장할 수 있다. ③ 전세금반환채권을 확보하기 위한 담보물권이다. 전세권자는 사용·수익의 존속기간이 만료한 때에 전세금의 반환을 청구할 권리를 행사하고, 그 전세금반환채권에 기해 경매권과 우선변제권을 갖는다. 전세권이 일반담보물권과 다른 점 중 하나는 전세금반환채무를 지는 채무자와 담보물의 제공자인 전세권설정자가 분리될 수 없다는 점이다.

쟁점정리 : 전세권과 채권적 전세의 관계

1) **채권적 전세**

채권적 전세는 소비대차와 임대차가 결합된 계약으로서 전세금을 지급하고 그 이자를 차임으로써 충당하는 관행적 제도이다. 채권적 전세는 임대차의 일종으로서 파악된다. 판례는 현행민법 제정 전부터 이를 인정해왔다. 관습에 나타난 채권적 전세계약은 전세권자가 상대방에 대하여 전세금을 교부하고 소정기간 상대방소유의 가옥을 점유·사용하고, 그 차임과 전세금의 이자를 상계시킬 것을 내용으로 하는 쌍무계약으로서 전세권자가 월세를 지급하지 않았다(대법원 1958. 4. 24. 선고 4290민상867 판결).

- 주택에 설정된 채권적 전세는 주택임대차보호법(1981 제정)에 의하여 물권에 못지않은 효력을 인정받는다. 주택임대차보호법에 의할 경우에 제 3 자에 대한 대항요건을 갖추는 것이 전세권의 등기보다 쉽다는 점, 일정액에 대하여는 어떤 담보물권자보다 우선하여 변제받을 수 있는 우선특권이 인정된다는 점 등 민법의 전세권규정보다 더욱 강하게 보호를 받게 된다.
- 채권적 전세권은 등기함으로써 물권적 전세권이 된다. 등기에 의해 물권적 전세권이 된 후에도 주택임대차보호법의 보호를 받을 수 있다.

2) **전세권과 주택임차권의 주장**

전세권이 주택에 대하여 설정된 경우에 전세권자는 주택임차인으로서의 보호도 받을 수 있다. 판례는 등기된 전세권에 관해서도 주택임대차보호법을 준용하여, 전세계약 당시에 채권적 전세로 있으면서 대항요건을 갖추었으나 이에 덧붙여 물권적 전세로서 등기한 경우에 주택임대차보호법에 따라 우선변제권이 인정된다.

• 전세권자는 담보물권으로서의 전세권을 주장하거나 또는 주택임차권으로서의 우선변제권을 주장할 수 있다. 주택임차인으로서의 우선변제를 받을 수 있는 권리와 전세권자로서 우선변제를 받을 수 있는 권리는 근거규정 및 성립요건을 달리하는 별개의 것이므로, 주택임대차보호법상 대항력을 갖춘 임차인이 임차주택에 관하여 전세권설정등기를 경료하였다거나 전세권자로서 배당절차에 참가하여 전세금의 일부에 대하여 우선변제를 받았더라도 변제받지 못한 나머지 보증금에 기한 대항력행사에 장애는 없다(대법원 1993. 12. 24. 선고 93다39676 판결).

• 전세권설정등기가 선순위의 근저당권의 실행에 따른 경락으로 인하여 말소되더라도, 전에 확보한 주택임대차보호법상의 대항력이 상실되는 것은 아니다(대법원 1993. 11. 23. 선고 93다10552 판결).

2. 전세권의 설정

(1) 전세권의 객체

◦ 토지와 건물 : 전세권은 타인의 부동산에 대한 권리이므로 전세권의 객체는 부동산에 한정된다. 전세권은 토지에 대하여 설정될 수 있으나, 건물에 관하여는 1동의 건물 전부, 1동의 건물 일부, 구분소유된 건물의 일부 등에 성립한다. 농경지는 전세권의 목적으로 하지 못한다(제303조 2항). 토지에 대하여 지상권과 같은 목적으로 전세권을 설정하는 것이 가능하다.

◦ 부동산 일부에 대한 전세권 : 전세권은 1필의 토지의 일부 또는 하나의 건물의 일부에 대하여 설정될 수 있다. 토지나 건물의 일부에 대하여 설정된 전세권의 담보물권적 효력에 관하여는 논의가 있다. ① 우선변제권 : 부동산 일부에 대한 전세권자도 목적물 전부의 경락

대금으로부터의 우선변제권을 갖는다(제303조 1항). ② 경매권의 범위 : 건물의 일부에 대하여 전세권이 설정되어 있는 경우, 전세권자는 건물 전부에 대해 경매청구함이 원칙이라고 해석된다(반대설 있음). 일부경매 신청 허용시 가액산정곤란 등으로 경매절차가 지연되어 전세권자에게 불리하므로 전부에 대해 경매를 청구할 수 있어야 한다.

판례는 건물전부에 대한 경매권을 부정한다. 건물일부의 전세권자는 전세권의 목적물이 아닌 나머지 건물에 대하여는 우선변제권은 있으나 경매신청은 할 수 없으며, 전세권의 목적이 된 부분이 구조상 또는 이용상 독립성이 없어 독립한 소유의 객체로 분할할 수 없어 그 부분만의 경매신청이 불가능한 경우에도 그러하다(대법원 2001. 7. 2.자 2001마212 결정).

◦ 구분소유의 경우 : 전세권자는 동일한 구분소유에 속하지 않는 다른 구분소유부분에 대하여는 경매권이 없다. 전세권설정시에 하나의 건물이었던 빌딩이 2개의 부동산으로 구분소유되었고 전세권은 그 중 하나의 건물의 일부분에 대한 것으로 남아 있었던 경우에, 그 건물 전부에 대하여 후순위권리자 기타 채권자보다 전세금의 우선변제를 받을 권리가 있고, 전세권설정자가 전세금의 반환을 지체한 때에는 전세권의 목적물의 경매를 청구할 수 있다(대법원 1992. 3. 10.자 91마256 결정).

(2) 전세권설정계약

전세권설정계약은 전세권설정자와 전세권자 사이에 맺어지는 복합적 성격의 계약이다. 이를 물권계약으로 파악하는 견해가 있으나, 사견으로는 채권계약으로 파악한다.

◦ 전세권설정자는 목적부동산의 소유자이거나 기타 처분권을 갖고 있는 사람이어야 한다.

◦ 전세권설정계약은 용익권의 발생에 관한 내용을 포함하고 있어야

한다. 이는 목적물을 독점적으로 사용・수익하는 권리를 의미한다.

◎ 전세권설정계약에는 소비대차 및 그 반환채권을 담보할 목적이 포함되어 있다(묵시적으로도 가능). 당사자가 주로 채권담보의 목적으로 전세권을 설정하였고, 그 설정과 동시에 목적물을 인도하지 아니한 경우라 하더라도 장차 전세권자가 목적물을 사용・수익하는 것을 완전히 배제하는 것이 아닌 경우에 전세권은 유효하다(대법원 1995. 2. 10. 선고 94다18508 판결).

◎ 당사자가 처음부터 물권으로서의 전세권을 발생시킬 것을 계약내용으로 할 필요는 없으며, 채권적 전세를 후에 등기하더라도 전세권이 성립한다.

(3) 전세금의 지급

설정계약과 등기 이외에 약정된 전세금의 수수가 있을 때에 전세권이 성립한다(성립요건설, 다수설). 전세금의 지급은 전세권의 요소를 이루기 때문이다. 전세금의 지급은 전세권의 성립요소이며, 기존의 채권으로 전세금의 지급에 갈음할 수 있다(대법원 1995. 2. 10. 선고 94다18508 판결).

(4) 등　　기

전세권은 전세권설정등기를 하여야 유효하게 성립한다. 등기신청서에는 전세금을 기재해야 한다.

쟁점정리 : 가등기된 부동산에 대한 전세권

가등기된 부동산에 전세권이 설정된 경우에 가등기인 채로는 아무 문제가 없으나, 이에 기해 본등기가 경료되면 전세권자는 후순위권리자로서 사용·수익권도 종료하고 전세금의 반환청구권도 가등기권리자보다 후순위로 된다.

만약 가등기가 담보가등기인 경우에 후순위권리자인 전세권자는 선순위인 가등기담보권자가 소유자에게 지급한 청산금으로부터 우선변제받을 수 있다(가담법 제5조). 가등기 후에 한 제3자의 전세권설정등기는 그 가등기에 기한 본등기 이후에 실질적으로 등기의 효력을 상실하게 된다. 등기공무원은 가등기 후에 한 전세권설정등기를 직권 말소할 수 있다.

원래 갑 소유이던 부동산에 1980. 5. 30. 을 명의의 전세권설정등기, 같은 해 9. 20. 병 명의의 소유권이전청구권가등기가 경료된 상태에서 같은 해 11. 18.자 강제경매신청으로 정이 경락받아 1981. 8. 26. 소유권이전등기를 받았으나, 1985. 3. 11. 위 가등기에 기한 본등기로 정 명의의 등기는 직권말소되고 무가 그 본등기에 터잡아 소유권이전등기를 마쳤다면, 정이 그 부동산을 경락받은 후 소유자로서 을을 상대로 건물명도소송을 제기하였다가 을이 경락인에게 대항할 수 있는 전세권자라는 이유로 전세금과 상환으로 부동산의 명도청구를 인용하는 판결을 선고받고 확정되어 그 전세금을 변제하였더라도 무에 대한 관계에 있어서 무가 변제하여야 할 전세금을 대신 변제한 것이라고 할 수는 없으므로 무에 대하여 구상권을 가진다고 할 수 없다(대법원 1989. 9. 26. 선고 88다카11930 판결).

3. 용익물권으로서의 효력

(1) 사용 · 수익권

◎ 사용권 : 전세권자는 목적물을 사용할 권리를 갖는다. 사용방법은 설정계약 혹은 부동산의 성질에 따른 제한을 받을 수 있다.

◎ 과실수취권 : 전세권자는 목적부동산으로부터 과실(천연과실 혹은 법정과실)을 수취할 권리를 갖는다.

◎ 목적물인도청구권과 물권적 청구권 : 전세권은 목적물을 점유할 권리를 포함하므로 전세권자의 점유를 방해하는 자에 대하여는 목적물반환청구 및 방해배제청구권을 행사할 수 있다. 점유를 취득한 이후에는 점유보호청구권도 행사할 수 있다.

◎ 선관의무 및 유지 · 수선의무 : 전세권자는 목적물을 사용함에 있어 선량한 관리자의 주의로써 보존할 의무가 있다. 또한 전세권자는 목적물의 현상을 유지하고 그 통상의 관리에 속한 수선을 해야 하며(제309조), 이에 위반한 경우 손해배상책임을 진다(제315조). 전세권자의 실화로 인하여 가옥을 소실케 하여 그 반환의무를 이행할 수 없게 된 때에는 불법행위책임 이외에 채무불이행책임이 발생한다(대법원 1967. 12. 5. 선고 67다2251 판결).

◎ 비용상환청구권 : 전세권자는 목적물의 유지 및 관리책임을 지므로 목적물에 들인 필요비는 스스로 부담해야 한다(상환청구불가). 유익비는 그 지출로 인한 가액의 증가가 현존한 때에 한해서 설정자에게 비용상환청구권을 갖는다.

◎ 상린관계법의 준용 : 전세권자는 목적부동산을 점유하여 사용하는 자로서 이웃 토지와 상린관계에 놓이게 되는데, 이에 관하여는 상린관계에 관한 민법규정(제216조~제244조)이 준용된다(제319조).

(2) 건물전세권의 존속기간

◦ 최단기간의 제한 : 건물전세권은 그 존속기간을 최단 1년으로 보장한다. 건물에 대한 전세권의 존속기간을 1년 미만으로 정한 때에는 이를 1년으로 한다(제312조 2항).

◦ 법정갱신 : 건물의 전세권설정자가 전세권의 존속기간만료 전 6월부터 1월까지 사이에 전세권자에 대하여 갱신거절의 통지 또는 조건을 변경하지 아니하면 갱신하지 않는다는 뜻의 통지를 하지 아니한 경우에는 그 기간이 만료된 때에 종전의 전세권과 동일한 조건으로 다시 전세권을 설정한 것으로 본다(제312조 4항 전문). 이 경우 전세권의 존속기간은 그 정함이 없는 것으로 본다(제312조 4항 후문). 전세권의 법정갱신(제312조 4항)은 법률의 규정에 의한 부동산에 관한 물권의 변동이므로 전세권갱신에 관한 등기를 필요로 하지 아니하고, 전세권자는 등기 없이도 전세권설정자나 그 목적물을 취득한 제3자에 대하여 권리를 주장할 수 있다(대법원 1989. 7. 11. 선고 88다카21029 판결).

◦ 건물전세권의 존속보장 : 건물이 토지사용권을 갖지 못해 철거되어 그 건물에 설정된 전세권자가 피해를 입는 것을 막기 위하여 민법은 다음과 같은 보호조치를 취한다. ① 전세권의 효력확장 : 타인의 토지에 있는 건물에 전세권을 설정한 때에는 전세권의 효력은 그 건물의 소유를 목적으로 한 지상권 또는 임차권에 미친다(제304조 1항). 이 경우에 전세권설정자는 전세권자의 동의 없이 지상권 또는 임차권을 소멸하게 하지 못한다(제304조 2항). ② 법정지상권 : 건물에의 전세권의 존속을 보장하기 위하여 그 건물소유자에게 법정지상권을 인정한다(제305조).

◦ 전세권의 최장기간의 제한 : 전세권의 존속기간은 10년을 넘지 못한다. 당사자의 약정기간이 10년을 넘은 때에는 이를 10년으로 단축한

다(제312조 1항). 전세권이 갱신된 경우에도 그 기간은 갱신한 날로부터 10년을 넘지 못한다(제312조 3항).

4. 담보물권으로서의 효력

(1) 전 세 금

전세금이란 전세권자가 전세권설정계약에 따라 부동산의 사용을 시작할 때에 전세권설정자에게 지급하는 고액의 차용금이다.

◎ 소비대차의 차용금 : 전세금의 지급은 소비대차의 차용금의 지급으로서의 성격을 가진다. 전세금반환채무가 전세권에 의해 담보되는 피담보채권이 된다.

◎ 차임의 지급수단 : 전세금은 고액의 자본금이지만 이에 대하여 이자를 현실적으로 지급하지 않고 그 이자를 차임으로 충당한다. 전세권설정자(부동산의 대여자)는 그 수령한 전세금의 이자에 해당되는 금원을 그 부동산의 사용료에 충당시키고 전세계약 종료시 그 수령한 전세금만을 반환하는 것이 보통이다(대법원 1961. 1. 26. 선고 4293민상274 판결).

◎ 손해담보금 : 전세금은 전세권자가 설정자에게 부동산의 사용과 관련하여 입힌 손해에 대한 배상금지급의 담보로서의 성질도 갖는다. 이 경우에 전세권설정자는 전세권이 소멸된 후 전세금으로서 손해의 배상에 충당하고, 잉여가 있으면 반환하여야 하며, 부족이 있으면 다시 청구할 수 있다(제315조 2항). 원칙적으로 전세권의 존속중에 전세금으로서 손해배상에 충당하는 것은 허용되지 않는다.

◎ 전세권의 존속요건 : 전세금의 지급은 전세권설정계약의 이행행위의 일부이며 전세권의 성립요건(학설대립 있음)이다. 전세금을 지급하지 않는다는 합의를 한 경우에 그것은 전세권설정계약이 되지 못하고 임대차계약 또는 사용대차계약이 될 뿐이다. 전세금반환채권의 존재

는 전세권의 존속요건이다. 전세권의 존속 중에 전세금반환채권이 소멸하게 된 때에는 전세권도 소멸하게 된다.

(2) 전세금증감청구

전세금이 목적부동산에 관한 조세, 공과금 기타 부담의 증감이나 경제사정의 변동으로 상당하지 않게 된 때에는 당사자는 장래에 대하여 그 증감을 청구할 수 있다(제312조의2 본문). 그러나 증액의 경우에는 대통령령이 정하는 기준에 따른 비율을 초과하지 못한다(제312조의2 단서).

전세금증감청구권의 성격에 관해서는 학설이 대립한다.

- 형성권설 : 전세금증감청구권은 형성권의 성질을 갖는다는 견해이다. 그 근거를 자세히 밝히지 않으나 지상권의 지료증감청구권과 같이 이해한다.
- 청구권설 : 전세금증감청구권은 청구권의 성질을 갖는다는 견해이다. 민법규정에 의한 증액이나 감액은 당사자 사이의 합의에 의하며, 일방당사자의 청구로 당연히 증감의 효과가 발생하지 않는다고 한다. 당사자의 합의가 이루어지지 않으면 법원이 정하게 된다고 한다.

사견으로는 청구권설을 취한다.

(3) 전세금반환청구권의 양도

전세권자가 전세금반환청구권을 전세권으로부터 분리하여 제3자에게 양도하는 것이 가능한가에 관하여 학설이 대립한다.

- 양도허용설 : 전세금반환청구권을 따로 양도하더라도 전세권설정자에게 아무런 불이익을 주지 않을 뿐만 아니라, 조건부 또는 장래의 채권에 지나지 않으므로 그 양도성을 부인할 이유가 없다는 견해이다.
- 양도불가설 : 제317조가 전세권이 소멸한 때에 전세금의 반환과 전세목적물의 인도, 전세권설정등기의 말소등기에 필요한 서류의 교

부가 동시이행관계에 선다고 규정하는 것은 전세금의 반환이 전세권자인 특정인에게 변제되어야 할 성질의 것으로 해석되어야 하므로 그 양도성을 부정하는 견해이다.

◦ 절충설 : 전세금반환청구권의 양도는 그 채권양도에 참여한 당사자 사이에서만 채권적 효력을 가지며, 그렇지 않은 제 3 자에 대한 관계에서는 양도의 효력이 인정되지 않는다는 견해이다(사견).

◦ 판례는 절충설을 취한다. 전세권설정계약이 합의해지된 후 당사자간의 약정에 의하여 전세권의 처분이 따르지 않는 전세금반환채권만의 분리양도가 이루어진 경우에는 양수인은 유효하게 전세금반환채권을 양수한다(대법원 1999. 2. 5. 선고 97다33997 판결).

전세금반환청구권의 양도는 전세권의 양도와 구별된다. 전세권의 양도는 전세권자가 전세권에 기해 갖고 있는 모든 권리의무를 양수인에게 이전하는 것을 말한다. 결국 전세권의 양도는 전세계약상의 지위를 양도하는 것이고, 그 양도의 등기를 하여야 효력이 생긴다. 반면에 전세금반환청구권만을 채권양수받는 것은 양도인과 양수인 사이에 그 금전채권만을 양도하기로 합의한 경우를 말하며, 이는 위에서 설명했듯이 양도의 효과가 당사자 사이에 채권적으로 발생할 뿐 대외적인 효력을 주장하지 못한다. 이 경우 전세권자는 종전과 같이 전세권의 모든 효력을 보유한다.

(4) 전세권설정자 지위의 승계

목적물의 신소유자는 구소유자와 전세권자 사이에 성립한 전세권의 내용에 따른 권리의무의 직접적인 당사자가 되어 전세권이 소멸하는 때에 전세권자에 대하여 전세권설정자의 지위에서 전세금반환의무를 부담하게 되고, 구소유자는 전세권설정자의 지위를 상실하여 전세금반환의무를 면하게 된다(대법원 2000. 6. 9. 선고. 99다15122 판결).

(5) 전세금반환청구권의 확보

전세권은 전세금반환청구권의 확보를 위한 담보물권으로서의 효력을 갖는다. 따라서 전세권은 담보물권의 특성인 부종성·수반성·물상대위성·불가분성을 가진다.

◎ 경매권 : 전세권설정자가 전세금의 반환을 지체한 때에는 전세권자는 경매법이 정한 바에 의하여 전세권의 목적물의 경매를 청구할 수 있다(제318조). 전세금반환채무는 목적물반환채무와 동시이행관계에 있으므로, 전세권자가 목적부동산의 반환을 하지 않고 있는 동안은 전세금반환채무도 이행지체에 빠지지 않는다.

◎ 전세권의 효력범위 : 전세권의 담보물권성은 목적부동산 전부에 미친다. 비록 전세권이 부동산의 일부에 설정되었더라도 전세권자는 그 부동산 전부를 경매신청할 수 있으며(반대설 있음), 그 전체의 경락대금으로부터 전세금의 우선변제를 받는다. 전세금이 일부 반환되었고 일부만 남아 있더라도 전세권자는 담보물권의 불가분성에 따라 그 나머지 전세금의 만족을 얻기 위하여 전체부동산을 경매하여 우선변제받을 수 있다(제321조의 유추적용). 목적물이 멸실, 훼손 또는 공용징수된 경우에 전세권자는 전세권설정자가 그로 인해 받을 금전 기타의 물건에 대하여도 우선변제권을 행사할 수 있다(물상대위에 관한 제342조의 유추적용).

◎ 우선변제권 : 전세권자는 부동산 전부에 대하여 후순위권리자 기타 채권자보다 전세금의 우선변제를 받을 권리가 있다(제303조 1항)(파산절차에서 별제권도 있음).

◎ 경매로 인한 전세권의 소멸 : 전세권은 저당권·압류채권·가압류채권에 대항할 수 없는 경우에는 매각으로 소멸된다. 대항할 수 있는 전세권은 매수인이 인수한다. 다만 전세권자가 배당요구를 하면 매

각으로 소멸된다.

◦ 전세권에 저당권이 설정된 경우 : 전세권에 대하여 저당권이 설정된 후 전세권의 존속기간이 만료된 경우에, 전세권이 소멸하므로 전세권 자체에 대하여는 저당권의 실행이 불가능하고 전세금반환채권에 대하여 압류 및 추심명령 또는 전부명령을 받는 등의 방법으로 전세권설정자로부터 전세금의 지급을 받을 수 있다(제370조, 제342조). 전세권에 저당권이 설정된 후 전세권이 기간만료로 소멸되면, 전세권설정자는 전세금반환채권에 대한 제 3 자의 압류 등이 없는 한 전세권자에 대하여만 전세금반환의무를 부담한다(대법원 1999. 9. 17. 선고 98다31301 판결).

5. 전전세(轉傳貰)

(1) 처분의 자유

전세권자는 금지의 특약이 없는 한 그 존속기간 내에서 그 목적물을 타인에게 전전세 또는 임대할 수 있다(제306조).

◦ 존속기간 : 전전세(또는 임차권)의 존속기간은 원칙적으로 원전세권의 범위 내이어야 한다.

◦ 전세금 : 전전세의 전세금(또는 임대차의 보증금)은 원전세권의 전세금을 초과하지 못한다.

◦ 목적물 : 전전세 또는 임대차는 원전세권의 목적물에 비해 그 범위가 같거나 작아야 한다.

(2) 전전세의 효과

◦ 사용・수익권 : 전세권자와 전전세권자 사이에는 전전세의 법률관계가 전개된다. 전세권설정자가 전전세권자에게 소유권에 기한 물권적 청구권으로서 목적물의 반환을 청구할 수는 없다. 전전세권자는

스스로 목적물을 점유하여 사용・수익할 권리를 갖고 있으며, 이는 물권적 효력을 갖기 때문이다.

◦ 전세금반환 : 전전세권자도 담보물권자로서 자기의 전전세금반환채권에 관하여 경매권과 우선변제권을 갖지만, 전전세권자가 경매권을 행사할 수 있는 경우는 전세권설정자가 전세금반환채무에 관하여 이행지체에 빠져 있고, 또한 전세권자도 전전세금반환채무에 관하여 이행지체에 빠져 있는 때이다.

전세권자가 전세권설정자에게 전전세의 사실을 통지하거나 전세권설정자가 이를 승낙한 때에는 전전세권자의 동의 없이 전세권자에게 전세금을 반환하여도 이로써 전전세권자에게 대항하지 못한다(제337조 2항의 유추적용).

(3) 전세권자의 책임가중

전세권의 목적물을 전전세 또는 임대한 경우에는 전세권자는 전전세 또는 임대하지 아니하였으면 면할 수 있는 불가항력으로 인한 손해에 대하여 그 책임을 부담한다(제308조).

6. 전세권의 소멸

(1) 전세권의 종료사유

◦ 전세권의 일반적 종료사유 : ① 전세권은 그 용익물권으로서의 성격에 비추어 사용・수익이 허락된 기간(전세기간)이 끝나면 종료한다. ② 선순위권리자의 경매로 인하여 존속기간의 만료 이전에 종료하는 경우도 있다. ③ 목적물의 멸실로 인하여 전세권의 목적을 달성할 수 없을 때에도 종료한다(제314조 1항・2항). 전세기간이 종료하는 것으로 곧 전세권이 소멸하는 것이 아니라, 전세금이 전세권자에게 반환되어야

비로소 전세권이 소멸한다.

◦ 소멸통고 : 존속기간을 약정하지 않은 전세권의 경우에 각 당사자는 언제든지 상대방에 대하여 전세권의 소멸을 통고할 수 있고, 상대방이 이 통고를 받은 날로부터 6개월이 경과하면 전세권은 소멸한다(제313조). 목적물이 일부멸실하여 그 잔존부분으로 전세권의 목적을 달성할 수 없는 경우에 전세권자가 전세권설정자에 대하여 전세권 전부의 소멸을 통고하고 전세금의 반환을 청구할 수 있다(제314조). 이 경우는 보통의 소멸통고에서와 같이 유예기간을 둘 의무가 없다.

◦ 전세권소멸청구 : 전세권자가 전세권설정계약 또는 그 목적물의 성질에 의하여 정하여진 용법으로 이를 사용·수익하지 아니한 경우에는 전세권설정자는 전세권의 소멸을 청구할 수 있다(제311조 1항). 소멸청구의 효과로서 전세기간은 그 청구를 받은 즉시 종료한다. 전세권자는 목적물을 반환해야 하고, 전세권설정자는 전세금을 반환해야 한다. 전세권설정자는 전세권자에 대하여 원상회복 또는 손해배상 중 양자택일하여 청구할 수 있다(제311조 2항).

(2) 전세관계의 청산

◦ 전세금반환 : 전세기간이 종료하면 전세권설정자는 전세권자에게 전세금을 반환할 의무를 진다. 전세금반환의무와 목적물의 반환은 동시이행의 관계에 선다(제317조). 전세금의 반환은 전세권소멸의 요건이므로, 존속기간이 지났더라도 전세금반환이 없으면 전세권은 존속한다.

◦ 목적물반환 : 전세기간이 종료하면 전세권자는 목적물을 설정 당시의 모습으로 반환해야 한다. 목적물의 반환은 전세권의 소멸요건이 아니다. 전세권이 소멸한 후에 소유자는 채권관계에 기한 반환청구권(전세권자에 대해서만 가능)을 가질 뿐 아니라, 소유권에 기한 물권적 청구

권(제213조)에 의하여 현재의 점유자(전세권자가 아닌 제 3 자라도 무방)에 대하여 반환청구할 수 있기 때문이다.

◦ 원상회복의무 : 전세권이 그 존속기간의 만료로 인하여 소멸한 때에는 전세권자는 그 목적물을 원상회복하여야 하며, 그 목적물에 부속시킨 물건은 수거할 수 있다(제316조 1항 전문).

◦ 부속물매수청구 : 전세권설정자가 그 부속물건의 매수를 청구한 때에는 전세권자는 정당한 이유 없이 거절하지 못한다(제316조 1항 후문). 이 경우에 그 부속건물이 전세권설정자의 동의를 얻어 부속시킨 것인 때에는 전세권자는 전세권설정자에 대하여 그 부속물건의 매수를 청구할 수 있다(제316조 2항 전문). 그 부속건물이 전세권설정자로부터 매수한 것인 때에도 같다(제316조 2항 후문). 이는 지상권자의 매수청구권과 유사하다.

◦ 전세권설정등기의 말소 : 전세권설정자는 전세권자의 협력을 얻어 전세권등기를 말소한다. 전세권이 소멸한 후에 그 등기를 방치하고 있다가 그 전세권자와 다시 전세권설정계약을 맺고 그 무효인 등기를 유용(流用)하는 경우도 있다.

◦ 임대차계약을 체결하면서 임대차보증금을 전세금으로 하는 전세권설정등기를 경료한 경우, 임대차보증금 반환의무와 전세권설정등기 말소의무는 동시이행관계에 있다(대법원 2011. 03. 24. 선고 2010다95062 판결).

26
유 치 권

1. 유치권이란 무엇인가

(1) 개념과 성질

유치권은 타인의 물건 또는 유가증권을 점유하는 자가 그 물건 또는 유가증권에 관하여 생긴 채권의 변제를 받을 때까지 그 목적물을 유치하여 채무자의 변제를 간접적으로 강제하는 권리이다(제320조 1항). 유치권의 목적물에 대한 유치권능(인도거절권)은 채무자로 하여금 채무를 이행하도록 간접적으로 강제하는 역할을 한다.

◦ 물권 : 유치권은 물건에 부착된 제한물권으로서 대세적 효력을 갖는다. 그러므로 유치권자는 그 인도거절권을 자기의 채무자뿐 아니라 물건의 소유자, 양수인, 기타 이해관계 있는 제 3 자에 대하여도 행사할 수 있다. 다만 유치권자에게는 목적물반환청구권 등의 물권적 청구권이 인정되지 않는다(제328조).

◦ 담보물권 : 유치권은 채권의 만족을 얻기 위하여 물건에 가해진 부담이다. 유치권의 목적물은 특정 · 현존하는 것이어야 하며(특정의 원칙), 유치권의 존재는 동산 · 부동산 모두 점유에 의해 공시된다(공시의

원칙). 유치권은 그 피담보채권의 만족을 확보하기 위한 수단으로 작용하며, 피담보채권과 분리·독립된 권리를 갖지 않는다(부종의 원칙). 유치권은 피담보채권에 수반되어서만 타인에게 양도될 수 있다(수반의 원칙). 다만 유치권자는 물상대위권을 갖지 않는다.

◎ 법정담보물권 : 유치권은 법률상 일정한 요건을 갖추면 당사자의 약정 없이 생기는 법정담보물권이므로, 이는 설정계약에 의해 발생하는 것이 아니다.

◎ 환가권 : 유치권자에게 부여되는 환가권(換價權)은 다른 담보물권보다 약하다. 유치권자에게는 경매권 및 간이변제충당권이 부여된다(제322조). 원래 우선변제권이 인정되지 않으나, 경락인은 유치권자에게 그 유치권으로 담보하는 채권을 변제할 책임을 지므로 유치권자는 실제 최우선변제권을 갖는 효과를 누린다.

(2) 유치권과 동시이행의 항변권의 차이

유치권자의 인도거절권은 동시이행의 항변권과 상대방의 이행청구를 거절할 수 있다는 점에서 유사성을 갖는 한편, 물권적 성격을 갖는다는 점에서 채권적 성격을 갖는 동시이행의 항변권과 차이를 갖는다(양자는 공존할 수 있다).

◎ 물권과 채권의 차이 : 유치권과 동시이행의 항변권의 가장 중요한 차이는 전자는 물권으로, 후자는 채권으로 규정되어 있다는 점이다. 유치권이라는 제한물권으로부터 파생되는 인도거절권은 누구에게나 주장할 수 있음에 반하여, 쌍무계약으로부터 발생되는 동시이행의 항변권은 계약상대방에 대해서만 주장할 수 있는 이행거절권이다.

◎ 요건의 차이 : 유치권에서 파생되는 인도거절권의 요건은 피담보채무가 그 물건에 관하여 발생했을 것, 그리고 채권자가 물건을 점유할 것을 요건으로 한다. 반면에 동시이행의 항변권은 쌍무계약에서의

이행상의 견련성을 기초로 인정되는 제도로서 하나의 쌍무계약으로부터 발생한 두 개의 채권이 서로 상환관계를 이룬다는 점을 근거로 한다.

◎ 거절내용의 차이 : 유치권자는 물건의 소유자에 대하여 물건의 점유를 이전하는 것을 거절하는 데에 불과하다. 그러나 매매계약에서 매도인이 행사하는 동시이행의 항변권은 매수인에 대하여 목적물의 소유권을 이전해 주는 것에 대한 거절도 포함된다.

◎ 담보목적의 차이 : 유치권자는 자기채권의 만족을 얻기 위한 목적으로 인도를 거절한다. 즉 유치권은 채권담보의 목적으로 성립・존속한다. 채무자가 다른 담보를 제공하고 유치권의 소멸을 청구할 수 있으며(제327조), 유치권자가 변제를 받으면 유치권은 소멸한다. 변제가 없으면 유치권자는 목적물을 경매하거나 간이변제충당을 할 권한을 갖는다(제322조). 반면에 동시이행의 항변권은 계약의 일방당사자가 자기의 채무만을 선이행하는 경우 상대방의 이행을 확보할 손쉬운 수단을 잃게 되므로, 자기채무의 선이행을 거절하기 위한 목적으로 행사된다. 이는 간접적인 채권담보의 수단으로 이용된다.

◎ 적용범위의 차이 : 유치권은 물권이므로 물권법정주의(제185조)에 따라 자의적으로 확대적용해서는 안 된다. 반면에 동시이행항변권은 쌍무계약에서의 상환채무에 국한하지 않고 그 밖에 사회관념상 동시이행의 조건을 붙이는 것이 타당한 경우에 확대해서 유추적용된다. 그 예로서 보증금계약은 임대차계약에 부종하는 계약으로서 양자는 개념상 구별되지만, 임대차 종료시에 보증금을 반환받지 못한 임차인은 동시이행의 항변권을 행사하여 임차물의 반환을 거절할 수 있다.

사례연습 〈유치권과 동시이행항변권〉

◎ 문 제 ◎

A는 트럭을 B의 정비공장에 맡겼다가 찾으러 갔더니 수리비를 50만원이나 요구하여 찾지 못하고 그냥 돌아왔다. A가 트럭을 먼저 인도해 주면 후에 돈을 벌어 갚겠노라고 사정하여도 B는 수리비와의 동시이행을 주장하며 인도해 주지 않는다. 이 경우 유치권이 발생하는가, 동시이행청구권이 발생하는가, 또는 양자가 발생하는가.

해 답

우선 B에게 유치권의 성립요건인 「물건과 채권간의 견련성」이 충족되었으므로 유치권이 발생하였다. 도급계약의 상환채무는 수리의무와 수리비지급의무이며, 목적물의 반환의무는 쌍무계약에서의 상환채무는 아니다. 그렇더라도 이 경우 관습에 비추어 볼 때 수리비채권의 확보를 위해 동시이행을 요구하는 것이 타당하므로, 목적물반환과 수리비지급 사이에 동시이행관계도 인정된다.

결론적으로 이 사례에서 B는 유치권과 동시이행항변권을 모두 행사할 수 있다.

2. 유치권의 발생

(1) 목 적 물

유치권의 목적물은 물건 또는 유가증권이다(제320조 1항). 물건에는 동산과 부동산이 포함된다. 부동산의 경우에도 유치권자는 그 부동산을 점유하면 되고 등기는 유치권의 성립요건이 아니다. 유치권은 점유에 의하여 공시되기 때문이다.

유가증권에 대하여 유치권이 성립하는 경우에도 증권의 점유로 충분하고 배서는 요건이 아니다. 금전이 특정물로 다루어지는 경우 유치권의 목적물이 될 수 있다.

(2) 피담보채권

◎ 피담보채권의 존재 : 유치권은 담보물권이므로 이에 의해 담보되는 채권이 존재해야 한다. 유치권자는 그 피담보채권의 채권자이면서 물건의 점유자이다. 그 채권의 발생원인은 계약인 경우가 많지만, 그 밖에 사무관리 · 부당이득 · 불법행위인 경우도 있다.

◎ 변제기의 도래 : 법정담보물권인 유치권의 피담보채권은 변제기가 도래해 있어야 한다(제320조 1항). 약정담보물권에서는 변제기의 도래가 담보권의 성립요건이 아니라 담보권실행의 요건에 불과한 것과 대조적이다. 채권자가 채권자지체에 빠져 있는 경우에도 유치권을 인정하는 것이 타당하다(반대설 있음).

(3) 채권과 목적물과의 견련성

물건의 점유자는 그 물건에 관하여 생긴 채권을 가지고 있어야 한다(제320조 1항). 이것은 채권과 물건과의 견련성(牽聯性)을 요구하는 것이다. 채권이 그 물건에 관하여 생겼다는 것이 구체적으로 무엇을 의미하느냐에 관하여는 견해의 대립이 있다. ① 광의설 : 채권과 목적물 사이의 견련성을 채권이 목적물 자체로부터 발생하는 경우와, 채권이 목적물의 반환청구권과 동일한 법률관계 또는 동일한 사실관계로부터 발생하는 경우의 두 가지 유형으로 나누어 광범위하게 인정하는 견해이다. ② 협의설 : 채권이 목적물 자체로부터 발생한 경우에 한하여 견련성을 인정하고 공평의 원칙상 이에 준할 수 있는 경우를 포함한다고 좁게 해석하는 견해이다. 사견으로는 협의설을 취한다. 협의설은 매매계약의 취소, 이중매매, 양도담보권자의 처분의 경우에 유치권의 성립을 부정한다.

판례는 협의설을 취한다. 임대차에서 임차인의 보증금반환청구권에 관하여 임차물에 유치권이 성립하지 않으며(대법원 1960. 9. 29. 선고 4292민상229 판결), 임차인이 부속물매수청구권을 행사한 경우 부속물대금채권과 건물 또는 대지의 반환의무 사이의 견련성이 부정되어 건물이나 대지에 대한 유치권이 부정된다(대법원 1977. 12. 13. 선고 77다115 판결).

견련성이 문제되는 사례는 다음과 같다.

◎ 물건에 비용·노무를 들인 경우 : 물건을 제작·수리하기 위하여 소유자 이외의 자가 비용이나 노무를 제공한 경우에 그 물건에 대하여 유치권이 발생한다. 노무제공, 비용부담으로 인한 법률관계는 다음과 같다. ① 계약상의 보수청구권 : 타인이 노무를 제공한 것이 고용·도급·위임·임치 등의 계약에 기초한 경우에는 계약에서 정하는 바에 따라 보수청구권이 발생한다(제655조, 제664조, 제686조). 비용을 지출한 경우에는 보수청구권과 별도로 계약상의 비용상환청구권이 발생한다(제688조). ② 사무관리자의 비용상환청구권 : 계약 없이 타인의 사무를 관리한 경우에 관리자는 자기가 지출한 필요비와 유익비의 상환청구권을 갖는다(제739조). ③ 임차인의 비용상환청구권 : 임차인이 임차물의 보존에 관하여 필요비 또는 유익비를 지출한 경우에 비용상환청구권이 인정된다(제626조). 다만 법원이 상환기간을 유예한 경우는 제외된다. ④ 점유자의 비용상환청구권 : 점유자가 회복자에게 물건을 반환할 때에 점유물을 보존하기 위하여 지출한 비용의 상환을 청구할 수 있다(제203조). 다만 상환기간을 유예한 경우는 제외된다.

◎ 물건으로 인한 손해배상청구권 : 공작물·동물 등이 사람이나 재산을 해친 경우에 피해자는 그것의 소유자나 점유자에 대하여 불법행위에 기한 손해배상청구권을 갖는데(제758조, 제759조), 이 손해배상청구권은 목적물 자체로 인한 채권에 해당한다.

◦ 가등기담보에서 청산의무 : 가등기담보의 채무자가 청산금을 받지 않은 채 채권자에게 부동산의 소유권이전등기를 경료해 주었으나 아직 인도는 하지 않은 경우에 그 채무자는 청산금청구권의 확보를 위하여 그 부동산에 유치권을 취득한다고 해석된다. 청산금청구권은 목적물 자체로 인한 채권은 아니지만, 목적물과 직접 관련 있는 채권이므로 유치권의 성립을 인정하는 것이 타당하다고 해석된다(반대설 있음).

◦ 매매계약의 무효·취소 : 매매계약이 무효 또는 취소된 경우에 물건반환의무와 대금반환의무는 동시이행의 관계에 놓인다(쌍무계약에서 청산상의 견련성). 매수인이 그 물건에 관하여 유치권도 취득하는가에 관하여, 협의설은 대금반환청구권이 물건과 동일한 법률관계에 의해 발생한 채권이 아니므로 유치권을 부정한다(광의설은 인정함).

◦ 임차보증금의 반환청구권 : 임대차가 종료하면 임차인은 목적물의 반환의무를 지고, 임대인은 보증금의 반환의무를 지며, 두 채무는 동시이행의 관계에 있다. 임차인이 임대인에 대하여 동시이행의 항변권을 행사하여 반환을 거절하는 외에 제 3 자의 인도청구에 대하여 유치권을 행사할 수 있는가. 제 3 자가 임대인으로부터 소유권을 이전받은 양수인으로서 소유물반환청구권을 행사하는 경우에 거래의 안전과 관련하여 유치권의 인정여부가 문제된다. 협의설을 취하면 원칙적으로 임차인의 유치권은 부정되어야 한다고 본다. 판례도 이 경우 유치권을 부정한다(대법원 1976. 5. 11. 선고 75다1305 판결). 그러나 광의설을 주장하는 일부학자는 유치권을 인정한다.

◦ 상사유치권의 특칙 : 상인간의 상행위로 인한 채권에 관해서 채권자는 그 상행위로 인하여 점유하는 채무자소유의 물건이나 유가증권을 유치할 수 있다(상법 제58조 본문), 이 경우 채권과 물건 사이의 견련성은 요구되지 않는다. 상사유치권은 ① 채권자와 채무자가 모두 상인일 것, ② 채권이 상인간의 쌍방적 상행위로 인하여 발생했을 것, ③ 채권

과 물건 사이의 견련성은 요건이 아니라는 점, ④ 채무자소유의 물건·유가증권에 관해서만 유치권이 인정되고 제3자소유의 물건·유가증권에 관해서는 인정되지 않는다는 점 등 민사유치권과 다른 특색을 갖는다.

(4) 목적물의 점유

유치물의 점유는 유치권의 성립요건인 동시에 존속요건이다. 점유는 유치권의 공시방법이며, 특히 동산의 점유에는 공신력도 부여된다.

◎ 성립요건으로서의 점유 : 유치권을 취득하기 위하여는 채권자가 타인의 물건 또는 유가증권을 점유해야 한다(제320조 1항). 간접점유도 유치권의 성립요건을 충족시킬 수 있다. 채권자가 직접점유하지 않고 제3자에게 보관시키는 경우(임치)에도 유치권은 인정된다.

다만 그 직접점유자가 채무자인 경우에는 유치권의 요건으로서의 점유에 해당하지 않는다. 채무자가 직접점유하는 경우에는 유치의 효과가 생기지 않으며 유치권이 공시되지 않기 때문이다. 질권자가 설정자로 하여금 질물을 점유케 해서는 안 되는 것(제332조)과 같은 취지이다.

◎ 존속요건으로서의 점유 : 유치권자의 점유는 계속되어야 한다. 유치권자가 목적물의 점유를 잃으면 유치권도 소멸한다(제328조). 공사대금을 받기 위해 공장주변을 경비·수호하고 사람들의 출입을 막고 있는 경우에 유치권자의 점유계속을 인정한 판례가 있다(대법원 1996. 8. 23. 선고 95다8713 판결).

◎ 타인소유물의 점유 : 유치물의 소유자는 채무자 또는 제3자이다. 제3자의 물건이 유치권의 목적물이 된 경우에 그 제3자는 이해관계 있는 제3자로서 채무자를 대신하여 피담보채무를 변제하고 물건을 인도받을 수 있다.

◎ 적법한 점유취득 : 채권자의 점유가 불법행위에 기인한 것이 아니

어야 한다(제320조 2항). 채권자의 점유취득행위가 민법 제750조의 불법행위책임의 요건을 갖춘 경우에는 유치권이 발생하지 않는다. 예를 들어 권원 없이 타인의 물건을 사용하는 자가 그 물건에 관하여 필요비 또는 유익비를 지출한 경우에 그 비용상환청구권에 관하여 유치권을 갖지 않는다(대법원 1955. 10. 6. 선고 4288민상260 판결).

◎ 점유취득의 사유 : 채권과 물건의 점유 사이에는 견련성이 요구되지 않는다. 물건의 점유와 동시에 또는 점유중에 발생한 채권 이외에 점유 이전에 발생한 채권에 관하여도 유치권이 발생한다. 민법은 물건과 채권간의 견련성만을 요구하며, 점유취득과 채권간의 견련성은 요구하지 않는다.

◎ 유치권의 포기 : 유치권은 법정담보물권이지만 채권자의 이익을 보호하기 위하여 인정되므로, 채권자는 채권의 발생 전이나 발생 후에 그 이익을 포기할 수 있다.

3. 유치권의 효력

(1) 인도거절권

◎ 유치권능 : 유치권자는 채권의 변제를 받을 때까지 목적물을 유치할 수 있다(제320조 1항). 유치권자는 채무자 또는 제 3 자가 그 물건의 인도를 요구하는 경우에 이를 거절할 정당한 권능을 갖는다. 건물의 점유자가 건물에 관해 유치권을 갖더라도(건물의 원시취득자에 대한 관계에서) 그 건물의 존재와 점유가 토지소유자에게 불법행위가 되는 경우에 그 유치권으로 토지소유자에게 대항할 수 없다(대법원 1989. 2. 14. 선고 87다카3073 판결).

◎ 일시적 거절권 : 유치권자의 인도거절권은 영구적인 것이 아니라 일시적인 권능에 불과하다. 채무자나 제 3 자의 변제가 있으면 유치권

도 소멸하게 되므로 인도거절권을 행사할 수 없다.

◦ 소송상 효력 : 민사소송에서 물건의 소유자인 원고가 피고에게 물건의 인도를 청구하였으나 피고가 유치권을 이유로 인도를 거절하는 경우에, 법원은 피고에게 유치권의 피담보채무를 변제하는 것과 상환하여 물건을 인도할 것을 명하는 일부패소판결을 한다(대법원 1974. 6. 25. 선고 73다1642 판결).

(2) 목적물의 점유

◦ 점유할 권리 : 유치권자는 유치권에 기해 목적물을 점유할 수 있다. 유치권자의 점유는 유치권이라는 본권에 기한 것이다. 유치권자가 목적물을 점유하고 있는 동안은 점유권에 기한 물권적 청구권이 인정된다.

◦ 선관주의의무 : 유치권자는 선량한 관리자의 주의로 유치물을 점유하여야 한다(제324조 1항). 선량한 관리자의 주의란 그 법률관계에서 거래상 통상적으로 요구되는 정도의 주의를 말한다. 유치권자가 선관주의를 게을리하여 채무자나 소유자에게 손해를 입힌 경우에는 채무불이행이나 불법행위로 인한 손해배상의무를 진다.

(3) 사용 · 처분의 금지

유치권자는 채권담보를 위하여 목적물을 점유할 권리를 가질 뿐 원칙적으로 유치물의 사용 · 대여 또는 담보제공을 할 수 없다. 이에 위반한 때 채무자 또는 소유자는 유치권의 소멸을 청구할 수 있다(제324조 3항).

예외적으로 다음의 경우에는 유치권자가 목적물을 사용하거나 처분할 수 있다.

◦ 채무자의 승낙이 있는 경우 : 유치권자는 채무자의 승낙이 있는 때에

는 유치물의 사용·대여 또는 담보제공을 할 수 있다(제324조 2항 본문).

◦ 보존행위 : 유치권자는 선량한 관리자의 주의의무를 부담하므로 (제324조 1항) 유치물의 보존에 필요한 때에는 유치물을 사용해야 한다. 이 경우에도 유치물의 사용은 보존의 범위를 초과해서는 안 된다.

건물 또는 토지의 임차인이 그의 비용상환청구권에 관한 유치권을 행사함에 있어서 종전대로 거주 또는 토지의 사용을 계속하는 것은 보존행위에 해당한다. 이 경우 유치권자는 그 사용대가를 지급해야 한다.

건물의 점유자가 그 건물의 점유 중 그 건물에 지출한 비용을 상환받기 위하여 유치권을 행사하였을 경우에 계속 그 건물을 점유 사용하는 것이 불법행위가 되지는 아니하나 그 점유사용으로 인한 실질적 이익은 이로 인하여 건물소유자에게 손해가 있는 한 이를 상환해야 한다(대법원 1977. 1. 25. 선고 76다2096 판결).

(4) 과실수취권

유치권자는 유치물의 과실을 수취하여 다른 채권자보다 먼저 그 채권의 변제에 충당할 수 있다(제323조 1항 본문). 그러나 과실이 금전이 아닌 때에는 경매하여야 한다(제323조 1항 단서). 민법은 과실의 인도의무와 피담보채무를 상호 결제하도록 규정함으로써 법률관계를 간단히 처리한다.

◦ 과실수취권의 성질 : 유치권자는 수취한 과실에 대하여 우선변제권이 있는 유치권을 취득한다. 유치권은 본질상 수익을 목적으로 하는 권리가 아니므로 과실을 취득할 권리를 갖지 않는다.

◦ 우선변제의 순위 : 유치권자의 과실에 관한 우선변제권은 그 과실에 미치는 저당권이나 양도담보권에 우선한다. 다만 유치권자가 채무자의 승낙을 얻어 자기의 채권자에게 유치물을 담보로 제공하여 동산

질권을 설정한 경우에(제324조 2항 본문) 그 질권자는 유치권자보다 우선하여 과실의 경매대금으로부터 변제받는다.

◦ 환가방법 : 과실이 금전이 아닌 경우에 경매에 의함이 원칙이지만(제323조 1항 단서), 유치권의 간편한 실행을 위해 간이변제충당도 일정한 요건 아래 허용된다(제322조 2항의 유추적용).

◦ 변제충당의 순서 : 과실로서 취득한 금전 또는 그 경매대금(간이변제충당의 경우에는 평가금)은 먼저 채권의 이자에 충당하고, 나머지가 있는 때는 그것을 원본에 충당한다(제323조 2항). 그렇게 하고도 나머지가 있는 때에는 이것을 채무자에게 반환하여야 한다.

(5) 비용상환청구권

유치권자는 유치물에 관하여 지출한 비용의 상환청구권을 가진다(제325조).

◦ 필요비 : 유치권자가 유치물에 관하여 필요비를 지출한 때에는 소유자에게 그 상환을 청구할 수 있다(제325조 1항). 여기에는 건물의 소규모 수선, 조세의 부담 등이 포함된다.

◦ 유익비 : 유치권자가 유치물에 관하여 유익비를 지출한 때에는 그 가액의 증가가 현존한 경우에 한하여 소유자의 선택에 좇아 그 지출한 금액이나 증가액의 상환을 청구할 수 있다(제325조 2항 본문). 법원은 소유자의 청구에 의하여 상당한 기간을 허여할 수 있다.

(6) 경매권과 간이변제충당 등

유치권자는 채무자가 임의로 채무를 변제하지 않는 경우에 유치물을 환가하여 변제에 충당할 수 있다. 그 환가방법의 하나로서 유치물을 경매할 수 있다(제322조 1항)(이는 담보권실행경매에 해당함).

간이변제충당이란 유치권자가 유치물을 경매하지 않고 감정인의 평가에 의하여 유치물로 직접 변제에 충당할 것을 법원으로부터 허가 받는 경우를 말한다(제322조 1항). 간이변제충당의 요건은 다음과 같다.

◦ 정당한 이유가 있을 것 : 목적물의 성질상 유치권자가 취득하는 것이 적당한 경우, 유치물의 공정시세가 있어 경매에 의하지 않더라도 부당하지 않은 경우 등이 이에 해당한다.

◦ 감정인의 평가에 의할 것 : 평가의 내용은 유치물의 가치를 산정하는 것에 관한 것이다.

◦ 법원의 허가를 받을 것 : 간이변제충당은 법원에 청구하여 허가를 얻어야 한다. 유치권자는 간이변제충당의 취지와 평가내용을 법원에 알려야 한다.

◦ 채무자에게 통지할 것 : 유치권자는 법원에 청구하기 전에 미리 채무자에게 그 뜻을 통지해야 한다(제322조 2항 후문).

◦ 물건가격과 피담보채무액의 차액을 정산할 것 : 평가액이 채권액을 초과하는 때에는 유치권자가 그 차액을 채무자에게 지급해야 하는데, 이는 소유권취득의 조건이다. 법원이 간이변제충당의 실질적 요건을 심사하여 허가결정을 하면 유치권자는 유치물의 소유권을 취득한다. 이 소유권취득은 법률의 규정에 의한 물권의 취득이므로(제187조) 등기를 요하지 아니한다.

유치권자는 그 피담보채권의 만족을 위하여 유치물의 경매대금에서 다른 채권자보다 우선변제를 받을 권리는 없지만 사실상 우선변제 받는 결과로 된다.

◦ 유치권자는 경락인에 대하여 유치권을 행사함으로써 실질적인 최우선변제의 효과를 얻을 수 있다(인수주의). 유치권자는 경락인에 대하여 피담보채권의 변제가 있을 때까지 유치목적물인 부동산의 인도를 거절할 수 있을 뿐이고, 피담보채권의 변제를 청구할 수는 없다(대법원 1996. 8. 23. 선고 95다8713 판결). 경락인은 부동산상의 부담을 승계할 뿐 인

적 채무까지 인수하는 것은 아니다.

- 간이변제충당에 의해 우선변제의 효과를 받는다(제322조 2항).
- 과실수취권을 통해 우선변제받는다(제323조).

4. 유치권의 소멸

(1) 피담보채무의 소멸

유치권은 담보물권이므로 부종의 원칙에 따라 피담보채무의 소멸과 동시에 소멸한다. 피담보채무는 변제·대물변제·공탁·상계·소멸시효 등 채권소멸원인이 있는 경우에 소멸한다. 유치권의 행사는 채권의 소멸시효의 진행에 영향을 미치지 않는다(제326조). 유치권자는 소멸시효의 진행을 막기 위하여 채무자에게 이행청구 기타 소멸시효 중단행위를 해야 한다. 유치권이 소멸하면 종전의 유치권자는 채무자 또는 소유자에게 그 물건을 반환할 의무를 진다(유치적 효력의 상실).

(2) 채무자의 소멸청구

채무자의 소멸청구권은 채무자 또는 소유자가 유치권자에 대한 일방적 의사표시에 의하여 유치권을 소멸시키는 효과를 발생시킨다(형성권의 일종임).

- 의무위반 : 유치권자가 선관주의의무 또는 유치물의 사용·대여·담보제공금지에 위반한 경우에 채무자(또는 소유자)는 유치권의 소멸을 청구할 수 있다(제324조 3항).
- 타담보제공 : 채무자는 상당한 담보를 제공하고 유치권의 소멸을 청구할 수 있다(제327조). 소유자도 다른 담보를 제공하고 유치권의 소멸청구를 할 수 있다.
- 효과 : 채무자의 소멸청구가 있고 그 청구가 정당한 경우에 유치

권은 장래에 향하여 소멸한다. 유치권자가 그 전에 한 행위에는 영향을 미치지 않는다. 유치권자가 그 이전에 과실을 수취했으면 그것은 변제에 충당한 것으로 인정된다.

(3) 유치물의 점유상실 · 멸실

유치권자가 유치권의 점유를 상실한 경우에는 유치권도 소멸한다(제328조). 유치권자가 자진해서 채무자에게 물건을 반환한 경우가 그러하다. 채무자나 제 3 자가 유치물을 침탈한 경우에는 유치권자에게 점유권에 기한 점유물반환청구권(제204조)이 인정되므로, 이에 의해 점유를 회복할 수 있다. 물건이 멸실한 경우에는 그 물건 위에 존재하던 물권이 모두 소멸하게 되고, 따라서 유치권도 소멸한다.

◎ 甲 주식회사가 건물신축 공사대금 일부를 지급받지 못하자 건물을 점유하면서 유치권을 행사해 왔는데, 그 후 乙이 경매절차에서 건물 중 상가 부분을 매수하여 소유권이전등기를 마친 다음 甲 회사의 점유를 침탈하여 丙에게 임대한 사안에서, 甲 회사의 유치권은 점유상실로 소멸한 것이다(대법원 2012. 2. 9. 선고 2011다72189 판결).

사례연습 〈유 치 권〉

◎ 문 제 ◎

A는 자기의 토지(시가 2억원)에 건물을 짓도록 건축업자 B와 계약하고 착수금으로 5천만원을 지급하였다(총 공사비 4억원). 그 다음날 A는 건축자금을 마련하기 위해 C은행에 그 토지에 대한 저당권을 설정해 주고 1억원을 6개월간 대출받았다. B는 공사를 절반 정도 진척시켰으나 A가 착수금을 준 이후에는 중도금을 한 푼도 주지 않자 공사를 중단하고 있었다. C은행은 6개월 후 대출금과 이자가 전혀 회수되지 않자 A에 대한 1억원과 이자를 피담보채권으로 하여 그 부동산을 경매에 부쳤다. 그 부

동산을 구입하려는 C은행이 여러분에게 법률자문을 구했다면 어떻게 충고해 주겠는가?

해 답

1) 부동산유치권의 발생

건축업자 B는 A와의 건축계약에 대하여 약 2억원 상당의 공사를 진척시켰으나 착수금 5천만원밖에 받지 않았으므로 1억 5천만원의 채권을 갖고 있으며, 이 채권을 담보하기 위하여 그 토지 및 미완성건물을 점유하고 있다면 부동산유치권이 인정된다.

2) 경락인의 채무인수

경락인은 유치권자에게 그 유치권으로 담보하는 채권을 변제할 책임이 있다. C은행이 토지를 경락받는 경우에 B에 대하여 공사비 지급채무(1억 5천만원)를 변제할 책임이 있으며, B는 A 또는 C로부터 이 금액을 받을 때까지 부동산에 대한 점유를 계속하면서 그 인도를 거절할 권리가 있다(제320조 1항).

3) 저당권자의 지위

부동산의 시가가 2억원이고 경락인이 부동산유치권자 B에게 지급해야 할 금액이 1억 5천만원이므로, 그 부동산의 취득가치는 5천만원밖에 되지 않는 셈이다. C은행은 A에 대하여 1억원의 채권을 갖고 있으므로, 그 부동산의 경매로부터 5천만원을 변제받게 된다면, 잔여채권 5천만원은 일반채권으로 남게 된다(편의상 이자는 산입하지 않았음). 만약 부동산의 경매가액이 평상시의 시가에 훨씬 미달한다면 그 경락대금에서 우선변제받는 방법보다는 그 부동산의 소유권을 취득해 두었다가 그 부동산이 제 값을 받을 수 있을 때에 처분하는 편이 이득이 될 것이다.

B가 토지를 매수하여 C에게 건축대금을 변제하게 되면 부동산유치권이 소멸하고 미완성건물의 건축도 진행시켜 건물에 대한 소유권도 취득하게 될 것이다. 만약 그 편이 경제적으로 이득이 된다면 C가 그 토지를 경락받는 것을 권유하는 법률자문의견을 낼 수 있을 것이다.

27

질 권

1. 동산질권이란 무엇인가

동산질권(動産質權)이란 채권자가 피담보채권의 변제를 받기 위하여 동산을 담보물로서 점유하고, 그 담보물의 환가금으로부터 우선변제 받을 수 있는 권리를 말한다(제329조). 동산질권은 약정담보물권으로서 점유질의 성질을 갖는데, 이는 채권자가 담보물을 점유함으로써 물권을 공시하고 채무자에 변제압력을 가한다는 의미이다(유치적 효력). 또한 동산질권자는 담보물경매권과 우선변제권을 갖는다.

◦ 동산질권과 권리질권의 차이 : 동산질권과 권리질권은 명칭이 유사하지만, 양자에 공통된 규정이 없고 객체의 성질이 크게 다를 뿐 아니라 법률관계가 전혀 다르므로 이질성이 크다. 동산질권의 객체는 물건으로 설정자와 질권자 사이의 두 당사자 사이의 법률관계가 문제되지만, 권리질권에서는 그 객체가 채권 기타의 권리이며, 설정자와 질권자 이외에 제 3 채무자와의 법률관계가 문제된다.

◦ 동산질권과 저당권의 차이 : 동산질권과 저당권은 물건에 설정된 약정담보물권이라는 점에서 공통성을 갖는다. 양자 모두 담보권의 설

정계약과 공시방법의 구비(점유 · 등기)에 의해 성립한다. 양자 모두 부종의 원칙 등 담보물권의 기본원칙에 따르며, 경매권과 우선변제권이 인정된다. 그러나 양자는 다음의 점에서 차이를 보인다. ① 동산질권의 객체는 동산이고, 저당권의 객체는 부동산이다. ② 동산질권은 담보권자가 담보물을 점유할 권리를 가지는 점유담보에 속하지만, 저당권은 비점유담보에 속한다. ③ 동산질권에는 담보권실행방법으로 간이변제충당이 허용되지만(제339조 2항), 저당권의 실행방법으로는 경매만이 규정되어 있다. ④ 동산질권에는 유질계약이 금지되는 반면(제339조), 저당권에는 이러한 금지규정이 없다(제339조의 준용규정 없음. 제370조 참조).

2. 동산질권의 설정

(1) 당 사 자

◦ 질권자 : 질권자는 피담보채권의 채권자임이 원칙이나 기초계약의 당사자로서 장래 채권자가 될 가능성이 있는 자는 근질권자가 될 수 있다.

◦ 질권설정자 : 질권설정자는 목적물의 소유자이어야 함이 원칙이지만, 예외적으로 선의취득의 법리에 따라 무권리자로부터 질권을 선의취득할 수 있다. 동산소유권의 선의취득에 관한 제249조 내지 제251조가 동산질권에 준용되므로 일정한 요건을 갖춘 경우 ① 무권리자로부터 동산질권을 설정받을 수 있으며, ② 질권자 아닌 자로부터 질권을 양도받을 수 있다. 다만 피담보채권은 선의취득할 수 없다.

◦ 물상보증인 : 질권설정자는 피담보채무의 채무자인 경우가 보통이지만, 채무자 이외의 제 3 자(이를 물상보증인이라 함)인 경우도 종종 있다. 채무자가 아닌 자가 담보물을 제공한 경우에 그를 가리켜 물상보증인이라고 한다. 물상보증인은 피담보채무를 부담하지 않으므로 이

행을 청구당하지 않고, 채권자가 담보물로부터 만족을 얻지 못해도 잔여채무의 변제의무가 없다. 동산질권이 실행되면 물상보증인은 담보물에 대한 소유권을 상실한다.

(2) 목 적 물

◦ 동산 : 동산질권의 목적물은 동산에 한한다. 자동차 · 중기 · 항공기 · 선박은 등기 · 등록되는 물건으로서 저당권의 객체가 되고, 질권의 객체로는 되지 않는다.

◦ 특정 · 현존 : 질권의 객체는 현존하는 특정한 물건이라야 한다. 특정한 물건이라야 배타적인 지배가 가능하기 때문이다. 특정되지 않은 종류물(예: 창고에 있는 쌀 한 가마)에 대하여는 원칙적으로 질권이 설정될 수 없다. 다만 특정되지 않는 종류물(양식장의 뱀장어)이라도 일정한 범위를 한정하여 '유동질권' 또는 '유동양도담보권'을 설정할 수 있다.

◦ 양도성 · 환가가능성 : 질권은 양도할 수 없는 물건을 목적으로 하지 못한다(제331조). 질권의 효력은 목적물을 경매하여 그 경매대금으로부터 우선변제받는 것에 중점이 있기 때문에 목적물의 환가가능성이 요구되는데, 법률에 의해 양도가 금지된 물건(예: 국보 · 훈장 · 음란영화) 또는 물건의 성질상 양도가 불가능한 물건은 질권의 목적물이 될 수 없다.

◦ 유동질권 : 특정한 창고(또는 점포)의 물건 전부에 대하여 질권을 설정하되 설정자가 그 물건을 수시로 반출 · 반입하는 것을 허용하는 경우에 그 증감변동하는 물건의 집합에 대한 관습법상의 질권을 유동질권(流動質權)이라고 한다. ① 유동질권이 성립하려면 질권자가 그 창고의 물건을 사실상 지배할 것을 성립요건으로 한다. ② 유동질권을 실행할 때에 그 시점에 창고에 있는 물건으로 목적물이 특정되어 이때부터 반출이 금지되며 질권자는 그 환가대금으로부터 우선변

제받는다.

(3) 질권설정계약과 피담보채권

◦ 기초계약 : 기초계약이란 피담보채권을 발생시키는 계약을 말하며 소비대차가 대부분이다. 그 외 차임청구권, 손해배상청구권 등에 관해 준소비대차 약정(제605조)을 체결하여 이를 소비대차로 전환하고 담보물권을 설정하기도 한다.

◦ 근질권 : 계속적 신용계약에서 발생하는 장래의 채권을 담보하기 위하여 질권을 설정하는 경우에 이를 근질권(根質權)이라고 한다. 민법은 근저당권은 명문으로 규정하면서(제357조) 근질권은 규정하지 않지만, 관습법에 따라 근질권이 인정된다.

근질이 성립하려면 ① 계속적 신용계약의 체결, ② 담보설정계약의 존재, ③ 담보목적물의 인도가 요구되며, 최고액 약정은 요건이 아니다. 다만 근질이 실행되려면 피담보채권액이 확정되어야 하며 질권자는 그에 대해서만 우선변제권을 갖는다.

◦ 질권설정계약 : 질권은 당사자의 담보설정계약에 의해 성립되는데, 이 담보설정계약은 담보물권에 관한 부종의 원칙으로 인해 기초계약(소비대차 혹은 준소비대차)에의 종속성을 가진다.

(4) 담보물의 인도

◦ 성립요건으로서의 인도 : 질권설정에 있어서는 네 가지 인도방법 중 점유개정이 금지된다(제332조). 질권자는 현실인도·간이인도의 경우에는 직접점유를, 목적물반환청구권의 양도의 경우에는 간접점유를 취득한다. 민법 제330조가 질권설정에 목적물의 인도를 요건으로 하는 것을 가리켜 동산질권의 설정계약이 요물계약의 성격을 갖는다고 표현하는 것(제330조)은 정확치 않다. 물건이 인도되어야 질권이 발생하

는 것은 담보제공계약 자체가 요물계약이어서 생기는 효과는 아니고, 대세적 효력을 갖는 제한물권으로 되기 위한 요건일 뿐이다. 설정자가 점유보조자가 되는 것은 무방하다(반대설 있음).

◎ 존속요건으로서의 점유 : 질권의 성립 이후 질권자가 질물의 직접 점유를 설정자에게 넘겨준 경우에, 양도담보권의 인정 여부는 별론으로 하고 질권으로서는 더 이상 존속할 수 없다. 민법 제332조의 취지가 유치적 효력의 확보에 있으므로 질물반환은 질권의 특질을 깨뜨리기 때문이다. 질권자가 담보권소멸의 의사 없이 질물을 반환한 경우에 담보권이 완전히 소멸하는 것은 부당하며, 양도담보로 전환된다고 해석된다.

(5) 임대인의 법정질권

민법상 토지임대인(제648조), 또는 건물임대인(제650조)에게 일정 요건 아래 법정질권이 인정된다. 그 특징은 질권자가 임대인이라는 점, 목적물은 임차인 소유의 임대목적물에 부속된 물건에 한정된다는 점, 압류를 요건으로 한다는 점, 임차인이 임대인에 인도할 필요는 없다는 점 등이다.

3. 동산질권의 효력

(1) 유치적 효력

질권자가 갖는 유치적 효력이란 피담보채권의 변제를 받을 때까지 질물을 유치할 수 있는 권능을 말한다(제335조 본문). 유치할 수 있다고 함은 목적물을 점유하여 인도를 거절할 수 있다는 의미인데, 이는 채무자에 대해 변제의 압력을 가하는 역할을 한다.

◎ 점유할 권리 : 질권자는 질권을 기초로 목적물을 점유할 수 있다.

유치권자의 점유에 관련한 권리의무의 규정이 준용된다(제343조). 그 결과 ① 질권자는 선량한 관리자의 주의의무로 질물을 점유해야 하며, 위반시에 채무자는 질권소멸을 청구할 수 있다(제324조 1항 · 3항의 준용). ② 질권자는 질물의 과실을 수취하여 다른 채권자보다 먼저 그 채권의 변제에 충당할 수 있다(제323조 준용). ③ 질물의 보존에 필요한 사용이 아닌 한 채무자의 승낙 없이 질물의 사용 · 대여 · 담보제공을 하지 못하며(제324조 2항의 준용) 이에 위반한 때 채무자는 질권소멸을 청구할 수 있다. ④ 질권자는 질물에 관해 지출한 필요비 · 유익비의 상환을 청구할 수 있다(제325조 준용).

◦ 인도거절권 : 질권자는 채무자 또는 제3자가 그 물건의 인도를 요구하는 경우에 이를 거절할 정당한 권능을 갖는다. 이는 영구적인 것이 아니라 일시적 거절권에 불과하며 채무자나 제3자의 변제가 있으면 질권도 소멸하므로 이 인도거절권을 행사할 수 없다. 그러나 질권자는 자기보다 우선변제권이 있는 채권자에게 질권의 유치적 효력을 갖고 대항하지 못한다(제335조 단서). 또한, 질권자는 유치권자와는 달리 경락인에 대하여 질권에 기한 인도거절권을 행사할 수 없다고 해석된다(반대설 있음).

◦ 채무변제와 질물반환 : 채무자 또는 물상보증인이 피담보채무를 변제하는 경우에 그는 질권자의 질물반환과 동시이행으로서 자기채무를 변제할 것을 주장할 수 있는가에 관해서는 학설이 대립한다. ① 선이행설 : 질물의 반환은 채무변제와 동시이행관계에 있는 것이 아니라 변제가 있은 후 비로소 질물의 반환청구권이 생긴다는 견해이다. ② 동시이행설 : 당사자 의사에 비추어 채무자가 질권자에게 동시이행을 주장하는 것이 허용되어야 한다는 견해이다(제536조의 유추적용). 사견으로는 동시이행설을 취한다.

(2) 우선변제적 효력

◦ 우선변제권 : 동산질권자는 질물로부터 다른 채권자보다 먼저 자기 채권의 우선변제를 받을 권리가 있다(제329조). 질권자의 우선변제권은 그 질권보다 우선권이 있는 채권자가 있을 때에는 제한된다. 질권자에 우선하는 채권자는 선순위의 질권자(제333조), 우선특권을 갖는 선박채권자, 질권자에 우선하는 조세채권자, 최종 3개월분의 임금채권 등이다. 다만 회사사용인의 우선변제권은 질권에 우선하지 못한다.

◦ 피담보채권의 이행지체 : 질권자는 채무자가 이행지체 등 채무불이행에 빠져서, 피담보채무가 금전의 손해배상채무로 변한 후에야(제394조) 질권을 실행할 수 있다. 목적물을 경매(또는 간이변제충당)하여 그 환가대금에 대한 우선변제권을 행사할 수 있다.

질권으로서 담보되는 피담보채권의 범위는 당사자간에 다른 약정이 없는 한 다음과 같다(제334조). ① 원본: 소비대차의 차용금 등, ② 이자: 약정이자 또는 법정이자, ③ 위약금: 당사자 간에 위약금약정이 있는 경우에 한함, ④ 질권실행의 비용: 경매비용 및 간이변제충당에서 감정비용 등, ⑤ 질물보존의 비용: 관리비, 수리비, 피담보채권의 시효중단을 위한 비용 등, ⑥ 채무불이행으로 인한 손해배상채권: 채무불이행으로 인한 손해배상채권으로서 대표적인 것은 지연이자(기간 제한 없음), ⑦ 질물의 하자로 인한 손해배상의 채권.

◦ 질권의 실행 : 질권자는 채권의 변제를 받기 위하여 질물을 경매할 수 있다(제338조 1항). 질물에는 주물 이외에 종물(부속물)이 포함된다(제100조). 질물이 멸실, 훼손 또는 공용징수된 경우에 그 손해배상금, 손실보상금, 대체급부에 대하여 압류함으로써 질권을 행사할 수 있다(제342조). 질권에는 물상대위성이 인정되기 때문이다. 경매는 민사집행법이 정하는 경매절차에 따라 경매신청 · 경매개시결정 · 경락허가결

정의 순서로 진행된다. 질권자는 그 경락대금으로부터 피담보채권액을 배당받고 잔액이 남는 때에는 질권설정자에게 반환한다. 다른 후순위채권자가 먼저 그 질물의 경매를 신청하거나 기타 환가절차를 밟은 경우에도 질권자는 그 환가금으로부터 우선변제를 받는다.

◦ 간이변제충당 : 질권자는 감정인의 평가에 의하여 질물로 직접변제에 충당할 것을 법원에 청구할 수 있다(제322조 2항, 제343조). 간이변제충당의 요건으로는 정당한 이유가 있을 것, 채권자에게 미리 통지할 것, 감정인의 평가를 거칠 것, 법원에 청구할 것 등이 요구된다.

◦ 일반재산으로부터의 변제 : 질권자는 채무자의 다른 재산에 관하여도 일반채권자로서의 권리를 행사할 수 있지만 다음과 같은 제한을 받는다. ① 원칙 : 질권자가 질물에 의해 변제받지 못한 부분의 채권에 한하여 채무자의 다른 재산으로부터 변제를 받을 수 있다(제340조 1항). 질권자가 질권을 실행하기 전에 채무자의 일반재산에 대하여 강제집행할 수 있는가에 관하여는 집행허용설과 집행불가설이 대립한다. 사견으로는 집행불가설을 취한다(제340조 1항 참조). ② 채권 전액의 배당참가가 허용되는 경우 : 질물보다 먼저 채무자의 다른 재산의 환가금을 배당하는 경우에 질권자는 채권 전액을 가지고 배당에 참가할 수 있다(제340조 2항 본문). 질권자가 먼저 실시되는 배당에 참가해야만 만족의 기회가 커지기 때문이다. ③ 배당금의 공탁 : 질권자가 채권 전액으로 배당참가한 경우에 다른 채권자는 질권자에게 그 배당금액의 공탁을 청구할 수 있다(제340조 단서). 다른 채권자의 청구가 있는 경우에 질권자는 그 배당금을 공탁해야 한다.

(3) 유질약정의 금지

◦ 유질약정 : 유질약정(流質約定 또는 유질계약)이란 피담보채무의 변제기 전에 합의함으로써 채무불이행시 질물의 소유권을 질권자에게 양

도하기로 하는 경우이며, 이러한 합의는 민법에 의해 금지된다(제339조 참조). 그 금지의 이유는 ① 양도담보에 대한 질권의 특성을 유지하기 위한 목적, ② 소액의 채무불이행으로 고가의 질물을 상실하는 것을 막아 채무자를 보호하려는 목적, ③ 약자보호를 관철하려는 목적(제607조, 제608조)에 있다.

◦ 제한적 유효 : 유질약정은 일부무효로 되고 질권자에게 청산금지급의무가 부과된다고 해석된다. 민법 제339조가 강행규정이긴 하지만 이에 위반하는 유질약정을 전부무효로 하는 것은 거래의 요청에 어긋나는 결과로 되기 때문이다. ① 유질약정은 청산하지 않겠다는 부분에 한해 일부무효로 되고, 채권자는 청산금을 지급함과 동시에 질물에 대한 소유권을 취득한다. ② 유질약정은 질권의 실행절차에 관한 약식집행의 합의로서 유효하다. ③ 유질약정의 일부무효는 질권설정계약의 효력에 영향을 미치지 않으므로 이에 관한 착오를 이유로 질권설정계약을 취소할 수 없다. ④ 유질약정의 유효를 조건으로 한 경우에도 조건 없는 법률행위로 인정된다.

◦ 유질약정이 허용되는 경우 : 다음과 같은 경우에는 유질약정이 금지되지 않는다. ① 청산금지급을 조건으로 하는 유질약정, ② 변제기도래 후의 양도계약, ③ 상행위로 인한 채권을 담보하기 위한 질권(상사질권).

(4) 물상대위

질권은 질물의 멸실 · 훼손 또는 공용징수로 인하여 질권설정자가 받은 금전 기타 물건에 대하여도 이를 행사할 수 있다. 이 경우에는 그 지급 또는 인도 전에 압류하여야 한다(제342조). 질권자는 질권설정자가 취득할 대상(물건, 금전, 채권 등)에 대하여 우선변제권 또는 직접청구권을 갖는다.

4. 전 질

(1) 개 념

질권자가 질물 위에 다시 질권을 설정한 경우 이를 가리켜 전질(轉質)이라고 하며, 이러한 담보권을 전질권이라고 한다. 전질은 질권자의 책임하에 행해지는 것이 원칙인데, 이를 특히 책임전질이라고 한다(제336조).

◦ 채권·질권 공동입질 : 전질은 원질권의 피담보채권과 이에 대한 질권을 공동으로 입질하는 것이라고 이해된다. 전질은 권리질권과 동산질권의 성질을 함께 가지므로, 전질의 대항요건으로서 채무자에 대한 통지·승낙과 성립요건으로서 질물의 인도가 요구된다.

◦ 전질의 자유 : 질권자는 자신의 권리에 대한 처분의 자유를 가지므로 자신의 질권을 양도하거나 입질할 수 있음은 당연하다. 민법은 명문으로 이를 인정하면서 특히 그 권리의 범위 내에서 자기의 책임으로 전질할 것을 요구하고 있다. 질권자가 전질권을 설정함에 있어서는 부종성과 수반성을 존중할 것이 요구된다.

(2) 전질의 요건

◦ 전질권설정계약 : 전질권설정계약의 당사자는 원질권자와 전질권자로서 이 계약으로 발생하는 담보권이 전질권이라는 점이 명확히 합의되어야 하며, 만약 상대방이 질권자를 소유자로 오인하고(선의) 과실 없이 평온·공연하게 질권을 취득하는 것으로 인식하였다면 전질권 아닌 (단순한) 질권을 선의취득(제249조, 제343조)하는 경우가 생길 수 있다.

◦ 질물의 인도 : 전질권자가 질물을 인도받아 점유할 것. 전질권자는 원질권자 또는 질권설정자에게 질물을 점유하게 해서는 안 된다(제330조, 제332조).

◎ 피담보채권 : 전질권은 원질권의 범위 내에서 설정될 수 있다(제336조 전문 참조). ① 전질권의 피담보채권액은 원질권의 채권액과 같거나 또는 적어야 한다. 원질권의 채권액을 초과하는 경우에(초과전질) 그 초과액은 전질권의 피담보채권이 되지 못한다(담보없는 일반채권이 됨). ② 전질권의 피담보채권의 변제기는 원질권의 채권의 변제기와 같거나 빨라야 한다.

◎ 채무자에의 통지 또는 승낙 : 질권자가 채무자에게 전질의 사실을 통지하거나 채무자가 이를 승낙함이 아니면 전질로서 채무자, 보증인, 질권설정자 및 그 승계인에게 대항하지 못한다(제337조 1항). 원질권자와 전질권자 사이에 전질설정계약을 체결하고 질물도 인도하였으나 채무자에게 통지 또는 승낙을 하지 않은 경우에, 그 대항요건을 갖추지 못한 전질권은 원질권자(전질권설정자)와 전질권자 사이의 상대적 효력을 가질 뿐이므로, 질권설정자는 원질권자에게 자신의 채무를 변제하고 질권을 소멸시킬 수 있으며, 전질권자에게 질물의 반환을 청구할 수 있다(제213조). 이때 전질권자는 자신의 전질권을 주장하여 이를 거절할 수 없다. 또한 전질권자는 자신의 전질권에 기해 경매권과 우선변제권을 갖지 않으며, 다만 원질권자의 권리를 대위행사할 수 있을 뿐이다(제404조).

(3) 전질권자의 변제수령

◎ 원질권자로부터의 변제수령 : 전질권자는 자기의 채무자인 원질권자로부터 피담보채권의 변제를 수령할 권한을 갖는다. 이를 수령하면 전질권은 피담보채권의 소멸로 인하여 함께 소멸한다. 전질권자는 변제의 수령과 동시에 질물을 원질권자에게 반환해야 하며, 이후에는 원질권자의 질권만이 존속하게 된다.

◎ 질권설정자로부터의 변제수령 : 전질권자는 채권질권자와 같은

지위에서 원질권자의 피담보채권을 직접 청구하고 급부목적물을 수령할 수 있다. ① 전질권자는 자기채권의 한도에서 원질권자의 채권을 직접 청구할 수 있다(제353조 1항 · 2항 유추적용). ② 전질권자는 이를 자기채권의 만족을 위해 직접 충당할 수 있다. 다만 원질권과 전질권의 피담보채권이 모두 금전채권이며, 전질권의 피담보채권의 변제기가 도래했어야 한다. ③ 원질권의 피담보채권의 변제기가 먼저 도래했으면, 전질권자는 변제금액의 공탁을 청구할 수 있고 이때 전질권은 그 공탁금 위에 존재한다(제353조 3항의 유추적용). ④ 질권설정자가 원질권자에게 피담보채무를 변제한 경우에는, 만약 전질권설정의 대항요건을 갖춘 경우이면 질권설정자의 변제는 변제로서의 효력을 갖지 않으나, 대항요건을 갖추지 않은 경우라면 그 변제는 유효하고 만약 전질권자가 자신에게 직접 변제할 것을 청구한다면 질권설정자는 원질권의 소멸로 항변할 수 있다. ⑤ 전질권자는 민사집행법이 정한 집행방법에 의해 전질권을 실행할 수 있다(제354조 유추적용).

◦ 전질권자의 인도거절권 : 전질권자는 질물을 점유하여 변제받을 때까지 인도를 거절할 수 있다. 원질권설정자에 대항할 수 있는지 여부는 대항 요건의 구비 여부에 달려 있다(전술).

(4) 전질권의 실행

◦ 경매권 및 간이변제충당권 : 전질권자는 질물에 대한 경매권 및 간이변제충당권을 갖는다(제322조, 제342조). 전질권을 실행하기 위한 요건으로서 전질권의 피담보채무가 채무불이행에 빠져 있을 뿐 아니라 원질권의 채무도 채무불이행에 빠져 있을 것, 그리고 전질권의 채무의 변제기가 도래해 있을 뿐 아니라 원질권의 채무변제기도 도래해 있을 것이 요구된다.

◦ 우선변제권 : 전질권자는 질물의 환가금으로부터 원질권자에 우

선하는 우선변제권을 갖는다. 질물의 환가금으로부터 변제받는 순서는 먼저 전질권자가 피담보채권 전부에 관하여 변제받고, 다음으로 원질권자가 자기피담보채권에서 전질권자의 피담보채권을 뺀 잔액을 변제받고, 그리고도 남는 돈이 있으면 일반채권자 또는 질권설정자에게 배당된다.

(5) 원질권자의 의무와 책임

◦ 권리처분의 제한 : 원질권자가 전질을 한 후에는 임의로 그 질권을 소멸시키지 못한다. 원질권자가 질권설정자에게 채무면제 또는 질권포기의 의사표시를 함으로써 질권을 소멸시키거나 기타 전질권자의 이익을 해하는 변경을 할 수 없다(제352조의 유추적용).

◦ 원질권자의 책임가중 : 원질권자는 전질을 하지 아니하였으면 면할 수 있는 불가항력으로 인한 손해에 대하여도 책임을 진다(제336조 단서).

쟁점정리 : 승낙전질의 인정여부

승낙전질이란 질권자가 자기의 채무를 담보하기 위하여 질물소유자 등의 승낙을 얻어 질물 위에 설정한, 질권자 자신의 질권보다 우선하는 전질권을 말한다. 민법 제336조가 명문으로 인정하는 책임전질 이외에 별도로 이를 인정할 것인지에 관하여는 견해가 대립된다.

• 인정설 : 민법의 해석상 책임전질 이외에 별개의 유형으로서 승낙전질이 인정된다는 견해이다. 요건에 있어서는 ① 책임전질과 달리 질물소유자의 승낙을 성립요건으로 하며, 통지 또는 승낙이라는 대항요건은 문제되지 않는다는 점 ② 피담보채권의 범위 내이어야 한다는 제한을 받지 않는다는 점이 특징이라고 한다. 그리고 효과에 있어서는 ③ 불가항력으로 인한 손해에 대한 배상의무가 없고, ④ 승낙전질은 원질권과 무관하므로 질권설정자는 원질권자에게 자신의 채무를 변제

하여 원질권을 소멸시킬 수 있으며, ⑤ 원질권의 소멸은 전질권에 영향을 미치지 않으므로 전질권자는 원질권의 소멸에도 불구하고 계속 질물을 유치할 수 있으며, ⑥ 다만 전질권자가 질권설정자의 질권자에 대한 변제에 동의한 때에는 질권설정자에게 질물을 반환하여야 한다.

• 부정설 : 민법의 해석상 승낙전질을 인정해서는 안 된다는 견해가 있다(사견). ① 채무자가 피담보채무를 변제하고 질물을 반환받는 것은 당연한 권리임에 불구하고 승낙전질을 인정하는 것은 채무자 및 물상보증인의 이익을 부당하게 침해하며, ② 전질권설정에 대해 채무자(원질권설정자)가 승낙한 경우, 이를 승낙전질로 보아 질권자를 면책시킬 것이 아니라 대항요건을 갖춘 책임전질로 파악하는 것이 당사자의 의사에도 부합하고 결과적으로도 타당하다고 생각한다.

사례연습 〈전질의 효력〉

◎ 문 제 ◎

A는 B로부터 300만원을 빌리면서 시가 500만원 상당의 황금열쇠를 담보로 맡겼다. 그 후 B가 돈이 필요하게 되자 C로부터 200만원을 빌리면서 A로부터 질물로 받은 것이라며 그 황금열쇠를 담보로서 C에게 인도하였다. B는 A에게 그 전질의 사실을 통지하였다. 이 경우 A B C의 법률관계는 어떠한가?

해 답

1) A가 그 통지를 깜박 잊고 B에게 300만원을 변제한 경우에 A는 그로 인한 질권의 소멸을 C에게 주장할 수 없고, 질물의 반환을 청구할 수 없다. C의 청구가 있으면 A는 C에게 200만원을 지급해야 한다. 200만원을 지급한 후에 C는 B에게 그 질물을 반환하고, A가 B에게 나머지 100만원을 변제한 후에 질물을 A에게 반환한다.

2) A가 C에게 300만원을 변제한 경우에 200만원은 정당한 변제가 되지만, 100만원은 B에게 변제해야 할 것으로서 비채변제가 되어 C에

게 부당이득반환청구를 할 수 있다. A는 B에게 100만원을 변제해야 한다.

3) 채무의 변제기가 도래했으나 A도 B도 C에게 변제하지 않은 경우에 C는 경매 또는 간이변제충당에 의하여 질물을 환가할 수 있다. 환가금 500만원에서 비용 50만원, 1번으로 C가 200만원, 2번으로 B가 100만원, 그 밖에 압류한 채권자가 없으면 A가 150만원을 가져가게 된다.

---

5. 권리질권

(1) 권리질권의 의의

물권 이외의 재산권을 객체로 하는 담보물권을 권리질권(權利質權)이라고 한다(제345조 본문). 권리질권 중 대표적인 것은 채권질권이다. 권리질권도 피담보채권의 만족을 확보하기 위하여 설정된다는 점에서 다른 담보물권과 본질적으로는 같지만, ① 변제기 전의 직접청구권이 인정된다는 점(제353조 1항 · 3항 참조), ② 객체를 환가하지 않고 직접 만족을 얻을 수 있다는 점 등에서 다른 담보물권과 크게 다르다. 담보물권은 목적물의 교환가치를 파악하는 제도이므로 담보권자가 목적물 자체로부터 만족을 얻는 것은 원칙적으로 금지되지만, 권리질권의 대표적인 실행방법은 제 3 자에 대한 직접청구 및 수령이다.

(2) 입질(入質)가능한 권리

권리질권의 객체는 양도성을 가지는 재산권으로서, 채권 · 주식 · 무체재산권이 있으며 그 중 민법이 규율하는 것은 채권질권이다. 권리질권의 객체로 되는 권리는 보통 채권, 주식 및 무체재산권이다. 그 밖에 임대차보증금의 반환청구권에 대한 권리질권의 설정도 가능하다. 주식에 대한 질권은 상법에서 규정하고, 무체재산권에 대한 질권은 각각의 무체재산권에 관한 특별법에서 규율한다.

(3) 입질불가의 권리

다음의 권리는 권리질권의 객체가 되지 못한다.

◦ 소유권 : 동산 또는 부동산의 소유자는 그 물건을 동산질권 · 저당권 · 양도담보 · 가등기담보 등에 의해 입질하므로 권리질권의 객체가 아니다.

◦ 부동산용익권 : 지상권 · 전세권 · 부동산임차권 등 부동산의 사용 · 수익을 목적으로 하는 권리는 질권의 목적으로 할 수 없다(제345조 단서).

◦ 일신전속권 : 담보물권은 객체의 환가가능성을 전제로 하므로 성질상(특정인의 교습, 창작을 내용으로 하는 채권), 법률상(근로자의 재해보상청구권) 양도가 금지되는 채권은 객체로 할 수 없다. 법률이 직접 담보제공을 금하고 있는 경우(연금)도 있다.

◦ 추상적 권리 : 헌법상의 기본권 등은 그 자체로서 재산적 가치를 갖지 않으므로 담보물권의 객체가 될 수 없고, 그 침해로 인한 손해배상청구권은 담보권의 객체로 할 수 있다.

◦ 가족법상의 권리 : 가족법상의 권리는 재산적 가치를 갖는다 해도 담보권의 객체가 될 수 없다(예: 부양청구권, 제979조). 그러나 이미 권리의 구체적 내용이 확정된 것이면 담보권의 객체로 삼을 수 있다(예: 지급액이 확정된 위자료청구권).

◦ 양도금지약정 있는 채권 : 채권은 양도성을 가지는 것이 원칙이지만(제449조 1항), 당사자의 약정에 의해 양도가 금지되는 경우에는 처분행위에 속하는 채권질권설정도 금지된다. 양도금지약정은 선의의 제3자에게 대항할 수 없다(제449조 2항 단서). 따라서 양도금지약정이 붙은 사실을 모르고 채권에 대해 채권질권을 설정받은 자는 그 채권질권을

취득한다.

6. 채권질권

(1) 채권에 대한 권리질권

채권에 대하여 설정된 권리질권을 채권질권이라 하며, 이는 권리질권의 가장 흔한 모습이다. 채권은 물권과 더불어 대표적인 재산권으로서 양도성을 가짐이 원칙이므로(제449조) 입질에 적합한 권리이다. 채권의 처분행위에는 채권질권과 채권양도가 있는데 양자 사이에는 다음과 같은 차이가 있다. 채권양도는 채권에 관한 확정적인 처분행위인 반면에, 채권질권은 그 채권에 대해 담보권을 설정하는 것으로서 피담보채무의 이행지체에 대비한 불확정적인 처분행위이다. 민법은 "권리질권의 설정은 법률에 다른 규정이 없으면 그 권리의 양도에 관한 방법에 의하여만 한다"고 규정하지만(제346조), 이는 방식의 동일성을 의미할 뿐, 채권질권 설정을 위한 담보약정과 채권양도에서의 권리이전의 합의는 엄연히 구별한다. 채권질권과 채권양도에서는 각각 통지의 내용이 다르다. 지명채권의 입질에 필요한 것은 '입질한다는 사실'의 통지 혹은 승낙이며, 지시채권의 입질에 필요한 것은 '입질한다는 것'을 기재하고 서명 · 날인하는 것이다.

(2) 채권질권의 설정

◦ 설정계약 : 채권질권은 질권설정계약과 채권증서의 배서 · 교부, 기타 채권양도와 같은 방법을 갖춤으로써 설정된다. 질권설정계약은 소비대차 등의 기초계약에 종속하는, 질권설정자와 질권자 사이의 담보설정계약이다.

◦ 채권증서의 교부 : 채권을 질권의 목적으로 하는 경우에 채권증서

(예금증서 · 보험증권 · 차용증서 등)가 있으면, 그 증서를 물권자에게 교부하여야 질권설정의 효력이 생긴다(제347조). 이는 동산질권설정의 요물성을 관철한 것으로서, 증서의 교부는 점유개정으로 할 수 없음이 원칙이나, 지명채권의 경우에는 설령 증서를 점유한다 해도 그 의미는 크지 않으므로, 증서가 있으면 점유개정 등 어느 방법도 무방하고 증서가 없으면 설정계약으로 족하다고 해석된다(반대설 있음).

◦ 채권증서의 점유상실 : 지명채권에 관해 질권설정계약이 체결된 후 질권자가 채권증서에 대한 점유를 상실하면 채권질권이 소멸하는지 논의된다. 증서를 반환하더라도 질권이 소멸하지 않는다는 견해(존속설)와 질권이 소멸한다는 견해(소멸설)가 대립하는데, 존속설이 타당하다고 생각한다.

(3) 공시방법

채권질권의 공시방법은 채권의 형태에 따라 다르다.

◦ 지명채권에 대한 질권은 지명채권의 채권자(질권설정자)가 채무자(제3채무자)에게 질권의 설정을 통지하거나 또는 그 채무자가 입질을 승낙함으로써 채무자 기타 제 3 자에게 대항할 수 있다(제349조 1항, 제450조 1항). 이 통지나 승낙은 확정일자 있는 증서에 의하지 아니하면 채무자 이외의 제 3 자에게 대항하지 못한다(제450조 2항). 채무자가 이의를 유보하지 아니하고 입질의 승낙을 한 때에는 그 채권자에게 대항할 수 있는 사유로 질권자에게 대항하지 못한다(제451조 1항 본문). 그러나 채무자가 채무를 소멸하게 하기 위하여 질권설정자에게 급여한 것이 있으면 이를 회수할 수 있고, 질권설정자에게 부담한 채무가 있으면 그 성립되지 아니함을 주장할 수 있다(제451조 1항 단서). 질권설정자가 질권설정통지만을 한 때에는 제 3 채무자는 그 통지를 받은 때까지 질권설정자에 대하여 생긴 사유로서 질권자에게 대항할 수 있다(제451조 2항).

◎ 지시채권에 대한 질권의 설정은 증서에 배서하여 질권자에게 교부하여야 효력이 생긴다(제350조, 제508조).

◎ 무기명채권의 입질은 증서를 질권자에게 교부함으로써 효력이 생긴다(제351조, 제523조 참조).

◎ 사채 : 기명사채는 지명채권의 일종이므로 지명채권에 준하여 취급한다. 기명사채의 입질은 당사자간의 질권설정에 관한 합의와 기명사채의 교부로써 효력이 생긴다(제346조, 제347조). 다만 상법의 규정에 따라 질권자의 성명과 주소를 사채원부에 기재하고 채권에 성명을 기재하지 않으면 이로써 회사 기타의 제 3 자에게 대항하지 못한다. 반면에 무기명사채는 무기명채권이므로, 그 입질은 채권을 질권자에게 교부함으로써 효력이 생긴다(제351조).

◎ 저당권으로 담보한 채권을 질권의 목적으로 한 때에는 그 저당권등기에 질권의 부기등기를 하여야 그 효력이 저당권에 미친다(제348조). 저당권으로 담보한 채권을 입질하는 방법은 두 가지로서, 저당권부채권을 입질하는 방법과 저당권으로 담보되지 않은 채 채권만을 입질하는 방법이다. 후자도 저당권의 수반의 원칙에 위반하지 않는다.

(4) 채권질권의 효력

채권질권은 제 3 채무자에의 직접청구·추심, 과실수취에 의한 우선변제, 민사집행법에 의한 집행의 세 가지 실행방법에 의하여 질권자에게 만족을 준다.

◎ 물적 효력범위 : 채권질권의 물적 효력범위는 입질채권의 원본·이자, 그 채권에 부착된 보증채권·담보물권이다. 다만, 담보물권에 대하여는 별도의 설정계약 및 공시방법을 갖추어야 한다. 물상대위의 원칙에 따라 입질채권에 갈음하는 금전 기타 물건에 대하여도 권리질권의 효력이 확장된다. 이 경우 압류를 요건으로 한다(제342조 단서).

질권의 목적이 된 채권이 금전채권인 때에는 질권자는 자기채권의 한도에서 질권의 목적이 된 채권을 직접 청구할 수 있고, 채권질권의 효력은 질권의 목적이 된 채권의 지연손해금 등과 같은 부대채권에도 미치므로 채권질권자는 질권의 목적이 된 채권과 그에 대한 지연손해금채권을 피담보채권의 범위에 속하는 자기채권액에 대한 부분에 한하여 직접 추심하여 자기채권의 변제에 충당할 수 있다(대법원 2005. 2. 25. 선고 2003다40668 판결).

◦ 채권증서의 유치 : 채권질권자는 교부받은 채권증서를 점유하고 피담보채권의 변제를 받을 때까지 이를 유치할 수 있다. 질권자는 채권증서를 점유할 권능을 가지며 질권설정자 등의 인도청구를 거절할 수 있다. 질권설정자 등은 피담보채무의 변제시에 이와 상환으로 채권증서의 반환을 청구할 수 있다. 채권증서의 유치는 질권설정의 증거의 역할을 하며, 유가증권의 경우 처분금지기능을 담당한다.

◦ 제 3 채무자에의 직접청구권 : 질권자는 질권의 목적인 채권을 직접청구할 수 있다(제353조 1항). 직접청구할 수 있다는 것은 질권자가 질권설정자의 대리인으로서가 아니라 '자기의 이름으로' 이행을 청구하고 추심할 권한을 갖는다는 것을 의미한다. 입질채권이 금전채권인 때에는 질권자는 자기채권의 한도에서 직접청구할 수 있다(제353조 2항).

◦ 변제기의 도래 : 입질채권의 변제기가 질권자의 채권의 변제기보다 먼저 도래한 경우에 질권자는 제 3 채무자에 대하여 그 변제금액의 공탁을 청구할 수 있다(제353조 3항 전문). 이 경우에 질권은 그 공탁금에 존재한다(제353조 3항 후문).

◦ 동산질권으로 전환 : 입질채권의 목적물이 물건인 경우에 질권자는 그 변제를 받은 물건에 대하여 질권을 행사할 수 있다. 따라서 질권자는 그 물건에 대해 유치적 효력(점유 및 인도거절권) · 경매권(또는 간이변제충당) · 우선변제권 등을 가진다. 다만 부동산의 경우에는 등기의 문

제가 남는다.

◎ 질권설정자의 권리처분제한 : 질권설정자는 질권자의 동의 없이 질권의 목적이 된 권리를 소멸케 하거나 질권자의 이익을 해하는 변경을 할 수 없다(제352조). ① 채권소멸행위 : 질권설정자와 제 3 채무자가 입질채권을 소멸시키는 행위를 하더라도 그 행위는 질권자에 대한 관계에서 효력이 없다. 채권을 소멸시키는 행위란 채권의 소멸원인이 되는 변제 · 대물변제 · 상계 · 경개 · 채무면제 등을 말한다(제460조~제506조). 공탁의 경우에는 질권의 효력이 공탁금에 미치며(제353조 3항 후문), 혼동의 경우에는 채권은 소멸하지 않는다(제507조 단서). ② 채권변경행위 : 제 3 채무자와 질권설정자가 질권자를 해하는 내용으로 입질채권을 변경하는 합의를 하더라도 그것은 질권자에 대한 관계에서는 효력이 없다. ③ 질권자의 동의 · 추인 : 질권자가 입질채권의 소멸 · 변경행위를 사전에 동의하거나 사후에 추인한 경우에 그 행위는 그 질권자에 대한 관계에서도 효력이 있다(제352조는 임의규정으로 해석됨).

◎ 과실수취권 : 질권자는 입질채권의 과실(이자 · 주식배당금 등)을 수취하여 다른 채권자보다 먼저 자기채권의 변제에 충당할 수 있다(제323조 1항, 제343조, 제355조).

◎ 민사집행법상 우선변제권 : 채권질권자는 직접청구에 의하지 않고 민사집행법에 정한 집행방법에 의하여서도 질권을 실행할 수 있다(제354조). 이 집행절차에서 채권질권자는 일반채권자보다 우선변제받으며, 수개의 채권질권이 경합하는 경우에는 설정의 선후에 따라 우선권의 순위가 정하여진다(제355조, 제333조).

◎ 유질약정 : 질권설정자는 채무변제기 전의 계약으로 질권자에게 변제에 갈음하여 입질채권을 양도할 것을 약정하지 못한다(제339조). 동산질권에 관한 유질(流質)계약의 금지규정이 권리질권에 준용되지만, 양자간에 이 금지규정의 내용은 조금 다르다. ① 입질채권이 금전채권

인 경우에 피담보채권액의 한도 내에서 변제에 갈음하여 입질채권을 질권자에게 이전할 것을 미리 약속하는 것은 유효하다. ② 입질채권이 금전채권으로서 피담보채권액보다 고액인 경우에 그 전부를 질권자에게 양도하기로 하는 계약은 그 초과부분에 한하여 일부무효이다. ③ 입질채권이 특정물채권 또는 종류채권인 경우에 유질약정은 동산질권의 경우와 마찬가지로 해석하여, 질권자는 청산금지급과 동시에 소유권을 취득한다고 본다.

사례연습 〈채권질권에서 제 3 채무자의 변제〉

◎ 문 제 ◎

A(제 3 채무자)에 대한 B(질권설정자)의 500만원의 채권(입질채권)에 대해 C(질권자)에게 피담보채권 300만원에 채권질권이 설정되었고, A는 B로부터 이 사실을 통지받았으나, 이에 개의치 않고 B에게 500만원을 변제하였다. A의 변제는 유효한가?

해 답

1) 대항요건의 충족여부

제 3 채무자의 질권설정자에 대한 변제는 질권자가 대항요건을 갖추었는가에 따라 그 효과가 달라진다. 질권자가 대항요건을 갖춘 경우에(제 3 채무자에게의 통지 또는 승낙), 제 3 채무자는 질권설정자에게 변제행위를 했더라도 그 변제로서 질권자에게 대항하지 못한다. 질권자의 청구가 있으면 제 3 채무자는 질권자에게 다시 변제해야 한다. 그 이중변제 후 제 3 채무자는 질권설정자에게 변제했던 것을 반환청구할 수 있다.

2) 변제의 효력

A가 B에게 500만원을 변제한 경우에 A와 B의 사이에서는 유효한 변제가 되어 채권이 소멸한 것으로 되지만, C에 대한 관계에서는 그 입질채권이 존속하는 것으로 취급된다. C가 A에게 300만원을 자기에게

지급할 것을 직접청구하는 경우에(제353조 1항) A는 이를 지급해야 한다. 그 후 A는 B에 대하여 300만원의 반환청구를 할 수 있다. 만약 B가 변제능력이 없는 상태라면 그 무자력위험을 A가 부담해야 한다.

28

저 당 권

1. 저당권이란 무엇인가

저당권자가 담보부동산을 점유하지 않고 그 환가금으로부터 피담보채권의 우선변제를 받을 수 있는 권리를 저당권이라고 한다(제356조). 저당권은 부동산에 설정되는 담보물권이다. 저당권의 설정에는 부동산의 공시방법인 등기를 해야 한다. 저당권의 등기를 하여야 담보물권으로서의 효력이 발생한다(제186조).

◦ 저당권은 비점유담보로서 부동산을 점유하거나 사용·수익할 권능을 포함하지 않는다. 저당권은 당사자의 계약에 의해 성립하는 것(약정담보물권)이 원칙이며, 법률의 규정에 의해 성립되는 법정저당권도 있다.

◦ 저당권은 담보부동산의 처분을 방해하지 않는다. 저당권설정자는 그 부동산을 매매하거나 임대차할 수 있다. 또한 제 1 저당권이 확보하고 남은 교환가치에 관하여 제 2 저당권, 제 3 저당권 등을 설정할 수 있다(예: 3억짜리 부동산에 제 1 저당권 1억, 제 2 저당권 7천만원, 제 3 저당권 5천만원 등). 저당권자는 피담보채권의 불이행시에 담보물을 경매하여 그 매각

대금으로부터 우선변제받을 수 있다.

◦ 저당권자는 그 저당권을 환가해서 자금을 마련하고 싶을 때에는 손쉽게 환가할 수 있어야 한다. 민법에 의하면 피담보채권의 양도와 함께 저당권의 이전등기를 하거나 저당권에 다시 저당권(전저당권)을 설정하는 방법이 있다.

◦ 부동산의 가치를 담보로 자산유동화증권, 주택저당증권, 주택저당채권 담보부증권 등이 발행될 수 있다. '자산유동화에 관한 법률'과 '주택저당채권유동화 회사법'은 부동산가치를 유동화하기 위해 부동산의 증권화를 도모한다.

2. 저당권의 설정

저당권이 설정되는 경우는 다음과 같다. ① 약정저당권은 저당권설정계약과 저당권등기에 의하여 성립한다(제186조). ② 부동산에 관한 공사의 수급인은 저당권설정청구권을 가지는데, 이의 행사에 의하여서 저당권이 성립한다(제666조). ③ 법률이 일정한 요건 하에 법정저당권을 성립시키는 경우도 있다(제649조).

(1) 저당권의 객체

민법은 부동산(정확히는 그 소유권) 및 부동산의 용익물권에 한하여 저당권의 설정을 허용한다. 그 밖에 등기부에 의한 공시가 가능한 물건에 대하여는 특별법에 의한 저당권설정이 가능하다.

◦ 토지 : 토지는 부동산의 한 종류로서 저당권의 객체가 된다. 1필의 토지의 일부를 분할하여 분할등기를 한 후에 그에 관하여 저당권을 설정할 수 있는 것은 물론이지만, 분할하지 않은 채로는 저당권을 설정할 수 없다. 저당권이 실행될 경우 그 토지 전부에 대한 경매가

행하여져 담보되지 않은 부분까지 매각되는 부당한 결과로 되기 때문이다.

◦ 건물 : 건물도 부동산의 한 종류로서 저당권의 객체가 된다. 건물의 일부는 그것이 구분소유권의 목적물로 인정되는 경우에 한하여 저당권의 목적물로 될 수 있다. 그 부속건물은 부동산등기법상 주된 건물과 함께 하나의 건물을 이루므로 그 부속건물만을 저당권의 객체로 할 경우에는 저당권등기를 할 때 분할등기도 해야 한다(부등법 제42조).

◦ 부동산의 공유지분 : 저당권은 부동산소유권의 지분에 대하여도 설정될 수 있다. 공유에서는 공유자가 각자 자기의 지분을 처분할 수 있으므로 저당권설정이 허용된다. 합유자는 조합원전원의 동의를 얻어야 지분을 처분할 수 있다(제273조 1항).

◦ 법인의 부동산 : 법인의 부동산에 대하여 저당권을 설정할 경우에, 이사회의 결의, 사원총회의 결의 등 그 법인의 정관에 따라 필요한 절차를 거쳐야 한다. 총유물인 경우 사원총회의 결의가 필요하다.

◦ 부동산용익물권 : 용익물권에 대하여도 저당권을 설정할 수 있다. 저당권의 규정은 지상권 또는 전세권을 저당권의 목적으로 한 경우에 준용한다(제371조 1항). 용익물권이 저당권의 객체가 된 경우에 그 저당권의 실행은 용익물권의 환가에 의할 것인데, 실제로 용익물권만의 가치가 그리 높지 않으며 또한 이를 환가하는 일도 매우 어렵다.

◦ 부동산담보물권 : 저당권이나 전세권과 같은 부동산에 대한 담보물권 위에 저당권을 설정하는 경우에, 저당권의 피담보채권과 전세권자의 전세금반환청구권에 대한 권리질권이 설정된 것과 같은 성격을 띤다.

그 밖에 동산, 물건의 집합체, 무체재산권 등 다양한 재산에 대해 저당권이 인정된다.

◦ 자동차·건설기계 : 자동차저당법과 건설기계저당법은 자동차저당권과 건설기계저당권의 설정을 인정한다. 이러한 저당권의 득실변경은 등록해야 한다.

◦ 선박·항공기 : 상법에 의해 등기된 선박에는 저당권이 설정될 수 있으며, 이에 관해서는 민법의 저당권규정이 준용된다. 항공기저당법에 의해 항공기저당권이 등록에 의해 설정된다.

◦ 공장재단 : 공장저당법은 공장에 속하는 토지 또는 건물에 대한 저당권의 설정을 규율하고, 공장재단의 구성 및 이 재단에 대한 저당권의 설정을 허용한다. 공장재단이란 공장에 속하는 기업용 재산으로 구성되는 일단의 기업재산을 말한다. 기업재산은 경제적으로 집합체로서 하나의 재산으로 평가되지만, 일물일권주의에 의하면 개개의 구성재산이 흩어져서 권리의 객체가 된다. 개개의 물건으로 흩어져서 평가될 경우 기업활동에 의해 형성한 기업재산으로서의 조직가치가 계산되지 않아 실제 거래가격보다 싼 가격으로 된다. 이는 법과 경제를 괴리시키는 결과를 가져오므로 부당하다. 공장재단제도는 이러한 거래실제를 고려하여 기업의 재산을 집합체로서 일괄양도 및 일괄담보를 할 수 있도록 한다.

◦ 광업재단 : 광업재단저당법은 광업재단의 구성과 이에 대한 저당권설정을 허용한다. 광업재단이란 광업권과 그 광업권에 기하여 광물을 채굴·취득하기 위한 설비 및 이에 부속하는 사업의 설비로 구성되는 일단의 기업재산을 말한다. 광업법은 광업권에 대한 저당권설정을 허용한다.

◦ 입목 : 입목법에 의해 입목을 토지와 분리하여 저당권의 목적으로 할 수 있다.

(2) 저당권설정계약

저당권설정계약은 저당권설정을 목적으로 하는 합의로서 담보제공약정의 일종이다. 당사자가 특정한 부동산에 특정한(또는 장래에 특정될) 피담보채권을 위하여 일정한 순위의 저당권을 설정한다는 데에 구두 혹은 서면으로 합의한다. 저당권은 피담보채권에 부종하므로 저당권설정계약도 그 소비대차 등 기초계약에 종속된 계약으로서 성립·존속한다.

저당권설정계약의 당사자는 저당권자와 저당권설정자이다. 이 계약당사자는 피담보채권의 채권자와 채무자인 경우가 보통이며, 경우에 따라서는 피담보채권의 채권자와 채무자의 물상보증인이 되기도 한다.

◎ 저당권자 : 저당권자는 피담보채권의 채권자임이 원칙이다. 저당권은 피담보채권에 부종하기 때문이다(대법원 1986. 1. 21. 선고 84다카681 판결). 부동산실명법은 진정한 권리자가 아닌 자를 저당권자로서 등기하는 것을 금지하여 저당권의 명의신탁을 막는다. 민법은 소유자저당을 인정하지 않으므로 소유자가 저당권자가 될 수 없다(혼동으로 소멸함이 원칙).

채권자와 채무자 및 제 3 자 사이에 제 3 자 명의의 저당권등기에 관한 합의가 있었고, 채권이 실질적으로 제 3 자에게 귀속된 경우에, 제 3 자 명의의 저당권등기는 유효하다(대법원 1995. 9. 26. 선고 94다33583 판결).

◎ 저당권설정자 : 저당권설정자는 반드시 피담보채권의 채무자일 필요는 없으며 제 3 자라도 무방하다. 다만 저당권설정자는 목적물의 처분권자여야 한다. ① 등기에 공신력이 인정되지 않으므로, 저당권설정자는 진정한 소유권을 가지고 있어야 하며, 등기부상 소유자로서 기재되어 있다는 것만으로는 부족하다. ② 소유자라도 법률에 의하여 처

분권이 제한된 경우(파산, 압류, 가압류, 처분금지 가처분)에는 유효하게 저당권을 설정할 수 없다. ③ 대리인이나 대표자가 설정행위를 하는 경우에는 그 저당권설정에 관하여 대리권이나 대표권을 가져야 한다.

◦ 물상보증인 : 채무자가 아닌 자가 담보물을 제공한 경우에 그를 가리켜 물상보증인이라고 한다. ① 채무와 책임의 분리 : 물상보증인은 피담보채무를 부담하지 않으므로 이행을 청구당하지 않고, 채권자가 담보물로부터 만족을 얻지 못해도 잔여채무의 변제의무가 없다. 물상보증인은 채무는 부담하지 않지만 그 채무로 인한 집행부담(책임이라고도 함)을 진다. ② 담보권실행 : 저당권이 실행되면 물상보증인은 담보물에 대한 소유권을 상실한다. ③ 제 3 자변제 : 물상보증인은 이해관계 있는 제 3 자이므로 채무자의 의사에 반하여서도 피담보채무를 변제할 수 있다(제469조 2항). ④ 구상권 : 물상보증인이 담보권의 실행으로 소유권을 상실당하는 손해를 입은 경우 혹은 피담보채무를 변제한 경우에는, 보증채무에 관한 규정에 따라 채무자에 대한 구상권을 행사할 수 있다(제341조, 제355조, 제370조). ⑤ 변제자대위 : 피담보채무를 변제한 물상보증인은 구상권 확보를 위해 채권자를 대위할 수 있다(제481조, 제482조). ⑥ 저당권이 설정된 부동산의 소유권을 취득하게 된 저당부동산의 제 3 취득자의 법적 지위는 물상보증인의 지위와 유사하다. ⑦ 물상보증과 연대보증의 중복이 일어난 경우 양자는 별개의 법률관계로 파악된다. 동일채권의 담보를 위하여 연대보증계약과 물상보증계약이 체결되었다 하더라도 연대보증계약과 물상보증계약은 엄연히 별개의 계약으로서 법률상 부종성이 없으므로, 물상보증계약이 해제되었더라도 특약이 없는 이상 연대보증계약도 그와 운명을 같이하여 동시에 해제된다고 볼 수 없다(대법원 1984. 12. 26. 선고 84다카1655 판결). 다만 변제로 인하여 소멸하는 경우에는 물상보증과 연대보증이 함께 소멸한다고 해석된다.

(3) 저당권설정등기

저당권설정계약은 물권변동을 목적으로 하는 법률행위이므로 등기하여야 효력이 발생한다(제186조).

◦ 필요적 등기사항은 채권액과 채무자이다. 근저당의 경우에는 근저당권설정계약이라는 뜻을 신청서에 기재해야 하며, 필요적 등기사항은 채권의 최고액과 채무자이다.

◦ 임의적 기재사항은 변제기의 약정, 이자 및 지급시기의 약정, 원본 또는 이자의 지급장소에 관한 약정, 채무불이행으로 인한 손해배상의 약정(연체이자·위약금 등), 저당권의 효력의 범위에 관한 약정(제358조 단서), 채권이 조건부인 때에는 그 조건의 내용 등이다. 이러한 약정내용이 등기부에 기재된 때에는 제 3 자에 대하여 대항력을 갖는다.

(4) 저당권등기의 유용

일단 설정되었던 저당권이 피담보채권의 변제로 소멸하였으나 말소등기를 하지 않고 있는 동안 같은 당사자 사이에서 새로운 피담보채권을 발생시키고 종전의 저당권등기를 계속 사용하는 경우를 저당권등기의 유용(流用)이라고 한다.

◦ 제한적 유효 : 저당권의 유용은 일정한 요건 하에 유효성이 인정된다(통설). 새로운 채권을 위해 저당권등기를 유용할 때까지 이해관계 있는 제 3 자가 나타나지 않으면 유효하다. 실체법상의 권리관계에 부합하지 않는 등기도 현재의 권리관계에 일치하게 되면 공시로서 유용할 수 있다는 입장이다. 만약 등기유용을 무효라고 한다면 그 흠이 전득자에게 미쳐 거래의 안전을 해치게 되어 부당하기 때문이다. 판례도 제한적 유효설을 취한다(대법원 1969. 3. 4. 선고 67다2910 판결).

◦ 이해관계인의 범위 : 저당등기의 유용이 제한적 유효라고 할 때에

특히 문제로 되는 것은 등기유용의 무효를 주장할 수 있는 이해관계인은 누구인가 하는 점이다. ① 광의설 : 이해관계 있는 제 3 자가 나타난 경우로 넓게 해석하는 견해가 있다. 이 견해에 의하면 그 등기가 무효임을 알고 거래한 선의의 제 3 자는 아직 권리보전의 등기가 없더라도 등기의 유용을 부정할 수 있다고 한다. ② 협의설 : 이해관계인을 '유용합의 전에 등기했을 것'의 요건을 갖춘 자로 좁게 해석함으로써 등기유용을 넓게 인정하는 견해이다. ③ 최협의설 : 거래의 합리성과 당사자간의 이익형평을 위하여 '구채권의 소멸과 유용합의 사이에 저당권의 소멸을 전제로 하여 물권을 취득한 자'로서 이해관계인을 좁게 해석한다는 견해이다(사견).

판례는 협의설에 따라 등기가 무효로 된 후 당사자의 유용합의 이전에 이미 등기상 이해관계 있는 제 3 자가 나타나 있을 것을 요건으로 한다(대법원 1963. 10. 10. 선고 63다538 판결).

사례연습 〈저당권등기의 유용〉

◎ 문 제 ◎

담보부동산의 소유자 A가 B로부터 3천만원을 빌리고 2월 1일자로 저당권설정등기를 해 주었다. 5월 1일에 A가 그 돈을 변제하였으나 B에게 저당권등기의 말소를 청구하지 않은 채 방치하였다. 8월 1일에 A가 다시 B로부터 2천만원을 빌리고 2월 1일자의 저당권설정등기를 이 채무를 위하여 그대로 사용하기로 합의하였다.

1) 이 경우 그 저당권은 유효하게 성립하는가?

2) 이 사례에서 A가 C에게 4월 1일에 2번저당권을 설정해 준 경우에는 어떻게 되는가?

3) 구채권의 소멸 후인 6월 1일에 C가 2번저당권자로서 저당권등기를 한 경우에는 어떻게 되는가?

4) 앞의 1)의 사례에서 A가 D에게 7월 1일에 부담 없는 소유권을 양도한 경우에는 어떻게 되는가?

해 답

1) 통설, 판례인 제한적 유효설에 의하면 2월 1일부터 5월 1일까지는 3천만원의 피담보채권과 저당권이 존속하다가 5월 1일부터 8월 1일 사이에는 채권과 저당권이 소멸하고, 8월 1일 이후에는 2천만원의 피담보채권과 저당권이 존속하게 된다.
2) 이해관계인의 범위에 관한 협의설(판례)에 의하면 5월 1일에 C는 A의 변제로 순위가 승진하여 1번저당권자가 된다. 이 경우, 8월 1일에 종전의 1번저당권이 2천만원의 범위에서 부활하여 다시 2번저당권으로 밀리게 된다면 A · B간의 등기유용합의가 C의 이익을 해치게 되어 부당하며, 따라서 1번저당권은 등기유용합의에도 불구하고 부활하지 않는다고 한다. 거래관행을 보면 이 경우 2번저당권자가 순위승진을 알지 못하고 1번저당권의 유용을 그대로 방임하는 경우가 많다. 또한 소유자가 장래 융자를 다시 받기 위해 일부러 1번저당권을 말소하지 않은 채 유보해 두는 경우가 많다. 이러한 경우까지 등기유용을 무효로 할 것인가는 의문이다(이 경우 제 3 자가 저당권의 소멸을 전제로 물권을 취득하였다고 할 수 없기 때문임). 최협의설은 거래현실에 맞추어 등기유용의 유효성을 인정한다(사견).
3) C가 B의 저당권소멸을 알고 1번저당권자로서 등기하였으나 등기부상 B의 저당권등기로 인해 2번저당권이 된 경우에 C는 1번저당권을 취득하고, A · B간의 유용합의는 무효이다. 협의설(판례)에 의하면 A · C 사이에 2번저당권으로서의 합의가 있는 경우에도 A · B의 유용합의는 무효이고, C는 1번저당권을 취득하게 된다. 그러나 최협의설은 A · C 사이에 2번저당권으로서의 합의가 있는 경우에는 A · B간의 유용합의는 유효하다고 본다(사견).
4) 7월 1일에 D는 저당권의 부담 없는 소유권을 취득하였다. 그런데 8월 1일의 등기유용합의로 저당권이 부활한다면 D는 저당부동산의 제 3 취득자의 지위로 전락하게 되어 예측하지 않은 손해를 입게 될

것이다. 결국 A・B의 등기유용합의에도 불구하고 저당권은 부활되지 않는다고 보아야 할 것이다. 대개 D의 소유권이전등기 전에 B의 저당권등기를 말소할 것을 조건으로 매매대금을 지급하므로 실제 이러한 경우는 드물다.

---

(5) 저당권등기의 불법말소

저당권설정등기가 유효하게 경료되었으나 그 저당권등기가 불법으로 말소되거나 또는 탈루된 경우에 저당권은 소멸하게 되는가, 아니면 저당권은 존속하며 저당권자가 말소된 등기의 회복등기를 청구할 수 있는가에 관해 학설이 대립한다.

◎ 회복부인설 : 등기는 부동산물권변동의 효력발생요건인 동시에 그 존속요건이기 때문에 등기가 불법으로 말소되더라도 등기의 부존재로 저당권도 소멸하여 회복등기를 할 수 없다는 견해이다. 이 견해는 같은 이유로 등기공무원이 고의・과실로 저당권등기를 유탈(또는 탈루라고도 함)한 경우에도 마찬가지로 다룬다.

◎ 회복인정설 : 등기가 원인 없이 말소된 경우에 물권이 소멸하지 않는다는 전제 아래 저당권의 말소회복등기를 인정한다(다수설). 등기에 공신력이 인정되지 않으므로 불법으로 말소된 등기를 신뢰하고 이해관계를 가진 제 3 자의 예측하지 못한 손해는 감수케 할 수밖에 없다고 한다.

◎ 절충설 : 등기의 불법말소로 저당권자와 저당권설정자 사이에서는 저당권이 존속하지만, 저당권이 없다고 믿고 행위한 등기된 이해관계인에 대하여는 그 저당권을 가지고 대항할 수 없다는 견해이다(사견).

판례는 제 3 자에 대한 관계에서 근저당등기의 회복을 부인하는 입장을 취하였다. 근저당권설정등기가 위법하게 말소되어 아직 회복등기를 경료하지 못한 연유로 그 부동산에 대한 경매절차에서 피담보채권액에 해당하는 금액을 전혀 배당받지 못한 근저당권자로서는 위 경매절차에서 실제로 배당받은 자에 대하여 부당이득반환청구로서 그 배당금의 한도 내에서 그 근저당권설정등기가 말소되지 아니하였더라면 배당받았을 금액의 지급을 구할 수 있을 뿐이고, 이미 소멸한 근저당권에 관한 말소등기의 회복등기를 위하여 현소유자를 상대로 그 승낙의 의사표시를 구할 수는 없다(대법원 1998. 10. 2. 선고 98다27197 판결).

사례연습 〈저당권등기의 불법말소〉

◎ 문 제 ◎

부동산소유자(A)가 저당권자(B)의 인감을 위조하여 저당권말소등기를 공동신청하는 절차를 밟아 말소된 경우를 생각해 보자. 그 후 C는 그 말소를 믿고 A로부터 부동산을 양수받아 소유권이전등기를 경료하였다. 그런데 C가 느닷없이 B로부터 저당권의 회복등기에 협력하라는 청구를 받았다면, C는 B의 청구에 응해 저당권등기를 회복하여 주고 스스로 저당부동산의 제 3 취득자의 지위에 서야 하는가?

해 답

이 문제는 저당권등기의 불법말소의 효과에 관하여 어떤 학설을 취하는가에 따라 결론이 달라진다. ① 회복부인설에 의하면 C는 이에 응할 의무가 없으며, 저당권의 부담 없는 소유권을 보유한다. ② 회복인정설에 의하면 C는 저당권회복등기에 협력해야 하며, 본래의 의도와는 달리 저당권의 부담 있는 소유권을 보유하게 된다. ③ 절충설에 의하면 C는 보호받는 이해관계인에 포함되므로 저당권의 부담 없는 소유권을 보유한다. 그 밖에 D가 말소를 믿고 A의 부동산에 저당권설정등기를 한 경우 그는 1번저당권자가 되는가 또는 2번저당권자가 되는가의 문제에서도 유사한 결론에 도달한다.

3. 저당권의 효력범위

(1) 피담보채권의 범위

(가) 저당권에 의해 담보되는 채권

부종의 원칙에 따라 저당권은 피담보채권을 전제조건으로 해서 성립하며, 저당권의 존속 및 소멸은 피담보채권과 운명을 같이한다(단, 근저당권에서는 완화됨).

◦ 발생 : 약정담보물권의 경우에 피담보채권은 소비대차, 준소비대차, 전세권설정계약, 임차권의 보증금계약 등 대차계약에 의해서 발생됨이 원칙이다. 피담보채권이 유효하게 성립·존속하기 위해서는 그 발생원인이 되는 대차계약이 유효하게 성립·존속하고 있어야 한다.

◦ 피담보채권의 종류 : 피담보채권은 대차계약에 의해 성립하므로 피담보채권의 종류는 대차계약에 적합한 금전채권 또는 종류채권에 한정된다. 특정물채무 또는 행위채무의 채무불이행에 대비하여 손해배상청구권에 대한 저당권을 설정할 수 있다.

종류채권의 경우에 저당권이 실행될 때에는 피담보채권이 금전으로 환가되어야 한다. 종류채권의 담보로서 저당권이 설정되고 그 피담보채권의 가액이 등기부상 표시되어 있을 경우에, 채권자는 제 3 자에 대한 관계에서는 등기된 그 가액의 한도에서만 저당권의 효력을 주장할 수 있다(대법원 1971. 3. 27. 선고 70다2982 판결).

◦ 여러 개의 채권 : 피담보채권은 여러 개의 채권이라도 무방하며, 경매시에는 민법 제477조의 법정변제충당의 순서에 따라 분배된다(대법원 1999. 8. 24. 선고 99다22281 판결). 채권자가 다른 경우에는 각 채권자가 피담보채권액의 비율로 저당권을 준공유하게 된다. 저당권을 실행하여 우선변제를 받기 위해서는 모든 채권자가 통일적으로 행동해야 한다. 담보권실행을 위한 경매에서 배당금이 동일담보권자가 가지는 수

개의 피담보채권의 전부를 소멸시키기에 부족한 경우, 채권자와 채무자 사이에 변제충당의 합의가 있었더라도 민법 제477조의 규정에 의한 법정변제충당의 방법에 따라 충당한다(대법원 1996. 5. 10. 선고 95다55504 판결).

(나) 피담보채권의 범위

저당권의 효력이 미치는 피담보채권의 범위는 저당권에 의해 우선변제받을 수 있는 채권액이다. 저당권은 원본, 이자, 위약금, 채무불이행으로 인한 손해배상 및 저당권의 실행비용을 담보한다(제360조 본문). 그러나 지연배상에 대하여는 원본의 이행기일을 경과한 후의 1년분에 한하여 저당권을 행사할 수 있다(제360조 단서).

◦ 원본 : 소비대차계약에 의해 대주가 차주에게 인도한 차용금이 원본에 해당한다. 차용금의 일부만을 저당권에 의해 담보하기로 하는 약정이 있는 경우에는 그 약정된 금액만이 피담보채권이 된다. 담보되는 원본의 금액은 반드시 등기해야 하며, 그 변제기와 지급장소에 관한 약정이 있으면 등기함으로써 대항력을 가지게 된다(부등법 제140조). 채권액이 공시된 금액보다 많을 경우에 채권자는 공시된 금액에 한해서 우선변제권을 가지며, 잔액에 대해서는 일반채권자와 같은 지위에 놓인다.

◦ 이자 : 소비대차계약이 이자부인 경우에는 그 이율·발생기·지급시기·지급장소에 관한 약정을 등기해야만 이자의 우선변제권을 갖는다(부등법 제140조). 여기에서 말하는 이자는 차용금의 인도부터 변제기까지의 것을 말하며, 변제기 이후의 것은 지연이자로서 기간의 제한이 있다.

◦ 위약금 : 위약금을 등기한 경우에는 우선변제권이 미친다. 위약금은 손해배상액의 예정으로 추정되므로(제398조 4항) 위약금을 청구하면서 별도로 손해배상액을 추가로 청구할 수 없다. 만약 위약금이 손해배상액의 예정이 아니라 손해배상에 추가하여 청구할 수 있는 위약벌

로서 약정되었다면 그 사실을 등기하여야 한다.

◦채무불이행에 대한 손해배상 및 지연배상 : 채무불이행에 대한 손해배상이란 채권자가 변제를 받지 못해 입은 이행이익의 손해액을 말한다. 종류채권에서는 실제 발생한 손해액이 상당인과관계의 범위 내에서 배상된다. 금전채권에서는 손해배상액은 지연이자로 한정되며, 지연이자 이외의 추가손해에 대하여는 배상받지 못한다(제397조 1항).

지연이자는 약정이율이 있으면 이에 의하여 계산하고, 약정이율이 없으면 법정이율(연 5%, 제379조)로 계산한다. 다만 저당권의 효력이 미치는 범위는 원본의 이행기일을 경과한 후의 1년분에 한정된다(제360조 단서).

민법 제360조가 지연배상에 대하여는 원본의 이행기일을 경과한 후의 1년분에 한하여 저당권을 행사할 수 있다고 규정하고 있는 것은 저당권자의 제 3 자에 대한 관계에서의 제한이며, 채무자나 저당권설정자가 저당권자에 대하여 대항할 수 있는 것이 아니다(대법원 1992. 5. 12. 선고 90다8855 판결).

◦저당권실행의 비용 : 저당권의 실행에 드는 비용은 그 집행에 의하여 우선적으로 변상받을 수 있다. 실행비용에는 경매신청의 등록세, 부동산감정비용 등이 포함된다.

(다) 피담보채권의 소멸

◦변제 : 피담보채권이 변제 기타의 사유로 소멸한 때에는 저당권은 부종의 원칙에 따라 말소등기를 기다리지 않고 함께 소멸한다. 저당권등기는 실체관계와 부합하지 않게 되었으므로 소유자는 저당권자에 대해 저당권등기의 말소에 협력할 것을 요구할 수 있다(대법원 1966. 10. 4. 선고 66다1387 판결). 근저당권이 설정된 후에 그 부동산의 소유권이 제 3 자에게 이전된 경우에, 피담보채권이 소멸하였으면 현재의 소유자뿐 아니라 종전의 소유자(저당권설정자)도 저당권설정등기의 말소를 청

구할 수 있다(대법원 전합 1994. 1. 25. 선고 93다16338 판결).

◦ 불가분의 원칙 : 저당권자는 채권 전부의 변제를 받을 때까지 담보물 전부에 대하여 저당권을 행사할 수 있다(제370조, 제321조). 피담보채권의 일부가 잔존하고 있는 경우에 저당권설정자는 저당권설정등기의 말소를 청구하지 못한다(대법원 1970. 3. 24. 선고 70다207 판결). 다만 공동저당에 관하여는 불가분성이 제한된다.

사례연습 〈제 3 자변제로 인한 저당권소멸〉

◦ 문 제 ◦

부동산소유자 갑은 채무자 A의 물상보증인으로서 채권자 B은행을 위해 최고액 2억원의 근저당권을 설정해 주었다. 채무자의 채무불이행으로 은행이 경매를 신청하자 물상보증인은 경매를 면하기 위해 자기 돈으로 채무액 2억원을 변제공탁하면서 근저당등기의 말소를 청구하였다. 이에 대해 은행은 채무자 A의 총채무액이 5억원이므로 2억원만 변제받고는 근저당등기를 말소해 줄 수 없다고 항변하였다. 이 경우 근저당등기는 말소되어야 하는가?

해 답

이 사례에서 근저당권에 의해 담보되는 채권에는 2억원의 한도가 설정되어 있으므로 물상보증인은 2억원만 제 3 자변제로서 공탁하고 근저당권의 소멸을 주장할 수 있다. 저당부동산의 제 3 취득자도 이와 같은 지위에 있다. 따라서 B은행은 근저당등기를 말소하는 데에 협력해야 한다. 잔존채권 3억원은 담보 없는 일반채권일 뿐이다. 물상보증인은 그가 변제한 2억원에 대하여 채무자에게 구상청구할 수 있으며, 이를 위해 변제자대위를 할 수 있다(제481조, 제482조).

(2) 저당권의 물적 효력범위

저당권의 물적 효력범위란 물권적 청구권, 경매권, 우선변제권의 효력이 미치는 객체를 의미한다. 자주 문제되는 것은 부합물과 종물이며, 이들은 저당권의 효력범위에 포함된다(제358조 본문).

(가) 부합물에 대한 효력

저당권의 효력은 저당부동산에 부합된 물건에 미친다(제358조 본문). 부합물이 저당권설정 당시에 이미 부합되어 있던 것인가, 설정 후에 부합된 것인가는 묻지 않는다. 저당권설정 후 건설된 건물의 증축부분에도 저당권의 효력이 미친다. 주유소의 지하에 매설된 유류저장탱크는 토지의 부합물이며, 저당권의 효력은 토지의 종물 및 부합물에 미친다(대법원 1995. 6. 29. 선고 94다6345 판결).

다음의 경우에는 예외적으로 부합물에 저당권의 효력이 미치지 않는다(제358조 단서). ① 설정행위에서 다른 약정을 한 경우 : 부합물이 저당권에 포함되지 않는다는 약정을 한 경우에는 그 약정에 의한다. 이 약정은 등기한 경우에만 제 3 자에게 대항할 수 있다(부등법 제75조 1항 7호). ② 법률에 특별한 규정이 있는 경우 : 타인이 그의 권원에 의하여 부속시킨 것은 부합물이 아니므로(제256조 단서) 저당권의 효력이 그 물건에 미치지 않는다. ③ 명인방법을 한 수목이나 입목은 거래상 토지와 독립된 물건이므로 토지저당권의 효력이 미치지 않는다. 입목은 원칙적으로 토지의 부합물이므로 토지저당권의 효력이 미친다. ④ 농작물은 토지의 부합물이 아닌 경우가 많다(대법원 1967. 7. 11. 선고 67다893 판결).

(나) 토지저당권자의 건물경매청구권

토지와 건물은 각각 별개의 부동산이므로 토지의 저당권은 건물에 그 효력을 미치지 않는 것이 원칙이다. 다만 저당권설정 후 그 설정자가 지상에 건물을 건축한 경우에는 토지의 저당권자는 토지와 함께 그 건물에 대한 경매권을 갖지만(제365조 본문) 건물의 경매대가로부터의 우선변제권은 갖지 않는다(제365조 단서).

지상건물이 채무자 또는 저당권설정자의 소유이어야 한다. 건물 없는 토지에 저당권이 설정된 후 저당권설정자가 그 위에 건물을 건축하였다가 담보권의 실행을 위한 경매절차에서 경매로 인하여 그 토지와 지상건물이 소유자를 달리하였을 경우에, 민법 제366조의 법정지상권이 인정되지 아니할 뿐만 아니라 관습상의 법정지상권도 인정되지 않는다(대법원 1995. 12. 11.자 95마1262 결정).

저당권자는 토지의 매각대금으로 경매비용과 피담보채권을 변제하는 데 충분한 경우에도 건물과 함께 일괄하여 경매를 신청할 수 있다. 다만 건물의 가치가 토지의 가치 및 피담보채권의 가액을 훨씬 상회하는 등 특별한 사정이 있으면, 과잉매각 금지의 원칙 또는 권리남용 금지의 원칙에 의해 매각이 불허될 수 있다.

(다) 종물 및 종속된 권리에 대한 효력

◦ 종물 : 저당권의 효력은 저당부동산의 종물에 미친다(제358조 본문). 원래 종물은 주물의 처분에 따르게 되어 있으므로 주물에 대한 저당권의 지배 아래 놓이게 됨이 당연하다(제100조 2항).

◦ 종속된 권리 : 종속된 권리도 종물과 같이 저당권의 효력범위에 포함된다. 건물에 대한 저당권의 효력은 다른 특약이 없는 한 건물주가 대지이용을 위해 갖는 지상권·전세권·임차권에도 미친다. 건물에 대한 저당권의 효력은 그 건물에의 종된 권리인 건물의 소유를 목적으로 하는 지상권에도 미친다(제358조 본문의 유추적용). 구분건물의 전유부분만에 설정된 저당권의 효력은 그 전유부분의 소유자가 사후에

취득한 대지사용권에도 미치며, 그 대지사용권에는 지상권 등 용익권 이외에 대지소유권도 포함된다(대법원 1995. 8. 22. 선고 94다12722 판결).

(라) 과실에 대한 효력

저당권의 효력은 저당부동산에 대한 압류가 있은 후에 저당권설정자가 그 부동산으로부터 수취한 과실(果實) 또는 수취할 수 있는 과실에 미친다(제359조 본문). 민법 제359조의 과실에는 지료・차임 등의 법정과실도 포함된다. 차임은 저당부동산의 변형물이 아닌 산출물로서 물상대위의 객체가 아니라 과실에 포함된다. 저당권자는 그 부동산에 소유권・지상권・전세권을 취득한 제 3 자에 대하여 압류한 사실을 통지한 후에 비로소 그의 과실에 대한 권리를 가지고 대항할 수 있다(제359조 단서).

4. 저당권의 침해에 대한 구제

저당권은 목적물의 교환가치를 파악하는 권리이므로 사용가치를 침해하는 경우는 저당권에 대한 침해로 인정되지 않으며, 교환가치가 감소하더라도 목적물의 잔여가치가 피담보채권액을 넘으면 저당권의 침해가 아니다.

(1) 침해행위

저당권의 침해로 인정되는 경우는 다음과 같다.

- 저당권의 목적물의 교환가치를 감소시키는 행위 : 목적물의 멸실・훼손, 부합물・종물의 부당한 분리・반출, 부합물・종물에 대한 강제집행이 이에 해당한다.
- 저당권의 실행을 사실상・법률상 방해하는 행위 : 저당권실행 방

해, 무효인 선순위등기의 존재, 일반채권자 및 후순위저당권자의 부당한 실행 등이 이에 해당한다.

◦ 소유자 자신의 사용 · 수익, 타인을 위한 용익권의 설정, 무권원의 제 3 자가 용익하는 경우는 저당권의 침해에 해당하지 않는다.

(2) 물건의 분리 · 반출

부합물이나 종물을 목적부동산으로부터 분리 · 반출하는 행위는 담보계약에 위반하는 행위인가. 저당권자의 권리를 지나치게 넓게 인정하면 소유자의 부동산에 대한 사용 · 수익권이 침해되고, 그 반대의 경우 저당권자의 채권확보에 위협이 된다. 특히 수목의 벌채, 건물 · 공작물의 분리 · 철거 등이 구체적인 문제로서 제기되는데, 이런 경우에 저당권자는 저당설정자와의 담보계약에 기해 분리 및 그 반출행위를 금지할 수 있으며, 제 3 자의 행위는 물권적 청구권에 의해 배척된다.

저당부동산에 속하던 부합물, 종물 또는 과실이 저당부동산으로부터 분리되어 반출된 경우에 그 물건에 대해서 저당권의 효력이 미치는가 하는 문제는 경우에 따라 달라진다.

◦ 부합물의 분리 · 반출 : 분리 · 반출한 물건(동산)이 제 3 자에게 양도되어 그 양수인이 선의취득한 경우에는 저당권의 효력이 미치지 않는다. 물건이 부동산에서 분리 · 반출되어 공시의 작용이 미치지 않는 경우에는 비록 부동산소유자가 소유하는 동안이라도 저당권의 효력이 미치지 않는다. 벌채되어 그 부동산에서 반출된 목재는 저당권의 효력을 벗어난다. 물건이 저당부동산과 결합하여 공시의 작용이 미치는 한도 내에서만 저당권의 효력이 미치기 때문이다.

저당부동산으로부터 분리되었으나 아직 반출되지 않은 물건에 저당권의 효력이 미치는가에 관하여는 학설이 대립한다. 분리된 목재는 건물의 구성부분이라 볼 수 없으므로 저당권의 효력이 이에 미치지 않는다는 견해(공시원칙설)와 사회관념상 건물과 목재의 일체성이 아직 존재한다고 보고 그 분리물에 대해 저당권의 효력이 미친다고 보는 견해(사회관념상일체설)가 대립한다. 사견으로는 공시원칙설을 취한다. 이미 압류한 경우가 아닌 한, 분리되어 일체성을 상실한 분리물에는 저당권의 효력이 미치지 않는다고 보아야 할 것이다.

◦ 종물의 분리 · 반출 : 종물의 관계가 끊어지면 저당권의 효력이 미치지 않는다. 그러므로 소유자는 저당권의 실행(압류)이 있기 전에는 소유자가 통상의 이용범위 안에서 종물을 반출할 수 있다.

◦ 과실의 분리 · 반출 : 과실(果實)은 저당권의 실행(압류)이 있기 전에는 소유자가 임의로 수취하거나 처분할 수 있다(제359조).

(3) 담보물의 멸실

저당권은 제한물권이므로 목적물이 멸실되면 따라서 소멸하고, 피담보채권은 담보 없이 존속한다. 그러나 저당권이 물상대위권을 가지고 있는 동안은 손해배상청구권 등의 대체급부 위에 존속하게 된다. 담보물의 멸실이 귀책사유로 인한 것이면 채무자는 기한의 이익을 상실하므로(제388조 1호) 이행청구에 응해야 한다. 담보물의 멸실에 책임 있는 자는 저당권자의 손해를 배상해야 한다. 그 손해배상의 범위는 통상 피담보채권액이다(대법원 1996. 9. 20. 선고 96다25807 판결).

(4) 저당권자의 물권적 청구권

저당권자는 그의 저당권을 방해하는 제 3 자에 대하여 방해의 제거를 청구할 수 있고 저당권을 방해할 염려 있는 행위를 하는 자에 대하여는 그 예방이나 손해배상의 담보를 청구할 수 있다(제370조, 제214조).

◦ 요건 : 물권적 청구권의 행사에 침해자의 고의나 과실은 필요하지 않으며, 잔여 목적물이 피담보채권을 만족시킬 수 있어도 행사할

수 있다. 그리고 저당권의 실행 이전에도 물권적 청구권을 행사할 수 있다.

◦ 효과 : 제 3 자에 대하여 방해제거, 방해예방, 손해배상의 담보 등을 청구할 수 있다. 그러나 저당권자는 자기에 대한 목적물반환은 청구할 수 없다(비점유담보이기 때문).

부합물, 종물 등 저당목적물의 일부에 대하여 일반채권자가 강제집행을 하는 경우 저당권자는 제 3 자 이의의 소를 제기할 수 있다. 실체관계에 부합하지 않는 선순위등기 존재시에는 등기말소를 청구할 수 있다.

공장저당권의 목적물인 동산이 저당권자의 동의를 얻지 아니하고 공장으로부터 반출된 경우에, 저당권자는 점유할 권리가 없기 때문에 설정자로부터 일탈한 저당목적물을 저당권자 자신에게 반환할 것을 청구할 수는 없지만, 저당목적물이 제 3 자에게 선의취득되지 아니하는 한 방해배제청구권에 기해 원래의 설치장소에 원상회복할 것을 청구할 수 있다(대법원 1996. 3. 22. 선고 95다55184 판결).

(5) 불법행위에 기한 손해배상청구권

침해자의 고의, 과실이 있는 경우에는 저당권자의 손해배상청구권이 인정된다. 이를 위하여는 저당권자에게 손해가 발생하였어야 한다. 손해가 발생하였다면 저당권 실행 전이라도 손해배상청구가 가능하다. 다만 목적물이 멸실, 훼손, 공용징수 등 다른 물건, 금전, 권리 등으로 대체된 경우에는 손해배상청구권보다 물상대위권이 우선한다.

(6) 저당물보충청구권

저당권설정자의 책임 있는 사유로 인하여 저당물의 가격이 현저히 감소된 때에는 저당권자는 저당권설정자에 대하여 그 원상회복 또는 상당한 담보제공을 청구할 수 있다(제362조). 저당권설정자가 이에 불응하면, 기한의 이익을 주장하지 못하는 경우가 있다(제388조 2호). 담보물보충청구권은 손해배상청구권이나 즉시변제청구권과 함께 행사될 수 없고 선택적 관계에 있다.

5. 저당권의 실행

채무자의 임의이행이 없는 경우 저당권자가 담보물의 경매를 신청하여 그 매각대금으로부터 자기채권의 우선변제를 받는 절차를 저당권의 실행이라고 한다. 저당권자는 일반채권자와 달리 집행권원 없이 저당권의 증명만으로 경매절차에 들어갈 수 있다. 저당권자는 매각대금으로부터 우선변제받는다.

저당권자는 자기채권의 만족을 얻기 위하여 담보물을 경매할 권리를 갖는다. 저당권은 민사집행법 제264조 이하의 담보권의 실행 등을 위한 경매의 규정에 따른 경매에 의하여 실행된다. 저당권의 실행은 국가기관의 도움을 얻어 강제적 이행을 실현하는 제도라는 점에서 강제집행과 유사하지만, 판결에 의하는 등 집행권원 없이 실체법상의 권리에 기하여 경매절차를 개시할 수 있다는 점에서 차이가 있다.

(1) 저당권실행의 요건

(가) 실체법상 요건

- 저당권의 존재 : 경매의 기초가 되는 저당권이 유효하게 존재하여야 한다. 경매신청에는 담보권의 존재를 증명하는 서류를 첨부해야 한다. 그렇지 않은 경우에는 소유자 등이 경매절차의 개시결정에 대한 이의로서 담보권의 부존재 또는 소멸을 주장할 수 있다.
- 피담보채권의 존재 : 경매는 피담보채권의 만족을 얻기 위한 수단

이므로 피담보채권이 유효하게 존재하고 있어야 한다. 피담보채권은 변제로 소멸한다. 채무자 이외의 이해관계인이나 기타 제3자가 변제한 경우에도 채무자가 변제한 것과 같이 피담보채권이 소멸한다. 피담보채권이 존재하지 않으면 저당권도 존속하지 못하므로 담보권의 부존재 및 소멸의 이의를 제기할 수 있다. 압류채권자의 채권에 우선하는 채권에 관한 부동산의 부담을 매수인에게 인수하게 하거나, 매각대금으로 그 부담을 변제하는 데 부족하지 아니하다는 것이 인정된 경우가 아니면 그 부동산을 매각하지 못한다(민집법 91조 1항).

◦ 이행지체 : 경매신청시에 피담보채권이 이행지체의 상태에 있어야 한다. 변제기가 도래하기 전에 행해진 경매신청은 위법한 것으로서 각하되어야 한다. 다만 채무자가 기한의 이익을 포기한 경우는 예외이다. 매각허가결정 전까지 기한이 도래하면 하자는 치유된다.

(나) 경매의 절차

국가기관이 하는 공경매에는 채무의 강제집행을 위한 강제경매(민집법 80조 이하)와 담보권의 실행을 위한 경매(민집법 264조), 국세징수법에 의한 경매 등이 있는데, 저당권의 실행은 담보권의 실행을 위한 경매절차에 따른다.

◦ 경매의 신청 : 저당권의 실행은 일정한 사항을 기재한 경매신청서를 경매법원에 제출함으로써 시작된다.

◦ 경매의 개시 : 법원이 경매의 개시를 결정한다. 법원은 경매개시결정을 함과 동시에 직권으로 경매신청이 있었다는 뜻을 등기부에 기입할 것을 등기소에 촉탁하여야 한다. 이해관계인은 매각대금이 모두 지급될 때까지 법원에 경매개시결정에 대한 이의신청을 할 수 있다.

◦ 경매기일과 매수가격신고 : 법원은 경매 및 매각기일을 정하여 공고하고 이를 경매절차의 이해관계인에게 통지한다. 매수신청인은 매

수가격을 신고하고 보증금을 납입하여 매수허가를 받는다. 더 이상 고가의 매수가격이 없으면 경매가 종결된다.

◦ 매각허가결정과 매각대금의 지급 : 최고가경매인이 있는 때에는 법원은 매각기일에 이해관계인의 진술을 들은 후 매각허가결정을 한다. 매각허가결정이 확정되면 법원은 대금지급기일을 지정하여 매각인에게 대금의 지급을 명한다. 매각인이 대금을 지급하지 않으면 차순위 매수신고인에게 매각이 허가되거나, 차순위매수신고인이 없으면 재매각이 실시된다.

◦ 매각대금의 배당 : 매각인이 대금을 지급하면 집행법원은 배당기일을 정하고 이해관계인과 배당을 요구한 저당권자를 소환한다. 집행법원은 미리 작성한 배당표를 배당기일에 이해관계인과 저당권자의 심문을 통해 확정하고 배당을 실시한다. 매각대금은 먼저 경매 및 기타 비용을 공제하고, 그 잔액은 이를 수령할 권리를 가진 자에게 지급한다. 매각대금이 배당에 참가한 각 채권자를 만족하게 할 수 없는 때에는 민법·상법 기타 법률에 의하여 우선순위자부터 배당한다.

(다) 저당물 이외의 일반재산에 대한 집행

저당권자가 저당목적물로부터 완전히 변제받지 못한 경우에는 잔액채권은 무담보의 채권으로 되므로 저당권자는 집행권원을 얻어 채무자의 일반재산에 대하여 강제집행을 하거나 또는 타인의 강제집행절차에 그 배당가입을 할 수 있다(제370조, 제340조 1항).

다만 담보물보다 먼저 다른 재산에 관한 배당을 실시하는 경우에는 그 재산에서 변제받을 수 있지만, 다른 채권자는 담보권자에게 그 배당금액의 공탁을 청구할 수 있다(제340조 2항). 즉 저당권자는 피담보채권의 채권자로서 채무자의 일반재산에 대해 스스로 강제집행을 청구할 수 없지만 배당에 참여할 수는 있다. 배당에 참여하는 채권액은

① 저당권실행 후에는 그 매각대금에서 변제받지 못한 잔여채권액, ② 저당권실행 전에는 피담보채권 전액이다.

(2) 경매의 효과

(가) 소유권의 이전

담보부동산의 소유권은 경매절차를 거쳐 저당권설정자로부터 매각인에게로 이전하는데, 등기는 요하지 않는다(제187조). 매각인이 매각부동산의 소유권을 취득하는 시기는 담보권 실행 등을 위한 경매 및 국세징수법에 의한 경매의 경우에는 매각허가결정이 확정된 후 대금지급기일에 대금을 완납한 때이다(민집법 135조). 매각대금이 완납되면 법원은 매각인이 취득한 권리의 등기를 등기소에 촉탁하여야 한다. 매각인이 소유권을 취득하는 시점은 매각대금을 완납한 때이다.

(나) 저당권·용익물권·임차권의 소멸

매각이 이들 각각의 권리에 어떤 영향을 미치는지 개별적으로 살펴보면 다음과 같다.

- 저당권보다 먼저 성립한 용익물권과 저당권보다 먼저 대항력을 갖춘 임차권은 경매에 의해 소멸하지 않고 매각인의 소유부동산 위에 존속한다.
- 저당권은 매각으로 모두 소멸한다.
- 지상권 · 지역권은 저당권 · 압류채권 · 가압류채권에 대항할 수 없는 경우에는 매각으로 소멸된다.
- 유치권은 매각에도 불구하고 존속한다. 민사집행법은 목적물의 경매시에 "매수인은 유치권자에게 그 유치권으로 담보하는 채권을 변제할 책임이 있다"고 규정한다(민집법 91조 5항). 실제로 유치권자는 다른 담보물권자와의 관계에서 최우선변제권을 가진 것과 같은 효과를 누

린다.

◦ 임차권은 경매로 인하여 소멸하는 것이 원칙이지만(매매는 임대차를 깨뜨린다), 대항력 있는 임차권은 매수인이 인수한다(민집법 제91조 4항). 다만 임차권이 대항요건을 갖춘 때보다 먼저 등기된 선순위담보권자가 경매를 신청한 때에는 그보다 후순위인 임차권은 그 자에 대하여 대항할 수 없게 되어 소멸한다. 기간의 정함이 없는 임대차는 임대인이 유예기간을 가지고 해지할 수 있으므로, 비록 대항력을 갖춘 임차인이라도 매각인의 해지가 있으면 유예기간 후에 종료하게 된다. 다만, 주택임차권은 기간의 정함이 없더라도 그 기간을 2년으로 본다(주택임대차보호법 제4조 1항).

◦ 전세권의 담보물권성만 본다면 그보다 선순위이든 후순위이든 목적부동산에 경매가 행해지면 소멸하여 그 채권을 가지고 배당에 참여해야 하겠지만, 전세권의 용익물권성을 배려하여 민사집행법은 절충적 입장을 취했다. 전세권은 용익물권으로서 지상권·지역권과 같이 저당권·압류채권·가압류채권에 대항할 수 있는 경우(선순위인 경우)에는 매각으로 소멸하고, 대항할 수 없는 경우(후순위인 경우)에는 매수인에게 인수된다. 그러나 전세권의 담보물권성을 고려하여 대항할 수 없는 전세권의 경우에도 전세권자가 배당요구를 하면 매각으로 소멸된다(민집법 제91조 3항·4항).

(다) 경매의 공신력

◦ 저당권의 흠결치유 : 경매 후 저당권이 무효라고 밝혀진 경우에 경매의 결과에 대하여 공신력이 부여된다. 대금완납으로 인한 매수인의 부동산 취득은 담보권 소멸로 영향을 받지 아니한다(민집법 제267조). 경매절차에서는 국가기관이 엄격한 절차에 따라서 저당권과 피담보채권의 부존재 등에 관한 이의를 수령하여 확인절차를 거친다.

◎ 소유권의 흠결 : 저당권설정자의 소유권이 존재하지 않았던 경우에는 공신력이 인정되지 않는다. 소유권을 이전받지 못한 경락인은 매매의 담보책임의 법리에 따라 매매를 해제하고 대금반환을 청구할 수 있을 뿐이다.

◎ 경매절차의 하자 : 경매절차 중에는 당사자 및 이해관계인이 이의신청이나 즉시항고를 통해서 경매절차의 하자를 다툴 수 있지만, 매각허가결정이 확정되어 경매가 종료한 후에는 절차상의 하자를 가지고 다툴 수 없다.

(3) 저당권자의 우선변제권

저당권자의 우선변제권은 주로 경매절차에서 매각대금의 배당순위를 결정하는 때에 위력을 발휘한다. 경매절차는 당해 저당권자 혹은 그 담보부동산의 다른 저당권자가 신청하는 경우도 있으며, 일반채권자의 강제집행청구에 의해 경매하는 경우도 있다. 어떤 경우에나 저당권자의 우선변제권은 그 순위에 상응하여 확보된다.

(가) 우선순위

◎ 다른 저당권과의 관계 : 담보물권자 상호간에는 우선순위를 가진 사람이 후순위자보다 환가금(경락대금, 임의환가금 등)에서 우선변제를 받게 된다. 그 순위는 담보권의 설정시기의 선후에 따르는 것이 원칙이지만, 저당권 및 전세권의 경우 그 등기의 선후에 의하는 것이 보통이다.

저당권이 여러 개 설정된 경우 상호간의 순위(성립의 선후에 의함)는 상대적인 것으로서 1번저당권이 소멸한 때에는 2번저당권이 1번의 우선순위를 차지하게 되는데, 이를 가리켜 순위승진의 원칙이라고 말한다.

◎ 전세권과의 관계 : 전세권자는 배당요구를 하면 매각으로 소멸된

다. 전세금의 배당에서 전세권자는 다른 저당권자와 같은 지위에 놓이므로 전세권과 저당권 사이의 순위는 설정등기의 선후에 의하여 결정된다.

◎ 유치권과의 관계 : 유치권자는 경매대금으로부터 우선변제를 받을 권리를 갖지 않지만, 매각인이 목적물을 인도받으려면 채무를 변제해야 하므로 사실상의 우선변제권이 있는 셈이다.

◎ 용익권과의 관계 : 저당권보다 먼저 성립한 용익권(대항력 있는 것에 한정됨)은 저당권의 실행에 의하여 소멸하지 않고 그 약정기간까지 존속함이 원칙이다. 그러나 대항력 없는 용익권은 경매에 의하여 소멸한다.

◎ 대항력 있는 임차권과의 관계는 다음과 같다. ① 우선특권 : 법률이 정하는 범위의 일정액보증금에 관하여는 그 임차인이 다른 담보권자의 경매신청의 등기 전에 대항요건을 갖추는 것을 전제로 언제나 최우선하는 우선특권을 갖는다(주택임대차보호법 제 8 조). ② 우선변제권 : 저당권설정등기일보다 먼저 대항요건(주민등록과 인도)과 임대차계약증서상의 확정일자를 갖춘 주택임차인 및 주택전세임차인은 보증금 또는 전세금의 반환에 관하여 저당권자에 우선한다(주택임대차보호법 제 3 조의2). 임차인의 임대차의 존속기간이 남아 있더라도 그 이익을 포기하고 임대차계약을 종료시켜 보증금반환채권의 변제기를 도래하게 한 후 매각대금의 배당에 참가할 수 있다.

◎ 일반채권과의 관계 : 저당권은 일반채권에 대한 관계에서는 그 성립시기에 관계없이 우선변제권을 가짐이 원칙이다. 다만 저당권자와 압류채권자의 관계에서 우선순위는, 저당권등기와 압류의 선후에 의한다.

◎ 파산채권자에 대한 관계 : 저당부동산의 소유자가 파산하면 저당권자는 별제권을 행사할 수 있다.

(나) 저당권에 우선하는 권리

◦ 조세채권 : 조세채권은 우선특권으로서 등기 없이 세금부과 이후에 설정된 저당권에 우선하여 변제받는다. 저당부동산의 소유자가 체납하고 있는 국세는 그 법정기일 전에 설정된 저당권에 우선하여 징수하지 못한다. 여기에서 말하는 법정기일이란 세금부과의 고지서를 발송한 날(또는 신고납부방식에서 신고일)로서 이 날부터 조세채무가 발생한다. 그러나 저당부동산에 부과된 국세의 가산금은 그 법정기일 이전에 등기된 저당권에 우선한다.

◦ 임금채권 : ① 임금채권은 최종 3개월분에 한하여 최우선특권이 인정된다(근로기준법 제38조 2항). 그 밖에 재해보상금도 우선특권이 인정된다. 이 최우선채권은 일반채권에 우선하는 것은 물론이고, 먼저 설정된 저당권과 우선특권이 부여되는 국세·공과금보다 우선한다. ② 임금, 재해보상금, 그 밖에 근로 관계로 인한 채권은 사용자의 총재산에 대하여 질권(質權)·저당권 또는 「동산·채권 등의 담보에 관한 법률」에 따른 담보권에 따라 담보된 채권 외에는 조세·공과금 및 다른 채권에 우선하여 변제되어야 한다. 다만, 질권·저당권 또는 「동산·채권 등의 담보에 관한 법률」에 따른 담보권에 우선하는 조세·공과금에 대하여는 그러하지 아니하다(근로기준법 제38조 2항).

사례연습 〈저당권의 실행〉

◦ 문 제 ◦

주택의 소유자인 갑은 A은행으로부터 5억원을 대출받으면서 갑의 2층건물(시가 10억원)에 대해서만 저당권을 설정했다. 저당권설정 당시 이미 건물의 2층에는 B에게 전세금 3억원의 전세권이 설정되어 있었고, 1층에는 임차인 C가 보증금 1억원으로 주민등록과 확정일자를 마친 채 입주해

살고 있었다. 갑이 A은행에 대출금의 상환을 연체하므로 A는 경매를 신청하였고 을에게 7억원에 매각되었다. B와 C의 권리는 어떻게 되는가?

해 답

1) 전세권의 소멸과 우선변제권

이 사례에서 B의 전세권은 원칙적으로 매수인이 인수해야 하지만, 만약 전세권자가 배당요구를 하면 매각으로 소멸된다. 이 사례에서 전세권자는 3억원의 전세금반환청구권을 제 1 담보권자로서 우선변제받을 수 있다.

2) 저당권의 만족

경매를 신청한 저당권자는 자기보다 우선한 권리자가 만족을 얻고 난 후에 변제받는다. 이 사례에서 매각대금 중 남은 4억원은 A은행에 배당된다.

3) 임차권의 소멸 여부

이 사례에서 임차권은 저당권설정 이전부터 존재하던 것이므로 매각으로 소멸하지 않고 그 임대기간까지 존속하게 된다. 따라서 경락인은 임차권이 붙은 건물을 매수하게 된다.

사례연습 〈저당권에 기한 경매〉

◎ 문 제 ◎

시가 10억원 상당의 2층 건물의 소유자 갑은 A에게 3억원의 채권에 관한 저당권을 설정해 주고, 그 후 B에게 1층을 2억원의 전세금으로 전세권을 설정해 준 후 2층의 수리비채무 2억 5천만원을 연체하여 수리업자 C가 그 2층을 유치하고 있다. B의 전세기간이 만료하였으나 전세금을 반환해 주지 못하자 B가 그 건물 전체에 대하여 경매신청을 하였다. 당시 부동산가격의 하락 및 매수신청의 부진으로 2차 경매에까지 가게 되었다. D는 유치권의 존재를 모르고 4억 1천만원의 가격으로 그 부동산을 경락 받으려 한다. 경락대금은 어떻게 배분될 것인가?

해 답

1) 유치권의 존재를 몰랐던 경우

D가 4억 1천만원에 경락허가를 받는다면 그 매각으로 저당권은 아직 변제기가 도래하지 않았더라도 소멸할 것이다. 그 매각대금은 경매비용 1천만원, 저당권자 3억원, 전세권자 1억원씩 배당될 것이다.
유치권자는 사실상 다른 담보물권자보다 더 우선적으로 변제받는 효과를 누리게 된다. 유치권자는 그의 채권 2억 5천만원을 받고 건물의 유치를 풀고 D에게 부동산을 명도해야 한다.
만약 D가 유치권의 존재를 모르고 4억 1천만원을 매각대금으로 지급한 경우에는 소유자 갑에 대하여 매도인의 담보책임을 물을 수 있다.

2) 유치권의 존재를 안 경우

C의 수리비채권 2억 5천만원에 대한 유치권이 경매 진행 중에 밝혀지게 되면, D는 대금을 이를 공제한 금액으로 재조정하게 될 것이다. 그 결과 유치권자에게 변제할 2억 5천만원이 예정된 대금에서 공제되고 실제 지급되는 경락대금은 1억 6천만원으로 될 것이다. 그러면 경매비용을 공제한 나머지 1억 5천만원을 저당권자가 우선변제받게 되고 경매를 신청한 전세권자는 한 푼도 받지 못하게 될 것이다. 유치권자는 2억 5천만원을 받고 유치상태를 풀고 철수하게 될 것이다.

29 근저당과 공동저당

1. 근 저 당

(1) 근저당권의 의의

근저당권은 약정된 최고액의 범위 내에서 특정의 계속적 거래로 생긴 피담보채무의 이행을 담보하는 저당권을 말한다. 근저당권은 피담보채무의 확정을 장래에 유보한 경우로서(제357조 1항 전문), 피담보채무가 특정의 계속적인 거래관계로 인하여 발생할 경우를 말한다. 피담보채무가 확정될 때까지의 채무의 소멸 또는 이전은 근저당권에 영향을 미치지 않는다(제357조 1항 후문).

근저당권에서는 부종의 원칙에 대해 다음과 같은 예외가 인정된다. ① 계속적 계약이 체결되고 근저당권 설정등기가 이루어지면 아직 피담보채무가 성립되지 않았더라도 근저당권은 유효하게 성립한다. ② 피담보채무가 확정될 때까지의 채무의 이전은 근저당권에 영향을 미치지 않는다. ③ 피담보채무가 소멸하더라도 계속적 기초계약이 종료되지 않는 한 근저당권은 소멸하지 않는다.

(2) 근저당권의 설정

(가) 계속적 기초계약

근저당권인가 보통저당권인가는 기초계약이 계속적 신용계약인지 여부에 따라 결정된다. 근저당권의 기초계약은 계속적으로 채무를 발생시키는 것을 내용으로 해야 한다(예컨대 당좌대월계약). 그 기초계약은 근저당권자와 채무자 사이에 체결되어야 한다. 물상보증인이 있더라도 그는 기초계약의 당사자가 아니다.

(나) 근저당권의 설정

◦ 당사자 : 근저당권설정계약의 당사자는 근저당권자와 근저당권설정자이다. 근저당권자는 기초계약의 일방당사자이어야 한다. 근저당권설정자는 피담보채권의 채무자이거나 제 3 자이다(물상보증인).

◦ 채무의 한계설정 : 근저당권설정계약에서는 피담보채무의 범위를 한정하는 기준을 설정해 두어야 한다. 근저당권의 피담보채권을 한정하는 기준은 다음과 같다. ① 근저당에는 반드시 피담보채무의 최고액이 약정되어야 하고 이는 반드시 등기되어야 하며 이를 넘는 채권에 대해서는 근저당권의 효력이 미치지 않는다. ② 기초계약의 종류가 한정되어야 하며 그 외에서 발생한 채무는 그 근저당권으로 담보되지 않는다. ③ 기초계약상 특정된 채무자의 채무만을 담보한다. ④ 근저당권은 무한정 계속 존재할 수는 없고 다른 약정이 없으면 기초계약과 존속기간을 같이한다고 해석된다.

◦ 등기 : 근저당권은 다음의 사항을 등기하여야 한다. ① 근저당권이라는 사실 ② 채권의 최고액 : 최고액은 필수적 등기사항이며, 최고액의 등기는 근저당권의 성립요건이다(대법원 1959. 5. 14. 선고 4291민상564 판결). 채권의 이자는 최고액 중에 산입된 것으로 간주되므로(제357조 2항)

이자의 등기를 별도로 할 수 없다. ③ 근저당권의 존속기간이나 기본거래관계의 결산기에 관한 약정이 있는 경우에는 이를 등기할 수 있다(임의적 등기사항).

(다) 약관에 대한 규제

근저당권 설정계약의 내용이 약관에 의해 정해진 경우에는 약관규제법의 원칙이 적용된다.

◦ 개별약정우선의 원칙(약관법 제 4 조)을 적용한 판례 : 당사자의 의사가 계약서문언과는 달리 장래 발생할 채무만을 피담보채무로 하려는 취지였다고 인정할 수 있는 경우에, 당사자의 의사에 따라 그 담보책임의 범위를 제한하여 새겨야 한다(대법원 1994. 11. 25. 선고 94다8969 판결). 이 사례에서 물상보증인과 근저당권자의 근저당설정계약은 그 계약 이후에 공급받는 물건의 외상대금채무만을 담보하기 위한 것이었다고 해석하였으며, 이 개별약정이 약관조항에 우선하는 것으로 판시하였다.

◦ 예문해석의 법리에 따라 계약에의 편입을 제한한 판례 : 근저당권설정계약서가 약관으로 구성되었고, 그 조항에 피담보채무의 범위를 계속적인 물품공급거래로 인한 대금채무 이외에 기존의 채무 또는 장래에 부담하게 될 다른 원인에 의한 모든 채무도 포함한다고 기재되었더라도, 당사자의 의사는 그 근저당권의 피담보채무로서 당해 물품공급거래로 인한 대금채무만을 약정한 취지로 해석하는 것이 합리적인 때에는 그 계약서의 피담보채무에 관한 포괄적 기재는 부동문자로 인쇄된 약관의 예문에 불과한 것으로 보아 구속력을 배제한다(대법원 1996. 4. 26. 선고 96다2286 판결).

(3) 포괄근저당

근저당권에 의해 담보되는 기초계약의 종류를 한정하지 않고 최고액의 범위에서 저당권자와 채무자 사이의 모든 채무에 대하여 담보토록 하는 경우를 포괄근저당이라고 부른다.

(가) 추가약정의 면제

포괄근저당의 약정은 금융기관이 한 명의 고객과 여러 종류의 거래를 계속 개설해 나갈 때에 담보설정의 편리함을 추구하기 위해 추가약정을 면제하려는 목적으로 이용된다. 반면에 이 추가약정을 면제하는 포괄근저당약정에 의해 특히 피해를 보는 사람은 물상보증인과 저당부동산의 제 3 취득자이다.

(나) 포괄근저당약정의 유효성

기초계약의 종류가 한정되지 않은 포괄근저당약정이 유효한가와 관련해서 다음의 이론이 대립한다.

◦ 단순유효설 : 피담보채권의 발생원인을 묻지 않고 장래의 일정한 시기에 최고액의 범위 내에서 특정될 수 있는 것이면 포괄근저당의 피담보채권으로 될 수 있다는 견해이다. ① 피담보채권을 지나치게 한정하는 것은 기초계약의 포괄성이라는 포괄근저당의 특성에 반하고, ② 지나친 포괄성으로 인한 폐단은 반사회적 법률행위의 무효규정 등으로 규율하면 된다고 한다.

◦ 한정적유효설 : 포괄근저당을 현재 및 장래에 발생할 일체의 채권을 담보하는 경우와 당좌대월계약·계속적 어음할인계약 등에서 생기는 채권 기타 일체의 채권을 담보하는 경우로 나눈 다음 전자는 무효이나 후자는 유효하다는 견해이다.

◦ 확대한정적유효설 : 포괄근저당약정에서 말하는 기타 일체의 채

무는 ① 은행과 거래처 사이에 거래상 생기는 채권, ② 이러한 채권의 채무불이행으로 인한 손해배상청구권(한정적 유효설의 인정범위), ③ 이러한 거래와 밀접한 관계에서 발생하는 불법행위로 인한 손해배상청구권이나 부당이득반환청구권까지 포함한다는 견해이다.

◦ 이분설 : 포괄근저당약정을 하나의 법리에 의할 것이 아니라 약관에 의한 경우와 개별약정에 의한 경우를 나누어서 그 유효성을 고찰하며, 약관에 의한 포괄근저당약정은 무효인 반면에, 개별약정에 의한 경우는 한정적 유효라고 하는 견해가 있다(사견). 약관에 의한 포괄근저당약정은 신의칙에 위반한 불공정조항으로서 무효로 된다(약관법 제6조 1항 1호). 그러나 개별약정에 의한 포괄근저당약정은 법률행위의 해석원칙에 따라 당사자의 진정한 의사를 탐구해 본 결과 포괄성에 관한 진정한 합의가 있으면 유효하다. 이 경우에도 포괄근저당에 의해 담보되는 채무는 기초계약상의 채무와 그 채무불이행으로 인한 손해배상의무로 한정된다.

◦ 판례는 약관의 경우에는 포괄근저당조항을 예문에 불과하다고 보고 개별약정을 우선시킴으로써 기초계약의 범위를 축소시킨다. 즉 약관에 현재 및 장래에 발생하는 모든 채무라는 조항이 있음에도 불구하고 '장래에 발생하는 채무만을 담보하는 것'으로 당해 근저당권설정계약을 제한적으로 해석한다(대법원 1984. 6. 12. 선고 83다카2159 판결). 피담보채무는 "물상보증인이 인정한 당해 물품공급계약에서 생긴 채무에 한정된다"고 매우 제한적으로 해석한 판례도 있다(대법원 1996. 4. 26. 선고 96다2286 판결).

(4) 근저당권의 효력

(가) 최고액의 한계

근저당권은 최고액의 범위 내에서 설정계약에서 정해진 피담보채권의 범위에 포함되는 채권을 담보한다. 최고액이란 근저당권에 기한 경매권 및 우선변제권의 한계를 의미한다. 확정된 채권액에 최고액의 한계를 초과하면 최고액의 범위 내에서, 미달하면 확정된 채권액에 한해서 우선변제받는다.

(나) 피담보채무 및 최고액의 범위

피담보채무 및 최고액의 범위에 포함되는 것을 살펴보면 ① 원본 ② 이자(제357조 2항), ③ 채무불이행으로 인한 손해배상 및 위약금(제360조 본문) 등이다.

1년 이후의 지연배상금이 최고액에 포함되는가에 관해서는 긍정설과 부정설(사견)이 대립한다. 근저당권의 실행비용은 채권최고액에 포함되지 않는다(대법원 2001. 11. 27. 선고 2001다47986 판결).

(다) 피담보채무의 확정

근저당권이 실행되기 위하여 먼저 피담보채무의 확정이 행해져야 한다.

◦ 기초계약의 종료 : 기초계약이 종료되면 그 계약의 채권·채무의 청산이 행해진다. 계속적 거래계약에 기한 채무를 담보하기 위하여 존속기간의 약정이 없는 근저당권을 설정한 경우에 그 거래관계가 종료됨으로써 피담보채무로 예정된 원본채무가 더 이상 발생할 가능성이 없게 된 때에는 그때까지 잔존하는 채무가 근저당권에 의하여 담보되는 채무로 확정된다(대법원 1996. 4. 26. 선고 96다2286 판결).

기초계약은 다음의 사유로 종료된다. ① 존속기간의 만료 : 기초계약에 존속기간이 정해져 있고, 그 기간이 만료한 경우에 기초계약은 종료함이 원칙이다. 판례는 기초계약에 존속기간의 약정이 있는 경우에도 근저당거래를 계속하면 이를 해지하지 않는 한 소멸에 있어서의 부종성의 예외로서 근저당권은 소멸하지 않는다고 하였다(대법원 1982. 7.

27. 선고 81다카1117 판결), 사견으로는 근저당설정자의 기간연장에 관한 동의가 없는 한 기간만료시에 피담보채무가 확정되어 보통저당권으로 변한다고 해석한다. ② 해지통고 : 기초계약에 기간의 정함이 없는 경우에 일방당사자의 해지통고가 있으면 상당한 유예기간이 경과한 후 계약은 종료된다. ③ 채무불이행으로 인한 해지 : 기초계약이 채무불이행 또는 신용불량 등의 사유로 중도에 해지되는 경우에 그 해지로 인하여 계약이 종료되고 피담보채권은 확정된다. ④ 물상보증인의 해지권 : 존속기간이나 결산기의 약정이 있더라도 피담보채권이 전부 소멸하고 채무자와 채권자 간에 새로운 금전차용 같은 거래를 계속할 의사가 없는 경우에는, 근저당권설정자 또는 저당부동산의 제 3 취득자는 계약을 해제하고 근저당권설정등기의 말소를 구할 수 있다(대법원 2001. 11. 3. 선고 2001다47518 판결). 존속기간이나 결산기의 약정이 없는 경우에도 이와 같은 해지권이 인정된다.

◦ 근저당권의 기간만료 : 근저당권 자체에 존속기간이 정해져 있는 경우에 그 기간이 만료하면 기초계약이 종료하지 않더라도 피담보채무의 확정이 일어난다.

◦ 경매 : 후순위 근저당권자가 경매를 신청한 경우에, 선순위 근저당권의 피담보채권은 그 근저당이 소멸하는 시기, 즉 매각인이 매각대금을 완납한 때에 확정된다(대법원 1999. 9. 21. 선고 99다26085 판결).

(라) 채무확정 후의 저당권

근저당권에 관해 피담보채무가 확정되면, 그 이후에는 그 확정된 채무액에 대하여 설정된 보통의 저당권과 유사한 법률관계가 생기므로(대법원 1963. 2. 7. 선고 62다795 판결), 그 이후 기초계약으로부터 채무가 발생하더라도 근저당권에 의해 담보되지 않는다. 근저당권은 피담보채무가 확정된 후에는 채무의 범위나 채무자를 변경할 수 없다(대법원

1999. 5. 14. 선고 97다1577 판결).

(5) 근저당권의 실행과 등기말소

(가) 경매신청과 우선변제권

피담보채무가 확정되면 특별히 유예기간이 부여되지 않은 한 즉시 채무를 이행해야 하며, 채무자가 채무를 이행하지 않는 경우에 근저당권자는 담보물의 경매를 신청하여, 매각대금으로부터 그 확정액을(최고액의 범위내에서) 우선변제받을 수 있다.

(나) 근저당등기의 말소

확정시에 피담보채무가 존재하지 않거나 또는 확정된 채무를 변제한 경우에 근저당권은 피담보채무 없는 것이 되어 소멸하게 되며, 따라서 근저당권설정등기도 효력을 잃는다.

◦ 근저당권을 설정한 채무자나 물상보증인은 근저당권자에 대한 의사표시로서 피담보채무의 확정을 구할 수 있고, 확정 당시에 채무부존재인 경우 근저당권의 말소를 구할 수 있다(대법원 1996. 4. 26. 선고 96다2286 판결). 이 사례에서 농협과 돼지공급계약을 체결한 유통회사를 위하여 물상보증인이 담보를 제공하였고, 농협과 유통회사 사이에 몇 년간 돼지외상거래가 계속되다가 그 계약기간이 종료되고 외상대금도 모두 변제되었다. 이 경우 농협은 유통회사에 대해 다른 채권이 있다는 이유로 근저당권말소를 거절하였으나, 대법원은 그 말소를 허락하였다.

◦ 저당부동산의 제 3 취득자는 피담보채무가 소멸하면 자기의 소유권에 기해 근저당권설정등기의 말소를 청구할 수 있다. 제 3 취득자는 또한 최고액의 범위 내에서 피담보채무를 변제하고 근저당권의 소멸을 청구할 수 있다(제364조).

(다) 일부변제와 근저당의 말소

확정된 채권액(예: 7억원)이 최고액(예: 4억원)을 초과하는 경우에 채무자는 그 최고액만을 변제하고 근저당권의 말소등기를 요구할 수는 없다. 채무자는 아직 잔여채무를 갖고 있으므로 그것을 전부 변제하기까지는 근저당의 말소를 요구할 수 없다. 채무자는 채무전액(7억원)을 변제하여야 근저당권의 말소를 청구할 수 있는 반면, 물상보증인이나 제 3 취득자는 최고액(4억원)을 변제하고 근저당권의 말소를 청구할 수 있다.

◎ 원본, 이자, 위약금, 채무불이행으로 인한 손해배상 및 저당권실행비용의 총액이 채권최고액을 초과하는 경우에, 적어도 근저당권자와 채무자 겸 근저당권설정자의 관계에 있어서는 그 채권전액의 변제가 있을 때까지 근저당권의 효력이 미친다(대법원 2001. 10. 12. 선고 2000다59081 판결).

◎ 저당권설정자가 물상보증인인 경우 또는 저당물의 제 3 취득자가 있는 경우에 그는 최고액만을 변제하고 근저당의 말소를 청구할 수 있다. 채무자가 아닌(연대보증채무도 부담하지 않을 것) 담보물소유자는 최고액의 범위에서만 저당책임을 지므로 최고액을 변제하고 근저당의 말소를 청구할 수 있어야 한다. 다만 변제자대위에 있어서 그 물상보증인이나 제 3 취득자는 일부변제자로 취급된다(제483조).

저당부동산의 제 3 취득자는 채무자를 위하여 최고액과 경매비용 전부를 변제공탁한 경우에 근저당권의 소멸을 청구할 고유의 권리를 갖는다(대법원 1971. 4. 6. 선고 71다26 판결).

2. 공동저당

(1) 공동저당의 설정

공동저당이란 하나의 피담보채권의 확보를 위하여 여러 개의 부동산에 저당권이 설정된 경우를 말한다. 각 부동산마다 한 개씩의 저당권이 설정되어 다수의 저당권이 존재하지만, 그 피담보채권은 하나로서 이들 저당권에 공통된다는 점에 특색이 있다.

◦ 복수담보제공의 약정 : 공동저당이 발생하는 근거는 채권자와 채무자 사이에 다수의 담보를 제공할 것을 약정하는 것에서 비롯된다. 성립 당시에 공동저당인 경우도 있고, 추가담보의 제공에 의한 경우도 있다.

◦ 공동저당의 등기 : 공동저당이 발생하기 위해서는 다수의 부동산에 저당권설정등기를 하면서 공동저당관계를 기재해야 한다. 공동저당의 등기신청서에는 각 부동산에 관한 권리를 표시해야 한다. 각 부동산에 관해 저당권설정등기는 경료되었으나 공동저당관계가 등기되지 않은 경우에 공동저당의 대외적 효과는 발생하지 않으므로 저당권자는 각 부동산에 관하여 단독저당권인 것처럼 권리를 행사할 수 있다.

(2) 공동저당의 실행

◦ 경매권 : 공동저당권자는 채무자의 채무불이행이 있으면 여러 개의 담보물을 동시에 모두 경매할 것을 신청하거나, 임의로 하나 또는 그 이상을 선택하여 그것만을 경매에 부칠 수 있다. 담보부동산에 관해 다른 채권자(후순위저당권자 등)의 경매가 개시된 경우에는 피담보채권의 전액을 가지고 배당에 참가하여 우선변제 받을 수 있다.

◦ 동시배당에서 출처의 제한 : 여러 개의 부동산의 경매대금이 동시

에 배당되는 경우에 공동저당권자는 각 부동산의 경매대금으로부터 우선변제받을 금액을 자유로이 정할 수 없으며, 민법 제368조 1항에 따라 각 부동산의 경매대가에 비례하여 경매대금이 분배된다.

◦ 이시(異時)배당에서 전액변제 : 여러 개의 저당부동산 중 일부만이 경매된 경우에 공동저당권자는 그 매각대금에서 피담보채권의 전액을 우선변제 받는다(제368조 2항 본문).

◦ 공동저당과 물상대위 : 공동저당의 목적인 채무자 소유 부동산과 물상보증인 소유 부동산에 각각 채권자를 달리하는 후순위저당권이 설정되어 있는데 물상보증인 소유 부동산이 먼저 경매되어 1번 저당권자가 변제를 받은 경우, 물상보증인 소유 부동산의 후순위저당권자는 물상보증인이 대위취득한 1번 저당권에 대하여 물상대위할 수 있다(대법원 2011. 8. 18. 선고 2011다30666, 30673 판결).

쟁점정리 : 공동저당에서 차순위저당권자의 대위권

공동저당권자가 하나의 부동산에서 전액변제받는 경우에 차순위자는 이를 막을 수는 없지만, 차순위자에게 전액변제받은 공동저당권자가 가졌던 다른 저당부동산에 대한 우선변제권을 대위할 수 있도록 허용함으로써 간접적으로 보호받게 된다.

1) 대위의 요건

차순위저당권자의 대위권행사의 요건은 다음과 같다. ① 공동저당권자가 공동저당물 중 일부(제 1 부동산)로부터 우선변제받았을 것. ② 그 경매된 부동산(제 1 부동산)에 차순위저당권자가 있으며 그가 경매대금에서 변제받지 못했을 것. ③ 그 차순위저당권자가 공동저당권자의 다른 부동산(제 2 부동산)을 경매하거나 또는 다른 사람이 한 경매의 배당에 참가할 것. ④ 제 2 부동산에 공동저당권보다 후순위저당권자가 없을 것. ⑤ 피대위 부동산이 물상보증인이나 제 3 취득자의 소유가 아닐 것. 채무자가 아닌 사람이 피대위부동산(제 2 부동산)을 소유하는 경우에 그 소유자가 자기가 담보하지 않은 타인의 채무(제 1 부동산의 후순위저당권자의 피담보채무)를 변제하도록 강요하는 것은 부당하기 때문이다.

만약 제 2 부동산 소유자가 자기의 피담보채무의 변제를 위하여 부동산을 경매당한다면 그 소유자도 변제자대위권을 취득하게 될 것이다(제481조, 제482조). 결국 물상보증인의 대위권과 후순위저당권자의 대위권은 상호 충돌하게 되는데, 후자가 전자보다 우세하다고 볼 근거는 없다. 따라서 이 경우 제 1 부동산의 후순위저당권자는 제 2 부동산의 물상보증인(또는 제 3 취득자)에 대한 관계에서 공동저당권을 대위할 수 없다고 해석된다(물상보증인우선설: 후순위저당권자 우선설의 반대견해 있음).

판례도 같은 취지이다. 공동저당의 목적인 채무자소유의 부동산과 물상보증인소유의 부동산 중 채무자소유의 부동산에 대하여 먼저 경매가 이루어져 그 경매대금의 교부에 의하여 1번 공동저당권자가 변제를 받은 사례에 있어서, 채무자소유의 부동산에 대한 후순위저당권자는 민법 제368조 2항 후단에 의하여 1번 공동저당권자를 대위하여 물상보증인소유의 부동산에 대하여 저당권을 행사할 수 없다(대법원 1995. 6. 13. 선고 95마500 결정). 수인의 물상보증인이 제공한 부동산 중 일부에 대하여 경매가 실행된 때에는 변제자대위의 법리에 따라야 하므로, 자기 소유의 부동산이 먼저 경매되어 저당권자에게 대위변제를 한 물상보증인은 다른 물상보증인의 부동산에 대한 1번 저당권을 취득하고(부기등기 필요) 그 물상보증인 소유 부동산의 후순위저당권자는 1번 저당권에 대하여 물상대위를 할 수 있으며, 아직 경매되지 않은 부동산 소유자는 1번 저당권자에 대한 피담보채무가 소멸하였다는 사정만으로 말소등기를 청구할 수 없다(대법원 2001. 6. 1. 선고 2001다21854 결정).

2) **대위의 효과**

변제한 대위자간의 관계에 관하여 민법 제482조는 채무자 스스로 변제능력이 없는 경우에 궁극적인 책임을 물상보증인 또는 저당부동산의 제 3 취득자가 지도록 하고, 보증인은 이들에 대해서 대위청구할 수 있지만, 이들은 보증인에게 대위청구할 수 없도록 그 우선순위를 정하고 있다.

• 후순위저당권자가 물상보증인이나 제 3 취득자와 경합하는 경우에는 그 순위가 문제된다. 판례는 공동저당의 목적인 채무자소유의 부동산과 물상보증인소유의 부동산에 각각 채권자를 달리하는 후순위저당권이 설정되어 있는 사례에서 물상보증인 소유의 부동산에 대하여 먼저 경매가 이루어져 그 경매대금의 교부에 의하여 1번 저당권자가 변제를 받은 경우에 물상보증인은 채무자에 대하여 구상권을 취득함과 동시에 민법 제481조, 제482조의 규정에 의한 변제자대위에 의하여 채무자소유의 부동산에 대한 1번 저당권을 취득한다고 하였다(대법원 1994. 5. 10. 선고 93다25417 판결). 이 경우 물상보증인소유 부동산의 후순위저당권자는 물상보증인에게 이전한 1번 저당권으로부터 우선변제를 받을 수 있다. 즉 자기소유의 부동산이 먼저 경매되어 1번 저당권자에게 대위변제한 물상보증인은 1번 저당권을 대위취득하고, 그 물상보증인소유 부동산의 후순위저당권자는 1번 저당권에 대하여 물상대위를 할 수 있다.

• 민법 제368조 2항의 "선순위자를 대위하여 저당권을 행사할 수 있다"는 뜻은 대위에 의하여 저당권의 이전이 일어나지 않고 다만 공동저당권자의 권리를 부분적으로 대위행사하는 것 뿐이라고 해석된다(대법원 1998. 12. 22. 선고 97다9352 판결).

30

특수담보물권

1. 동산양도담보

(1) 동산의 양도합의와 담보권설정

동산양도담보란 채무자가 채무의 이행을 담보하기 위하여 채무자 소유의 동산을 채권자에게 양도할 것을 합의하는 관습법상 담보제도를 말한다. ① 동산양보담보는 담보권자가 담보물을 점유하지 않은 비점유담보의 일종이다. ② 담보설정에는 두 가지 형태가 있다. 소유권이전합의형은 양도담보설정과 동시에 소유권을 이전할 것을 합의하는 경우이다. 대물변제예약형은 채무불이행시에 소유권을 이전하기로 합의하는 경우이다. ③ 담보물의 사용 · 수익권, 과실수취권은 채무자가 계속 보유한다. ④ 담보계약에서 설정자의 물건에 대한 처분권을 제한하는 약정을 한다(담보물의 양도 · 입질금지). ⑤ 채무자의 채무불이행이 있으면 양도담보권자는 담보권을 실행할 수 있다. 담보권실행의 방법에는 귀속정산형과 처분정산형이 있다.

동산양도담보와 부동산양도담보는 유사한 점이 많지만, 법적 구성에는 큰 차이가 있다. ① 부동산양도담보의 경우에는 가등기담보법에 의해 법적 효과가 비교적 명확하나 동산양도담보의 경우에는 해석론에 맡겨져 있다. ② 부동산양도담보의 경우는 등기에 의해 공시되며, 등기부상 소유자로 등기된 채권자의 무단처분에 의해 채무자의 소유권 상실 위험이 높다. 그러나 동산양도담보는 보통 점유개정의 방법에 의해 이루어지므로 채무자가 점유를 계속하게 되어, 채권자의 권리상실 위험이 높다. ③ 부동산의 경우 소유권이전형(양도담보)과 소유권이전예약형(가등기담보)의 구별이 명확하나, 동산의 경우 당사자의 합의내용을 명확히 하기가 쉽지 않다.

양도담보의 성격에 관하여는 학설이 대립한다.

◦ 담보물권설 : 양도담보권자가 취득하는 권리는 소유권이 아니라 제한물권의 성격을 갖는 담보권이라는 견해이다(다수설). 사견으로도 담보물권설을 취한다.

◦ 신탁적양도설 : 양도담보에 의하여 물건의 소유권은 양도담보권자에게 이전되고, 그 담보권자는 담보목적으로만 그 소유권을 행사할 신탁계약상의 채무를 진다는 견해이다. 판례는 신탁적 양도설을 취한다(대법원 1994. 8. 26. 선고 93다44739 판결).

(2) 동산양도담보의 설정

◦ 담보계약 : 동산에 대하여 설정되는 양도담보는 소비대차에 종속된 담보계약에 의해 설정된다. 소비대차 없는 담보계약은 효력을 갖지 못한다(담보물권의 부종성). 다만 근(根)양도담보의 경우는 예외가 인정된다. 양도담보의 설정자는 소비대차계약의 차주 또는 그의 물상보증인이다. 양도담보권자는 소비대차의 대주이다.

◦ 소유권이전의 합의 : 양도담보계약에서의 담보계약에는 담보물에 관하여 양도의 물권적 합의와 점유개정의 방법에 의한 인도의 합의(제189조)가 포함되어 있는 것이 보통이다. 양도담보에서 차용금에 대신하

여 양도되는 물건의 가액은 차용액 및 이자의 합산액을 넘지 못한다(제608조).

담보물의 가액이 채무액을 초과하는 경우에, 소유권이전합의는 채무액을 초과하는 부분에 관해서만 일부무효이고 잔여부분은 유효로 남는다. 그 결과 소유권이전합의는 담보물권설에 의하면 '담보물권설정의 합의'로 축소해석된다. 신탁적양도설에서는 소유권이전합의는 유효하지만 채권자가 청산의무를 지는 것으로 해석한다.

◦ 대물반환예약형 : 당사자가 대물반환예약을 하여 채무불이행이 있을 때에 소유권을 이전하기로 합의한 경우에, 청산의무의 이행을 조건으로 소유권을 이전하기로 한 것이라고 해석된다.

◦ 공시방법 : 동산양도담보에 관해서는 동산물권의 공시방법인 점유가 기능을 발휘하지 못한다. 관습상으로는 목적물에 표찰을 부착하여 제 3 자에의 처분을 막는다.

◦ 이중양도담보 : 동산에 대하여 점유개정의 방법으로 이중양도담보가 설정된 경우에, 원래의 양도담보권자는 뒤의 양도담보권자에 대하여 배타적으로 자기의 양도담보권을 주장할 수 있다(대법원 2000. 6. 23. 선고 99다65066 판결).

(3) 동산양도담보의 효과

양도담보권에서는 담보계약에 따른 채권적 법률관계와 소유권귀속에 따른 물권적 법률관계의 두 종류의 법률관계가 분리된다. 채권적 법률관계는 양도담보권자와 설정자(채무자 또는 물상보증인) 사이의 관계로서 담보계약에서 합의한 내용대로 정해진다(단 제607조, 제608조가 강행규정으로서 적용됨). 물권적 법률관계는 양도담보권자와 설정자 이외의 제 3 자와의 관계로서 양수인 · 점유침탈자 · 일반채권자 등이 그 제 3 자에 해당한다.

(가) 채권적 법률관계

◎ 차용금반환채무와 소유권반환의무 : 양도담보권자와 그 설정자 사이에는 소비대차계약에 기한 채권관계가 존재한다. 그 계약에 따라 변제기에 원금과 이자를 지급해야 한다. 변제기까지 채무변제가 없으면 곧 양도담보의 실행을 할 것인지 또는 최고와 유예기간의 경과를 거쳐 실행할 것인지는 담보계약에 의해 정해진다.

◎ 채무자의 사용·수익권 : 채무자의 양도담보목적물의 사용·수익권은 소유권에 기한 것이다. 대외적으로 채권자가 소유권을 행세하는 듯하지만, 이는 담보물권의 주장에 불과하다.

◎ 채무자의 과실수취권 : 담보물에서 생긴 과실은 다른 특약이 없는 한 천연과실이든, 법정과실이든 설정자에게 귀속된다.

◎ 양도담보권의 실행 : 양도담보권자는 채무자의 변제가 없는 경우에 상당한 기간을 정하여 이행을 최고하고 그 기간 내에 변제가 없으면 담보권을 실행하겠다는 통지를 해야 한다(신의칙상 의무). 그 유예기간 내에 변제가 없으면 청산금을 지급하고, 설정자에 대하여도 소유자로서의 모든 권리를 취득한다. 청산금은 담보물의 시가에서 채무액(이자·지연배상금 포함)을 뺀 금액이다.

◎ 채권자로서의 강제집행 : 양도담보권자는 양도담보권에 기한 경매권을 갖지 않으므로 일반채권자와 같은 절차를 밟아 담보물을 강제경매할 수 있을 뿐이다. 양도담보권자는 경매에서 저당권자와 같은 우선변제권을 인정받는다.

(나) 물권적 법률관계

◎ 담보물권설에 의할 경우 : 물건의 소유자는 양도담보의 설정자이고, 양도담보권자는 일종의 담보물권을 갖는다. ① 물건에 대한 처분권은 설정자가 갖는다. ② 양도담보권자가 물건을 제 3 자에게 처분한

경우에 그 제 3 자는 소유권을 선의취득하는데(제249조), 이때 그 제 3 자는 현실적으로 인도를 받았어야 한다. ③ 양도담보권자는 담보물권자로서 방해배제청구권을 갖는다.

◦ 신탁적양도설에 의할 경우 : 양도담보권자는 채무자나 물상보증인 이외의 사람에 대한 관계에서는 담보물의 소유자로서 그 소유권을 행사한다. ① 제 3 자에게 담보물을 양도하거나 입질할 수 있는 처분권은 담보계약에 따라 양도담보권자에게 속한다. 만약 설정자가 담보물을 제 3 자에게 양도하는 계약을 체결했다면 이것은 무권리자로부터의 양도가 될 것이고, 그 제 3 자가 선의취득의 요건을 갖추었을 때에 소유권을 취득하게 된다. ② 양도담보권자로부터 담보물의 소유권을 이전받은 제 3 자는 완전한 소유권을 취득할 수 있다. ③ 양도담보권자는 대외적으로 소유자로서 행세하므로 방해자에 대하여 소유권에 기한 물권적 청구권을 행사할 수 있다(대법원 1994. 8. 26. 선고 93다44739 판결).

(4) 집합물 양도담보

여러 개의 동산을 묶어서 하나의 집합물로 보고, 이에 대한 하나의 양도담보권을 설정한 경우를 가리켜 집합물 양도담보(확정집합물 양도담보)라고 한다. 원래 물권의 객체는 하나의 독립한 물건임이 원칙이지만(일물일권주의), 거래계에서는 여러 개의 물건을 하나로 묶어서 양도담보의 객체로 삼는 관습이 있으므로, 이 경우 일물일권주의의 예외를 인정하는 것이다.

판례도 집합물 양도담보를 인정한다.

◦ 제품생산에 필요한 원자재를 채권담보의 목적으로 삼는 집합물 양도담보설정계약에 관하여 목적동산의 종류와 수량의 범위가 지정되고, 그 소재장소가 특정되어 있으면 그 전부를 하나의 재산권으로 보아 담보권의 설정이 가능하다(대법원 1988. 10. 25. 선고 85누941 판결).

◎ 집합물 양도담보에 있어서 원고(채권자)와 채무자 사이에 채무자가 양도담보목적물인 돼지를 점유개정의 방법으로 점유하는 동안 이를 무상으로 사용·수익하기로 약정하였다면 원물인 돼지가 출산한 돼지 새끼는 천연과실로서 수취권은 원물의 사용·수익권을 갖는 채무자에게 귀속되는 것이므로, 새끼돼지에 대하여는 양도담보권의 효력이 미치지 않는다(대법원 1996. 9. 10. 선고 96다25463 판결).

(5) 유동집합물 양도담보

증감변동하는 집합물을 동산양도담보의 객체로 삼은 경우를 유동집합물에 대한 양도담보(또는 流動擔保)라고 부른다.

◎ 유동집합물에 대한 담보권 : 물권의 객체는 특정·현존하는 물건이어야 한다는 특정의 원칙과 관련하여 과거 한때 개개의 물건에 대한 담보권으로 분해하여 인정하자는 이론(분석설)이 있었다. 그러나 근래에는 유동집합동산이 거래관념상 특정되어 독립적으로 존재하는 경우에 그 구성분자의 증감변동은 집합물의 특정성·동일성을 해치지 않는다는 이론(집합물설)이 지배적이 되었다.

◎ 판례도 집합물설에 기하여 유동집합물 양도담보의 유효성을 인정한다.

증감변동하는 동산을 하나의 물건으로 보아 채권담보의 목적으로 삼으려는 '집합물에 대한 양도담보'의 설정계약체결은 가능하며, 이 경우 그 목적동산이 담보설정자의 다른 물건과 구별될 수 있도록 종류·장소 또는 수량지정 등의 방법에 의하여 특정되어 있으면 그 전부를 하나의 재산권으로 보아 이에 유효한 담보권이 설정된 것이다(대법원 1990. 12. 26. 선고 88다카20224 판결).

이 판례에서는 집합물에 대한 양도담보권설정계약이 이루어지면 그 집합물을 구성하는 개개의 물건이 변동되거나 변형되더라도 한 개의 물건으로서 동일성을 잃지 않으므로 양도담보권의 효력은 항상 현재의 집합물 위에 미친다고 한다. 양도담보권자가 담보권설정계약 당시 존재하는 집합물을 점유개정의 방법으로 점유취득하면, 그 후 설정자가 그 집합물을 이루는 개개의 물건을 반입하더라도 그때마다 별도의 양도담보권설정계약을 맺거나 점유개정의 표시를 해야 하는 것은 아니다.

◦ 담보유지의무 : 유동담보에서 설정자는 담보권자에 대하여 담보물을 손상시키지 않을 의무를 부담하며, 집합물의 동질성을 상실할 정도로 급격히 반출하는 행위 또는 담보권자를 해칠 의도로 물건을 반출하는 행위는 담보계약의 해제사유가 될 수 있다.

◦ 목적물의 확정시기 : 유동담보에서는 담보권의 실행시점에 담보물의 확정이 필요하다. 담보물이 확정된 후에 생긴 증감은 담보권의 범위에 영향을 미치지 않는다. 금융기관에서 유동담보를 설정하는 경우에는 강제집행에 들어가기 위해 압류를 하는데, 이때 목적물이 확정된다.

사례연습 〈동산양도담보와 청산금청구〉

◦ 문 제 ◦

급히 사업자금이 필요했던 A(채무자)는 B(채권자)로부터 5천만원을 3개월간 월 2%의 이자로 빌리면서 기계(시가 8천만원 상당)의 소유권을 A로부터 B에게 이전한다는 약정을 하였다. 이 약정에는 A가 변제기까지 5천 3백만원을 변제하면 그 기계의 소유권을 B로부터 돌려받기로 하는 조건이 붙어 있었다.

1) A가 변제기까지 갚지 못하자 B는 그 기계의 점유를 인도하라고 요구했다. A는 이 요구에 무조건 응해야 하는가?

2) 만약 채무자 A가 이 담보계약 일주일 후 그 기계를 C에게 4천만원에

팔고 인도(현실인도)했다면, 채권자 B는 C에 대하여 자기의 소유권을 주장할 수 있는가?

3) 만약 B(채권자)가 변제기 전에 그 기계를 D에게 4천만원에 팔고 목적물반환청구권을 양도하는 방법으로 인도했다면 어떻게 되는가?

4) A가 직원들의 임금을 지급하지 못한 채 공장문을 닫게 되어 직원 E가 그 기계를 압류한 경우에 B는 어떤 권리를 갖는가?

5) 채권자 B의 채권자 F가 그 기계를 압류한 경우에 A와 F의 관계는 어떠한가?

해 답

1) 청산금의 청구

A는 B에게 청산금지급을 청구할 수 있다. A는 B가 청산금을 지급할 때까지 목적물의 점유이전을 거절할 동시이행의 항변권을 갖는다.
신탁적양도설에 의하면 소유권은 이미 B에게 있으나, 담보물권설에 의하면 B가 청산금을 지급하고 물건의 인도를 받은 때에 B가 물건의 소유권을 갖는다.

2) 소유권의 귀속

- 담보물권설에 의하면 양도 당시 소유자는 A였으며, C는 양도담보권이 설정된 소유권을 이전받게 된다. 단 양도담보권에 대한 관습법상의 공시가 전혀 이루어지지 않은 경우에는 담보물권으로서 인정되기 어려울 것이다.
- 신탁적양도설에 의하면 A는 양도행위 당시 대외적으로는 그 물건의 소유자가 아니고, A로부터 C에게의 양도행위는 무권리자로부터의 양도행위에 해당하여 소유권이전의 효과가 생기지 않는다. C가 양도행위 당시 그 물건이 이미 B에게 양도담보계약에 따라 양도된 것이라는 점을 몰랐던 경우(선의) C는 민법 제249조에 의해 그 물건의 소유권을 취득한다. 이 선의취득의 반사적 효과로서 B의 대외적 소유권은 소멸한다. 그러나 C가 악의인 경우에는 B가 양도담보에 기한 소유권을 계속 보유한다.

3) 선의취득 여부

• 담보물권설에 의하면 B는 소유자가 아닌 자로서 양도행위를 하였으므로, D가 민법 제249조에 의해 선의취득을 할 수 있는가가 문제된다. 이 경우 인도방법으로서 반환청구권의 양도의 방법을 취했으므로 선의취득을 인정하기는 어렵다. 따라서 D는 소유권을 취득하지 못한다. 다만 D가 B의 양도담보권을 양수받을 수는 있다(피담보채권의 양수와 더불어서 가능함, 담보물권의 부종성).

• 신탁적양도설에 의하면 B가 물건의 소유자이므로 D에게 그 소유권을 양도할 수 있다. 따라서 D는 B로부터 소유권을 승계취득한다.

4) 우선변제권자

• 담보물권설에 의하면 A가 소유자이므로, A의 채권자인 E가 그 물건을 압류할 수 있다. 다만 그 물건의 경매대금에서 누가 우선변제받는가의 문제만이 남는다. 근로자의 최종 3개월분의 임금은 담보물권보다 우선하여 변제받을 권리를 가지므로 근로자가 우선변제권을 갖는다.

• 신탁적양도설에 의하면 그 물건은 B의 소유이므로 E는 그 물건을 압류할 자격이 없다. B는 자기 소유물에 대해 잘못 압류되었다는 「제3자 이의의 소」를 제기하여 압류를 풀 수 있다. E는 A가 B에 대하여 갖는 청산금채권을 압류하여 그로부터 우선변제받을 수 있을 뿐이다.

5) 압류한 채권자에 대한 법률관계

• 담보물권설에 의하면 소유자가 A이므로 A는 B의 채권자 F의 압류에 대하여 이의를 제기할 수 있다. F는 B를 대위하지 않고서는 목적물을 압류할 수 없다. 만약 F가 B를 대위하여 이를 압류하여 담보목적물의 환가금에서 우선변제를 받는다면, 이 효과는 원칙적으로 B에 귀속한다(채권자대위권).

• 신탁적양도설에 의하면 그 물건은 대외적으로 B의 소유이므로 그의 채권자 F가 그 물건에 압류할 수 있다. 다만 A는 B에 대하여 갖는 청산금채권을 가지고 그 환가대금의 배당에 참가할 수 있다.

2. 소유권유보부매매

(1) 할부계약과 소유권유보

할부매매계약에 의한 물건의 인도 시에 잔대금채권의 확보를 위해 소유권을 매도인에게 유보해 두는 약정을 하는 경우가 종종 있는데, 이러한 매매형태를 '소유권유보부매매'라고 한다.

소유권유보약정은 할부매매에서 이용되는 담보제공약정이다. 소유권유보부매매의 특징으로서는 ① 담보객체가 매매목적물로 한정된다. 그 목적물은 등기 · 등록을 하지 않는 동산임이 원칙이다. ② 피담보채권이 당해 물건의 매매대금으로 한정된다. 매매대금이 할부로 지급되어야 할 경우에 지급액이 증가할수록 피담보채권은 감소하여 마지막 할부금을 내면 피담보채권이 소멸한다. ③ 신용제공자가 매도인인 경우도 있고, 제 3 자(팩터링회사 · 신용카드회사 등)인 경우도 있다. 채무자는 상품의 매수인이다. ④ 소유권유보부매매의 법률관계는 그 기초가 되는 매매계약에 의해 직접 영향을 받는다. 매매계약이 무효 · 취소인 경우는 물론이고, 할부금연체로 인하여 매매계약이 해제된 경우에 매수인의 사용 · 수익권은 소멸하고 매도인이 목적물을 회수한다. 이때 물건의 회수는 매도인의 소유권에 기한 반환청구권(제213조)에 의한다. 따라서 매수인은 불안정한 지위에 놓이게 된다.

(2) 매수인의 법적 지위

소유권유보약정이 붙은 할부매매의 약정에는 "매도인에 대하여 대금완납을 조건으로 소유권이전을 청구할 수 있다"는 내용이 들어 있다. 이 약정내용대로 매수인은 그 물건을 인도받아 사용 · 수익하고 있음에도 불구하고 소유권은 전혀 취득하지 못하는가에 관해 학설이 대립한다.

◎ 조건부채권설 : 매수인은 대금완불을 조건으로 소유권이전을 청구할 수 있는 채권을 가질 뿐이라고 보는 견해이다. 이 조건부채권에 관해서는 조건부권리에 관한 민법 제148조 내지 제150조가 적용된다고 한다.

◎ 물권적 기대권설 : 매수인은 완전한 소유권을 향한 물권적 성질의 기대권을 가진다고 하는 견해이다. 매수인이 할부금을 계속 지급하여 대금의 잔액이 감소되면 될수록 그 기대권은 소유권에 접근하여 간다고 한다. 이 견해는 소유권유보부매매를 실질적으로는 담보물권과 유사하게 파악한다.

◎ 담보물권설정설 : 소유권유보는 그 목적이 채권담보에 있으므로 형식보다 실질을 중시하여 매도인은 소유권이 아니라 담보물권을 갖는다고 보는 견해이다. 사견으로는 담보물권설정설을 취한다. 매도인은 잔대금채권을 피담보채권으로 하는 일종의 담보권을 가진다고 법적 구성을 한다.

◎ 판례는 목적물이 매수인에게 인도된다고 하더라도 특별한 사정이 없는 한 매도인은 대금이 모두 지급될 때까지 매수인뿐만 아니라 제3자에 대하여도 유보된 목적물의 소유권을 주장할 수 있다고 함으로써(대법원 2000. 5. 30. 선고 99다45826 판결) 조건부채권설을 취하는 듯하다.

3. 가등기담보

(1) 대물반환의 예약과 가등기

가등기담보란 채권의 담보를 위하여 채무자(또는 물상보증인)의 부동산에 소유권이전청구권의 가등기를 해놓고, 채무불이행시 채권자가 청산금의 지급과 상환으로 소유권을 이전받거나 경매를 통해 우선변제받을 수 있는 담보제도를 말한다. 가등기담보 등에 관한 법률(1983년

제정)은 담보설정자를 보호하기 위한 강행규정을 두고 있다.

가등기담보의 특징을 살펴보면 다음과 같다. ① 가등기담보설정계약에는 대물반환의 예약이 포함되어 있다. ② 부동산에 관한 비점유담보라는 점에서 저당권과 공통된다. ③ 가등기권리자는 목적부동산에 대한 경매권과 우선변제권을 가질 뿐만 아니라, 청산금지급과 상환으로 소유권이전청구를 할 수 있으므로, 저당권자보다 강한 법적 지위를 갖는다. ④ 가등기담보에서는 취득정산이 인정되어 경매절차를 생략할 수 있으며, 이는 담보설정자에게도 이익이 될 수 있다. ⑤ 가등기담보는 사금융(私金融)에서 많이 이용되며, 다른 담보제도에 비해 채권자의 불공정행위가 심하다.

가등기담보의 성질에 관하여는 담보물권설과 신탁적양도설이 대립된다.

◦ 담보물권설 : 가등기담보권은 담보물권의 일종으로서 저당권에 비슷한 것 또는 특수저당권이라고 보는 견해이다(다수설). 사견으로는 다음의 근거에서 담보물권설을 취한다. ① 가등기담보법이 가등기권리자에게 인정하는 경매권·우선변제권·별제권 등은 모두 담보물권에 특유한 효력이다. ② 가등기권리자의 소유권취득권능은 청산의무에 의하여 피담보채권의 범위 내에서의 가치취득권 내지 우선회수권으로 되어 있고, 청산금을 지급할 때까지 다른 채권자의 경매가 개시되면 가등기담보권은 우선변제권으로 전환된다. ③ 채권자는 청산기간경과 후 청산금을 지급하고서야 본등기를 청구할 수 있고 그 본등기에 의해 비로소 소유권을 취득하는 담보물권이다.

◦ 신탁적양도설 : 가등기담보는 소유권이전예약형의 담보방법으로서 이는 근본적으로 소유권이전형의 담보방법과 동일하게 신탁적 소유권이전에 해당한다는 견해이다. 가등기담보법제정 이후 종래의 신탁적 소유권이전설에 수정을 가하여 재구성한 이론이다. 소유권이전

형인 양도담보의 본질은 양도가 정지조건의 성취 또는 예약완결권의 행사라는 조건부로 행하여지는 것이므로 신탁적 소유권이전으로 본다.

◦ 가등기담보법제정 이후 판례의 입장은 아직 정착되지 않은 듯하지만, 과거의 신탁적양도설에서 벗어나 담보물권설에 따라 해석하는 경향을 보이고 있다. 가등기담보법시행 이후 대법원은 청산 없는 본등기는 무효이고, 이 경우 약한 의미의 양도담보로서 소유권이전이 유효한 것은 아니라는 취지의 판결을 하였다(대법원 1994. 1. 25. 선고 92다20132 판결).

(2) 가등기담보의 설정

(가) 소비대차와 담보계약

◦ 담보계약의 당사자 : 가등기담보권이 성립하기 위하여 그 기초가 되는 소비대차계약(또는 준소비대차)과 이에 종속하는 담보계약이 체결되어야 한다. 담보계약의 당사자는 채무자와 채권자 또는 물상보증인과 채권자이다. 가등기의 명의신탁의 경우에는 채권자 대신에 가등기명의수탁자가 당사자가 된다.

◦ 대물반환의 예약 : 가등기담보에서의 담보계약의 특징은 대물반환의 예약이 포함된다는 사실이다. 채무불이행이 있으면 담보물에 대한 권리를 채권자에게 이전할 것이 담보계약의 내용에 포함되어야 한다. 그 담보계약은 피담보채무가 이행되지 않는 경우에 담보물로서 채권자에게 만족을 줄 것을 내용으로 해야 한다.

◦ 예약완결권 : 가등기에 의해 확보되는 청구권은 그 대물반환예약으로부터 생긴 예약완결권의 행사로부터 발생한다. 예약완결권의 행사는 채무자 혹은 물상보증인에 대한 일방적 의사표시로 한다. 등기나 인도를 필요로 하지 않는 권리이전에 관해서는 예약완결권의 행사만 있으면 권리이전의 효과가 생긴다(일방예약의 효과. 제564조 1항).

소유권이전등기를 필요로 하는 부동산양도에 있어서는 예약완결권의 행사가 있더라도 양 당사자가 공동으로 등기신청을 해야 하므로(부동산등기의 공동신청주의), 채무자는 그 부동산의 소유권이전에 필요한 본등기절차에 협력해야 한다. 제소전화해조서가 작성되어 있는 경우에는 채무자의 본등기에의 협력은 필요 없다.

(나) 담 보 물

가등기담보의 목적물은 토지 · 건물이 원칙이며, 그 밖에 공장재단 · 특허권 등 가등기 · 가등록이 가능한 것은 모두 목적이 될 수 있다(가담법 제18조). 담보물의 종물 · 부합물에도 담보권의 효력이 미치며(제358조의 유추적용), 물상대위도 인정된다(제342조의 유추적용).

(다) 피담보채권

가등기담보권을 설정할 수 있는 채권은 소비대차계약에 기한 차용금반환청구권이다. 그 채권은 보통 금전채권이지만, 소비대차계약의 목적물은 금전 또는 종류물이므로 대체물에 대한 채권도 피담보채권이 될 수 있다. 그 밖에 매매대금채권, 도급의 공사대금채권, 위임 · 고용의 보수(報酬)채권도 준소비대차에 의하여 피담보채권이 될 수 있다. 장래 계속적인 대출을 목적으로 하는 당좌대월계약에서 발생하는 채권을 담보하기 위한 근담보로서의 가등기담보도 가능하다. 이에 관해서는 근저당의 법리가 적용된다.

가등기담보권의 피담보채권의 범위에 관해서는 저당권에 관한 민법 제360조가 준용된다. 그 채권액에는 원금, 이자, 위약금, 채무불이행으로 인한 손해배상 및 담보권실행비용이 포함된다(제360조 본문). 그러나 지연배상에 대하여는 원본의 이행기일을 경과한 후의 1년분에 한하여 담보권을 행사할 수 있다(제360조 단서). 가등기 이후에 발생될 채무도 가등기부동산의 피담보채무 범위에 포함시키기로 한 약정은 유효하다(대법원 1993. 4. 13. 선고 92다12070 판결).

(라) 가 등 기

가등기담보권이 설정되기 위해서는 그 공시방법으로서 가등기를 해야 한다. 가등기에는 순위보전가등기와 담보가등기의 양자가 있다. 순위보전가등기와 담보가등기는 각각 본등기 이외의 소유권취득요건이 다르다. 전자는 매매대금을 완납해야 하고, 후자는 청산금을 지급해야 한다. 실제 사례에서 순위보전가등기와 담보가등기를 구별하는 일은 어렵다. 등기부상에는 소유권이전등기라고 기재되어 있어도 최고절차를 통하여 그 가등기가 채권담보의 목적으로 경료된 것으로 판명된 경우에는 담보가등기로 취급된다.

(3) 가등기담보권의 효력

(가) 귀속정산과 처분정산

가등기담보법은 귀속정산형을 원칙으로 한다. 가등기담보권을 실행하는 방법으로는 특단의 약정이 없는 한 처분정산이나 귀속정산 중 채권자가 선택하는 방법에 의할 수 있다(대법원 1988. 12. 20. 선고 87다2685 판결). ① 귀속정산형 실행방법은 담보물의 소유권을 담보권자에게 귀속시키는 실행방법, 담보권자가 제 3 자에게 담보물을 매도하는 대신 자기가 감정평가액으로 양수받음으로써 담보권을 실행하는 방법이다. ② 처분정산형 실행방법은 담보권자가 담보물을 제 3 자에게 경매 이외의 방법으로 처분하여 그 매각대금으로부터 채권의 변제를 받는 실행방법이다. 처분정산형의 3당사자관계는 당사자의 권리의무가 불명확하게 되거나 여러 단계의 구상권행사를 야기하므로 귀속정산형만큼 합리적이지 못하다.

(나) 실행통지·청산기간·청산금

가등기담보권을 귀속정산형으로 실행하기 위해서는 담보권실행의 통지와 청산기간의 경과라는 절차적 요건을 갖추어야 한다.

◦ 실행통지 : 채권자가 담보계약에 의한 담보권을 실행하여 그 담보목적부동산의 소유권을 취득하기 위하여 그 채권의 변제기 이후에 가등기담보법 제 4 조에 규정한 청산금의 평가액을 채무자 등에게 통지해야 한다. 청산금이 없다고 인정되는 경우에도 실행통지는 해야 한다.

◦ 청산기간의 경과 : 실행통지가 채무자 등에게 도달한 날로부터 2월이 경과하여야 소유권이전등기를 경료할 수 있는데, 이 2개월을 청산기간이라고 한다(가담법 제 3 조 1항). 가등기권리자는 청산기간이 경과하여야 그 가등기에 기한 본등기를 청구할 수 있다(가담법 제 4 조 2항 후문).

◦ 청산금의 지급 : 가등기권리자는 청산금의 지급과 상환으로 소유권이전등기(본등기) 및 담보부동산의 명도를 청구할 수 있다. 채권자가 채무자에게 담보권실행을 통지하고 2월의 청산기간이 경과하였어도 채무자는 정당하게 평가된 청산금을 지급받을 때까지 목적부동산의 소유권이전등기 및 인도채무의 이행을 거절하면서, 피담보채무 전액과 그 이자 및 손해금을 지급하고 그 담보가등기의 말소를 청구할 수 있다(대법원 1994. 6. 28. 선고 94다3087 판결).

① 청산금의 계산 : 청산금은 실행통지 당시의 목적부동산의 가액에서 그 채권액을 공제한 금액이다(가담법 제 4 조 1항 전문). 목적부동산에 선순위담보권 등의 권리가 있을 때에는 그 채권액을 계산함에 있어서 선순위담보 등에 의하여 담보된 채권액을 포함한다(가담법 제 4 조 1항 후문). 실행통지는 구속력을 가지므로 청산금은 실행통지에서 밝힌 금액으로 정해진다. 채권자가 나름대로 평가한 청산금액이 객관적인 청산금의 평가액에 미치지 못하더라도 실행통지의 효력이나 청산기간의

진행에는 영향이 없다.

다만, 이 경우 채무자 등은 정당하게 평가된 청산금을 지급받을 때까지 목적부동산의 소유권이전등기 및 인도채무의 이행을 거절하면서 피담보채무 전액을 채권자에게 지급하고 그 채권담보의 목적으로 경료된 가등기나 소유권이전등기의 말소를 청구할 수 있다(대법원 1992. 9. 1. 선고 92다10043 판결).

② 지급상대방 : 채권자는 청산금을 채무자 또는 물상보증인 및 제3 취득자에게 지급해야 한다(가담법 제4조 1항 전문).

③ 동시이행관계 : 가등기담보법은 청산금지급과 본등기 및 부동산명도를 동시이행의 관계에 둔다(가담법 제4조 3항).

④ 청산금의 공탁 : 청산금채권이 압류 또는 가압류된 경우에 채권자는 청산기간이 경과한 후 이에 해당하는 청산금을 채무이행지를 관할하는 지방법원 또는 지원에 공탁하여 그 범위에서 채무를 면할 수 있다(가담법 제8조 1항).

◦ 편면적 강행규정 : 청산금액의 계산방법, 청산금의 지급상대방, 본등기의 청구요건, 동시이행관계 등에 관한 가등기담보법 제4조 1항 내지 3항의 규정에 반하는 특약으로서 채무자 등에게 불리한 것은 그 효력이 없다. 다만 청산기간경과 후에 행하여진 특약으로서 제3자의 권리를 해하지 아니하는 것은 그러하지 아니하다(가담법 제4조 4항).

(다) 채무변제와 가등기말소청구

◦ 채무변제 : 채무자는 청산금수령과 상환으로 본등기서류를 교부한 때까지 변제할 수 있다. 변제기 이후에 채무자 등의 변제제공이 있는 경우에 가등기권리자는 변제기가 지났음을 이유로 그 수령을 거절하지 못한다. 다만 말소청구는 변제기 이후 10년이 경과하기 전 또는 선의의 양수인이 생기기 전까지만 가능하다(가담법 제11조 단서).

◦ 가등기의 말소청구 : 채무자 등은 채무를 변제할 때에 담보가등기의 말소를 청구할 수 있다. 피담보채무의 변제가 있으면 담보가등기는 말소 없이 그 효력을 상실하게 된다(담보물권의 부종성). 가등기담보의 채무자가 채무를 변제하였으나 그 가등기를 말소하지 않고 있는 경우에, 등기부에 남아 있는 가등기는 효력 없는 부실등기로서 그것을 말소할 권리는 소유자의 물권적 청구권과 유사하게 소멸시효에 걸리지 않는다(대법원 1987. 11. 10. 선고 87다카62 판결).

◦ 공동명의로 담보가등기를 마친 수인의 채권자가 각자의 지분별로 별개의 독립적인 매매예약완결권을 가지는 경우, 채권자 중 1인은 단독으로 자신의 지분에 관하여 가등기담보 등에 관한 법률이 정한 청산절차를 이행한 후 소유권이전의 본등기절차 이행청구를 할 수 있다(대법원 전합 2012. 2. 16. 선고 2010다82530 판결).

(라) 담보권자의 소유권취득

채권자는 채무자 등에게 실행통지를 하고, 2개월의 청산기간이 경과한 후 청산금의 지급과 상환으로 본등기에의 협력을 청구할 수 있다(동시이행관계). 가등기권리자는 담보가등기에 기해 본등기가 경료된 때에 그 부동산에 대한 소유권을 취득한다.

가등기권리자가 청산금을 지급하지 않고 소유권이전의 본등기를 경료한 경우에, 그 본등기는 무효이다. 다만 그가 선의의 제 3 자에게 전매하여 이전등기를 경료한 경우에 등기의 공신력을 부분적으로 인정하는 가등기담보법 제11조 단서에 의해 그 제 3 자는 소유권을 취득한다. 이때 본등기한 채권자는 종전과 같이 담보물권만을 갖는 것으로 이해된다(담보물권설에 의한 결론).

판례도 가등기담보법 등에 관한 법률 제 3 조, 제 4 조에 위반하여 본등기가 이루어진 경우에, 설령 그 본등기가 가등기권리자와 채무자 사이에 이루어진 특약에 의하여 이루어졌더라도 채무자에게 불리한 때에는 그 본등기는 무효일 뿐 이른바 약한 의미의 양도담보로서 담보의 목적 내에서 유효한 것이 아니라고 하였다(대법원 1994. 1. 25. 선고 92다20132 판결). 이는 담보물권설에 가까운 결론이다.

(마) 경매권과 우선변제권

◦ 경매권 : 가등기권리자는 가등기담보법 제3조에 따라 귀속정산에 의한 실행방법을 취하거나 경매에 의한 실행방법 중 임의로 선택할 수 있다. 이 경우 경매에 관해서는 담보가등기권리를 저당권으로 본다(가담법 제12조 1항).

◦ 우선변제권 : 경매 등이 개시된 경우에 담보가등기권리자는 다른 채권자보다 자기채권의 우선변제를 받을 권리가 있다(가담법 제13조 전문). 이 경우 그 순위에 관하여는 그 담보가등기권리를 저당권으로 보고, 그 담보가등기가 경료된 때에 그 저당권의 설정등기가 행하여진 것으로 본다(가담법 제13조 후문).

◦ 파산의 경우 : 파산재단에 속하는 부동산에 설정된 담보가등기권리에 대하여는 채무자 회생 및 파산에 관한 법률 중 저당권에 관한 규정을 적용한다(가담법 제17조 1항). 가등기권리자에게도 저당권자와 같은 별제권과 준별제권이 인정된다. 담보가등기권리는 국세기본법 · 국세징수법 · 지방세법 · 채무자 회생 및 파산에 관한 법률의 적용에 있어서는 이를 저당권으로 본다(가담법 제17조 3항).

(바) 물권적 청구권

가등기담보권자에게도 담보부동산에 대한 방해를 배제할 수 있는 물권적 청구권이 그 담보권의 성질상 필요한 범위에서 인정된다. 판례는 가등기담보권자가 담보권의 실행을 위하여 담보채무자가 아닌 제3자에 대하여도 담보물의 인도를 구할 수 있는 물권적 청구권을 인정한다(대법원 1991. 10. 8. 선고 90다9780 판결).

(4) 가등기담보권의 소멸

가등기담보권은 채무변제 또는 담보권실행의 결과 소멸한다. 가등기담보권의 소멸사유는 ① 피담보채무의 소멸, ② 청산 후 본등기, ③ 목적물의 경매, ④ 목적물의 멸실, ⑤ 담보계약의 해제 등이다.

사례연습 〈가등기담보와 저당권의 관계〉

◦ 문 제 ◦

A는 B(사채업자)에게 3천만원을 빌리고 2개월 후에 그 돈을 갚지 못하면 대신 C(물상보증인) 소유의 부동산을 양도해 줄 것을 약정하고 그 부동산에 B명의의 가등기(2013년 5월)를 해 주었다. 그런데 그 부동산에는 C가 D은행으로부터 5천만원을 1년 동안 대출받을 때 한 저당권등기(2013년 1월)가 이미 존재하고 있었다.

1) A가 B에게 빌린 돈을 갚지 못하자(이자포함 3천 1백만원) B는 C에게 본등기를 요구하였다(2013년 7월 부동산 시가는 6천만원 상당). C는 본등기를 이의 없이 해 주어야 하는가? C는 본등기를 막기 위해서 어떤 행동을 취할 수 있는가? D은행은 B명의로의 본등기를 하는 것에 대해 이의를 제기할 수 있는가?

2) B가 본등기를 청구하지 않고 그 부동산에 대해 경매를 신청해도 되는가? 만약 경매청구가 가능하다면 D의 저당권은 어떻게 되는가?

해 답

1) 가등기담보의 법률관계

B(채권자)의 가등기는 A(채무자)에 대한 채권을 담보할 목적으로 C(물상보증인)의 부동산에 설정된 담보가등기이다. 따라서 B는 C에 대하여 가등기담보권을 갖는다. A가 변제기에 채무를 이행하지 않으면 B

는 소비대차계약과 부종하여 행한 대물변제의 예약에 기한 예약완결권을 행사하고 A에 대하여 소유권이전청구권을 행사할 수 있게 된다.

2) 청산금지급을 통한 실행

가등기담보법은 가등기담보권의 실행절차로서, 채권의 변제기 이후에 청산금의 평가액을 채무자 등(가담법 제 2 조 2호에 의하여 물상보증인도 포함됨)에게 통지하고 그 도달부터 2개월 경과 이후에 청산금을 지급하고 소유권을 취득할 것을 규정한다(가담법 제 3 조 1항). 그 청산금은 통지 당시의 부동산가액에서 채권액을 공제한 금액이다. 목적부동산에 선순위담보권 등의 권리가 있을 때에는 그 채권액도 공제해야 한다(가담법 제 4 조 1항). 만약 청산금이 없다고 인정되는 때에는 그 뜻을 통지해야 한다(가담법 제 3 조 1항 후문).

이 사례에서는 시가 6천만원에서 선순위담보의 채권액 5천만원을 공제하고 이에 가등기담보의 채권액 3천 1백만원을 빼면 마이너스가 되므로 청산액은 없게 된다. B는 C에게 그 계산내역을 통지하고 2개월 경과한 후에 그 부동산에 대한 소유권이전등기를 청구할 수 있다. C는 B의 청구에 응하여야 한다. 만약 B가 2개월이 경과하기도 전에 본등기를 청구하여 C가 그것을 해 주었더라도, 이 하자는 2개월이 경과하면 치유된다고 보여지므로 2개월 후에 B는 확정적으로 소유권을 취득할 수 있다. 2개월 이전에는 A나 C의 채무변제(3천 1백만원)로서 본등기의 말소청구권을 갖게 되지만(가담법 제11조), 이 사례에서는 그럴 실익은 적다.

B가 부동산소유권을 취득하게 되면 저당부동산의 제 3 취득자가 되어 D의 저당권부담을 안게 되므로 D의 지위에는 차이가 없다. 그러므로 D는 B 명의로의 본등기에 대하여 이의를 제기할 자격이 없다. 다만 D는 A의 채무를 제 3 자로서 변제해 주고 B의 본등기를 막을 수 있지만 그렇게 할 경제적 이득이 없으므로 제 3 자변제는 하지 않을 것이다.

3) 경매를 통한 실행

가등기담보권자는 저당권자와 같은 지위에서 부동산의 경매를 청구할 수 있고 자기 채권의 우선변제를 받을 수 있다(가담법 제12조). 이 사례에서 B는 부동산의 경매권을 갖지만 배당에서는 D보다 후순위로 변제받게 된다.

* 이 사례의 해결에서는 가등기담보권자가 확보한 부동산이 언제나 피담보채권액보다 고가일 것이라는 선입관을 버리고 문제를 풀어야 할 것이다.

---

4. 부동산 양도담보

(1) 소유권이전형 담보

채권담보를 위해 담보부동산의 소유권을 채권자에게 이전해 두고 채무이행이 있을 때에 그 소유권을 다시 이전받기로 약정한 경우를 가리켜 양도담보라고 한다. 부동산 양도담보에 대하여는 민법 제607조와 제608조 및 가등기담보법의 규제가 행해진다(가담법 제2조 1호).

◎ 양도담보에는 소비대차 및 그에 종속되는 담보계약이 존재한다.

◎ 양도담보에서는 담보권의 실효성을 확보하기 위하여 채무자(차주)로부터 채권자(대주)에게로 소유권이전등기가 경료된다.

◎ 채권자는 양도담보권을 갖는다. 양도담보권은 담보물권의 속성을 가진다. 피담보채권에의 부종성·수반성·물상대위성을 갖는다(양도담보의 법적성격은 후술함). 양도담보권은 비점유담보로서 담보권자는 담보부동산을 점유하지도 않고 사용·수익할 권리도 갖지 않는다.

◎ 채권자가 채무의 변제를 받으면 양도담보권이 소멸하고, 채권자는 채무자에게 담보계약시에 했던 소유권이전등기를 말소해 주어야 한다.

◎ 채무자가 채무를 이행하지 않는 경우에 양도담보권자는 담보권을 실행하여 만족을 얻는다. 실행방법은 귀속정산형 실행방법을 원칙으로 한다.

◎ 채권자가 청산금을 지급하기까지 채무자는 채무액(귀속시까지 이자와

손해금을 포함한다)을 변제하고 소유권이전등기의 말소를 청구할 수 있다. 다만 그 채무의 변제기가 경과한 때로부터 10년이 경과하거나 또는 선의의 제 3 자가 소유권을 취득한 때에는 그러하지 아니하다(가담법 제11조).

(2) 양도담보와 환매권부매매

소유권이전형 담보제도로서 양도담보 · 환매권부매매 · 재매매예약부매매 등이 이용된다. ① 양도담보는 종래 '약한 양도담보', '협의의 양도담보', '외부이전형 양도담보' 등으로 불리우던 것과 같은 개념이다. ② 환매권부매매는 '강한 양도담보', '매도담보', '내외이전형 양도담보'라고 불리우던 것과 같은 개념이다. ③ 환매권부매매와 성질상 유사한 것으로서 '재매매예약 있는 매매'가 있다.

◦ 공통점 : 양도담보와 환매권부매매는 양도인이 양수인에게 부동산소유권을 이전해 주지만, 양도인에게 돈이 마련되면 그 부동산을 되찾을 수 있다는 점에서 공통점을 갖는다. 환매권부매매로 등기되어 있더라도 그 법률관계의 실질은 양도담보인 경우도 많으므로 양자를 명목만으로 구별할 것은 아니다.

◦ 차이점 : 양도담보와 환매권부매매는 그 법적 구성 및 효과에서 커다란 차이가 있다. ① 양도담보에서 등기부상 양수인은 양도담보권이라는 담보물권을 취득할 뿐이다(담보물권설). ② 양도담보에 대하여는 가등기담보법이 적용된다. 환매권부매매에 관해서는 민법 제590조 내지 제595조가 적용된다. ③ 양도담보에서는 소비대차의 차용금반환채무가 존재하며, 채무자가 이 채무를 변제하는 때에 양도담보가 소멸하여 등기말소청구를 할 수 있으나, 환매권부매매에서는 소비대차계약이 없기 때문에 채권 · 채무의 법률관계가 존재하지 않는다. ④ 양도담보권자는 피담보채무의 변제기가 경과한 때로부터 10년이 경과하기

전까지 채무를 변제하고 등기말소를 청구할 수 있다. 환매권부매매에서는 부동산의 환매기간은 약정에 의해 정해지며, 그 기간은 5년을 넘지 못한다(제591조 1항 · 2항). ⑤ 양도담보권자로부터 다시 소유권이전등기를 받은 제 3 자는 선의인 경우에만 소유권을 취득하고, 악의인 경우에는 양도담보권만을 이전받는다. 등기에 양도담보권이 표시되지 않는 경우가 많다. 환매권부매매에서는 환매등기가 행해진 때에만 그 부동산을 양수받은 제 3 자에 대하여 환매권을 행사할 수 있다(제592조).

(3) 채무변제와 등기말소

채무변제로 인하여 양도담보권은 소멸하고, 채무자 등은 종전의 소유권이전등기의 말소를 청구할 수 있다. 이때 새로운 소유권이전이 일어나는 것이 아니라 양도담보권의 소멸에 따른 말소등기를 하는 것이기 때문이다.

채무를 변제하고 등기를 말소하지 않은 채 10년을 경과했다 하더라도 그 말소를 구할 수 있으나, 다만 등기를 말소하지 않고 방치하면 제 3 자의 선의취득 또는 등기명의인의 시효취득(제245조 2항)의 반사적 효과로서 소유권을 상실할 위험이 있으므로 즉시 말소하는 것이 좋다.

채무자 또는 물상보증인은 청산금을 받을 때까지 채무액에 반환시까지의 이자와 손해금을 포함한 금액을 채권자에게 지급하고, 그 채권담보의 목적으로 경료된 소유권이전등기의 말소를 청구할 수 있다(가담법 제11조 본문).

(4) 청산시의 소유권이전

양도담보권자는 청산기간경과 후 청산금을 채무자 등에게 지급한 때에 부동산소유권을 취득한다(가담법 제 4 조 2항). 청산금의 지급시에 부동산소유권은 채무자나 물상보증인으로부터 채권자에게 이전한다. 청산금지급으로 소유권이 이전하는 경우에 채권자는 사용·수익권을 포함한 완전한 소유권을 취득하게 되므로 채무자에 대하여 소유권에 기한 물권적 청구권으로서의 목적물인도청구권을 갖는다(대법원 2001. 1. 15. 선고 2000다47682 판결).

조문색인(민법)

사항색인

ㅈ

저자약력

서울대학교 법과대학 졸업·동 대학원 졸업(법학석사)
독일 튀빙겐대학교 법과대학 졸업(법학박사)
일본 동경대학교 법학부 객원연구원 역임
미국 하버드대학교 법과대학 객원연구원 역임
일본 규슈대학교 법학부 조교수 역임
대법원직속 사법개혁위원
제17대 국회의원 역임
현 한국외국어대학교 법학전문대학원 교수

주요 저서

민법총칙(박영사, 제 5 판, 2009)
물권법(박영사, 제 4 판, 2006)
채권총론(박영사, 제 4 판, 2009)
채권각론(박영사, 제 5 판, 2005)
민법 I (박영사, 제 5 판, 2007)
민법 II (박영사, 제 5 판, 2005)
약관규제론(박영사, 1984)
독일법(공저, 박영사, 1987)
약관규제법(박영사, 1994)
관습의 정치(박영사, 2007)
리갈마인드 민법총칙(박영사, 2009)
여성을 위한 법(박영사, 2011)
로스쿨을 꿈꾸다(중앙북스, 2008)
기타 논문 다수 있음

리갈마인드 물권법

초판인쇄 2013년 2월 20일
초판발행 2013년 2월 28일

지은이 이은영
펴낸이 안종만

편 집 김선민 · 배우리
기획/마케팅 강상희
표지디자인 김지은
제 작 우인도 · 고철민

펴낸곳 (주) 박영사
서울특별시 종로구 평동 13-31번지
등록 1959. 3. 11. 제300-1959-1호(倫)
전 화 02)733-6771
f a x 02)736-4818
e-mail pys@pybook.co.kr
homepage www.pybook.co.kr
ISBN 978-89-6454-922-3 93360

copyright©이은영, 2013, Printed in Korea

* 잘못된 책은 바꿔드립니다. 본서의 무단복제행위를 금합니다.

정 가 25,000원